Die Ad-hoc-Publizität im deutschen und italienischen Recht

Studien zum Europäischen und Internationalen Wirtschaftsrecht

Studies in European and International Economic Law

Herausgegeben von/eds.
Peter Hay, Meinhard Hilf, Herbert Kronke, Wolfgang Oehler

Band/Volume 16

PETER LANG
Frankfurt am Main · Berlin · Bern · Bruxelles · New York · Oxford · Wien

Valerio Sangiovanni

Die Ad-hoc-Publizität im deutschen und italienischen Recht

PETER LANG
Europäischer Verlag der Wissenschaften

Bibliografische Information Der Deutschen Bibliothek
Die Deutsche Bibliothek verzeichnet diese Publikation in der Deutschen Nationalbibliografie; detaillierte bibliografische Daten sind im Internet über <http://dnb.ddb.de> abrufbar.

D 16
ISSN 0941-3650
ISBN 3-631-50310-5

www.peterlang.de

Vorwort

Die vorliegende Arbeit ist die ergänzte und überarbeitete Fassung meiner Dissertation, die im Wintersemester 2001-2002 von der Juristischen Fakultät der Ruprecht-Karls-Universität Heidelberg angenommen wurde.

Für die finanzielle Unterstützung bei der Anfertigung der Dissertation danke ich:

1) der Akademie deutsch-italienischer Studien von Meran (Italien), namentlich Herrn Prof. Dr. Roberto Cotteri, für die Verleihung des internationalen Studienprämiums „Luigi Cotteri";

2) dem Graduiertenkolleg „Unternehmensorganisation und unternehmerisches Handeln nach deutschem, europäischem und internationalem Recht„ von Heidelberg, namentlich Herrn Prof. Dr. Dr. h.c. Peter Hommelhoff (Vorsitzender des Graduiertenkollegs und Direktor des Institutes für Deutsches und Europäisches Gesellschafts- und Wirtschaftsrecht der Universität Heidelberg), für die Verleihung eines Stipendiums der Deutschen Forschungsgemeinschaft;

3) dem Consiglio Nazionale delle Ricerche von Rom (Italien) für die Verleihung eines Stipendiums.

In wissenschaftlicher Hinsicht danke ich meinem Doktorvater, Herrn Prof. Dr. Herbert Kronke (Generalsekretär des UNIDROIT in Rom und Direktor des Institutes für Ausländisches und Internationales Privat- und Wirtschaftsrecht der Universität Heidelberg), für die Annahme als Doktorand, für die Betreuung der Arbeit, für das Erstgutachten und die darin gegebenen wertvollen Anregungen sowie für die Aufnahme in die von ihm und seinen Kollegen herausgegebene Reihe „Studien zum europäischen und internationalen Wirtschaftsrecht". Zu Dank verpflichtet bin ich auch Herrn Priv.-Doz. Dr. Carsten Schäfer für das Zweitgutachten.

Im privaten Bereich möchte ich mich bei all denjenigen bedanken, die mich bei der Anfertigung der Arbeit materiell wie immateriell unterstützt haben. Insbesondere danke ich meiner Ehefrau, Marita Rabenschlag, für das engagierte Korrekturlesen.

Questo lavoro è dedicato alla memoria di mio fratello Carlo Sangiovanni e ai miei cari, in particolare: a mia madre, Fausta Maffioli, a mio padre, Antonio Sangiovanni, a mia moglie, Marita Rabenschlag.

Mailand, im September 2002

Valerio Sangiovanni

Inhaltsübersicht

Inhaltsverzeichnis

Verzeichnis der Abkürzungen

a.	andere
a.A.	anderer Ansicht
ABlEG	Amtsblatt der Europäischen Gemeinschaften
Abs.	Absatz
AG	Aktiengesellschaft
AG	Die Aktiengesellschaft, Zeitschrift für das gesamte Aktienwesen
AGB	Allgemeine Geschäftsbedingungen
AktG	Aktiengesetz
App.	Corte di appello
AR	Aufsichtsrat
Art.	Artikel; Articolo
artt.	Articoli
ASSONIME	Associazione fra le società italiane per azioni
Aufl.	Auflage
AuslInvestG	Gesetz über den Vertrieb ausländischer Investmentanteile und über die Besteuerung der Erträge aus ausländischen Investmentanteilen
BAFin.	Bundesanstalt für Finanzdienstleistungsaufsicht
BAnz.	Bundesanzeiger
BAWe	Bundesaufsichtsamt für den Wertpapierhandel
BB	Betriebsberater [Zeitschrift]
BBTC	Banca, borsa e titoli di credito [Zeitschrift]
Bd.	Band
BFuP	Betriebswirtschaftliche Forschung und Praxis [Zeitschrift]
BGB	Bürgerliches Gesetzbuch
BGBl.	Bundesgesetzblatt
BKR	Zeitschrift für Bank- und Kapitalmarktrecht
BörsG	Börsengesetz
BörsZulG	Börsenzulassungsgesetz
BörsZulV	Verordnung über die Zulassung von Wertpapieren zur amtlichen Notierung an einer Wertpapierbörse (Börsenzulassungsverordnung)
BR-Drucks.	Drucksachen des Deutschen Bundesrates
BT-Drucks.	Drucksachen des Deutschen Bundestages
bzw.	beziehungsweise

ca.	circa
c.c.	codice civile
CONSOB	Commissione nazionale per le società e la borsa
Cost.	Costituzione
c.p.	codice penale
c.p.c.	codice di procedura civile
DAX	Deutscher Aktienindex
DB	Der Betrieb [Zeitschrift]
ders.	derselbe
DGAP	Deutsche Gesellschaft für Ad-hoc Publizität
d.h.	das heißt
d.lgs.	decreto legislativo
DM	Deutsche Mark
DStR	Deutsches Steuerrecht [Zeitschrift]
EBIDTA	earnings before interest, taxes, depreciation and amortization (Gewinn vor Steuer, Zinsen und Abschreibungen)
EBIT	earnings before interest and taxes (Gewinn vor Zinsen und Steuern)
ed.	edizione
EG	Europäische Gemeinschaft
EU	Europäische Union
e.V.	eingetragener Verein
EWG	Europäische Wirtschaftsgemeinschaft
EWS	Europäisches Wirtschafts- und Steuerrecht [Zeitschrift]
f.	folgende
ff.	fortfolgende
FFG	Finanzmarktförderungsgesetz
FS	Festschrift
GAAP	Generally Accepted Accounting Principles
gem.	gemäß
GG	Grundgesetz für die Bundesrepublik Deutschland

GmbH	Gesellschaft mit beschränkter Haftung
G.U.	Gazzetta Ufficiale
HGB	Handelsgesetzbuch
Hrsg.	Herausgeber(in)
HV	Hauptversammlung
IdR	in der Regel
inkl.	inklusiv
i.S.v.	im Sinne von
ISVAP	Istituto per la vigilanza sulle assicurazioni private e di interesse collettivo
i.V.m.	in Verbindung mit
JA	Jahresabschluss
JA	Juristische Arbeitsblätter [Zeitschrift]
JB	Jahresbericht
JZ	Juristenzeitung [Zeitschrift]
KAGG	Gesetz über die Kapitalanlagegesellschaften
KWG	Kreditwesengesetz
KZ	Kennziffer
l.	legge
LG	Landgericht
mbH	mit beschränkter Haftung
n.	numero
n.F.	neue Fassung
NJW	Neue Juristische Wochenschrift [Zeitschrift]
NJW-RR	NJW-Rechtsprechungsreport [Zeitschrift]
Nr.	Nummer
NStZ	Neue Zeitschrift für Strafrecht

OLG	Oberlandesgericht
OPA	Offerta pubblica di acquisto
OWiG	Gesetz über Ordnungswidrigkeiten
PR	Public Relations
Reg.	regolamento
RGBl.	Reichsgesetzblatt
Riv. dir. int. priv. proc.	Rivista di diritto internazionale privato e processuale [Zeitschrift]
Riv. dott. comm.	Rivista dottori commercialisti [Zeitschrift]
Riv. soc.	Rivista delle società [Zeitschrift]
Riv. trim. dir. pen. econ.	Rivista trimestrale di diritto penale dell'economia [Zeitschrift]
RL	Richtlinie
Rspr.	Rechtsprechung
RZ	Randziffer
s.	siehe
S.	Satz
sog.	sogenannte
spa	società per azioni
StGB	Strafgesetzbuch
T.U.	Testo Unico
u.a.	unter anderen
u.U.	unter Umständen
US	United States
VerkProspV	Verkaufsprospektsverordnung
vgl.	vergleiche
vs.	versus

wistra	Zeitschrift für Wirtschaft, Steuer und Strafrecht
WM	Wertpapier-Mitteilungen [Zeitschrift]
WpHG	Gesetz über den Wertpapierhandel (Wertpapierhandelsgesetz)
WpÜG	Gesetz zur Regelung von öffentlichen Angeboten zum Erwerb von Wertpapieren und von Unternehmensübernahmen
z.B.	zum Beispiel
ZBB	Zeitschrift für Bankrecht und Bankwesen
ZfB	Zeitschrift für Betriebswirtschaft
ZGR	Zeitschrift für Unternehmens- und Gesellschaftsrecht
ZHR	Zeitschrift für das gesamte Handels- und Wirtschaftsrecht
ZIP	Zeitschrift für Wirtschaftsrecht
ZPO	Zivilprozessordnung

§ 1 Einleitung

Die EG hat eine Anzahl von RL verabschiedet, welche die Transparenz der Kapitalmärkte und das Vertrauen der Anleger in ihre Funktionsfähigkeit verstärken sollen[1]. Durch innerstaatliche Gesetzgebung haben Deutschland und Italien die Verwirklichung dieser Zielsetzungen sicherstellen wollen[2]. Transparenz, Vertrauen und Funktionsfähigkeit werden am besten durch die Informationsversorgung des Publikums hergestellt und beibehalten.

Die Formen der Unternehmenspublizität sind zahlreich. Die vorliegende Arbeit beabsichtigt nicht, ihr gesamtes Spektrum zu untersuchen. Zweck dieser Dissertation ist hingegen lediglich, sich mit Fragen der sog. Ad-hoc-Publizität (oder Sofortpublizität oder auch ereignisnahe, fortlaufende oder kontinuierliche Publizität) im deutschen und italienischen Recht zu befassen[3].

Die Regelung der Ad-hoc-Publizität geht sowohl in Deutschland als auch in Italien auf europäische Vorgaben zurück. Eine rechtsvergleichende Untersuchung kann daher nicht das Ziel haben, verschiedene Regelungsphilosophien aufzuspüren und in ihren Wirkungen zu vergleichen. Die Rechtsvergleichung erfüllt aber auch im Bereich des durch europäische RL angeglichenen Rechts wichtige Funktionen. Zum einen überlassen die RL den Mitgliedstaaten einen Spielraum bei der Umsetzung. Rechtsvergleichung kann insoweit ihre klassische Funktion erfüllen, die eigene Regelung im Vergleich mit einer anderen Regelung besser zu verstehen. Zum anderen bedarf der Prozess der Harmonisierung des nationalen Rechts der Kontrolle, in welchem Maße die beabsichtigte Rechtsvereinheitlichung auch in der Rechtswirklichkeit realisiert wurde. Die Einbettung des harmonisierten Bereichs in die übrige nicht harmonisierte Rechtsordnung und die Interpretationsmöglichkeiten und Anwendungsalternativen, die jede Regelung eröffnen, führen dazu, dass in der Rechtswirklichkeit

---

[1] Insbesondere RL 79/279/EWG des Rates der EG vom 5.3.1979 zur Koordinierung der Bedingungen für die Zulassung von Wertpapieren zur amtlichen Notierung an einer Wertpapierbörse, ABlEG L 66/21 vom 16.3.1979; RL 89/592/EWG des Rates der EG vom 13.11.1989 zur Koordinierung der Vorschriften betreffend Insidergeschäfte, ABlEG L 334/30 vom 18.11.1989.

[2] In Deutschland vor allem Gesetz über den Wertpapierhandel und zur Änderung börsenrechtlicher und wertpapierrechtlicher Vorschriften (2. FFG) vom 26.7.1994, BGBl. 1994 I, 1749ff. In Italien vor allem Decreto legislativo 24.2.1998, n. 58. Testo unico delle disposizioni in materia di intermediazione finanziaria, ai sensi degli articoli 8 e 21 della legge 6.2.1996, n. 52. Der T.U. ist in G.U. vom 26.3.1998, n. 71, supplemento ordinario n. 52/L, veröffentlicht worden.

[3] Die Regelung der Veröffentlichung der Entscheidung zur Abgabe eines Angebots nach § 10 WpÜG sprengt den Rahmen dieser Arbeit. Gem. § 10 Abs. 6 WpÜG gilt § 15 WpHG nicht für Entscheidungen zur Abgabe eines Angebots.

in weit größerem Maße Rechtsunterschiede fortbestehen oder sich neu entwicklen als es mit den Zielen der HarmonisierungsRL vereinbar ist.

Das Thema ist aktuell. Insbesondere in Deutschland wird die Ad-hoc-Publizität nicht nur im juristischen Schrifttum, sondern auch in der allgemeinen Presse viel behandelt. Da immer mehr Unternehmen, insbesondere des Neuen Marktes[4], Ad-hoc-Mitteilungen als Werbemittel für die eigenen Aktien eingesetzt haben, untersagt das 4. FFG ein solches Verhalten[5]. Ebenso aktuell ist die Frage des Schadensersatzes wegen unterlassener oder falscher Mitteilungen. Auch in dieser Hinsicht bringt das 4. FFG Klarheit.

---

[4] Vgl. etwa *Rieckers*, Haftung des Vorstand für fehlerhafte Ad-hoc-Meldungen de lege lata und de lege ferenda, BB 2002, 1213; *Riedel*, Falsche Ad-hoc-Mitteilungen, wistra 2001, 447; *Röder*, Antwort auf die Stellungnahme von Kaserer/Nowak, ZfB 71 (2001), 1357, 1358.

[5] Regierungsentwurf eines Gesetzes zur weiteren Fortentwicklung des Finanzplatzes Deutschland (4. FFG), BR-Drucks. 936/01, 175ff. Über das 4. FFG s. statt aller *Möller*, Das Vierte Finanzmarktförderungsgesetz – Der Regierungsentwurf, WM 2001, 2405ff.

§ 2 Die Entwicklung der Ad-hoc-Publizitätsregelung

A. Der Weg zur Ad-hoc-Publizität in Europa

Die ersten Hinweise auf die europaweite Notwendigkeit einer Verbesserung der Informationsversorgung des Publikums durch die Emittenten gehen auf die siebziger Jahre zurück. Die EG-Kommission richtete 1977 an die EG-Mitgliedstaaten eine Empfehlung betreffend Europäische Wohlverhaltensregeln für Wertpapiertransaktionen[1]. Sie enthielt u.a. Regeln bezüglich der Offenlegung von Informationen. Die Sofortpublizität wurde als Präventionsmittel vor dem Insiderhandel verstanden. Unregelmäßigkeiten auf den Kapitalmärkten können vermieden werden, wenn Informationen rasch veröffentlicht werden. Dadurch wird der Zeitraum, in dem Informationsasymmetrien herrschen, verkürzt. Die Publizitätspflichten der Unternehmen werden bereits in der Empfehlung als zentrales Element eines gut strukturierten Kapitalmarktes angesehen.

Auf gemeinschaftlicher Ebene ist dann im Laufe der letzten 25 Jahre eine Reihe von Vorschriften erlassen worden, deren Zweck es ist, die Transparenz und die Funktionsfähigkeit der europäischen Kapitalmärkte zu verbessern. Die Vorschriften, welche in Deutschland und Italien die Ad-hoc-Publizität betreffen, sind in diesem Kontext zu lesen. Sie gehen auf EG-RL zurück und dürfen daher nicht isoliert - als rein nationale Bestimmungen zur Regelung rein nationaler Phänomene - betrachtet werden. Die EG hat eine Koordinierung, eine Erweiterung und eine Verbesserung der Regelung der Unternehmenspublizität für notwendig gehalten[2]. Diese Reformen bezwecken zum einen die Stärkung der Funktionsfähigkeit der europäischen Kapitalmärkte. Zum anderen geht es aber auch um den Anlegerschutz. Die Investoren müssen in die Lage gesetzt werden, aufgrund der zur Verfügung stehenden Informationen korrekte Investitions- bzw. Desinvestitionsentscheidungen zu treffen. Die EG hat deshalb eine Anzahl von RL erlassen, welche die Informationsbeschaffung des Publikums verbessern. Sie betreffen sowohl die Primärmarktpublizität (Informationspflichten bei der Plazierung neuer Wertpapiere) als auch die Sekundärmarktpublizität (Informationspflichten bei dem Handel mit bereits plazierten Wertpapieren).

---

[1] Empfehlung 77/354/EWG der Kommission der EG über europäische Wohlverhaltensregeln für Wertpapiertransaktionen vom 25.7.1977, ABlEG L 212/37 vom 20.8.1977.

[2] Vgl. *Assmann*, Kapitalmarkt in Europa, 28ff.; *Deckert/von Rüden*, Anlegerschutz durch Europäisches Kapitalmarktrecht: Publizität statt Verbot, EWS 1998, 46, 47ff.; *Nobel*, Schweizerisches Finanzmarktrecht: Einführung und Überblick, 113ff.

I. Die EG-BörsenzulassungsRL

Innerhalb dieser gemeinschaftlichen Politik der Verbesserung der Unternehmenspublizität ist 1979 die EG-BörsenzulassungsRL erlassen worden, in der umfassende dem Publikum zu unterbreitende Informationspflichten für die Emittenten festgelegt werden. Art. 4 Abs. 2 der EG-BörsenzulassungsRL stellt die ursprüngliche Rechtsgrundlage der Ad-hoc-Publizitätspflicht dar: „Die Emittenten von zur amtlichen Notierung zugelassenen Wertpapieren müssen, je nachdem, ob es sich um Aktien oder Schuldverschreibungen handelt, die in Schema C oder D im Anhang dieser RL aufgeführten Pflichten einhalten". Schemata C und D enthalten zum einen Informationspflichten in Zusammenhang mit der Regelpublizität (Schema C Ziffer 4; Schema D Buchstabe A Ziffer 3), zum anderen Informationspflichten in Zusammenhang mit der Ad-hoc-Publizität. Nach Schema C Ziffer 5 Buchstabe a (Aktien) muss die Gesellschaft „das Publikum unverzüglich über neue erhebliche Tatsachen in Kenntnis setzen, die in ihrem Tätigkeitsbereich eingetreten sind und die der breiten Öffentlichkeit nicht bekannt sind, aber wegen ihrer Auswirkung auf ihre Vermögens- und Finanzlage oder auf den allgemeinen Geschäftsverkehr zu einer beträchtlichen Änderung der Kurse ihrer Aktien führen können. Wenn die Verbreitung bestimmter Informationen geeignet ist, den berechtigten Interessen der Gesellschaft zu schaden, können die zuständigen Stellen jedoch die Gesellschaft von dieser Pflicht entbinden". Nach Schema D Buchstabe A Ziffer 4 Buchstabe a (Schuldverschreibungen) muss das Unternehmen „das Publikum unverzüglich über neue erhebliche Tatsachen in Kenntnis setzen, die in seinem Tätigkeitsbereich eingetreten sind und die der breiten Öffentlichkeit nicht bekannt sind, die aber erheblich seine Fähigkeit beeinträchtigen können, seinen Verpflichtungen nachzukommen. Wenn die Verbreitung bestimmter Informationen geeignet ist, den berechtigten Interessen des Unternehmens zu schaden, können die zuständigen Stellen jedoch das Unternehmen auf dessen Wunsch von dieser Pflicht entbinden".

Art. 5 Abs. 2 EG-BörsenzulassungsRL schafft die Rechtsgrundlage für schärfere nationale Maßnahmen: „Die Mitgliedstaaten können den Emittenten von zur amtlichen Notierung zugelassenen Wertpapieren strengere als die in den Schemata C und D aufgeführten Pflichten oder zusätzliche Pflichten auferlegen".

Art. 17 EG-BörsenzulassungsRL regelt die Modalitäten der Verbreitung der Informationen: „Die von den Emittenten eines Wertpapiers, das zur amtlichen Notierung in einem Mitgliedstaat zugelassen ist, dem Publikum zugänglich zu machenden Informationen gem. den Schemata C und D müssen in einer oder mehreren Zeitungen mit einer Verbreitung im gesamten Staatsgebiet oder weiter Verbreitung in diesem Staat veröffentlicht werden oder dem Publikum entweder in schriftlicher Form in den durch Anzeigen in einer oder mehreren Zeitungen mit einer Verbreitung im gesamten Staatsgebiet oder weiter Verbreitung in dem genannten Staat angegebenen Orten oder durch andere von den zuständigen Stellen anerkannte gleichwertige Mittel zugänglich gemacht werden. Gleichzeitig haben die Emittenten dieselben Informationen den zuständigen Stellen mitzuteilen. Die in Absatz 1 genannten Informationen müssen in der oder den Amtssprachen oder in einer der Amtssprachen oder in einer anderen Sprache abgefasst werden, sofern in dem betreffenden Mitgliedstaat die Amtssprache oder die Amtssprachen oder diese andere Sprache auf finanziellem Gebiet üblich sind und von den zuständigen Stellen akzeptiert werden".

II. Die EG-InsiderRL

Zu den europäischen Maßnahmen zur Verbesserung der Transparenz und Funktionsfähigkeit der Kapitalmärkte gehört auch die im Jahre 1989 verabschiedete EG-InsiderRL. Diese RL erweitert den Anwendungsbereich der Publizitätspflichten auf alle Wertpapiere, die „zum Handel auf einem Markt zugelassen sind, der von staatlich anerkannten Stellen reglementiert und überwacht wird, regelmäßig stattfindet und der Öffentlichkeit direkt oder indirekt zugänglich ist" (Art. 1 Ziffer 2 Buchstabe d EG-InsiderRL). Die EG-BörsenzulassungsRL betrifft hingegen lediglich „Wertpapiere, die an einer in einem Mitgliedstaat ansässigen oder tätigen Wertpapierbörse zur amtlichen Notierung zugelassen sind" (Art. 1 Abs. 1). Mit Art. 7 EG-InsiderRL gelten die im Anhang, Schema C Ziffer 5 Buchstabe a der RL 79/279/EWG vorgesehenen Bestimmungen „auch für Gesellschaften und Unternehmen, deren Wertpapiere unabhängig von ihrer Art auf einem Markt im Sinne von Art. 1 Ziffer 2 letzter Satzteil der vorliegenden RL zum Handel zugelassen sind".

B. Der Weg zur Ad-hoc-Publizität in Deutschland

Die EG-BörsenzulassungsRL ist mittels des BörsZulG im Jahre 1986 in Deutschland umgesetzt worden. Mit dieser Reform wurden weitreichende Informationspflichten für die Emittenten (§§ 44-44d BörsG) eingeführt. Insbesondere wurde § 44a BörsG erlassen, welcher der acht Jahre verspäteten Umsetzung des Art. 4 Abs. 2 EG-BörsenzulassungsRL gedient hat. § 44a BörsG stellte seit seinem Inkrafttreten am 1.5.1987 die erste Regelung der Ad-hoc-Publizität in Deutschland dar.

Im Jahre 1994 wurde das 2. FFG verabschiedet, dessen kapitalmarktrechtlicher Schwerpunkt das WpHG ist, das die neue rechtliche Grundlage der Sofortpublizität darstellt. § 44a BörsG ist seit dem 1.1.1995 aufgehoben und durch § 15 WpHG ersetzt worden. Der Wortlaut der Vorschrift wurde dabei nicht erheblich verändert. Es ist deshalb überraschend, dass § 15 WpHG zu einer lebhaften Veröffentlichungstätigkeit geführt hat, wenn man bedenkt, dass § 44a BörsG fast keine praktische Anwendung fand (die Norm hat über die Jahre ihrer Geltung hinweg nur ca. ein halbes Dutzend Meldungen ausgelöst)[3]. Der Gesetzgeber hat auch aus dem Grund die Regelung der Sofortpublizität in das WpHG aufgenommen, um ihre doppelte Zielsetzung zu betonen. Einerseits dient sie der kapitalmarktrechtlichen Information, andererseits der insiderrechtlichen Prävention. Aus dieser letzten Perspektive erfüllt die Offenlegungspflicht eine Ausgleichsfunktion. Während das Insiderhandelsverbot die Verwertung von Informationen verbietet (negative Seite), fördert das Ad-hoc-Publizitätsgebot ihre Verbreitung (positive Seite)[4]. Die negativen Auswirkungen von § 14 WpHG auf die Information des Marktes (ohne Insiderhandel spiegeln sich die Tatsachen nicht in den Preisen nieder) werden dadurch kompensiert, dass die Emittenten die Pflicht haben, die Anleger zu informieren[5]. Bemerkenswert ist in diesem Zusammenhang der Umstand, dass der italienische Gesetzgeber den umgekehrten Ansatz verwendet hat. Während die Pflicht zur Ad-hoc-Publizität ursprünglich im Insidergesetz enthalten war, befindet sich die heutige Regelung doch im gleichen Gesetz wie das Insiderrecht, jedoch an einer systematisch völlig getrennten Stelle. Diese Systematik hat aber keinen Einfluss auf die auch in Italien zu behauptende doppelte Funktion der Sofortpublizität.
Einige Aspekte der deutschen Regelung der Ad-hoc-Publizität sind schließlich durch das 4. FFG geändert worden.

---

[3] S. die Begründung zum Regierungsentwurf 2. FFG, BT-Drucks. 12/6679, 35; *Fürhoff/Wölk*, Aktuelle Fragen zur Ad-hoc-Publizität, WM 1997, 449; *Happ*, Zum Regierungsentwurf eines Wertpapierhandelsgesetzes, JZ 1994, 240, 241; *Pellens/Fülbier*, Gestaltung der Ad-hoc-Publizität unter Einbeziehung internationaler Vorgehensweisen, in: Baegte, Insiderrecht und Ad-hoc-Publizität, 23, 34; *Tippach*, Das Insiderhandelsverbot und die besonderen Rechtspflichten der Banken, 144.

[4] *Deckert/von Rüden* (oben FN 2), EWS 1998, 46, 51.

[5] *Kümpel*, Aktuelle Fragen der Ad-hoc-Publizität, AG 1997, 66; *Pananis*, Zur Abgrenzung von Insidertatsache und ad-hoc-publizitätspflichtigem Sachverhalt, WM 1997, 460; *Weisgerber*, Neue Informationskultur durch das zweite Finanzmarktförderungsgesetz, WM 1995, 19, 20; *Wittich*, Zweieinhalb Jahre Wertpapierhandelsaufsicht – eine Zwischenbilanz, WM 1997, 2026.

C. Der Weg zur Ad-hoc-Publizität in Italien

Ursprünglich war die italienische Regelung der Ad-hoc-Publizität in *l.* Nr. 157 vom 17.5.1991 enthalten, das insbesondere die Funktion hatte, in Umsetzung der EG-InsiderRL das Insiderrecht zu regeln[6]. Art. 6 und 7 *l.* Nr. 157/91 entsprachen dem § 44a BörsG und sahen die Pflicht zur Sofortpublizität vor[7]. Systematisch wurde während der Geltungszeit der alten Regelung die präventive Funktion der Ad-hoc-Publizität vor dem Insiderhandel betont.

Art. 6 Abs. 1 S. 2 *l.* Nr. 157/91 ermächtigte die *CONSOB*, mit eigener Verordnung die Modalitäten, die Fristen und die Bedingungen der Informationsversorgung des Publikums über alle Nachrichten, Tatsachen, Statistiken und Studien betreffend notierte Gesellschaften, deren (auch nicht notierte) kontrollierende, kontrollierte oder verbundene Gesellschaften, festzulegen. Zu veröffentlichen waren alle Informationen, die im Interesse der Gesellschafter, der Anleger oder der Sicherung der Funktionsfähigkeit des Marktes waren. Art. 6 Abs. 3 *l.* 157/91 regelte den Konflikt zwischen dem Informationsbedürfnis des Marktes und dem Interesse auf Geheimhaltung der Gesellschaft. Die Verordnung der *CONSOB* sollte auch vorsehen, dass die Geschäftsführer die Möglichkeit haben, gegen die Verbreitung der Nachrichten begründeten Einspruch bei der Aufsichtsbehörde einzulegen, falls die Publizität einen schweren Schaden herbeiführen kann. Die *CONSOB* hatte dann 48 Stunden Zeit, um zu entscheiden, ob die Argumente der Gesellschaft überzeugend waren. Sie konnte die Gesellschaft von der Veröffentlichungspflicht auch nur teilweise oder vorläufig befreien. Ein Dispens durfte jedoch nicht erteilt werden, wenn das Risiko bestand, das Publikum über wesentliche Tatsachen oder Umstände irrezuführen. In der Befreiungszeit durfte die Gesellschaft das Publikum über Entwicklungen im Zusammenhang mit den Nachrichten, für welche die Befreiung erteilt wurde, nicht informieren. Die *CONSOB* hingegen war jedenfalls sofort zu benachrichtigen. Art. 7 regelte die Folgen der Verletzung der Informationspflicht gegenüber dem Publikum. Die vorgesehenen Sanktionen waren: a) eine Warnung durch die *CONSOB*; b) eine Geldbuße zwischen 10 und 250 Millionen Lire. Der Typ und die Höhe der Sanktion hingen von der Schwere der Tat und von der eventuellen Wiederholung ab. Die Verhängung dieser Verwaltungssanktionen war auf Kosten derjenigen, welche die Informationspflicht verletzt hatten, nach den von der Aufsichtsbehörde festgelegten Modalitäten zu veröffentlichen.

---

[6] Legge 17.5.1991, n. 157. Norme relative all'uso di informazioni riservate nelle operazioni in valori mobiliari e alla Commissione nazionale per le società e la borsa.

[7] Zur bisherigen Ad-hoc-Publizität in Italien s. *Ristuccia*, Diffusione tempestiva di notizie attinenti alla fusione di società quotate in borsa, Riv. soc. 1991, 1691ff.

Die *CONSOB* hat von ihrer gesetzlichen Ermächtigungsgrundlage mit Beschluss Nr. 5553 vom 14.11.1991 Gebrauch gemacht und entsprechende Ausführungsmaßnahmen erlassen[8].

I. Die Verordnung mit Gesetzeskraft Nr. 58/1998

Die geltende italienische Regelung der Ad-hoc-Publizität geht auf den *d.lgs.* Nr. 58 vom 24.2.1998 zurück. Art. 214 *T.U.* hebt eine hohe Anzahl von Vorschriften auf, die in verschiedener Weise und in verschiedenen Standorten das bisherige Recht der notierten Gesellschaften bildeten. U.a. wird das Gesetz Nr. 157/91 betreffend das Verbot des Insiderhandels und das Gebot der Ad-hoc-Publizität mit sofortiger Wirkung aufgehoben.

Art. 113-118 *T.U.* sind nunmehr den Informationspflichten der Gesellschaften (*informazione societaria*) gewidmet. Während 113 *T.U.* die Offenlegungspflichten bei der Emission von Wertpapieren regelt, betreffen Art. 114-118 *T.U.* das informative Verhalten der Emittenten nach der Notierung. Insbesondere Art. 114-116 und 118 *T.U.* betreffen die Ad-hoc-Publizität: Art. 114 regelt die Mitteilungen an das Publikum; Art. 115 die Mitteilungen an die *CONSOB*; Art. 116 enthält Besonderheiten im Hinblick auf die Emittenten von Finanzinstrumenten, die im Publikum in erheblichem Maße verbreitet sind; Art. 118 enthält Ausnahmen von der Pflicht zur Sofortpublizität in Bezug auf gewisse Finanzinstrumente[9].

II. Die Ausführungsverordnung

Der *T.U.* versteht sich als Grundgesetz des italienischen Rechts der notierten Gesellschaft und verwendet die Technik des Verweises auf Verordnungen, welche die Einzelheiten der Regelung festlegen müssen. Bezüglich der Ad-hoc-Publizität sieht Art. 114 Abs. 1 S. 2 *T.U.* vor, dass die *CONSOB* mit eigener Verordnung die Modalitäten der Information des Publikums über Tatsachen festlegt (vgl. Art. 66 *Reg.*). Art. 114 Abs. 5 *T.U.* ermächtigt die *CONSOB*, Regeln über die Modalitäten der Veröffentlichung von Informationen über Studien und Statistiken der Emittenten festzulegen (vgl. Art. 69 *Reg.*). Schließlich sieht

---

[8] Delibera n. 5553 del 14.11.1991. Adozione del regolamento di attuazione degli articoli 6 e 7 della legge 17.5.1991, n. 157. Der Beschluss ist in G.U. vom 10.12.1991, Nr. 289, veröfffentlicht.

[9] Art. 117 *T.U.* betrifft die Rechnungslegung, die als Form der periodischen Information aus dem Themenbereich dieser Arbeit auszunehmen ist.

Art. 116 Abs. 1 S. 2 *T.U.* vor, dass weitere Einzelheiten der Regelung (Bestimmung der Kriterien für die Identifizierung der Emittenten mit im Publikum weit verbreiteten Finanzinstrumenten; Ausnahmen von der Sofortpublizitätspflicht) einer Verordnung überlassen sind (vgl. Art. 2 Buchstabe e) und 112 *Reg.*).

Die Ausführungsmaßnahmen sind im Beschluss Nr. 11971 der *CONSOB* vom 14.5.1999 enthalten[10]. Titel II (Art. 65-116 *Reg.*) des Teils III (Art. 51-152 *Reg.*) über die Emittenten ist der gesellschaftlichen Information (*informazione societaria*) gewidmet. Titel II ist in sechs Untertitel unterteilt: der erste enthält Generalbestimmungen (Art. 65 *Reg.*); der zweite betrifft die Mitteilungen an das Publikum (Art. 66-89 *Reg.*); der dritte die Mitteilungen an die *CONSOB* (Art. 90-101 *Reg.*); der vierte die geschlossenen Fonds (Art. 102-103 *Reg.*); der fünfte die Emittenten von Finanzinstrumenten, die an anderen reglementierten Märkten als der Börse notiert sind (Art. 104-107 *Reg.*); der sechste die Emittenten von Finanzinstrumenten, die im Publikum in erheblichem Maße verbreitet sind (Art. 108-112 *Reg.*); der siebte die ausländischen Emittenten (Art. 113-116 *Reg.*).

Die Vorschriften betreffend die Ad-hoc-Publizität sind überwiegend in dem zweiten Untertitel (Art. 66-89 *Reg.*) des Teils III (Mitteilungen an das Publikum) enthalten. Dieser Untertitel ist seinerseits in vier Sektionen geteilt: die erste betrifft die Information über erhebliche Tatsachen (Art. 66-69 *Reg.*); die zweite die Information über außergewöhnliche Operationen (Art. 70-76 *Reg.*); die dritte die periodische Information (Art. 76-83 *Reg.*); die vierte sonstige Informationen (Art. 84-89 *Reg.*). Die wichtigsten Bestimmungen zur Sofortpublizität stellen die Art. 66-69 *Reg.* dar, wobei sonstige relevante Normen auch an anderen Stellen der Ausführungsverordnung zu finden sind (vgl. Art. 104 für Emittenten von Finanzinstrumenten, die an anderen reglementierten Märkten als der Börse notiert sind, Art. 109 für Emittenten von Finanzinstrumenten, die im Publikum in erheblichem Maße verbreitet sind, und Art. 113 für ausländische Emittenten).

Die deutsche Regelung, die relativ knapp ausschließlich im Gesetz enthalten ist, zeichnet sich durch größere Rechtsunsicherheit aus. Anders die Situation in Italien, wo die Regelierung - die in Gesetz und Verordnung verteilt ist - insgesamt ausgiebiger ist und mehrere Anhaltspuntke für die Auslegung bietet. Während die Richtschnur der Ad-hoc-Informationsregulierung im Gesetz enthalten ist, werden zahlreiche nebensächliche Aspekte verwaltungsrechtlich geregelt, so dass eine schnellere Veränderung dieser letzteren Vorschriften im Vergleich zum deutschen Gesetz möglich ist. Andererseits zeigt die Regelungstechnik in Deutschland eine höhere Flexibilität, denn die Konkretisierung des Gesetztextes kann informell durch bloße Verwaltungsvorschriften, Richtlinien

[10] *CONSOB*, Delibera n. 11971 del 14.5.1999. Adozione del regolamento di attuazione del decreto legislativo 24.2.1998, n. 58, concernente la disciplina degli emittenti, in G.U. del 28.5.1999, n. 123.

oder Verlautbarungen der Aufsichtsbehörde erfolgen. Dies ist unter dem Gesichtspunkt vorteilhaft, dass der Kapitalmarkt ein komplexes Gebilde darstellt und sich in ständiger Evolution befindet.

In Bezug auf italienisches Recht ist noch festzuhalten, dass unter den Rechtsquellen Verordnungen nicht die gleiche Rangordnung wie die Gesetze genießen. Sie können u.U. die Prüfung der Richter nicht überstehen. Es besteht insbesondere die Möglichkeit, dass die Verordnung für nichtig oder nicht anwendbar erklärt wird[11]. Gründe dafür können eine Gesetzesverletzung oder ein Missbrauch der Amtsgewalt sein.

D. Problematische Aspekte der Auslegung

§ 15 WpHG und Art. 114 *T.U.* enthalten eine Reihe von Begriffen, die in besonders hohem Maße unbestimmt sind. Wichtigste Ursache davon sind die zugrundeliegenden RL, die ebenso undefinierte Ausdrücke (mit Ausnahme von „Wertpapiere“: Art. 1 Nr. 2 i.V.m. Art. 7 EG-InsiderRL) verwenden[12]. Die nationalen Gesetzgeber haben Begriffsbestimmungen vorgenommen. Das deutsche Verzeichnis hilft jedoch bei der Untersuchung der Ad-hoc-Publizität nur zum Teil weiter, denn § 2 WpHG definiert lediglich wenige der in § 15 WpHG enthaltenen Ausdrücke (und zwar nur „Wertpapiere“ und „Derivate“). Der italienische Gesetzgeber ist diesbezüglich etwas detallierter gewesen. Art. 1 *T.U.* liefert eine Anzahl von Definitionen, die bei der Auslegung für Lehre und Praxis behilflich sein sollten[13]. In der italienischen Regelung ist zudem auf Art. 65 *Reg.* abzustellen, in welchen die Begriffsbestimmungen für den Titel I über die gesellschaftliche Information (Art. 65-116 *Reg.*) enthalten sind.

Die Verwendung allgemeiner Begriffe erschwert sowohl die Auslegung als auch die Anwendung der deutschen und italienischen Vorschriften über die Pflicht zur Sofortpublizität. Die Verwendung unbestimmter Ausdrücke wirft zudem Fragen bezüglich der Einhaltung des Bestimmtheitsgebotes auf, denn

---

[11] Vgl. diesbezüglich *Guarracino*, Commento all'art. 114, in: Alpa/Capriglione, Commentario al testo unico delle disposizioni in materia di intermediazione finanziaria, 1054, 1058.

[12] *BAWe und Deutsche Börse AG*, Insiderhandelsverbote, 26; *Assmann*, Insiderrecht und Kreditwirtschaft: Rechtsanwendungsprobleme des Insiderrechts in bezug auf die Organisation und die Geschäfte von Kreditinstituten, WM 1996, 1337, 1338; *Happ* (oben FN 3), JZ 1994, 240, 242; *Hausmaninger*, Insider Trading, 213; *Hopt*, Rechtsprobleme des europäischen und deutschen Insiderrechts, BFuP 1994, 85; *Pellens/Fülbier* (oben FN 3), in: Baegte, Insiderrecht und Ad-hoc-Publizität, 23, 27; *Pfitzer/Streib*, Bestimmungen über die Unternehmenspublizität im Rahmen des Wertpapierhandelsgesetzes, BB 1995, 1947, 1953; *Schmidt*, Insider Trading: Maßnahmen zur Vermeidung bei US-Banken, 88.

[13] Vgl. *Brozzatti*, Commento agli artt. 1-3, in: Belli/Mazzini/Tedeschi, Il testo unico della finanza, 6.

der Verstoß gegen § 15 WpHG und Art. 114 *T.U.* stellt in beiden Rechtsordnungen eine Ordnungswidrigkeit dar. Die Gesetzesfassung des WpHG und des *T.U.* hat deshalb kritische Reaktionen in der Lehre und in der Praxis hervorgerufen[14]. Aufgrund der Schwierigkeiten bei der Interpretation und im Hinblick auf die hohen Sanktionen wird vorgeschlagen, im Zweifel von einer Ad-hoc-Veröffentlichungspflicht auszugehen[15]. Der Grundsatz „*in dubio pro* Öffentlichkeit" wird auch von der BAFin. und der Deutschen Börse AG einerseits und von der *CONSOB* andererseits vertreten[16]: Durch eine zügige Veröffentlichung sollen das Publikum informiert und der Insiderhandel behindert werden.

Zur Konkretisierung der unklaren Begriffe könnte die Rechtsprechung beitragen[17]. Bisher existieren jedoch sehr wenige gerichtliche Entscheidungen im Bereich der Ad-hoc-Publizität. Diese Situation ist bedauernswert, da den deutschen und italienischen Praktikern geringe Informationen über die Anwendung der Normen zur Verfügung stehen, was die Folge hat, dass selbst Rechtsberatungen in diesem Bereich besonders riskant sind[18]. Die BAFin. steht den Emittenten als beratende Institution zur Verfügung[19]. Die Verwaltungspraxis ist allerdings sicherlich etwas mehr als eine reine Orientierungshilfe für die betroffenen Gesellschaften, denn die Frankfurter Behörde übt die Aufsichtsfunktion aus. Es empfiehlt sich deshalb ohne weiteres ihren Hinweisen zu folgen, um Sanktionen zu vermeiden. Die BAFin. versucht, durch Verlautbarungen und Richtlinien eine einheitliche Praxis zu sichern[20].

Bei der Auslegung von § 15 WpHG und Art. 114 *T.U.* ist es schließlich wichtig, die europäische Herkunft der Normen zu beachten. Im Zweifel soll jede umgesetzte Vorschrift richtlinienkonform ausgelegt werden. Im Bereich der Ad-hoc-Publizität ist jedoch die Relevanz dieser Interpretationmethodik begrenzt[21]. § 39 WpHG und Art. 193 *T.U.* sanktionieren den Verstoß gegen das

---

[14] Vgl. etwa *Assmann* (oben FN 12), 1337, 1338; *Burgard*, Ad-hoc-Publizität bei gestreckten Sachverhalten und mehrstufigen Entscheidungsprozessen, ZHR 162 (1998), 51, 52f., 58 und 72; *Dierlamm*, Das neue Insiderstrafrecht, NStZ 1996, 519, 522; *Haouache*, Börsenaufsicht durch Strafrecht, 95ff.; *Pellens/Fülbier* (oben FN 3), in: Baegte, Insiderrecht und Ad-hoc-Publizität, 23, 58; *Riedel*, Falsche Ad-hoc-Mitteilungen, wistra 2001, 447ff.; *Valentino*, L'informativa societaria, 40.

[15] In der deutschen Literatur beispielsweise *Becker*, Das neue Wertpapierhandelsgesetz, 81; *Burgard* (oben FN 14), 51, 69; *Kümpel*, Börsenrecht: Eine systematische Darstellung, 126.

[16] *BAWe und Deutsche Börse AG*, Insiderhandelsverbote, 26; *CONSOB*, Empfehlung Nr. 98090373 vom 20.11.1998.

[17] Vgl. *Fürhoff/Wölk* (oben FN 3), WM 1997, 449, 450; *Haouache* (oben FN 14), 15ff. und 97ff.; *Pfitzer/Streib* (oben FN 12), BB 1995, 1948; *Wondra*, Staatshaftung durch fehlsame Wirtschaftsaufsicht?, 187.

[18] *Kümpel*, Insiderrecht und Ad-hoc-Publizität aus Bankensicht, WM 1996, 653, 662.

[19] *BAWe*, JB 1996, 21; *BAWe*, JB 1995, 22.

[20] *BAWe*, JB 1996, 5.

[21] *Cahn*, Grenzen des Markt- und Anlegerschutzes durch das Wertpapierhandelsgesetz, ZHR 162 (1998), 1, 3.

Gebot der Sofortpublizität mit Geldbußen. Aufgrund des in diesen Fällen geltenden Analogieverbotes ist eine Auslegung über den Wortlaut hinaus grundsätzlich nicht zulässig[22].

E. Fazit

Seit über 25 Jahren werden auf gemeinschaftlicher Ebene Vorschriften zur Regelung der Kapitalmärkte erlassen. Ein Teil dieser Bestimmungen betrifft die Informationsversorgung des Publikums. Die Rechtsgrundlage der Ad-hoc-Publizität, die als eine besondere Form der Unternehmenspublizität anzusehen ist, ist Art. 4 Abs. 2 EG-BörsenzulassungsRL. In Deutschland ist diese Norm zunächst durch § 44a BörsG, sodann durch § 15 WpHG umgesetzt worden. Im Kontext des WpHG wird nunmehr die präventive Funktion der Sofortpublizität vor dem Insiderhandel betont. Im italienischen Recht ist das Gegenteil geschehen. Die Regelung, die zunächst systematisch als Vorbeugung vor Insidergeschäften verstanden wurde, geniesst derzeit eine autonome Stellung. Mit der Aufhebung des Gesetzes Nr. 157/1991 und dem Erlass des *T.U.* sind der Ad-hoc-Publizität neue Vorschriften im Kontext der gesellschaftlichen Information gewidmet worden. Die italienische Regelung befindet sich zu einem nicht unerheblichen Teil in einer Ausführungsverordnung, so dass sich die hier allerdings nicht zu behandelnde Frage des Verhältnisses zwischen Gesetz und Verordnung stellt.

Die Unbestimmtheit der vom deutschen und italienischen Gesetzgeber verwendeten Begriffe verunsichert Lehre und Praxis. Die wenige Rechtsprechung ist widersprüchlich. Die Hinweise der Aufsichtsbehörden können in diesem Kontext lediglich als Orientierungshilfe angesehen werden. Ein Hindernis für die richtlinienkonforme Auslegung stellt zudem die Tatsache dar, dass der Verstoß gegen § 15 WpHG und Art. 114 *T.U.* mit Geldbußen geahndet wird.

---

[22] *Wolf*, Rechtsanwendungsprobleme des neuen Insiderstraftatbestandes mit Vergleichen zu US-amerikanischen und Schweizer Lösungsansätzen, 175.

§ 3 Sinn und Zweck der Ad-hoc-Publizitätsregelung

A. Allgemeines

Die sechs Erwägungsgründe der EG-BörsenzulassungsRL liefern keinen Anhaltspunkt über Sinn und Zweck der Ad-hoc-Publizität. Die Pflicht zur unverzüglichen Information des Publikums wird lediglich in den Anhängen der RL bejaht und spielt allgemein bei diesem Regelungsstück (über die Koordinierung der Bedingungen für die Zulassung von Wertpapieren zur amtlichen Notierung an einer Wertpapierbörse) eine nebensächliche Rolle. Der Schwerpunkt der EG-BörsenzulassungsRL liegt bei der Zulassung, nicht bei den Verpflichtungen, die sich aus der Zulassung ergeben (wie dies bei der Sofortpublizität der Fall ist).

§ 15 WpHG dient verschiedenen Zwecken, die zum Teil in den Vorarbeiten zum Ausdruck kommen. Aus rechtspolitischer Sicht sollen die neuen Ad-hoc-Publizitätspflichten dazu beitragen, den Standort Bundesrepublik zu fördern. Die Anpassung an internationale Offenlegungsstandards soll das Ansehen Deutschlands verbessern und damit Kapital anziehen. Die ultimative Zielsetzung der Pflicht zur Ad-hoc-Publizität ist daher die Verbesserung der Funktionsfähigkeit des deutschen Kapitalmarktes. Durch die Sofortpublizität soll der Standort Deutschland effizienter und stärker werden. Die Transparenz gewährleistet eine optimale Finanzierung der Wirtschaftssubjekte. Gut funktionierende Kapitalmärkte sind somit unabdingbare Voraussetzung einer innovationsfähigen Volkswirtschaft.

Ähnliche Überlegungen gelten für das italienische Recht. Mit dem Erlass des *T.U.* wurde die Regelung der notierten Gesellschaften in grundlegender Weise reformiert. Die Normen bezüglich der Ad-hoc-Publizität sollen in diesem Kontext dazu beitragen, den italienischen Kapitalmarkt funktionsfähiger, effizienter und attraktiver zu gestalten.

B. Transparenz, Preisbildung und Funktionsfähigkeit der Kapitalmärkte

In Bezug auf die Adressaten ist zwischen Information und Publizität zu differenzieren. Die Information richtet sich an ein oder wenige Subjekte; die Publizität hingegen an das Publikum oder zumindest an eine Öffentlichkeit. Die Bezeichnung „Ad-hoc-Publizität", wie sie vom deutschen und italienischen Gesetzgeber verwendet wird, bezieht sich auf beide Elemente. Zum einen sollen

Aufsichtsbehörden informiert (§ 15 Abs. 2 WpHG; Art. 115 *T.U.*), zum anderen Tatsachen publiziert (§ 15 Abs. 1 WpHG; Art. 114 *T.U.*) werden.

I. Die Transparenz der Kapitalmärkte

Ziel der Publizitätspflichten der Unternehmen ist, es den Anlegern zu ermöglichen, sich in korrekter Weise zu informieren, um aus den verschiedenen Investitionsmöglichkeiten die beste wählen zu können[1]. Der Gesetzgeber schafft mit Offenlegungsregeln gesetzliche Rahmenbedingungen, damit durch die Herstellung der Markttransparenz das Vertrauen des Publikums verstärkt und seine Investitionsbereitschaft gefördert wird[2]. Bei starken Informationsasymmetrien erfolgen weniger Investitionen und die Marktliquidität reduziert sich. Die Erhöhung der Markttransparenz darf jedoch nicht mit der einfachen Steigerung der Quantität der Informationen verwechselt werden. *Overflow of information* kann u.U. den gleichen Effekt wie die absolute Abwesenheit von Unternehmensnachrichten haben[3]. Dies wird insbesondere dann vorkommen, wenn der Anleger durch die Fülle der Informationen verwirrt wird und wesentliche Neuheiten von unbedeutenden Faktoren nicht unterscheiden kann. Die Informationsversorgung des Publikums soll effektiv sein. Sinn und Zweck der Unternehmenspublizität darf nicht nur darin bestehen, die Quantität der Nachrichten zu erhöhen, sondern auch ihre Verständlichkeit sicherzustellen[4].

Die Ad-hoc-Publizität bezweckt nicht nur die Unterrichtung der aktuellen Gesellschafter des Emittenten, sondern auch des breiteren Anlegerpublikums[5]. Aufgrund dieses erweiterten Kreises von Adressaten ist die Ad-hoc-Publizität als eine Form von kapitalmarktrechtlicher Informationsversorgung zu betrach-

---

[1] Vgl. *D'amico*, Note sull'informazione societaria nelle quotate e nelle piccole imprese, Le Società 1999, 1, 26f.; *Möller*, Die Neuregelung des Verbots der Kurs- und Marktpreismanipulation im Vierten Finanzmarktförderungsgesetz, WM 2002, 309, 310.

[2] *Loistl*, Empirisch fundierte Messung kursrelevanter Tatsachen, Die Bank 1995, 232, 233; *Mülbert*, Aktiengesellschaft, Unternehmensgruppe und Kapitalmarkt, 109ff.

[3] *Frignani*, I primi orientamenti della CONSOB concernenti la diffusione di informazioni „price sensitive" a terzi, Le Società 1999, 1113, 1117f.

[4] *Annunziata*, La nuova disciplina delle comunicazioni societarie al pubblico e alla CONSOB, Le Società, 1999, 520, 521.

[5] *Deckert/von Rüden*, Anlegerschutz durch Europäisches Kapitalmarktrecht: Publizität statt Verbot, EWS 1998, 46, 49; *Kümpel*, Kapitalmarktrecht – Einführung - in: Kümpel/Ott, Kapitalmarktrecht, KZ 50 RZ 33 und 52; *Maviglia/Maviglia*, L'informazione societaria, in: Di Noia/Razzante, Il nuovo diritto societario e dell'intermediazione finanziaria, 335, 336; *Piscitello*, Commento all'art. 114, in: Campobasso, Testo Unico della Finanza, 949, 950; *Salafia*, L'informativa societaria e l'efficienza del mercato, Le Società, 1999, 1029, 1030; *Valentino*, L'informativa societaria, 31f.

ten[6]. In diesem Zusammenhang klingt die Bezeichnung des italienischen Gesetzes irreführend. Aus der Titulation zu den Art. 113-118 ergibt sich, dass der *T.U.* die gesellschaftliche Information (*informazione societaria*) regelt. Unter dieser wird jedoch auch (und überwiegend) die Ad-hoc-Publizität geregelt, d.h. eine Form von Publizität, die sich nicht nur an aktuelle Aktionäre, sondern auch an künftige Investoren richtet. Das italienische Recht verwendet die Bezeichnung „gesellschaftliche Information", weil es die Quelle (der Gesellschaft), nicht die Adressaten (dem Publikum) der Information als Ausgangspunkt der Regelung betrachtet. Die Sofortpublizität bezweckt die Information aller Personen, die am Kapitalmarkt tätig sind oder werden wollen.

1. Das Verhältnis zwischen Regelpublizität und Ad-hoc-Publizität

In zeitlicher Hinsicht lässt sich die Unternehmenspublizität in Regelpublizität (oder periodische Publizität) und Ad-hoc-Publizität unterteilen. Der Unterschied besteht darin, dass die Regelpublizität an bestimmten Stichtagen (periodisch) eintritt, während die Ad-hoc-Publizität nur von gewissen unregelmäßigen Ereignissen (aperiodisch) ausgelöst wird[7].

Regelpublizität und Ad-hoc-Publizität laufen parallel. Die besondere Funktion der Sofortpublizität in diesem Kontext liegt darin, die Veröffentlichung von Tatsachen vorzuverlagern[8]. Im Rahmen der Ad-hoc-Publizität können die gleichen Ereignisse veröffentlicht werden, die später in der periodischen Publizität aufgenommen werden. Die Sofortpublizität hat eine zur Regelpublizität ergänzende Funktion. Tatsachen, die im JA oder im Zwischenbericht später aufzunehmen sind, sind sofort *ad hoc* zu veröffentlichen, wenn sie zu einer erheblichen Veränderung der ausgewiesenen Vermögens- oder Finanzlage oder des allgemeinen Geschäftsverlaufs führen[9]. Die spätere Berichterstattung im

---

[6] Vgl. *Fülbier*, Regulierung der Ad-hoc-Publizität, 25ff.; *Kümpel*, Wertpapierhandelsgesetz: Eine systematische Darstellung, 91f.

[7] *Carbone*, Commento all'art. 113, in: Alpa/Zatti, Commentario breve al codice civile, 1195; *De Vitis*, Commento agli artt. 113-116, in: Rabitti Bedogni, Il testo unico dell'intermediazione finanziaria, 615, 617; *Fülbier* (oben FN 6), 23; *Gerke/Bank/Lucht*, Die Wirkungen des Wertpapierhandelsgesetzes auf die Informationspolitik der Unternehmen, Die Bank 1996, 612.

[8] Vgl. *Piscitello*, Commento all'art. 115, in: Campobasso, Testo Unico della Finanza, 956, 958; *Riedel*, Falsche Ad-hoc-Mitteilungen, wistra 2001, 447; *Schumacher*, Ad-hoc-Publizitätspflichten börsennotierter Fußballclubs, NZG 2001, 769, 770.

[9] Vgl. etwa *Hirte*, Die Ad-hoc-Publizität im System des Aktien- und Börsenrechts, in: Hadding/Hopt/Schimansky, Das 2. Finanzmarktförderungsgesetz in der praktischen Umsetzung, 49, 51; *Nowak*, Eignung von Sachverhalten in Ad-hoc-Mitteilungen zur erheblichen Kursbeeinflussung, ZBB 2001, 449, 455; *Pellens/Fülbier*, Gestaltung der Ad-hoc-Publizität unter Einbeziehung internationaler Vorgehensweisen, in: Baegte, Insiderrecht und Ad-hoc-Publizität, 43 und 58f., *Pfitzer/Streib*, Bestimmungen über die Unternehmenspublizität im Rahmen des Wertpapierhandelsgesetzes, BB 1995, 1947, 1948; *Wittich*, Erfahrungen mit der Ad-hoc-Publizität in Deutschland, AG 1997, 1, 2.

Rahmen der Regelpublizität ersetzt nicht die sofortige Ad-hoc-Publizität[10]. Die Frage zum Spannungsverhältnis zwischen diesen zwei Publizitätsformen hat nicht nur theoretische Relevanz. Im Falle von roten Zahlen kann es z.B. im Interesse der Emittenten sein, nicht zu veröffentlichen. Bis zum Stichtag der Regelpublizität können die Verluste u.U. reduziert oder eliminiert worden sein. Gäbe es keine Verpflichtung zur Ad-hoc-Publizität, so würden die Anleger nichts über die (inzwischen geheilte) schwierige Situation der Gesellschaft erfahren. Es ist eben die Beobachtung einer zurückhaltenden Informationspraxis der Emittenten im Falle von Verlusten, dass die BAFin. dazu veranlasst hat, Stellung zum Verhältnis von Regel- und Ad-hoc-Publizität zu nehmen[11]. Die deutsche Aufsichtsbehörde hat zu Recht klargestellt, dass Tatsaschen, die im Rahmen der Regelpublizität darzustellen sind, der Sofortpublizität unterliegen[12]. Die künftige Veröffentlichung von Informationen nach Maßgabe der periodischen Publizität schließt die Notwendigkeit einer sofortigen Ad-hoc-Veröffentlichung nicht aus. Zu diesem Ergebnis gelangt man, wenn man Sinn und Zweck von § 15 WpHG berücksichtigt. Die Zeitspanne zwischen dem Eintreten einer Tatsache und ihrer Regelpublizität wird durch eine unverzügliche Ad-hoc-Meldung in aller Regel reduziert. Dadurch wird der Markt umgehend informiert und das Risiko von Insidertransaktionen minimiert[13]. In der Aktualität der Information liegt letztendlich Sinn und Zweck der Sofortpublizität im Vergleich zur periodischen Publizität. In der Praxis gehen beim BAFin. zahlreiche Meldungen über Daten ein, die nach der Regelpublizität sowieso publizitätspflichtig sind[14].

Die rechtsvergleichende Analyse zum italienischen Recht bestätigt die ergänzende Funktion der zwei Publizitätsarten. Nach Art. 114 Abs. 1 S. 1 *T.U.* bleiben die sonstigen vom Gesetz vorgesehenen Publizitätspflichten unberührt. Insbesondere sieht Art. 66 Abs. 6 *Reg.* ausdrücklich vor, dass im Rahmen der Ad-hoc-Publizität auch Informationen über die Entwicklung der Lage der Rechnungslegung zu veröffentlichen sind. Diese Daten müssen dem Publikum vor den Stichtagen der Regelpublizität zur Verfügung gestellt werden. Die Sofortpublizität bewirkt somit eine Vorverlagerung der periodischen Information.

2. Das besondere Merkmal der Ad-hoc-Publizität: Die Zeitnähe der Information

Das besondere Merkmal der Ad-hoc-Publizität liegt - im Vergleich zur Regelpublizität - in der Geschwindigkeit, mit der sie die Anleger erreicht, d.h.

---

[10] *BAWe und Deutsche Börse AG*, Insiderhandelsverbote, 31.
[11] *BAWe*, JB 1996, 24f.
[12] *BAWe*, Bekanntmachung vom 9.7.1996.
[13] Vgl. Schäfer-*Geibel*, WpHG, § 15 RZ 4.
[14] Angaben z.B. in *Wölk*, Ad-hoc-Publizität – Erfahrungen aus der Sicht des BAWe, AG 1997, 73, 76.

in ihrer Zeitnähe[15]. Die Ad-hoc-Meldungen müssen die Adressaten umgehend erreichen (§ 15 Abs. 1 S. 1 WpHG; Art. 66 Abs. 1 *Reg.*). Eine erste Funktion der Ad-hoc-Publizität besteht darin, zur schnellen Information des Marktes beizutragen. Die Sofortpublizität bezweckt eine Beschleunigung der Anlegerinformation und somit einer Verbesserung der Informationsqualität in zeitlicher Hinsicht. Im Rahmen der Sofortpublizität sind wichtige Unternehmenstatsachen zwischen den Zeitpunkten der Veröffentlichungen von JA und Zwischenberichten unverzüglich zu veröffentlichen[16]. Die Emittenten dürfen nicht bis zum nächsten Stichtag der periodischen Publizität abwarten, sondern müssen Ereignisse unverzüglich nach ihrem Eintreten bekanntgeben. Die Regelpublizität ist periodisch und kann u.U. die Anleger zu spät informieren[17]. Aus diesem Grund ist sie nicht immer in der Lage, die erforderliche Markttransparenz zu garantieren. Die in § 15 WpHG und Art. 114 *T.U.* vorgesehene Publizität ist hingegen zwar unregelmäßig, jedoch flexibler als die periodische Information.

Schnelligkeit der Information darf allerdings nicht zur Nachrichtenüberflutung führen. Information und Transparenz sind unterschiedliche Begriffe. Die veröffentlichte Tatsache ist eine Information; sie dient jedoch dem Transparenzzweck nur dann, wenn sie den Bedürfnissen der Anleger und des Marktes entspricht. Der Zweck von § 15 WpHG und Art. 114 *T.U.* besteht nicht darin, die Anleger über alle Ereignisse betreffend den Emittenten zu informieren. Aufgrund der besonderen Merkmale der zwei Bestimmungen (wie z.B. das Erfordernis der Eignung zur erheblichen Kursbeeinflussung) sollen die Adressaten zu Recht lediglich über „wesentliche" Tatsachen informiert werden[18]. „Erhebliche" oder „wesentliche" Tatsachen sind diejenigen, die zum Zweck der Investition eine wichtige, entscheidende Rolle spielen. Dem europäischen, deutschen und italienischen Gesetzgeber ist es bewusst, einerseits dass die Unternehmen keine „Informationsfabrik" sind, andererseits dass Investitionsentscheidungen durch eine exzessive Informationsflut nicht vereinfacht, sondern erschwert werden[19]. Auf ähnliche Gefahren wird auch in der italienischen Lehre hingewiesen.

---

[15] Vgl. etwa *Claussen*, Bank- und Börsenrecht, § 9 RZ 103f.; *Fülbier* (oben FN 6), 24f.; *Fürhoff/Wölk*, Aktuelle Fragen zur Ad-hoc-Publizität, WM 1997, 449, 450; *Hopt*, Grundsatz- und Praxisprobleme nach dem Wertpapierhandelsgesetz – insbesondere Insidergeschäfte und Ad-hoc-Publizität, ZHR 159 (1995), 135, 147.

[16] Begründung zum Regierungsentwurf, BT-Drucks. 10/4296, 16.

[17] Vgl. auch *Hopt*, Zum neuen Wertpapierhandelsgesetz. Stellungnahme für den Finanzausschuss des Deutschen Bundestages, WM-Festgabe für Hellner, 29, 31.

[18] *Wölk* (oben FN 14), AG 1997, 73, 76.

[19] In der deutschen Literatur s. *Fürhoff/Wölk* (oben FN 15), WM 1997, 449, 459; *Gehrt*, Die neue Ad-hoc-Publizität nach § 15 Wertpapierhandelsgesetz, 21.

Vorschriften, die zu einer hohen Informationsversorgung des Publikums verpflichten, tragen nicht automatisch zur Erhöhung der Markttransparenz bei[20].

3. Ergebnis

Die Ad-hoc-Publizität soll sichern, dass relevante (und nur relevante) Tatsachen den Adressaten (Bereichsöffentlichkeit im deutschen Recht; gesamtes Anlegerpublikum im italienischen Recht) zügig erreichen. Der Begriff der Transparenz enthält ein qualitatives Element. Durch die prompte und korrekte Information der Anleger soll es möglich sein, einen transparenten Markt herzustellen.

Die Markttransparenz selbst - zentraler Begriff des europäischen Kapitalmarktrechts und deshalb sowohl des WpHG als auch des *T.U.* - ist jedoch nicht das Endziel, sondern das Zwischenziel zum obersten Ziel (schnelle und korrekte Preisbildung, Funktionsfähigkeit und Effizienz der Kapitalmärkte)[21]. Die Transparenz ist eine entscheidende Voraussetzung für das effiziente Funktionieren der Kapitalmärkte[22]. Die Anleger wollen die Vorteile ihrer Kapitalanlage maximieren. Sachgerechte Investitionen erfordern jedoch geeignete Informationen[23]. Wenn die Anleger mit den relevanten Entscheidungsgrundlagen versehen werden, reduziert sich das Risiko von verfehlten Investitionsmaßnahmen.

II. Die schnelle und korrekte Preisbildung

Die Kapitalmärkte erfüllen eine für die Volkswirtschaft wichtige Funktion. Durch Bereitstellung und Erweiterung der Ressourcen ermöglichen sie die Finanzierung von Projekten[24]. Auf der einen Seite wollen die Anleger eine rentable und möglichst wenig riskante Investition machen, auf der anderen Seite

---

[20] S. statt aller *Buonocore*, La riforma delle società quotate, in: Bonelli/Buonocore/Corsi/Costi/Ferro-Luzzi/Gambino/Jaeger/Patroni Griffi, La riforma delle società quotate, 3, 69.

[21] *Angelici*, Note in tema di informazione societaria, in: Bonelli/Buonocore/Corsi/Costi/Ferro-Luzzi/Gambino/Jaeger/Patroni Griffi (oben FN 20), 249, 250.

[22] *BAWe*, JB 1996, 21.

[23] Vgl. *Loizzo*, Introduzione, in: Lacaita/Napoleoni, Il testo unico dei mercati finanziari, 3, 7; *Piscitello* (oben FN 5), in: Campobasso, Testo Unico della Finanza, 949, 950.

[24] *Gronstedt*, Zentrale staatliche Börsenaufsicht und Insiderrecht – Erfahrungen mit der französischen Börsenkommission, 158; *Hausmaninger*, Insider Trading, 7; *Kümpel*, Kapitalmarktrecht: Eine Einführung, 78; *Riepe*, Das 2. Finanzmarktförderungsgesetz: Verbesserung der internationalen Wettbewerbsfähigkeit des Finanzplatzes Deutschland, DStR 1994, 1236, 1238; *Starke*, Das französische Insiderstrafrecht, 29ff.

benötigen die Emittenten für die Verwirklichung ihrer Pläne kostengünstiges Kapital. Die Ausgabe von Wertpapieren ermöglicht die Finanzierung von Vorhaben, die ansonsten nicht machbar wären. Um eine effektive Transformationsfunktion (vom Spar- zu Investitionskapital) zu erfüllen, brauchen die Kapitalmärkte Informationen über die Emittenten. Erst nach einer vertieften Prüfung aller über ein Unternehmen verfügbarer erheblicher Daten wird eine korrekte Einschätzung der Rentabilität einer Investition möglich. Die Anleger wollen zudem, um bereit zu sein, finanzielle Mittel zur Verfügung zu stellen, über die Risiken informiert sein.

Die Ad-hoc-Publizität trägt aufgrund aktueller Informationen entscheidend zur Verbesserung der Preisbildungsfunktion der Börsen bei. Zweck der Sofortpublizität ist in diesem Kontext die Vermeidung der Entstehung unzutreffender, den Anlegern schädigender, Marktpreise[25]. Zum Schutz des Publikums ist eine korrekte Preisbildung von entscheidender Bedeutung. Es muss auf ein manipulationsfreies Zustandekommen von Börsenpreisen vertraut werden. Die Ad-hoc-Publizität stellt eine wichtige Voraussetzung der korrekten Kursbildung am Kapitalmarkt dar. Ihr besonderer Vorteil besteht darin, eine schnelle Preisbildung zu ermöglichen. Der Kurs der Wertpapiere wird sich nach der Veröffentlichung der neuen Information schnell anpassen[26]. Mittels der Ad-hoc-Publizitätspflichten spiegelt der Preis eines Wertpapiers in kürzester Zeit seinen echten Wert wieder.

III. Die Funktionsfähigkeit der Kapitalmärkte

Folge einer weitreichenden Marktransparenz und einer korrekten Preisbildung ist eine wirtschaftlich sinnvolle Allokation der Ressourcen[27]. Eine gut praktizierte Sofortpublizität soll die Qualität der dem Markt zu Verfügung stehenden Informationen verbessern. Bei einem informierten Kapitalmarkt sind die Anleger bereit zu investieren. Dank der verschiedenen Formen der Unternehmenspublizität identifizieren die Investoren die besten Chancen auf dem Markt. Die Publizität garantiert somit, dass die Ressourcen dorthin fließen, wo sie die beste Rendite versprechen[28]. Dies ist aus ökonomischer Sicht

---

[25] Bericht des Finanzausschusses des Deutschen Bundestages, BT-Drucks. 12/7918, 96 und 102.

[26] *Dickersbach*, Das neue Insiderrecht der Bundesrepublik Deutschland vor dem Hintergrund des EG-Rechts, 114; *Pellens/Fülbier* (oben FN 9) in: Baegte, Insiderrecht und Ad-hoc-Publizität, 23, 58.

[27] Vgl. *Carbone* (oben FN 7) in: Alpa/Zatti, Commentario breve al codice civile, 1195; *Fülbier* (oben FN 6), 144ff.; *Kümpel* (oben FN 24), 74; *Nowak* (oben FN 9) ZBB 2001, 449, 449; *Rodrian*, Insider-Regelungen: Insiderhandelsrichtlinie, Händler- und Beraterregeln und Verfahrensordnung, 9.

beste Rendite versprechen[28]. Dies ist aus ökonomischer Sicht wünschenswert, da eine gezielte Verteilung der Finanzmittel im Endeffekt die Volkswirtschaft fördert[29]. Unternehmen brauchen für ihre Investitionen beträchtliche Summen. Diese Gelder können auf den Kapitalmärkten einfacher bezogen werden, wenn Transparenz herrscht. Die Anleger können somit unter den Angeboten die besten Investitionsgelegenheiten identifizieren. Transparente Kapitalmärkte bilden das Vertrauen des Publikums und erleichtern die Transformation der Ersparnisse der Privaten in Kapital für die Unternehmen.

Die schnelle Informationsverbreitung und die Kontinuität des Informationsflusses bringen den Vorteil, die Kosten für Investitionsentscheidungen zu reduzieren. Diese besonders für die institutionellen Anleger wichtige Funktion der Ad-hoc-Publizität wird von der Lehre als operationale Funktionsfähigkeit bezeichnet[30]. Der Aufwand der Informationsbeschaffung wird durch ein effizientes System von Publizität minimiert. Weniger Zeit und Kosten für Anlageentscheidungen können zu einer gesteigerten Investitionsbereitschaft beitragen[31]. Je höher die Kosten der Information, desto größer ist das Risiko der Anleger, eine fehlerhafte Bewertung vorzunehmen. Diese Gefahr vermindert den Nutzen aus dem Anlagegeschäft. Verschiedene Anlagetitel können nicht hinreichend unterschieden werden. Es besteht sogar das Risiko des Marktversagens aufgrund von Informationsasymmetrien.

C. Die Prävention des Insiderhandels

Die Ad-hoc-Publizität bezweckt schließlich die Prävention des Insiderhandels[32]. Das deutsche und das italienische Insiderrecht besteht aus zwei Kategorien von Vorschriften: zum einen dienen die Bestimmungen der Verfolgung des Insiderhandels, zum anderen seiner vorbeugenden Bekämpfung. Auf der einen Seite werden bestimmte Handlungen als insiderrelevant eingestuft und verboten (§ 14 WpHG; Art. 180 *T.U.*); auf der anderen Seite wird versucht, Si-

---

[28] *Assmann*, Kapitalmarkt und Kapitalordnung, in: Assmann/Schütze, Handbuch des Kapitalanlagerechts, § 1 RZ 24; *Kümpel* (oben FN 5) in: Kümpel/Ott, Kapitalmarktrecht, KZ 50 RZ 44.

[29] *Kübler*, Institutioneller Gläubigerschutz oder Kapitalmarkttransparenz? Rechtsvergleichende Überlegungen zu den „stillen Reserven“, ZHR 159 (1995), 550, 562.

[30] *Assmann* (oben FN 28) in: Assmann/Schütze, Handbuch des Kapitalanlagerechts, § 1 RZ 25; *Kümpel*, Bank- und Kapitalmarktrecht, 1141.

[31] *Kümpel* (oben FN 24), 58 und 73f.; *Mülbert* (oben FN 2), 109; *Rudolph/Röhrl*, Grundfragen der Börsenorganisation aus ökonomischer Sicht, in: Hoph/Rudolph/Baum, Börsenreform, 143, 205f.

[32] Begründung zum Regierungsentwurf 2. FFG, BT-Drucks. 12/6679, 35; Bericht des Finanzausschusses des Deutschen Bundestages, BT-Drucks. 12/7918, 96 und 102.

tuationen, aus denen Insiderhandel begangen werden kann, nicht entstehen zu lassen, indem eine Verpflichtung geschaffen wird, kursbeeinflussende Tatsachen zu veröffentlichen (§ 15 WpHG; Art. 114 *T.U.*)[33]. Die insiderrechtliche Funktion der Ad-hoc-Publizität ergibt sich im deutschen Recht bereits aus der Struktur des Gesetzes, wenn man bedenkt, dass die Sofortpublizität (§ 15 WpHG) direkt im Anschluss an den Insiderhandel (§§ 12-14 WpHG) geregelt ist[34].

Die notwendige Voraussetzung von Insidergeschäften ist ein Informationsgefälle. Wenigen Subjekten stehen kursrelevante Informationen zu Verfügung, die dem Publikum nicht zugänglich sind[35]. Durch das Ad-hoc-Publizitätsgebot bezweckt der Gesetzgeber, diese asymmetrische Informationsverteilung zwischen Anlegern und Insidern zu reduzieren[36]. Bei einer exzessiven Informationsasymmetrie geht das Vertrauen der Anleger verloren und die Funktionsfähigkeit des Kapitalmarktes wird beeinträchtigt[37]. Die Ad-hoc-Publizitätspflicht soll Informationsvorsprünge abbauen und der Versuchung des Insiderhandels den Boden entziehen. Sobald eine Tatsache öffentlich bekannt ist, besteht keine Möglichkeit mehr, Insidergeschäfte abzuschließen[38]. Es muss allerdings berücksichtigt werden, dass die Definitionen der publizitätspflichtigen Tatsache (§ 15 WpHG; Art. 114 *T.U.*) und der Insidertatsache (§ 13 WpHG; Art. 180 *T.U.*) nicht übereinstimmen[39]. Aus der ersten sind sowohl im deutschen als auch im italienischen Recht die sog. Marktdaten (*market information*) auszunehmen, so dass die präventive Funktion der Ad-hoc-Publizität vor dem Insiderhandel lediglich die *corporate information* betrifft[40].

Zweck von § 15 WpHG und Art. 114 *T.U.* ist in dieser Hinsicht, den Zeitraum, in dem nicht öffentlich bekannte Tatsachen missbräuchlich ausgenutzt

---

[33] Assmann/Schneider-*Kümpel*, § 15 RZ 103; *Maviglia/Maviglia* (oben FN 5) in: Di Noia/Razzante, Il nuovo diritto societario e dell'intermediazione finanziaria, 335, 393.

[34] *Wolf*, Rechtsanwendungsprobleme des neuen Insiderstraftatbestandes mit Vergleichen zu US-amerikanischen und Schweizer Lösungsansätzen, 57.

[35] *Haouache*, Börsenaufsicht durch Strafrecht, 33; *Lahmann*, Insiderhandel, 106; *Portolano*, Commento all'art. 174, in: Alpa/Capriglione, Commentario al testo unico delle disposizioni in materia di intermediazione finanziaria, 1599, 1606; *Wychodil*, Die haftungsrechtliche Problematik der „Insiderinformation" im Rahmen der Effektenberatung durch Banken und Kreditinstitute, 3f. und 28f.

[36] *BAWe und Deutsche Börse AG*, Insiderhandelsverbote, 26; *Carbone*, Commento all'art. 114, in: Alpa/Zatti, Commentario breve al codice civile, 1198f.; *Gehrt* (oben FN 19), 24f.; *Gronstedt* (oben FN 24), 147 und 158.

[37] *Assmann* (oben FN 28)in: Assmann/Schütze, Handbuch des Kapitalanlagerechts, § 1 RZ 63f.

[38] *Rudolph/Röhrl* (oben FN 31) in: Hopt/Rudolph/Baum, Börsenreform, 188.

[39] Vgl. beispielsweise *Bartalena*, Commento all'art. 180, in: Marchetti/Bianchi, La disciplina delle società quotate nel testo unico della finanza, 1988, 2003.

[40] S. z.B. *Sfameni*, Commento all'art. 114, in: Marchetti/Bianchi, La disciplina delle società quotate nel testo unico della finanza, 509, 527.

werden können, so weit wie möglich zu verkürzen, und dadurch den Kreis der potentiellen Insider und Verstöße so klein wie möglich zu halten. Die Effektivität der Vorbeugung hängt von der Geschwindigkeit ab, mit der eine Insidertatsache nach ihrem Entstehen veröffentlicht wird[41]. Mit der Ad-hoc-Publizität soll die Insiderinformation schnell an den Markt gebracht werden, damit weniger Raum für Insidertransaktionen bleibt[42]. Infolge der Verbreitung der Ad-hoc-Information stabilisiert sich der Börsenkurs, und der Raum für Spekulationen reduziert sich.

Die Effektivität des Insiderhandelsverbotes hängt entscheidend von präventiven Maßnahmen ab[43]. Eine zweckmäßige Vorbeugung nur aufgrund des strafbewährten Insiderhandelsverbotes ist schwer zu erreichen. Aus verschiedenen Gründen (z.B. Beweisschwierigkeiten) können Insidergeschäfte unbestraft bleiben[44]. Die Ad-hoc-Publizität spielt eine wichtige Ergänzungsrolle und unterstützt präventiv die Effektivität des § 14 WpHG und Art. 180 *T.U.*[45]. Sie kompensiert zudem die negativen Auswirkungen des Insiderhandelsverbotes auf die Informationsversorgung des Kapitalmarktes. Beim Bestehen eines Handelsverbotes für diejenigen, die über Insiderinformationen verfügen, dürfen sich die Tatsachen - die ansonsten zu Insidergeschäften und dadurch zur Information des Marktes führen würden - nicht auf die Aktienpreise niederschlagen. Das reine Insiderhandelsverbot, ohne das Korrelat der Offenlegungspflichten dem Publikum gegenüber, hindert die Verbreitung von Informationen. Die Schaffung von Ad-hoc-Publizitätspflichten ermöglicht hingegen eine sichere, allgemeine, schnelle und kontinuierliche Informationsversorgung des Kapitalmarktes. Auch durch den Insiderhandel wird der Markt über Tatsachen informiert. Der Nachteil dieses Mechanismus liegt jedoch darin, dass das Insiderverhalten nicht gesteuert werden kann. Der Markt könnte somit nur unregelmäßig oder zu spät oder sogar gar nicht Informationen über bestimmte Tatsachen erhalten, mit negativen Auswirkungen auf seine Effizienz. Das Ersetzen eines Marktmechanismus (Insiderhandel) mit einem gesetzlichen Eingriff (Ad-hoc-Publizität) sollte die informationelle Effizienz der Kapitalmärkte verbessern[46].

[41] *Gehrt* (oben FN 19), 23.
[42] Bericht des Finanzausschusses des Deutschen Bundestages, BT-Drucks. 12/7918, 102.
[43] *Hopt*, Rechtsprobleme des europäischen und deutschen Insiderrechts, BFuP 1994, 85, 94.
[44] *Hausmaninger* (oben FN 24), 267.
[45] *Grondstedt* (oben FN 24), 147.
[46] *Pellens/Fülbier*, Publizitätspflichten nach dem Wertpapierhandelsgesetz – Ausgestaltung unter Berücksichtigung anglo-amerikanischer Regulierungen, DB 1994, 1381, 1383.

D. Fazit

Oberstes Gebot der Ad-hoc-Publizität ist die Steigerung des Ansehens der Finanzplätze Deutschland und Italien.

Die Ad-hoc-Publizität ist eine typische kapitalmarktrechtliche Information, denn sie bezweckt nicht nur aktuelle, sondern auch potentielle Investoren zu informieren. Im Wege von § 15 WpHG und Art. 114 *T.U.* sind sowohl Tatsachen betreffend die Regelpublizität als auch sonstige Tatsachen zu veröffentlichen. Diese zwei Formen der Unternehmenspublizität laufen parallel. Die Sofortpublizität ist kein Ersatz, sondern eine Ergänzung der periodischen Publizität. Die spätere Veröffentlichung von JA und Zwischenberichten befreit nicht von der sofortigen Ad-hoc-Publizität, die eine Funktion der umgehenden Informationsversorgung des Marktes und der Prävention des Insiderhandels hat. Nur in absoluten Ausnahmefällen könnte die Sofortpublizität die Stelle der Regelpublizität einnehmen, nämlich dann, wenn die Tatsache unmittelbar vor der Veröffentlichung der Rechnungslegungsinstrumente eingetreten ist. Das besondere Merkmal der Ad-hoc-Publizität ist die Geschwindigkeit der Anlegerinformation, denn die Regelpublizität tritt erst an vorgegebenen Stichtagen (u.U. zu spät, um das Investitionsverhalten zu steuern) ein. Die Informationsversorgung der Adressaten darf nicht zur Datenüberflutung führen. § 15 WpHG und Art. 114 *T.U.* enthalten zu diesem Zweck eine Reihe von Merkmalen, die zu einer Reduzierung der zu veröffentlichenden Informationen führt. Maßgeblich ist in diesem Zusammenhang die Relevanz der Tatsache für das Investitionsverhalten der Anleger.

Die Publizität bezweckt die Herstellung der Transparenz auf den Kapitalmärkten. Durch die Veröffentlichung der Tatsachen soll eine schnelle und korrekte Preisbildung ermöglicht werden. Diese ist Voraussetzung der Effizienz der Kapitalmärkte, denn die Ressourcen können auf dieser Weise dorthin fließen, wo sie die beste (und sicherere) Rendite bekommen. Die schnelle und korrekte Preisbildung reduziert zudem die Investitionskosten.

Offenlegung von Informationen bedeutet Beseitigung von Informationsasymmetrien. Ad-hoc-Publizität ist in dieser Hinsicht Vorbeugung des Insiderhandels. Je früher relevante Daten den Markt erreichen, desto weniger Zeit bleibt für Insidergeschäfte. Das Insiderhandelsverbot hindert die Verbreitung von Informationen; die Ad-hoc-Publizität hingegen fördert die Verbreitung von Tatsachen.

§ 4 Der Tatsachenbegriff

Nach Schema C Ziffer 5 Buchstabe a) EG-BörsenzulassungsRL sind „Tatsachen“ zu veröffentlichen; § 15 Abs. 1 S.1 WpHG bezieht sich auf eine „Tatsache“; Art. 114 Abs. 1 S. 1 *T.U.* spricht ebenfalls von „Tatsachen“ („*fatti*“).

A. Die Tatsache

Weder die europäische noch die deutsche oder die italienische Regelung definieren, was unter „Tatsache“ zu verstehen ist.

Der Tatsachenbegriff geht weder aus der EG-BörsenzulassungsRL noch aus den Materialien zu ihrer Entstehung hervor[1].

Die deutsche Rspr. hat in Ermangelung einer Legaldefinition die Bedeutung des Wortes „Tatsache“ zunächst in anderen Rechtsgebieten konkretisiert. Nach der strafrechtlichen Judikatur versteht man unter Tatsache etwas Geschehenes oder Bestehendes, das in die Wirklichkeit getreten und daher dem Beweis zugänglich ist. Als Tatsachen gelten nicht nur äußere Geschehnisse, sondern auch innere Sachverhalte, wenn sie zu äußeren Erscheinungen in eine erkennbare Beziehung treten. Auch nach der zivilrechtlichen Rspr. ist eine Tatsache all das, was dem Beweis zugänglich ist. Diese Definitionen sind in der jüngsten Rspr. zur Ad-hoc-Publizität bestätigt worden[2]. Sie werden im übrigen von der deutschen zentralen Aufsichtsbehörde verwendet. Nach dem Leitfaden der BAFin. und der Deutschen Börse AG ist unter dem Begriff „Tatsache“ ein Vorgang der Vergangenheit oder der Gegenwart zu verstehen, der einer objektiven Klärung zugänglich ist und als etwas Geschehenes oder Vorhandenes bewiesen werden kann[3].

Auch im italienischen Recht gibt es keine Definition der Tatsache in der relevanten Gesetzgebung. Für die Zwecke dieser Arbeit kann allerdings die deutsche Begriffsbestimmung für die Auslegung der Regelung in Italien herangezogen werden.

Das Vorliegen der Tatsachenqualität ist vor allem bei künftigen Ereignissen, Werturteilen und Gerüchten problematisch.

---

[1] Vgl. *von Klitzing*, Die Ad-hoc-Publizität, 67ff.

[2] AG München, 23.8.2001, DB 2001, 2337; WM 2002, 594.

[3] *BAWe und Deutsche Börse AG*, Insiderhandelsverbote, 30.

B. Künftige Ereignisse

Eine erste zu behandelnde Frage ist, ob noch nicht eingetretene Ereignisse der Ad-hoc-Publizität unterliegen.

I. Deutsches Recht

1. Künftige Ereignisse

Die Verwendung der aus der genannten Rspr. ableitbaren Kriterien ermöglicht eine erste Eingrenzung des Tatsachenbegriffes. Wenn Tatsachen eingetreten, sinnlich wahrnehmbar und beweisbar sein müssen, dann dürfen sie kein künftiges Ereignis sein. Künftige, mehr oder weniger wahrscheinliche Entwicklungen sind nicht eingetreten, können nicht wahrnehmbar sein und sind daher nicht nachweisbar. Sie unterliegen keiner Publizitätspflicht nach § 15 WpHG[4].

2. Prognosen über das Eintreten von künftigen Ereignissen

Zum gleichen Ergebnis (Ausschluss der Ad-hoc-Publizitätspflicht) kommt man auch bezüglich Prognosen über das Eintreten von künftigen Ereignissen. Vermutungen über Entwicklungen sind – soweit sie durch eine Äußerung sinnlich wahrnehmbar werden - als Tatsachen zu qualifizieren, denn sie sind an sich etwas Geschehenes und Beweisbares. Eine Prognose ist jedoch keine publizitätspflichtige Tatsache i.S.v. § 15 Abs. 1 WpHG, denn sie erfüllt nicht die sonstigen gesetzlichen Voraussetzungen. Eine Prognose kann sicherlich erheblich kursbeeinflussend sein, vor allem dann, wenn sie von besonders glaubwürdigen Subjekten stammt. Vermutungen über Entwicklungen an sich können sich jedoch nicht auf die Vermögens- oder Finanzlage oder den allgemeinen Geschäftsverlauf des Emittenten auswirken. Nur dann, wenn sich die Prognose verwirklicht (z.B. tatsächlich wesentlich verbesserte Verkäufe eines Produktes), werden bilanzielle Folgen eintreten. Diese Folgen sind allerdings die Auswirkung der prognostizierten und eingetretenen Ereignisse, nicht der reinen Prognose.

3. Zu Grunde liegende Tatsachen

Die Prognosen stützen sich in aller Regel auf die Bewertung von Tatsachen. Die zu Grunde liegenden Ereignisse könnten, beim Vorliegen aller gesetzlichen Voraussetzungen, zu veröffentlichen gewesen sein. Ist dies versäumt

[4] *von Klitzing* (oben FN 1), 75.

worden, dann ist wegen der Verspätung eine Ordnungswidrigkeit (§ 39 WpHG) begangen worden.

Es ist jedenfalls zwischen der Prognose (nicht publizitätspflichtiger Tatsache), dem künftigen Ereignis (u.U. später publizitätspflichtiger Tatsache) und dem zu Grunde liegenden Ereignis (u.U. früher publizitätspflichtiger Tatsache) zu differenzieren[5].

II. Italienisches Recht

1. Künftige Ereignisse

Das Wort „*fatto*" (Tatsache) in Art. 114 Abs. 1 S. 1 *T.U.* ermöglicht, ebenso wie im deutschen Recht, den Ausschluss von künftigen Ereignissen aus der Ad-hoc-Publizitätspflicht[6]. Die Tatsachen müssen eingetreten sein oder gerade eintreten, was bei zukünftigen Ereignissen nicht der Fall ist. Künftige Ereignisse werden dann zu publizieren sein, wenn sie eintreten und diejenigen Auswirkungen zeigen, die das Gesetz verlangt.

2. Prognosen über das Eintreten von künftigen Ereignissen

Bezüglich der Prognosen sind in der italienischen Regelung einige Unterschiede zum deutschen Recht festzustellen. Prognosen sind auch in Italien als Tatsachen zu qualifizieren (sie sind eingetreten und beweisbar) und können u.U. beträchtlich kursbeeinflussend sein. Nach Art. 114 Abs. 1 S. 1 *T.U.* ist jedoch - im Unterschied zum deutschen Recht - nicht erforderlich, dass Ereignisse geeignet sind, bilanzielle Auswirkungen zu haben. Aus diesem Grund sind die vom Emittenten stammenden Prognosen dem Publikum zur Verfügung zu stellen, wenn sie den Preis der Finanzinstrumente erheblich beeinflussen können.

Die *CONSOB* hat in der Ausführungsverordnung den Anwendungsbereich der Ad-hoc-Publizität ausgedehnt und entschieden, dass die Verbreitung von Prognosen im Interesse der Anleger und des Kapitalmarktes kontrolliert werden muss. Auf der anderen Seite hat die Aufsichtsbehörde das Risiko einer Irreführung des Publikums mitberücksichtigt, die aus der Veröffentlichung von Vorhersagen entstehen kann[7]. Aus der Abwägung dieser Argumente hat sich ein ge-

---

[5] Vgl. auch AG München, 23.8.2001, DB 2001, 2337; WM 2002, 594.

[6] *Maviglia/Maviglia*, L'informazione societaria, in: Di Noia/Razzante, Il nuovo diritto societario e dell'intermediazione finanziaria, 335, 374; *Piscitello*, Commento all'art. 114, in: Campobasso, Testo Unico della Finanza, 949, 951; *Sfameni*, Commento all'art. 114, in: Marchetti/Bianchi, La disciplina delle società quotate nel testo unico della finanza, 509, 522.

[7] Diese Gefahr ist allerdings eher dann gegeben, wenn reine Gerüchte ohne zu Grunde liegenden Tatsachen als wenn Prognosen (die sich auf die Bewertung von Tatsachen stützen) verbreitet werden.

mischtes System ergeben, in dem die Emittenten nicht verpflichtet sind die von ihnen getroffenen Prognosen zu veröffentlichen. Entscheiden sie sich aber für eine Veröffentlichung, dann müssen sie zum einen die Verbreitungsmodalitäten der Ad-hoc-Publizität verwenden und zum anderen ständig das Publikum über spätere tatsächliche Abweichungen von den Prognosen informieren.

Art. 68 S. 1 *Reg.* lässt eine freiwillige Publizität der Emittenten über voraussichtliche Daten und quantitative Ziele betreffend den Geschäftsverlauf zu. Diese von der *CONSOB* erlassene Vorschrift ist an sich überflüssig. Dass die Emittenten innerhalb sehr breiter Grenzen beliebig Informationen über sich verbreiten können, ergibt sich bereits aus der Anwendung allgemeiner verfassungsrechtlicher Prinzipien. Das Gebot der Ad-hoc-Publizität - wie es sich aus Art. 114 Abs. 1 S. 1 *T.U.* ergibt - ist eine Pflicht zur Verbreitung bestimmter Informationen (die z.B. kursbeeinflussend sind), jedoch kein Verbot der Veröffentlichung sonstiger Nachrichten. All das, was der Verpflichtung nach Art. 114 *T.U.* nicht unterliegt, kann grundsätzlich frei veröffentlicht werden (informative Selbstbestimmung der Emittenten). Die *CONSOB* ist auf Verwaltungswegen in diesen Freiraum eingetreten. Die Ausführungsverordnung dehnt jedoch nicht die gesetzliche Publizitätspflicht aus, sondern schafft lediglich eine Korrekturpflicht in Bezug auf einige freiwillig verbreitete Informationen. Die Ermächtigung der *CONSOB* ergibt sich aus Art. 114 Abs. 3 *T.U.* Nach dieser Vorschrift kann die Aufsichtsbehörde auch allgemein von den Emittenten die Veröffentlichung von Nachrichten, die für die Information des Publikums erforderlich sind, verlangen. Die Aufsichtsbehörde hat zu Recht entschieden, dass eine Richtigstellung im Fall der freiwilligen Publizierung von nicht publizitätspflichtigen Tatsachen im Interesse der Markttransparenz erforderlich ist. Die *CONSOB* hat in diesem Kontext ihre Befugnisse zum Anlegerschutz und zur Effizienz und Transparenz der Kapitalmärkte angewendet, wie dies das Gesetz (Art. 91 *T.U.*) allgemein von ihr erfordert.

Auf Grund der Exegese des Art. 68 *Reg.* ist zunächst festzuhalten, dass es – im Unterschied zu Art. 114 *T.U.* - nicht erforderlich ist, dass die voraussichtlichen Daten und quantitativen Ziele geeignet sind, den Preis der Finanzinstrumente erheblich zu beeinflussen[8]. Wenn dies der Fall wäre, dann wären die Prognosen in ihren Qualität als Tatsachen ohnehin nach der allgemeinen Regelung zu veröffentlichen.

Art. 68 *Reg.* betrifft zudem lediglich besondere Typologien von Prognosen (voraussichtliche Daten und quantitative Ziele), die sich auf vorhandene Tatsachen stützen. Nur auf Grund einer Bewertung der Entwicklung der Gesellschaftslage durch den Emittenten *bis dato* kann ernsthaft eingeschätzt werden, wie sich die Situation in der Zukunft entwickeln wird.

Entscheidet sich ein Emittent für eine freiwillige Verbreitung von voraussichtlichen Daten und quantitativen Zielen, dann sind diese Informationen mit

---

[8] Vgl. jedoch *CONSOB*, Mitteilung Nr. 99029087 vom 16.4.1999.

den Modalitäten der Ad-hoc-Publizität zur Verfügung des Publikums zu stellen (Art. 68 Reg verweist auf Art. 66 *Reg.*). Durch Art. 68 S. 1 *Reg.* wird sichergestellt, dass diese besondere Prognosen dem gesamten Publikum und nicht nur einer begrenzten Anzahl von Anlegern zur Verfügung gestellt werden[9]. Die Entscheidung über eine Veröffentlichung wird in diesem Fall – im Unterschied zur allgemeinen Regelung der Ad-hoc-Publizität (Art. 114 Abs. 1 S. 1 *T.U.*) – lediglich von dem Emittenten, nicht von dem Subjekt, das den Emittenten kontrolliert, getroffen[10].

Die freiwillige Veröffentlichung von Daten und Zielen dient der Information des Publikums. Sie erweckt in den Anlegern Erwartungen. Die Aufsicht über die Markttransparenz und die zusammenhängende Gewährleistung einer kontinuierlichen und korrekten Information des Publikums (Art. 91 *T.U.*) sind zentrale Prinzipien für die Entfaltung der Tätigkeit der *CONSOB*. Ergibt sich, dass die publizierten Daten und Ziele dem tatsächlichen Geschäftsverlauf nicht entsprechen, sind die Emittenten verpflichtet, ohne Zögern jede erhebliche Veränderung mit den gleichen Modalitäten (Marktverwaltungsgesellschaft – *società di gestione del mercato* - und zwei Nachrichtenagenturen) zu veröffentlichen (Art. 68 Abs. 2 *Reg.*). Die erneute Informationsversorgung des Kapitalmarktes ist erforderlich, um dem Publikum ein korrektes Bild der Lage der Gesellschaft bei bedeutsamen Veränderungen unverzüglich zu vermitteln. Art. 68 S. 2 *Reg.* ist eine der Bestimmungen der Ausführungsverordnung (vgl. in diesem Kontext auch Art. 66 Abs. 7 *Reg.*), welche Logik, Konsequenz und Zusammenhang der verbreiteten Informationen bezwecken[11]. Dies ist bei Prognosen betreffend voraussichtlicher Daten und quantitativer Ziele um so mehr erforderlich, denn es kann vorkommen, dass die Prognosen sich nicht oder nur zum Teil realisieren.

Der Pflicht zur Richtigstellung kommt bei voraussichtlichen Daten eine besondere Bedeutung zu. Da bei nicht kursbeeinflussenden Prognosen – im Unterschied zu Tatsachen - die Publizität freiwillig ist, ist davon auszugehen, dass die Emittenten überwiegend positive Nachrichten verbreiten[12]. Wenn sich die Unternehmen dafür entscheiden, ist es dann zum Anlegerschutz erforderlich, dass sie die informative Lage richtigstellen, sobald neue abweichende Daten zur Verfügung stehen. Die Abweichung von den Prognosen verpflichtet jedoch nur dann zur Richtigstellung, wenn sie erheblich ist. Die *CONSOB* will vermeiden, dass die Anleger mit unwichtigen Informationen überflutet werden. Parallel zum Begriff der Eignung zur Kursbeeinflussung (Art. 114 Abs. 1 S. 1 *T.U.*) soll eine

---

[9] *Annunziata*, Le norme del nuovo regolamento della CONSOB in materia di informazione societaria, BBTC 1999, 495, 503.

[10] Im Übrigen ist anzumerken, dass Prognosen - die vom Emittenten selbst kommen - besonders glaubwürdig sind, denn die betroffene Gesellschaft wird in aller Regel über alle erforderliche Elemente zur Einschätzung der Lage verfügen.

[11] *Annunziata* (oben FN 11), BBTC 1999, 495, 504.

[12] *Sfameni* (oben FN 8), in: Marchetti/Bianchi, La disciplina delle società quotate nel testo unico della finanza, 509, 557.

Richtigstellung nur dann erfolgen, wenn sie Umstände betrifft, die für die Investitions- bzw. Desinvestitionsentscheidungen des Publikums eine bedeutsame Rolle spielen.

Prognosen über sonstige Umstände (weder publizitätspflichtige Tatsachen nach Art. 114 Abs. 1 S. 1 *T.U.* noch freiwillig nach Art. 68 *Reg.* veröffentlichte Daten und Ziele) unterliegen keiner besonderen Regelung und können daher von den Emittenten ohne besondere Beschänkungen veröffentlicht werden. Fraglich ist jedoch, ob sie nach den Modalitäten der Ad-hoc-Publizität (Art. 66 *Reg.*: Marktverwaltungsgesellschaft und zwei Nachrichtenagenturen) publiziert werden können. Diese Frage ist teleologisch negativ zu beantworten. Der Emittent kann Nachrichtenagenturen einschalten, darf allerdings nicht die Meldung als „Ad-hoc-Meldung" bezeichnen. Der Gesetzgeber und die Aufsichtsbehörde haben Tatsachen identifiziert, die ad-hoc veröffentlicht werden müssen. Eine Ad-hoc-Meldung darf nur diejenige sein, die kursbeeinflussende Tatsachen (Art. 114 Abs. 1 *T.U.*) oder bestimmte glaubwürdige Prognosen (Art. 68 *Reg.*) betrifft. Sonstige Informationen dürfen veröffentlicht werden. Es soll allerdings das Risiko einer Irreführung der Anleger vermieden werden.

3. Zu Grunde liegende Tatsachen

Im italienischen Recht sind Prognosen Tatsachen. Sie können, beim Vorliegen der gesetzlichen Voraussetzungen, veröffentlichungspflichtig sein. Publizitätspflichtig können zunächst jedoch die Tatsachen sein, auf welche sich die Prognosen stützen. Die Pflicht, das Publikum unverzüglich zu informieren, gebietet die Veröffentlichung von diesen zu Grunde liegenden Tatsachen. Ist dies versäumt worden, so ist eine Ordnungswidrigkeit nach Art. 193 *T.U.* begangen worden.

Dann kommt man zur Veröffentlichung der Prognose (wobei die Publizität wegen fehlender Eignung zur erheblichen Kursbeeinflussung oder wegen fehlender Neuheit ausfallen könnte, wenn die zu Grunde liegenden Tatsachen bereits publiziert wurden). Für voraussichtliche Daten und quantitative Ziele gilt die Sonderregelung des Art. 68 *Reg.*

Schließlich gelangt man zur Veröffentlichung des prognostizierten Ereignisses, wobei die Veröffentlichung wegen fehlender Eignung zur erheblichen Kursbeeinflussung oder wegen fehlender Neuheit ausfallen könnte, wenn die Prognose bestätigt wird. Wird die Prognose nicht bestätigt, dann ist von der Eignung zur erheblichen Kursbeeinflussung und von der Neuheit der Tatsache auszugehen. Für voraussichtliche Daten und quantitative Ziele gilt die Sonderregelung des Art. 68 *Reg.*: Pflicht zur Richtigstellung bei erheblichen Abweichungen.

C. Werturteile

Zu fragen ist desweiteren, ob Werturteile im Rahmen der Ad-hoc-Publizität zu veröffentlichen sind.

I. Deutsches Recht

Nach der Begründung zum Regierungsentwurf können Werturteile wie Meinungsäußerungen, Rspr., Auffassungen persönlicher Art und andere subjektive Wertungen, die bloße subjektive Meinungen ausdrücken, keine Tatsache sein[13]. Ein bloßes Werturteil ist anzunehmen, „wenn die Äußerung durch Elemente der Stellungnahme, des Dafürhaltens oder Meinens geprägt ist und die Richtigkeit oder Unrichtigkeit Sache persönlicher Überzeugung ist".

Wenn eine Idee (z.B. der Wunsch eines wichtigen Aktionärs, neue Märkte zu erobern) überhaupt nicht geäußert wird, stellt sie auf keinen Fall eine Tatsache dar[14]. Diese und ähnliche Befindlichkeiten sind nur für den Betroffenen wahrnehmbar. Da sie nicht nach außen treten, sind sie dem Beweis nicht zugänglich. Sie fallen nicht unter die Definition von Tatsache, wie sie sich aus der zitierten Rspr. ergibt. Hilfsweise kommt hinzu, dass Gedanken, die nicht geäußert werden, die Preise der Wertpapiere in keinerlei Weise beeinflussen und keine bilanzielle Auswirkung haben können.

Wenn hingegen eine Idee geäußert wird, dann ist sie sinnlich wahrnehmbar. Es handelt sich definitionsgemäß um eine Tatsache[15]. Sie stellt jedoch noch kein publizitätspflichtiges Ereignis dar[16], denn dafür müssen die sonstigen Tatbestandsmerkmale des § 15 Abs. 1 S. 1 WpHG vorliegen. Die Äußerung einer Meinung kann z.B. ganz unterschiedliche Auswirkungen auf die Preise haben.

Es muss zudem zwischen der Äußerung - die eine Tatsache ist - und dem Inhalt der Äußerung - die grundsätzlich erst dann eine Tatsache wird, wenn sie umgesetzt wird – unterschieden werden[17]. Beide Tatsachen können erheblichen Einfluss auf die Preise haben. Lediglich die „endgültige" Umsetzungsmaßnahme wirkt sich jedoch auf die Vermögens- oder Finanzlage oder auf den allgemeinen Geschäftsverlauf aus, wie dies § 15 Abs. 1 S. 1 WpHG erfordert. Die Termino-

---

[13] Begründung zum Regierungsentwurf 2. FFG, BT-Drucks. 12/6679, 46.

[14] *Schockenhoff/Wagner*, Ad-hoc-Publizität beim Aktienrückkauf, AG 1999, 548, 550.

[15] *Schokenhoff/Wagner* (oben FN 16), AG 1999, 548, 550.

[16] Vgl. *Wüsthoff*, Der Auskunftsanspruch des Aktionärs nach § 131 Aktiengesetz zwischen Insiderverboten und Ad-hoc-Publizität nach dem Wertpapierhandelsgesetz, 85ff.; *Zubrod*, Rechtssichere Eingrenzung der Ad-hoc-Publizitätspflicht anhand der Auswirkungen auf die Vermögens- oder Finanzlage als Zentralbegriff, 60.

[17] *Schockenhoff/Wagner* (oben FN 16), AG 1999, 548, 550.

logie der Begründung zum Regierungsentwurf ist insofern irreführend. Meinungen sind doch Tatsachen, können jedoch wegen fehlender bilanzieller Auswirkungen nicht publizitätspflichtig nach § 15 WpHG werden.

II. Italienisches Recht

Die Verwendung des Wortes „*fatto*" in Art. 114 Abs. 1 S. 1 *T.U.* würde, ebenso wie im deutschen Recht, zur grundsätzlichen Ausklammerung von Werturteilen aus dem Anwendungsbereich der Pflicht zur Ad-hoc-Publizität führen[18]. Im Unterschied zum deutschen Recht kann allerdings nicht auf das Merkmal der bilanziellen Auswirkungen zurückgegriffen werden, denn ein solches ist im italienischen Recht nicht enthalten.

Werturteile, die geäußert werden, sind sinnlich wahrnehmbar und als solche beweisbar. Es handelt sich deshalb um Tatsachen. Wenn zudem die Meinung aus einer glaubwürdigen Quelle kommt, kann sie geeignet sein, den Preis der Kurse erheblich zu beeinflussen. Stammt das Werturteil von dem Emittenten (und bereits aus diesem Grund für den Markt eher vertrauenswürdig), dann sind die Voraussetzungen des Art. 114 Abs. 1 S. 1 *T.U.* erfüllt. Das geäußerte Werturteil ist nicht nur eine Tatsache, sondern eine publizitätspflichtige Tatsache.

1. Studien und Statistiken

Nichts anderes gilt für Studien und Statistiken. An sich sind sie Tatsachen (eingetreten und sinnlich wahrnehmbar); wenn sie zudem wegen des Inhalts geeignet sind, den Preis der Finanzinstrumente erheblich zu beeinflussen, müssen sie veröffentlicht werden.

Studien und Statistiken sind wie Werturteile von einem subjektiven Element geprägt. Wenn sie dann vom Emittenten oder von einem Subjekt kommen, das ein gemeinsames Interesse mit dem Emittenten hat, ist die Gefahr eines Interessenkonflikts mit den Anlegern hoch. Es kann vorkommen, dass Studien und Statistiken in beträchtlicher Weise Elemente der Stellungnahme, des Dafürhaltens und des Meinens enthalten, mit der Folge, dass das Risiko einer Irreführung des Publikum durch die Verbreitung solcher Dokumente steigt. Aus diesem Grund wird dieser besonderen Kategorie der Werturteile eine Sondervorschrift der Ausführungsverordnung gewidmet.

---

[18] Vgl. *Frignani*, Qualità e quantità delle informazioni, in: Bonelli/Buonocore/Corsi/Costi/Ferro-Luzzi/Gambino/Jaeger/Patroni Griffi, La riforma delle società quotate, 371,372.

2. Die Sonderregelung für Studien und Statistiken

Art. 114 Abs. 5 *T.U.* ermächtigt die *CONSOB*, festzulegen, in welchen Fällen und mit welchen Modalitäten die notierten Emittenten das Publikum über Studien und Statistiken informieren müssen, die sie selbst oder Subjekte in einem Kontrollverhältnis[19] erstellt haben. Der italienische Gesetzgeber spricht in diesem Kontext nicht mehr von „Tatsachen", sondern von „Informationen" über Studien und Statistiken. Diese Informationen unterscheiden sich von Tatsachen, denn sie haben einen subjektiven Charakter und sie sind von Elementen der subjektiven Interpretation von objektiven Ereignissen geprägt[20]. Studien und Statistiken sind Tatsachen, die von einem mehr oder weniger starken subjektiven Element beeinflusst werden. In ihrer Qualität als Tatsache können sie publizitätspflichtig sein, wenn sie die sonstigen gesetzlichen Voraussetzungen erfüllen: vom Emittenten kommen und geeignet sein, den Preis der Finanzinstrumente erheblich zu beeinflussen.

Art. 114 Abs. 5 *T.U.* verlangt allerdings nicht, dass Studien und Statistiken geeignet sind, den Preis der Finanzinstrumente erheblich zu beeinflussen. Wäre dies der Fall, dann wären sie ohnehin nach Art. 114 Abs. 1 *T.U.* publizitätspflichtig. Art. 114 Abs. 5 *T.U.* schafft in Bezug auf Studien und Statistiken eine zusätzliche Form der kapitalmarktrechtlichen Unternehmenspublizität. Die Eignung zur erheblichen Kursbeeinflussung spielt in diesem Kontext keine Rolle. Was vielmehr in diesem Zusammenhang zählt ist, den Interessenkonflikt zwischen Emittenten und Anlegern zu vermeiden und Markttransparenz für alle herzustellen. Das Erreichen dieses Zieles, dessen Verwirklichung die *CONSOB* zu beaufsichtigen hat (Art. 91 *T.U.*), wäre erschwert, wenn die Gesellschaften ohne jegliche Kontrolle Studien und Statistiken verbreiten könnten.

Eine kapitalmarktrechtliche Sonderregelung bezüglich der Verbreitung von Studien und Statistiken ist aus verschiedenen Gründen rechtspolitisch angebracht. Unternehmen tendieren zunehmend dazu, über die gesetzlichen Pflichten hinaus Informationen über sich zu verbreiten oder verbreiten zu lassen (Tätigkeit der *Investor Relations*)[21]. Rechtlich ist diese Praxis nicht zu beanstanden. Die Möglichkeit, sich zu äußern und zu profilieren, findet sogar verfassungsrechtliche Unterstützung (Freiheit der Meinungsäußerung sowie unternehmerische

---

[19] Durch die Verwendung des Ausdrucks „Kontrollverhältnis" (*rapporto di controllo*) werden sowohl kontrollierte als auch kontrollierende Subjekte gemeint. So *Guarracino*, Commento all'art. 114, in: Alpa/Capriglione, Commentario al testo unico delle disposizioni in materia di intermediazione finanziaria, 1054, 1062.

[20] *Angelici*, Note in tema di informazione societaria, in: Bonelli/Buonocore/Corsi/Costi/Ferro-Luzzi/Gambino/Jaeger/Patroni Griffi, La riforma delle società quotate, 249, 258; *ASSONIME*, Circolare Nr. 58/1999, Riv. soc., 1999, 802; *Mucciarelli*, L'informazione societaria: destinatari e limiti posti dalla normativa in materia di insider trading, BBTC 1999, 745, 757f.

[21] *Maviglia/Maviglia* (oben FN 8), in: Di Noia/Razzante, Il nuovo diritto societario e dell'intermediazione finanziaria, 335, 381ff.

Freiheit). Grenzen können sich aus anderen Rechtsgebieten ergeben (wie z.B. aus dem Verbot des unlauteren Wettbewerbs oder der Verbreitung falscher Informationen). Auch aus ökonomischer Sicht handelt es sich um ein positives Phänomen, denn die Transparenz und die Effizienz der Kapitalmärkte können durch eine intensive aber gleichzeitig wohldosierte Informationstätigkeit steigen (die obere Grenze ist in dem Risiko einer „*overinformation*“ des Publikums zu sehen).

Aus Art. 114 Abs. 5 *T.U.* ergibt sich, dass das Gut „Information“ an sich nicht um jeden Preis überbewertet werden darf. Es ist einen Kompromiss zwischen den Interessen der Emittenten und denen der Anleger zu finden. Studien und Statistiken enthalten subjektive Elemente und unterliegen darüber hinaus keiner externen Kontrolle. Es besteht deswegen das dringende Risiko, dass das Publikum dadurch nicht informiert sondern eher desinformiert wird[22]. Studien und Statistiken können zudem auch nur an ausgewählte Adressatenkreise (z.B. Banken oder Finanzanalysten) gerichtet sein. Durch Art. 114 Abs. 5 *T.U.* kann aber die *CONSOB* die Emittenten verpflichten, solche Informationen an das allgemeine Publikum zu verbreiten. Darüber hinaus ist der Inhalt solcher Studien und Statistiken in aller Regel schwer nachprüfbar. Die Ersteller (Emittent und Subjekte im Kontrollverhältnis) befinden sich in einem potentiellen Interessenkonflikt mit den Adressaten der Information. Es ist deshalb unvermeidlich, dass die Unternehmen in den Studien und Statistiken in einem besonders positiven Licht dargestellt werden.

Durch Art. 69 *Reg.* hat die *CONSOB* die Tragweite des Art. 114 Abs. 5 *T.U.* konkretisiert. Die Veröffentlichung von Studien und Statistiken wird zum Anlegerschutz einem gesonderten Verfahren unterworfen. Sie müssen am gleichen Tag der öffentlichen Verbreitung der *CONSOB* mitgeteilt und bei der Marktverwaltungsgesellschaft hinterlegt werden. Diese muss die Studien und die Statistiken zur Verfügung des Publikums stellen. Die veröffentlichten Dokumente müssen zudem einen Hinweis enthalten, dass sie von einem Subjekt angefertigt wurden, der ein eigenes Interesse in der Angelegenheit haben kann. Dieses Warnsignal muss immer enthalten sein, auch wenn im Einzelfall ein konkreter Interessenkonflikt nicht besteht. Die Gefahr reicht aus[23].

Die Mitteilungspflicht an die *CONSOB* soll die italienische Aufsichtsbehörde in die Lage versetzen, die Aufsicht über die verbreiteten Information auszuüben[24]. Die römische Institution kann dann z.B. die Veröffentlichung von zusätzlichen Nachrichten und Dokumente verlangen, wenn dies für die Information des Publikums erforderlich ist (Art. 114 Abs. 3 S. 1 *T.U.*). Folgen die Emittenten der Aufforderung der Aufsichtsbehörde nicht, so kann die Veröffentli-

---

[22] *Mucciarelli* (oben FN 22), BBTC 1999, 745, 758.

[23] *Annunziata*, La nuova disciplina delle comunicazioni societarie al pubblico e alla CONSOB, Le Società, 1999, 520, 527.

[24] *Valentino*, L'informativa societaria, 59.

chung direkt von der *CONSOB* auf Kosten der Emittenten vorgenommen werden (Art. 114 Abs. 3 S. 2 *T.U.*). Denkbar ist auch, dass die Aufsichtsbehörde wegen des Verdachts der Verbreitung falscher Informationen ermittelt (Art. 185 Abs. 2 T.U).

Die Emittenten können entscheiden, Studien oder Statistiken zu erstellen oder im Auftrag zu geben, die an einen kleinen Kreis von Adressaten gerichtet sind. In solchen Fällen liegt der Wert der Dokumente vor allem darin, dass die Emittenten die Ergebnisse der Forschung für ihre strategischen Entwicklungen mit Vorsrpung vor der Konkurrenz verwenden können. In einer solcher Konstellation haben die Unternehmen kein Interesse, die Studien und Statistiken dem breiteren Publikum (und deshalb auch der Konkurrenz) zur Verfügung zu stellen. Die Veröffentlichung könnte sich wettbewerbsnachteilig auswirken. Die Emittenten könnten sogar das Interesse daran verlieren, die oft nicht unerheblichen Kosten für die Anfertigung der genannten Dokumente zu tragen[25]. Das wäre nicht nur für die betroffenen Gesellschaften, sondern auch für die gesamte Volkswirtschaft von Nachteil. Aus diesem Grund sieht Art. 69 Abs. 2 *Reg.* vor, dass die Hinterlegung bei der Marktverwaltungsgesellschaft (d.h. die Veröffentlichung) bis zu 15 Tagen nach der Verbreitung (an den folgenden beschränkten Kreisen von Adressaten) erfolgen kann, wenn die Studien und Statistiken nur an die Gesellschafter des Emittenten oder der Gesellschaften im Kontrollverhältnis zum Emittenten gerichtet sind. Diese Frist könnte allerdings u.U. zu kurz sein, um aus der Studie oder Statistik die gewünschten Wettbewerbsvorteile herauszuholen[26]. Es ist deswegen zu bedauern, dass die Ausführungsverordnung keine ausdrückliche Möglichkeit einer Verlängerung vorsieht. Die Ausnahme für Studien und Statistiken, die an Gesellschafter gerichtet sind, berührt nicht die Pflicht, sie der *CONSOB* mitzuteilen (Art. 69 Abs. 1 Buchstabe b *Reg.*).

Art. 69 *Reg.* über die Verbreitung von Studien und Statistiken findet auch auf Emittenten Anwendung, die an anderen reglementierten Märkten als der Börse notiert sind, sowie auf Subjekte, die im Kontrollverhältnis zu ihnen stehen (Art. 104 Abs. 2 *Reg.* verweist auf Art. 69 *Reg.*). Diese Ausdehnung der Mitteilungspflicht an die *CONSOB* und der Hinterlegungspflicht bei der Marktverwaltungsgesellschaft lässt sich mit der Erweiterung des Anlegerschutzes begründen. Auch diejenigen, die an anderen reglementierten Märkten als der Börse investiert haben oder investieren wollen, können somit auf Grund der Aufsicht der *CONSOB* darauf vertrauen, dass die veröffentlichten Informationen der Wahrheit entsprechen. Art. 69 *Reg.* findet auch auf die ausländischen Emittenten An-

---

[25] *Annunziata* (oben FN 25), Le Società, 1999, 520, 527; *Frignani* (oben FN 20), in: Bonelli/Buonocore/Corsi/Costi/Ferro-Luzzi/Gambino/Jaeger/Patroni Griffi, La riforma delle società quotate, 371; *Maviglia/Maviglia* (oben FN 8), in: Di Noia/Razzante, Il nuovo diritto societario e dell'intermediazione finanziaria, 335, 383f.

[26] *Sfameni* (oben FN 9), in: Marchetti/Bianchi, La disciplina delle società quotate nel testo unico della finanza, 509, 558.

wendung, die an der italienischen Börse notiert sind, sowie auf die Subjekte im Kontrollverhältnis zu ihnen (Art. 113 Abs. 2 *Reg.* verweist auf Art. 69 *Reg.*). Der Sitz der emittierenden Gesellschaft (Inland oder Ausland) spielt im kapitalmarktrechtlichen Kontext keine wichtige Rolle. Entscheidend ist hingegen, wo der Emittent notiert ist. Die Studien und Statistiken von ausländischen Emittenten, die an der Börse in Italien notiert sind, unterliegen daher der Mitteilungspflicht an die *CONSOB* und der Hinterlegungspflicht bei der Marktverwaltungsgesellschaft.

Art. 69 *Reg.* über die Modalität der Verbreitung von Studien und Statistiken findet keine Anwendung auf die Emittenten von Finanzinstrumenten, die nicht notiert sind, aber im Publikum in erheblicher Weise verbreitet sind, obwohl sie der Ad-hoc-Publizitätspflicht nach Art. 116 Abs. 1 *T.U.* und 109 *Reg.* unterliegen (Art. 108-112 *Reg.* enthalten keinen Verweis auf Art. 69 *Reg.*). Diese Ausnahme für diese besondere Kategorie von Emittenten beseitigt zum einen eine Formalität. Zum anderen jedoch konkretisiert sie sich in einem Wettbewerbsvorteil für die Gesellschaften, deren Finanzinstumente im Publikum erheblich verbreitet sind. Die Rechtsgrundlage dieser Differenzierung zu den notierten Emittenten kann nicht in 116 Abs. 1 S. 1 *T.U.* liegen, denn diese Norm erklärt Art. 114 und 115 *T.U.* in ihrer Gesamtheit (einschließlich Art. 114 Abs. 5 *T.U.* über Studien und Statistiken) auf nicht notierte Emittenten für anwendbar. Die Ermächtigung der *CONSOB* kann auch nicht auf Art. 116 Abs. 1 S. 2 *T.U.* basieren, weil die dort vorgesehene Möglichkeit von Ausnahmen lediglich ausländische Emittenten betrifft, die an ausländischen Märkten notiert sind. Die Rechtsgrundlage dieser Erleichterung für nicht notierte Emittenten ist statt dessen in Art. 114 Abs. 5 zu sehen. Nach dieser Bestimmung kann die Aufsichtsbehörde die Fälle festlegen, in denen das Publikum über Studien und Statistiken informiert werden muss. Es ist deswegen festzuhalten, dass die Öffentlichkeit nicht kraft Gesetzes über solche Dokumente informiert werden muss. Der *CONSOB* steht diesbezüglich ein Ermessen zu. Die Aufsichtsbehörde hat im Einzelfall entschieden, dass Studien und Statistiken nur dann zur Verfügung des Publikums gestellt werden muss, wenn sie von notierten Emittenten stammen (Art. 104 Abs. 2 und 113 Abs. 2 *Reg.*). Die *CONSOB* wollte wahrscheinlich die Publizitätspflichten der nicht notierten Emittenten nicht exzessiv erschweren. Die Entscheidung, die aus wettbewerblicher Sicht für diese besondere Kategorie von Gesellschaften vorteilhaft ist, lässt sich allerdings nur schwierig mit den Zielen der allgemeinen Ausdehnung der Ad-hoc-Publizität auf nicht notierte Emittenten (Art. 116 Abs. 1 *T.U.*) - eine bessere Informationversorgung des Publikums und die Beseitigung eines Hindernisses zur Notierung - vereinbaren.

D. Gerüchte

Gerüchte können als Nachrichten von unsicherer Zuverlässigkeit definiert werden[27]. Es stellt sich vor dem Hintergrund dieser Definition die Frage, ob Gerüchte, die sich auf dem Markt verbreitet haben, den Emittenten zu einer unverzüglichen Stellungnahme im Rahmen der Ad-hoc-Publizität verpflichten.

I. Deutsches Recht

Zunächst ist zwischen dem Gerücht und der möglicherweise dahinter stehenden Tatsache zu unterscheiden. Hier gelten ähnliche Grundsätze wie bei der Differenzierung zwischen Werturteilen und publizitätspflichtigen Tatsachen. Die zu Grunde liegende Tatsache ist zu veröffentlichen, wenn sie die Voraussetzungen des § 15 Abs. 1 S. 1 WpHG erfüllt (im Tätigkeitsbereich des Emittenten eingetreten, geeignet zur erheblichen Kursbeeinflussung usw.). Wenn hinter dem Gerücht tatsächlich ein Ereignis steckt, dann löst dieses - beim Vorliegen aller normativen Voraussetzungen - eine Informationspflicht aus. Das Gerücht ist im konkreten Fall lediglich ein Indiz, dass der Emittent seiner Pflicht der sofortigen Information des Publikums nicht nachgekommen ist (ansonsten wäre das Gerücht durch die Veröffentlichung entweder bestätigt oder verneint worden). Auf Grund der Unterlassung der Mitteilung sind Informationsasymmetrien nicht beseitigt worden. Eine Tatsache ist beim Emittenten eingetreten, die Öffentlichkeit jedoch nicht informiert. Bereits zu diesem Zeitpunkt ist ein Verstoß gegen § 39 WpHG zu bejahen. Das Unternehmen schafft es nicht, das Geheimnis über die eingetretene Tatsache zu behalten. Es verbreiten sich Gerüchte auf dem Markt. Die BAFin. kann auf diesem Weg zur Kenntnis gelangen, dass der Emittent seine Publizitätspflicht verletzt hat. Was die Aufsichtsbehörde in dieser Konstellation rügt, ist nicht, dass sich Gerüchte auf dem Markt verbreitet haben, sondern dass die zuständige Gesellschaft die gesetzlich gebotene Meldung unterlassen hat.
Die hier zu behandelnde Frage ist eine andere, nämlich ob die Verbreitung eines reinen Gerüchtes (ohne dass dahinter eine i.S.v. § 15 WpHG publizitätspflichtige Tatsache steckt) den Emittenten zu einer öffentlichen Stellungnahme im Rahmen von § 15 WpHG verpflichtet.

Ein Gerücht ist eine Tatsache, denn es ist definitionsgemäß eingetreten, wahrnehmbar und beweisbar. Der Umstand, dass der Inhalt des *rumor* u.U. nicht bewiesen werden kann[28], ist in diesem Zusammenhang nicht relevant. Dass in

[27] Vgl. *von Klitzing* (oben FN 1), 88.
[28] Vgl. *Gehrt*, Die neue Ad-hoc-Publizität nach § 15 Wertpapierhandelsgesetz, 122.

einschlägigen Kreisen (z.B. unter Finanzanalysten) über eine bevorstehende Verschmelzung gesprochen wird, ist eine Tatsache.

Fraglich ist, ob Gerüchte publizitätspflichtige Tatsachen i.S.v. § 15 WpHG sind. Eine Prüfung nach dem Vorliegen der gesetzlichen Merkmale führt zu dem Ergebnis, dass eine Ad-hoc-Publizitätspflicht bei *rumors* immer ausfällt[29].

Oft entstehen die Gerüchte außerhalb des Tätigkeitsbereiches des Emittenten und sind bereits aus diesem Grund nicht veröffentlichungspflichtig[30]. Das Merkmal des Eintretens in den Tätigkeitsbereich des Emittenten darf nicht so weit ausgelegt werden, dass Handlungen von Dritten wie die Streuung von *rumors* eine Pflicht zum Tätigwerden des Vorstands auslösen. Jedenfalls soll in diesem Zusammenhang das Interesse auf Geheimhaltung berücksichtigt werden. Dies kann z.B. durch die Stellung eines Befreiungsantrages erfolgen. Ansonsten wäre es für interessierte Konkurrenten einfach, absichtlich Gerüchte auf dem Markt zu streuen, um den Vorstand der betroffenen Gesellschaft zu einer nicht gewollten öffentlichen Stellungnahme zu zwingen[31]. Solange die rechtlichen Rahmenbedingungen für die Auslösung einer Informationspflicht nicht erfüllt sind, soll das Interesse des Emittenten auf informative Selbstbestimmung überwiegen[32].

Regelmäßig sind Gerüchte nicht publizitätspflichtig, weil sie inzwischen bereits öffentlich bekannt sind. *Rumors* werden in mehr oder weniger breiten Kreisen diskutiert. Entscheidend ist in diesem Zusammenhang, welcher Begriff der Öffentlichkeit § 15 WpHG zu Grunde liegt. Nach einhelliger Meinung (trotz der europarechtlichen Bedenken, die sich aus der EG-BörsenzulassungsRL ergeben, indem Schema C Ziffer 5 Buchstabe a) des Anhanges auf die Information des „Publikums" abstellt) gilt im deutschen Recht ein enger Begriff der Öffentlichkeit. Eine Tatsache ist bereits dann öffentlich bekannt, wenn die Bereichsöffentlichkeit die Gelegenheit hatte, von ihr Kenntnis zu nehmen. Es ist demgegenüber nicht erforderlich, dass die Information zur Verfügung des gesamten Publikums steht. Es folgt daraus, dass Gerüchte fast immer als öffentlich be-

---

29 Vgl *Burgard*, Ad-hoc-Publizität bei gestreckten Sachverhalten und mehrstufigen Entscheidungsprozessen, ZHR 162 (1998), 51, 82.

30 *Hirte*, Die Ad-hoc-Publizität im System des Aktien- und Börsenrechts, in: Hadding/Hopt/Schimansky, Das 2. Finanzmarktförderungsgesetz in der praktischen Umsetzung, 47, 75; *Hopt*, Wie sinnvoll sind rechtliche Regelung über Insidergeschäfte?in: Baegte, Insiderrecht und Ad-hoc-Publizität, 146.

31 *Fürhoff/Wölk*, Aktuelle Fragen zur Ad-hoc-Publizität, WM 1997, 449, 455; *von Klitzing* (oben FN 1), 89.

32 Man könnte allerdings noch an die Konstellation denken, dass Mitglieder der Organe der Gesellschaft Gerüchte über den Emittenten auf dem Markt verbreiten. Abgesehen davon, dass rechtlich zu prüfen ist, inwieweit ein solches Verhalten strafrechtlich relevant ist, scheitert in dieser Konstellation eine Pflicht zur Richtigstellung jedenfalls daran, dass reine Gerüchte nicht imstande sind, bilanzielle Auswirkungen zu entfalten.

kannt anzusehen sind. Dies gilt nicht nur, wenn die Wirtschaftspresse darüber berichtet hat. Ein *rumor* ist grundsätzlich auch dann als öffentlich bekannt anzusehen, wenn es in den einschlägigen Wirtschafts- und Finanzkreisen verbreitet ist. Die Abgrenzung zwischen einem hinreichend öffentlich bekannten und einem nicht hinreichend öffentlich bekannten Gerücht ist allerdings im Einzelfall nicht immer einfach. Ist das *rumor* über ein überregionales Börsenpflichtblatt oder über ein elektronisch betriebenes Informationsverbreitungssystem (vgl. § 15 Abs. 3 WpHG) verbreitet worden, dann ist auf jeden Fall von einer öffentlichen Nachricht auszugehen. Hat die Publizierung dieses Niveau nicht erreicht, dann muss auf der Basis der Umstände des Einzelfalles geprüft werden, ob die Information für „öffentlich bekannt" gehalten werden kann.

In einigen Fällen ist das Vorliegen einer Ad-hoc-Publizitätspflicht aus dem Grund auszuschließen, dass die Gerüchte ohnehin keine Eignung zur erheblichen Kursbeeinflussung besitzen[33]. Gerüchte, deren Inhalt der Finanzgemeinschaft glaubwürdig erscheint und die wichtige Umstände zum Gegenstand haben, können allerdings erhebliche Auswirkungen auf die Preise haben.
Die Prüfung, ob Gerüchte die Voraussetzungen des § 15 WpHG erfüllen, scheitert schließlich an dem Merkmal der Auswirkungen auf die Vermögens- oder Finanzlage oder auf den allgemeinen Geschäftsverlauf. Eine solche Auswirkung können *rumors* nicht entfalten. Reine Gerüchte, ohne dass Maßnahmen getroffen werden oder die vermutete Tat eintritt, können keinen bilanziellen Einfluss haben.

Gerüchte sind letztendlich für die Zwecke des § 15 WpHG den Werturteilen gleichzustellen. Sie verpflichten die Emittenten nicht zur Ad-hoc-Veröffentlichung[34].

Das erreichte Ergebnis, dass im deutschen Recht die Verbreitung von Gerüchten keine Ad-hoc-Publizitätspflicht auslöst, lässt die Frage unberührt, ob die Emittenten öffentliche Stellung dazu nehmen können. Darauf kann positiv geantwortet werden[35]. Z.B. darf der Vorstand der betroffenen Gesellschaft im Rahmen einer Pressekonferenz dem Gerücht den Boden entziehen. Außerhalb der gesetzlichen Beschränkungen ist das Prinzip der informativen Selbstbestimmung der Emittenten wiederhergestellt. Eine teleologische Interpretation (Ziel der Publizität ist die Transparenz des Geschehens am Kapitalmarkt) unterstützt im Übrigen diese Lösung. Haben sich Gerüchte verbreitet, ist es zweifellos im Interesse des Anlegerpublikums, die Wahrheit über die tatsächliche Lage zu erfahren. Das Schweigen wäre in der heutigen Zeit in aller Regel wirtschaftlich

---

[33] *Gehrt* (oben FN 30), 123.

[34] *Hopt*, Das neue Insiderrecht nach §§ 12 ff. Wertpapierhandelsgesetz – Funktion, Dogmatik, Reichweite, in: Hadding/Hopt/Schimansky, Das 2. Finanzmarktförderungsgesetz in der praktischen Umsetzung, 3, 23.

[35] *Burgard* (oben FN 31), ZHR 162 (1998), 51, 82; *Gehrt* (oben FN 30), 123; *Gerke/Bank/Lucht*, Die Wirkungen des Wertpapierhandelsgesetzes auf die Informationspolitik der Unternehmen, Die Bank 1996, 612, 616.

unklug und würde den Ruf des Unternehmens wegen mangelnder Informationspolitik schaden[36].

Fraglich ist allerdings noch, ob ein Gerücht in Wege einer Ad-hoc-Meldung, d.h. mit dem Verfahren nach § 15 Abs. 3 WpHG, richtiggestellt werden kann. Dies ist zu verneinen. Die Modalitäten der Ad-hoc-Publizität können lediglich für die Verbreitung von Tatsachen verwendet werden, die bestimmte gesetzlich festgelegten Voraussetzungen erfüllen. Eine Verwendung dieses Verfahrens für die Publizität sonstiger Informationen würde sich für die Anleger irreführend auswirken. Der Mechanismus des § 15 WpHG bleibt für die Tatsachen reserviert, die alle dort genannten Bedingungen erfüllen.

II. Italienisches Recht

Auch im italienischen Recht stellt sich die Frage, ob Gerüchte publizitätspflichtig sind[37]. *Rumors* sind Tatsachen. Wie jedoch bereits bezüglich der deutschen Regelung ausgeführt, wird in der Praxis sehr oft das eine oder andere gesetzliche Merkmal eines publizitätspflichtigen Ereignisses fehlen. Insbesondere sind Gerüchte oft öffentlich bekannt und nicht immer geeignet, eine erhebliche Kursbeeinflussung zu entfalten. Im italienischen Gesetz gibt es keinen Hinweis auf das Merkmal der Auswirkungen auf die Vermögens- oder Finanzlage oder auf den allgemeinen Geschäftsverlauf, auf Grund dessen im deutschen Recht die Ad-hoc-Veröffentlichungspflicht von Gerüchten im Endeffekt ausgeschlossen werden kann. Die Verbreitung von *rumors* kann deshalb u.U. den Emittenten zu einer Publizitätspflicht zwingen.

Diese These findet eine Bestätigung in der Ausführungsverordnung der *CONSOB*. Wie es bei Werturteilen der Fall ist, wird auch Gerüchten eine Sonderbestimmung in der italienischen Regelung gewidmet. Wenn sich der Marktpreis der Finanzinstrumente im Vergleich zum offiziellen Preis des Vortages erheblich verändert, weil Nachrichten betreffend die Vermögens-, Wirtschafts- oder Finanzlage oder den Geschäftsverlauf des Emittenten, die nach Art. 66 *Reg.* nicht veröffentlicht wurden, doch öffentlich bekannt wurden, ist die betroffene Gesellschaft zur Stellungnahme verpflichtet (Art. 66 Abs. 7 *Reg.*). Die *CONSOB* setzt in dieser Norm voraus, dass Dritte Nachrichten betreffend den Emittenten auf dem Markt verbreitet haben, die den Preis der Finanzinstrumente beeinflusst haben[38]. Wenn die Organe der Gesellschaft die Verbreitung solcher Informationen feststellen, sind sie verpflichtet, das Publikum unverzüglich darüber zu informieren, ob sie der Wahrheit entsprechen oder nicht. Die Emittenten müssen

[36] Vgl. *von Klitzing* (oben FN 1), 89.

[37] Verneinend *Valentino* (oben FN 26), 43 und 53.

[38] *Annunziata* (oben FN 11), BBTC 1999, 495, 504.

den Inhalt der Nachrichten gegebenenfalls ergänzen oder korrigieren, damit die informative Korrektheit wiederhergestellt werden kann. Mit Art. 66 Abs. 7 *Reg.* hat die *CONSOB* eine zusätzliche Informationspflicht geschafft. Es kann in diesem Zusammenhang die Frage dahinstehen, ob die Rechtsgrundlage dieser Befugnis Art. 114 Abs. 1 S. 2 *T.U.* (über die Bestimmung der Modalitäten der Publizität, wenn man annimmt, dass die Korrektur lediglich eine Modalität der Veröffentlichung ist) ist oder Art. 114 Abs. 3 *T.U.* (nach dem die *CONSOB* die Veröffentlichung derjenigen Nachrichten verlangen kann, die für die Information des Publikums erforderlich sind).
Die Pflicht zur Stellungnahme nach Art. 66 Abs. 7 *Reg.* besteht jedoch nicht in allen Fällen, in denen nach Art. 114 Abs. 1 *T.U.* Tatsachen veröffentlicht werden müssen[39]. Die Vorschrift der Ausführungsverordnung enthält Merkmale, welche die Verpflichtung zur nachträglichen Korrektur im Vergleich zum allgemeinen Gebot der Ad-hoc-Publizität beschränken und sonstige Merkmale, welche die Pflicht erweitern.

Die Richtigstellungspflicht besteht lediglich bei Nachrichten, welche die Vermögens-, Wirtschafts- oder Finanzlage oder den Geschäftsverlauf des Emittenten betreffen. Somit wird die informative Verantwortung der Unternehmen begrenzt. Die Emittenten sind lediglich dann zur korrektiven Stellungnahme gezwungen, wenn die verbreiteten Informationen sie in direkter Weise betreffen. Die Organe der Gesellschaften sind hingegen nicht verpflichtet, die Gründe von Preisschwankungen zu identifizieren, wenn diese auf unternehmensexterne Faktoren zurückzuführen sind.

In Zusammenhang mit den Unterschieden zwischen Art. 114 Abs. 1 S. 1 *T.U.* (Begriff der zu publizierenden Tatsachen) und Art. 66 Abs. 7 *Reg.* ergeben sich auch terminologische Probleme. Während in Art. 114 Abs. 1 S. 1 *T.U.* von einer erheblichen (*sensibile*) Kursbeeinflussung die Rede ist, wird in Art. 66 Abs. 7 *Reg.* von einer empfindlichen (*rilevante*) Veränderung gesprochen. Die zwei Adjektive haben nicht die gleiche Bedeutung. Die Realisierung der Informationseffekte der Ad-hoc-Publizität erfordert, dass *ex post* Meldungen der Emittenten unter diesem Gesichtspunkt des öfteren vorkommen. Während die *ex ante* Beurteilung schwierig und unsicher ist (es handelt sich um eine Prognose über eine mögliche künftige Kursentwicklung), müssen die Unternehmen bei tatsächlichen nachträglichen Kursveränderungen lediglich Stellung über etwas Eingetretenes nehmen. Die Emittenten können - bei einer *ex ante* Beurteilung im Rahmen des Art. 114 Abs. 1 S. 1 *T.U.* - fehlerhaft davon ausgehen, dass eine Tatsache erheblich kursbeeinflussend ist, während sich im nachhinein herausstellt, dass sie eine solche Qualität nicht hat. Ein solcher Einschätzungsfehler kann bei einer nachträglichen Feststellung nicht gemacht werden, denn es geht lediglich um die Feststellung und Kenntnisnahme einer eingetretenen Verände-

---

[39] Vgl. *Annunziata* (oben FN 11), BBTC 1999, 495, 504f.

rung des Kurses[40]. Es ist deshalb zu erwarten, dass die *CONSOB* bei der nachträglichen Stellungnahme der Emittenten einen höheren Einsatz verlangt als bei der ursprünglichen Ad-hoc-Meldung, d.h. sie verlangt auch bei kleineren Schwankungen eine Meldung.

Nach Art. 66 Abs. 7 *Reg.* ist erforderlich, dass sich die Kurse „verändern", während Art. 114 Abs. 1 S. 1 *T.U.* lediglich verlangt, dass die Preise „beeinflusst" werden. „Veränderung" bedeutet eine tatsächliche Bewegung des Preises, während der Ausdruck „Beeinflussung" sich auch auf einige Fälle bezieht, in denen sich der Preis des betroffenen Finanzinstruments nicht verändert (man kann z.B. an den Fall denken, dass zwei erhebliche kursbeeinflussende Tatsachen vorliegen, eine positive und eine negative, die den Kurs letztendlich unberührt lassen). Die Differenzierung zwischen „Veränderung" in Art. 67 Abs. 7. *Reg.* und „Beeinflussung" in Art. 114 Abs. 1 S. 1 *T.U.* hat zur Folge, dass unter diesem Gesichtspunkt die Fälle einer nachträglichen Korrektur nach der Ausführungsverordnung weniger als die Fälle einer positiven Meldung nach dem Gesetz sind.

Ein letzter terminologischer Unterschied zwischen der Publizitäts- und der Richtigstellungspflicht betrifft den Gegenstand der Veränderung. Während sich Art. 114 Abs. 1 *T.U.* auf den „Preis" der Finanzinstrumente bezieht, ist in Art. 66 Abs. 7 *Reg.* von dem „offiziellen Preis" die Rede[41].

Die Pflicht der Emittenten zur nachträglichen Stellungnahme nach Art. 66 Abs. 7 *Reg.* besteht in zwei getrennten Konstellationen.

1. Die Unterlassung der Ad-hoc-Meldung

Die Verpflichtung aus der Ausführungsverordnung operiert zunächst als eine Art Reparatur, wenn eine Ad-hoc-Meldung nach Art. 114 Abs. 1 S. 1 *T.U.* unterlassen wurde (d.h. wenn eine publizitätspflichtige Tatsache vorlag, jedoch nicht rechtzeitig angemeldet wurde). Art. 193 Abs. 1 *T.U.* droht im Fall des Verstoßes gegen die Pflicht zur Sofortpublizität, wie sie sich aus dem Gesetz oder aus der Ausführungsverordnung ergibt, Verwaltungssanktionen an. Der Emittent, der die Veröffentlichung nicht unverzüglich nach Entstehung der publizitätspflichtigen Tatsache vornimmt, verstößt gegen Art. 66 Abs. 1 *Reg.* Demzufolge werden Verwaltungssanktionen verhängt. Die nach Art. 66 Abs. 7 *Reg.* vorgenommene Richtigstellung schließt die Anwendung der Sanktionen nicht aus[42]. Dem Emittent kann ein Schuldvorwurf gemacht werden, denn gerade durch die Versäumung der unverzüglichen Veröffentlichung sind Gerüchte entstanden. Diese *rumors* haben zu Transaktionen geführt, die den Preis der Finanzinstrumente erheblich verändert haben. Hätte der Emittent das Publikum

[40] *Valentino* (oben FN 26), 50.
[41] Vgl. hierzu *Valentino* (oben FN 26), 50.
[42] *Maviglia/Maviglia* (oben FN 8), in: Di Noia/Razzante, Il nuovo diritto societario e dell'intermediazione finanziaria, 335, 386.

nanzinstrumente erheblich verändert haben. Hätte der Emittent das Publikum rechtzeitig über die publizitätspflichtige Tatsache informiert, dann wäre man zu einer korrekten Preisbildung gekommen. Durch sein Versäumnis haben hingegen beträchtliche Preisschwankungen stattgefunden.

Die Pflicht zur Stellungnahme im Fall der Unterlassung einer Veröffentlichung stellt einen erheblichen Unterschied zum deutschen Recht dar, wo bei Versäumung einer Ad-hoc-Meldung finanzielle Sanktionen verhängt werden, ohne dass der Emittent verpflichtet ist, die informative Korrektheit des Marktes wiederherzustellen. In kapitalmarktrechlicher Hinsicht ist die italienische Lösung vorzuziehen, denn sie stellt auf die Interessen des Anlegerpublikums in erheblichem Maße ab.

2. Das Verbreiten von Gerüchten

Art. 66 Abs. 7 *Reg.* bezieht sich – im Unterschied zum Wortlaut des Art. 114 Abs. 1 S. 1 *T.U.* und des Art. 66 Abs. 1 *Reg.* - auf „Nachrichten“, nicht auf „Tatsachen“. Diese terminologische Differenzierung ist so zu interpretieren, dass die Pflicht der Organe der Gesellschaften zur nachträglichen Stellungnahme auch dann gegeben ist, wenn sich reine Gerüchte (Nachrichten) - ohne zu Grunde liegende Tatsachen - betreffend den Emittenten auf dem Markt verbreitet haben. Art. 66 Abs. 7 *Reg.* begründet die Pflicht der Unternehmen, alle *rumors* über sich unverzüglich unter Kontrolle zu bringen. Der Anwendungsbereich der Bestimmung wird dadurch beschränkt, dass es sich um Nachrichten handeln muss, welche die Vermögens-, Wirtschafts- oder Finanzlage oder den Geschäftsverlauf des Emittenten betreffen. Eine solche Beschränkung ist durchaus angebracht, denn der Emittent kann im Prinzip nur das mit Sicherheit bestätigen bzw. dementieren, was seine Lage angeht. Eine weitere Begrenzung des Umfangs der Verpflichtung zur nachträglichen Stellungnahme besteht darin, dass der Emittent nur dann aktiv werden muss, wenn es sich um eine kursverändernde Nachricht handelt. Gerüchte, die *minimalia* betreffen, brauchen nicht ausgeräumt bzw. bestätigt werden, denn ein informatives Interesse der Anleger besteht nur dann, wenn Nachrichten den Wert der Effekten verändern. Die zwei genannten Grenzen bestätigen das Prinzip, dass die Richtigstellung nur dann angebracht und erforderlich ist, wenn sie für die Funktionsfähigkeit des Kapitalmarktes von Vorteil ist.

Anders als im deutschen Recht findet die Vorschrift auch bei gezielter Verbreitung von Gerüchten durch Dritte Anwendung. Art. 66 Abs. 7 *Reg.* betrifft auch den Fall, dass *rumors* nicht vom Emittenten verbreitet wurden, denn in der Norm kann ein solcher Emittentenbezug nicht gefunden werden. Somit besteht allerdings das Risiko, dass externe Subjekte (z.B. Konkurrenten) gezielt Gerüchte verbreiten, um die Gesellschaft zur Klarstellung und folglich zur Veröffentlichung seiner Strategien zu zwingen. Besteht aus der Publizität die Gefahr eines schweren Schadens, dann kann ein Befreiungsantrag nach Art. 114 Abs. 4 *T.U.* gestellt werden. Versäumt allerdings der Emittent die Richtigstellung, dann werden Verwaltungssanktionen nach Art. 193 Abs. 1 *T.U.* verhängt. In Anwendung von Art. 114 Abs. 3 S. 2 *T.U.* kann zudem die *CONSOB* auf Kosten des Unternehmens die richtigstellende Veröffentlichung vornehmen.

Art. 66 Abs. 7 *Reg.* über Gerüchte hat zusammen mit anderen Bestimmungen der Ausführungsverordnung (vgl. Art. 66 Abs. 5 und 68 *Reg.*) die Funktion, die Konsequenz und den Zusammenhang zwischen den Informationen betreffend den Emittenten zu sichern. Es handelt sich um Vorschriften, welche die Unternehmen zur Aufstellung von Kontrollmechanismen zwingen. Die Gesellschaften müssen ständig prüfen, ob sich irgendwelche Nachrichten über sie verbreitet haben. Im positiven Fall muss gehandelt und Stellung darüber genommen werden. Diese Norm begrenzt die informative Selbstbestimmung der Emittenten zugunsten des Informationsbedürfnisses des Marktes.

E. Kataloge von Tatsachen?

Sowohl im deutschen als auch im italienischen Recht werden die Tatsachen nicht typisiert. Auch aus diesem Umstand folgt das Prinzip, dass die Emittenten immer eine Prüfung der Relevanz der einzelnen Ereignisse durchführen müssen.

I. Deutsches Recht

Die Begründung zum Regierungsentwurf nennt einige Tatsachen, die eine Ad-hoc-Veröffentlichungspflicht auslösen können[43]. Es handelt sich hierbei um einen Beispielkatalog, so dass eine Reihe von weiteren Konstellationen vorstellbar ist. Die Lehre hat diesbezüglich diverse Vorschläge gemacht[44]. Auch der

---

[43] „Die Aufkündigung von besonders bedeutsamen Patent-, Liefer- oder Abnahmeverträge oder die Einstellung umsatzwichtiger Produktionszweige nach Unglücksfällen, aber auch der Abschluss neuer vorteilhafter Verträge von erheblicher Bedeutung für die weitere Entwicklung des Unternehmens“: Begründung zum Regierungsentwurf 2. FFG, BT-Drucks. 12/6679, 48.

[44] Verzeichnisse von publizitätspflichtigen Tatsachen z.B. in: *Becker*, Das neue Wertpapierhandelsgesetz 80; *Caspari*, Die Problematik der erheblichen Kursbeeinflussung einer publizitätspflichtigen Tatsache, in: Baegte, Insiderrecht und Ad-hoc-Publizität, 67, 75f.; *Claussen*, Bank- und Börsenrecht, § 9 RZ 105; Schäfer-*Geibel*, WpHG, § 15 RZ 89f.; *Happ*, Zum Regierungsentwurf eines Wertpapierhandelsgesetzes, JZ 1994, 240, 242; *Hoffmann-Becking/Happ/Semler*, Stellungnahme des Handelsrechtsausschusses des Deutschen Anwalts-

Leitfaden des BAWe und der Deutschen Börse AG enthält ein Verzeichnis prüfungsrelevanter Tatsachen[45]. Die Liste unterscheidet dem Wortlaut des § 15 Abs. 1 S. 1 WpHG entsprechend zwischen zwei Kategorien von veröffentlichungspflichtigen Ereignissen: Veränderungen der Vermögens- oder Finanzlage[46] und Veränderungen im allgemeinen Geschäftsverlauf[47]. Auch dieses Verzeichnis stellt allerdings keinen abschließenden Katalog der publizitätspflichtigen Tatsachen dar. Die Begründung zum Regierungsentwurf und der Leitfaden sind lediglich eine Orientierungshilfe für die Emittenten. Die Unternehmen dürfen das Bestehen einer publizitätspflichtigen Tatsache nicht automatisch ausschließen, weil sie dort nicht aufgeführt ist[48].

Die Kataloge bezwecken, die Aufmerksamkeit der Emittenten auf bestimmte Tatsachen zu lenken. Wenn die aufgeführten Fälle vorliegen, empfiehlt es sich, zu prüfen, ob die Voraussetzungen einer Ad-hoc-Veröffentlichung vorliegen. Es kann vorkommen, dass die in der Liste enthaltenen Ereignisse keine Pflicht zur Sofortpublizität im Einzelfall auslösen. Es darf in diesem Zusammenhang nicht vergessen werden, dass das Bestehen einer publizitätspflichtigen Tatsache von der Erfüllung der gesamten in § 15 Abs. 1 S. 1 WpHG vorgesehenen Voraussetzungen abhängt. Ergibt die Prüfung der einzelnen Tatbestands-

---

vereins e.V. zur Anwendung des § 15 Wertpapierhandelsgesetz bei mehrstufigen Entscheidungsprozessen, WM 1997, 2325, 2330f.; *Nowak*, Eignung von Sachverhalten in Ad-hoc-Mitteilungen zur erheblichen Kursbeeinflussung, ZBB 2001, 449, 454ff.; *Pellens/Fülbier*, Gestaltung der Ad-hoc-Publizität unter Einbeziehung internationaler Vorgehensweisen, in: Baegte, Insiderrecht und Ad-hoc-Publizität, 23, 39f.; *Struckmann*, Insiderregeln und deren Umsetzung am Beispiel der Bundesrepublik Deutschland, 88; *Tippach*, Das Insiderhandelsverbot und die besonderen Rechtspflichten der Banken, 149f.

[45] *BAWe und Deutsche Börse AG*, Insiderhandelsverbote, 50f.

[46] „Veräußerung satzungsmäßiger Kernbereiche, Verschmelzungsverträge, Eingliederungen, Ausgliederungen, Umwandlungen, Spaltungen sowie andere wesentliche Strukturmaßnahmen, Beherrschungsverträge und/oder Gewinnabführungsverträge, Erwerb oder Veräußerung von wesentlichen Beteiligungen, Übernahme- und Abfindungs-/Kaufangeboten, Kapitalmaßnahmen (inkl. Kapitalberichtigung), wesentliche Änderung der Ergebnisse der Jahresabschlüsse oder Zwischenberichte gegenüber früheren Ergebnissen oder Marktprognosen, Änderung des Dividendensatzes, bevorstehende Zahlungseinstellung/Überschuldung, Verlust nach § 92 Aktiengesetz/kurzfristige Kündigung wesentlicher Kreditlinien, erhebliche außerordentliche Aufwendungen (z.B. nach Großschäden oder Aufdecken krimineller Machenschaften) oder erhebliche außerordentliche Erträge".

[47] „Rückzug aus oder Aufnahme von neuen Kerngeschäftsfeldern, Abschluss, Änderung oder Kündigung besonders bedeutender Vertragsverhältnisse (einschließlich Kooperationsabkommen), bedeutende Erfindungen, Erteilung bedeutender Patente und Gewährung wichtiger (aktiver/passiver) Lizenzen, maßgebliche Produkthaftungs- oder Unweltschadensfälle, Rechtsstreitigkeiten und Kartellverfahren von besonderer Bedeutung, Veränderungen in Schlüsselpositionen des Unternehmens".

[48] Assmann/Schneider-*Kümpel*, § 15 RZ 72.

merkmale kein positives Ergebnis, so ist nicht zu veröffentlichen[49]. Im Endeffekt darf die Entscheidung über die Veröffentlichung eines Ereignisses kein Automatismus sein. Sie bleibt dem Vorstand der betroffenen Gesellschaft überlassen, welcher stets die Gesamtheit der konkreten Umstände des Einzelfalls zu berücksichtigen hat[50].

Dass die genannten Kataloge keine abschließende Funktion haben, ist angesichts der Zielsetzung der Ad-hoc-Publizität, eine breitere und auf die Interessen der Anleger maßgeschneidete Markttransparenz zu erstellen, zu begrüßen. Auch eine extrem ausführliche Liste ist nicht in der Lage, alle möglichen kursrelevanten Ereignisse zu erfassen[51]. Auf Grund der Vielfalt des Wirtschaftslebens ist es nicht denkbar, Kataloge aufzustellen, die alle eventuellen publizitätspflichtigen Tatsachen lückenlos abdecken[52]. Weder die EG-BörsenzulassungsRL noch das WpHG enthalten Elemente, die zu einer endgültigen Identifizierung der veröffentlichungspflichtigen Ereignisse führen[53]. Die Funktion der Verzeichnisse besteht im wesentlichen darin, durch eine Darlegung möglicher Tatsachen im Interesse der Informationseffizienz des Marktes die Ad-hoc-Veröffentlichung zu beschleunigen[54]. Eine Liste von Vorkommnissen hilft dem Emittenten und dessen Beratern bei der Identifikation publizitätsrelevanter Ereignisse. Die ersparte Zeit bei der Prüfung schlägt sich in der erhöhten Zügigkeit der Veröffentlichung nieder.

Unverbindliche Kataloge sind nicht geeignet, eine wirkliche Rechtssicherheit - im Sinne einer klaren Trennung zwischen publizitäts- und nichtpublizitätspflichtigen Tatsachen - zu schaffen[55]. In der Praxis werden nicht selten Ereignisse veröffentlicht, welche die gesetzlichen Voraussetzungen nicht erfüllen. Dies ist auch darauf zurückzuführen, dass Unternehmen aus Angst vor

---

[49] Das Merkmal der Eignung zur erheblichen Kursbeeinflussung z.B. wird in manchen Fällen nicht erfüllt sein. Die Eingliederung einer Tochtergesellschaft kann je nach Umständen sehr unterschiedliche Auswirkungen auf die Kurse hervorrufen. Wenn sie ein kleines und im Vergleich zur Muttergesellschaft eher unbedeutendes Unternehmen darstellt, werden die Börsenpreise des notierten Emittenten wahrscheinlich keine erhebliche Änderung erleben. Vgl. dazu Assmann/Schneider-*Kümpel*, § 15 RZ 71; *Maviglia/Maviglia* (oben FN 8), in: Di Noia/Razzante, Il nuovo diritto societario e dell'intermediazione finanziaria, 335, 367f. und 371.

[50] *Ekkenga*, Die Ad-hoc-Publizität im System der Marktordnungen, ZGR 1999, 165, 200.

[51] *Bruns*, Finanzpublizität nach Inkrafttreten des 2. Finanzmarktförderungsgesetzes – Zur praktischen Umsetzung bei Daimler-Benz, in: Baegte, Insiderrecht und Ad-hoc-Publizität, 109, 114.

[52] *Gehrt* (oben FN 30), 34; Assmann/Schneider-*Kümpel*, § 15 RZ 72; *Riedel*, Falsche Ad-hoc-Mitteilungen, wistra 2001, 447, 451.

[53] Vgl. *Hirte* (oben FN 32), in: Hadding/Hopt/Schimansky, Das 2. Finanzmarktförderungsgesetz in der praktischen Umsetzung, 47, 71f.

[54] *Kümpel*, Bank- und Kapitalmarktrecht, 1218.

[55] *Caspari* (oben FN 46), in: Baegte, Insiderrecht und Ad-hoc-Publizität, 67, 74f.; *Wittich*, Erfahrungen mit der Ad-hoc-Publizität in Deutschland, AG 1997, 1, 3.

den in § 39 WpHG vorgesehenen hohen Sanktionen oder zu Werbezwecken alle im Katalog aufgeführten Tatsachen veröffentlichen, obwohl die Merkmale des § 15 Abs. 1 S. 1 WpHG im Einzelfall nicht gegeben sind.

II. Italienisches Recht

Wie im deutschen Recht hat der italienische Gesetzgeber entschieden, Kataloge von publizitätspflichtigen Tatsachen zu vermeiden. Es ist nicht möglich, in einer Liste die Gesamtheit der Ereignisse darzustellen, die geeignet sind, den Kurs der Finanzinstrumente erheblich zu beeinflussen. Die Gesellschaftsorgane müssen im Einzelfall entscheiden, ob ein Ereignis die gesetzlichen Voraussetzungen erfüllt und daher publizitätspflichtig ist[56]. Mit Art. 114 Abs. 1 S. 2 *T.U.* erhält im übrigen die *CONSOB* keine Befugnis, veröffentlichungspflichtige Tatsachen zu identifizieren. Die Aufsichtsbehörde bekommt lediglich die Befugnis, die „Modalitäten" der Information des Publikums festzulegen. Aus dem Umstand, dass im *Reg.* Ereignisse aufgelistet werden – wie die sog. außerordentlichen Operationen (Art. 70-76 *Reg.*) – die besonderen Formen der Unternehmenspublizität unterliegen, kann nicht abgeleitet werden, dass sie ad-hoc publizitätspflichtig sind. Es wird sicherlich des öfteren vorkommen, dass solche außerordentliche Operationen den Kurs erheblich beeinflussen; dies ist jedoch kein Automatismus und muss im konkreten Fall geprüft werden[57].

Im *Reg.* sind allerdings einige Tatsachen aufgeführt, die jedenfalls (d.h. unabhängig von einer spezifischen Prüfung des Vorliegens der gesetzlichen Voraussetzungen nach Art. 114 Abs. 1 S. 1 *T.U.*) der Sofortpublizität unterliegen[58]. Die Emittenten von Finanzinstrumenten müssen mit den Modalitäten der Ad-hoc-Publizität (Art. 66 *Reg.*) das Publikum über folgendes informieren: die Lage der eigenen Rechungslegung (*situazioni contabili*), die später in der Bilanz, in der Konzernbilanz und im Zwischenbericht aufzunehmen ist, wenn sie Externen mitgeteilt wird und jedenfalls sobald sie einen hinreichenden Sicherheitsgrad erreicht hat (Art. 66 Abs. 6 Buchstabe a) *Reg.*). Das Anlegerpublikum ist auch über die Beschlüsse des Vorstands zu unterrichten, mit denen der Bilanzentwurf, der Vorschlag, Gewinne auszuschütten, die Konzernbilanz und der Zwischenbericht angenommen werden (Art. 66 Abs. 6 Buchstabe b) *Reg.*) Diese Informationen sind dem Publikum, jedoch nicht der *CONSOB* zu liefern[59]. Die Rechtsgrundlage dieser Norm ist Art. 114 Abs. 3 *T.U.*, nach dem die Aufsichts-

---

[56] *CONSOB*, Mitteilung Nr. 198090352 vom 14.12.1998, Le Società 1999, 1114.

[57] *Annunziata* (oben FN 25), Le Società 1999, 520, 521.

[58] *Annunziata* (oben FN 11), BBTC 1999, 495, 497; *ASSONIME*, Circolare Nr. 58/1999, Riv. soc., 1999, 809f.

[59] *Valentino* (oben FN 26), 115.

behörde auch auf allgemeine Weise die Veröffentlichung von Nachrichten verlangen kann, die für die Information des Publikums erforderlich sind, und nicht Art. 114 Abs. 1 S. 2 *T.U.*, die lediglich die Festlegung der Modalitäten der Publizität betrifft.

Es geht um Ereignisse, die von der Ausführungsverordnung allgemein für so wichtig gehalten werden, dass sie auf jeden Fall zu veröffentlichen sind[60]. Anders als im deutschen Recht ist das Vorliegen der gesetzlichen Voraussetzungen von dem Emittenten bei diesen Tatsachen nicht zu prüfen. Die in Art. 66 Abs. 6 *Reg.* genannten Ereignisse brauchen insbesondere keine Eignung zur erheblichen Kursbeeinflussung aufweisen. Eine ganze Kategorie von Vorkommnissen werden von der *CONSOB* automatisch dem Ad-hoc-Verfahren unterworfen, mit der Folge, dass die Entscheidung über die Veröffentlichung für die betroffenen Gesellschaften vereinfacht ist. Art. 66 Abs. 6 *Reg.* bewirkt somit eine Ausdehnung der Sofortpublizitätspflicht. Durch die Bestimmung des Inhalts des Tatsachenbegriffes wird es zudem für die Emittenten unmöglich, der *CONSOB* gegenüber einzuwenden, dass sie nichts veröffentlicht haben, weil das streitige Ereignis die Voraussetzungen des Art. 114 Abs. 1 S. 1 *T.U.* nicht erfüllte.

Art. 67 Abs. 1 Buchstabe a) *Reg.* ermächtigt die Marktverwaltungsgesellschaft die Modalitäten der Darstellung der in den Meldungen enthaltenen Informationen in Bezug auf einzelne Typologien von Tatsachen festzulegen. Auf Grund dieser Ermächtigung (es handelt sich um eine dritte Ermächtigungsebene: zunächst ermächtigt das Gesetz die *CONSOB*, dann ermächtigt die Aufsichtsbehörde die Marktverwaltungsgesellschaft) kann indirekt ein Katalog von Tatsachen aufgestellt werden. Die Marktverwaltungsgesellschaft kann z.B. Muster aufstellen, nach denen die Veröffentlichung von bestimmten Ereignissen (wie Verschmelzungen) erfolgen soll. In diesem Fall wäre allerdings die Standardisierung für die Bejahung der Veröffentlichungspflicht nicht bindend. Die Emittenten müssten immer noch im Einzelfall prüfen, ob die Voraussetzungen der Publizität nach Art. 114 Abs. 1 S. 1 *T.U.* vorliegen[61]. Die Arbeit der Marktverwaltungsgesellschaft würde nicht den Inhalt der Veröffentlichungspflicht (ob), sondern nur die Form (wie), beeinflussen.

F. Fazit

I. Die EG-BörsenzulassungsRL sowie das WpHG und der *T.U.* beziehen sich auf publizitätspflichtige „Tatsachen". Der Ausdruck ist allgemein.

---

[60] *Maviglia/Maviglia* (oben FN 8), in: Di Noia/Razzante, Il nuovo diritto societario e dell'intermediazione finanziaria, 335, 372.

[61] *Sfameni* (oben FN 9), in: Marchetti/Bianchi, La disciplina delle società quotate nel testo unico della finanza, 509, 549f.

II. Nach der deutschen Rspr. ist eine Tatsache etwas Geschehenes, das dem Beweis zugänglich ist. Auf Grund dieser Definition können in deutschem Recht künftige Ereignisse aus dem Anwendungsbereich der Ad-hoc-Publizität ausgeschlossen werden, denn sie sind noch nicht eingetreten und folglich nicht beweisbar.

Auch Prognosen über künftige Ereignisse unterliegen keiner Ad-hoc-Publizitätspflicht. Obwohl sie als Tatsachen zu qualifizieren sind (sie sind eingetreten und beweisbar) und erheblich kursbeeinflussend sein können, scheitert die Veröffentlichungsspflicht daran, dass sie keine Auswirkung auf die Vermögens- oder Finanzlage oder auf den allgemeinen Geschäftsverlauf des Emittenten haben. Die künftigen Ereignisse, auf die sich die Prognosen beziehen, sind einer eigenen getrennten Prüfung zu unterziehen. Beim Vorliegen aller gesetzlichen Voraussetzungen werden sie, nachdem sie eingetreten sind, eine Publizitätspflicht nach § 15 WpHG auslösen.

Die Tatsachen, auf welche die Prognosen gestützt sind, können publizitätspflichtig gewesen sein. In diesem Fall könnte die Veröffentlichung einer Vorhersage auf der Grundlage einer oder mehreren eingetretenen Tatsachen einen Indiz dafür sein, dass der Emittent eine rechtzeitige Ad-hoc-Meldung unterlassen hat (folglich: Ordnungswidrigkeit nach § 39 WpHG).

Auch im italienischen Recht sind künftige Ereignisse nicht ad-hoc publizitätspflichtig, denn Art. 114 Abs. 1 S. 1 *T.U.* verlangt lediglich die Veröffentlichung von eingetretenen Vorkommnissen.

Im italienischen Recht ergeben sich für Prognosen einige Besonderheiten. Prognosen sind an sich – wie im deutschen Recht – Tatsachen, denn sie sind eingetreten und sinnlich wahrnehmbar. Wenn sie erheblich kursbeeinflussend sind und vom Emittenten stammen, dann sind sie publizitätspflichtig (im italienischen Recht hängt die Ad-hoc-Pflicht – im Unterschied zur deutschen Regelung - nicht von den bilanziellen Auswirkungen ab). Wenn hingegen die Prognosen die gesetzlichen Voraussetzungen nicht erfüllen, dann sind sie nicht veröffentlichungsspflichtig. Die *CONSOB* will jedoch auch die Verbreitung dieser Vorhersagen nicht völlig außer Kontrolle lassen. Durch die Ausführungsverordnung ist ein gemischtes System aufgestellt worden. Für die Prognosen, die nicht publizitätspflichtig sind - weil sie die gesetzlichen Voraussetzungen nicht erfüllen - können die Emittenten entscheiden, ob sie sie veröffentlichen wollen oder nicht. Entscheiden sie sich für die Veröffentlichung, dann sind allerdings die Verbreitungsmodalitäten des Art. 66 *Reg.* einzuhalten (Marktverwaltungsgesellschaft und zwei Nachrichtenagenturen). Auf diese Weise soll eine unkontrollierte Verbreitung von Prognosen gehindert werden. Die *CONSOB* hat zudem auf Grund der Ermächtigungsgrundlage des Art. 114 Abs. 3 *T.U.* eine Verpflichtung zur Richtigstellung geschaffen. Sind Prognosen veröffentlicht worden, dann müssen sie im Interesse der Anlegerinformation bei tatsächlichen Abweichungen korrigiert werden.

Da Prognosen sich meistens auf Tatsachen stützen, kann ihre Veröffentlichung ein Indiz dafür sein, dass die zu Grunde liegende Tatsache nicht rechtzeitig publiziert wurde. In diesem Fall verrät der Emittent die Begehung einer Ordnungswidrigkeit (Art. 193 *T.U.*).

III. Werturteile sind nach deutschen Recht nicht publizitätspflichtig. Wird die Meinung nicht geäußert, ist sie keine Tatsache, denn sie ist überhaupt nicht sinnlich wahrnehmbar und beweisbar. Wird die Meinung hingegen geäußert, dann ist sie eine Tatsache, denn sie ist eingetreten und beweisbar. Die Äußerung eines Werturteils kann u.U. geeignet sein, den Kurs der Wertpapiere erheblich zu beeinflussen. Sie kann jedoch alleine niemals Auswirkungen auf die Vermögens- oder Finanzlage oder auf den allgemeinen Geschäftsverlauf haben. Aus diesem Grund sind geäußerte Werturteile keine publizitätspflichtigen Tatsachen.

Werturteile sind auch nach italienischem Recht Tatsachen (eingetreten, sinnlich wahrnehmbar und beweisbar). Sie können geeignet sein, den Preis der Finanzinstrumente erheblich zu beeinflussen. Es wird allerdings vom Gesetz - im Unterschied zum deutschen Recht - nicht erfordert, dass sie bilanzielle Auswirkungen haben. Daraus folgt, dass die Äußerung von Werturteilen seitens der Exponenten des Emittenten im Einzelfall publizitätspflichtig sein können.

Meinungen unterscheiden sich von sonstigen Tatsachen im Wesentlichen dadurch, dass sie ein mehr oder weniger starkes subjektives Element enthalten. Insbesondere dann, wenn sie vom Emittenten stammen, entsteht durch ihre Verbreitung ein Risiko der Irreführung der Anleger. Aus diesem Grund hat der italienische Gesetzgeber einige Typologien von Werturteilen identifiziert (Studien und Statistiken), die einer Sonderregelung unterliegen. Während Werturteile der Ad-hoc-Publizitätspflicht nach der allgemeinen Regelung (Art. 114 Abs. 1 S. 1 *T.U.*) unterliegen, wenn sie kursbeeinflussend sind, dehnt der Gesetzgeber im Interesse des Anlegerschutzes und der Markttransparenz Teile der Publizitätspflicht (Art. 69 *Reg.*) auf Studien und Statistiken aus, die nicht kursbeeinflussend sind. Nach Art. 69 *Reg.* müssen zudem Studien und Statistiken der *CONSOB* mitgeteilt werden, die somit die Möglichkeit erhält, den Inhalt der Dokumente zu prüfen.

IV. Es ist ferner untersucht worden, ob Gerüchte publizitätspflichtig sind.

Im deutschen Recht ist zunächst zwischen der zu Grunde liegenden Tatsache und dem Gerücht zu unterscheiden. Beide unterliegen einer gesonderten Prüfung. Die zu Grunde liegende Tatsache kann, beim Vorliegen der gesetzlichen Voraussetzungen, publizitätspflichtig gewesen sein. In diesem Fall ist das Gerücht lediglich eine Indiz dafür, dass der Emittent durch die Unterlassung einer gebotenen Meldung eine Ordnungswidrigkeit begangen hat. Hätte das Unternehmen die Tatsache unverzüglich dem Markt mitgeteilt, hätten sich keine

Gerüchte verbreitet. Es ist die Frage behandelt worden, ob Gerüchte (ohne dahinter stehende Tatsache) zu publizieren sind. Das *rumor* ist eine Tatsache, denn es ist geschehen (es wird z.B. in Wirtschaftskreisen darüber geredet) und beweisbar (es kann bewiesen werden, dass darüber geredet wird). Das Gerücht soll deshalb einer Prüfung nach § 15 Abs. 1 S. 1 WpHG unterzogen werden. *Rumors* treten in der Regel außerhalb des Tätigkeitsbereiches des Emittenten ein (es sei denn, sie wurden von den Organen der Gesellschaft selbst gestreut); normalerweise sind sie öffentlich bekannt (zumindest im gesetzlichen Sinne der Bereichsöffentlichkeit); gewöhnlich besitzen sie keine Eignung zur erheblichen Kursbeeinflussung. Sie können allerdings nie bilanzielle Auswirkungen haben. Im Ergebnis sind Gerüchte im Rahmen der Ad-hoc-Publizität niemals publizitätspflichtig. Eine ganz andere Frage ist, ob die Emittenten Stellung zu Gerüchten nehmen dürfen. Darauf ist teleologisch positiv zu antworten, denn es kann nur im Interesse der Anleger sein, über die Lage des Unternehmens transparent informiert zu sein. Die Emittenten können z.B. im Rahmen einer Pressekonferenz die Situation klären. Die Richtigstellung darf jedoch wegen des Risikos einer Irreführung des Publikums nicht mit den Modalitäten der Ad-hoc-Publizität erfolgen. Die Sofortpublizität ist ein Mechanismus der Veröffentlichung der in § 15 Abs. 1 S. 1 WpHG identifizierten Tatsachen.

Gerüchte sind nach italienischen Recht Tatsachen, denn sie sind eingetreten und beweisbar. Die Frage ist, ob sie nach Art. 114 Abs. 1 S. 1 *T.U.* publizitätspflichtig sind. *Rumors* können vom Emittenten stammen und geeignet sein, den Preis der Finanzinstrumente erheblich zu beeinflussen. Da Gerüchte alle gesetzliche Voraussetzungen erfüllen können, können sie zur Publizität verpflichten. Dies wird im *Reg.* bestätigt. Den Gerüchten wird zudem in der Ausführungsverordnung der *CONSOB* eine Sonderbestimmung gewidmet. Nach Art. 66 Abs. 7 *Reg.* sind die Emittenten zur Stellungnahme über *rumors* verpflichtet, falls sich Nachrichten auf dem Markt verbreitet haben, die sie betreffen und erheblichen Einfluss auf die Kurse gehabt haben. Lag dem Gerücht eine publizitätspflichtige Tatsache zu Grunde, dann wurde bei der Versäumung der Veröffentlichung eine Ordnungswidrigkeit (Art. 193 *T.U.*) begangen. Die Verwirklichung der Zielsetzung der Transparenz (vgl. Art. 91 *T.U.*) gebietet eine Klärung der Emittenten über wichtige *rumors*. Die *CONSOB* überträgt auf die Organe der Gesellschaften eine große Verantwortung, nämlich Sorge dafür zu tragen, dass der Markt ständig in korrekter Weise informiert ist.

V. Verzeichnisse von Tatsachen haben im deutschen Recht lediglich eine Beispielfunktion. Der Vorstand des Emittenten muss immer im Einzelfall prüfen, ob alle gesetzliche Voraussetzungen für eine Ad-hoc-Veröffentlichung vorliegen. Kataloge von Tatsachen können u.U. sogar irreführend sein. Es kann z.B. vorkommen (und es kommt in der Praxis vor), dass alle Verschmelzungsverträge eines Emittenten – nur weil sie als Tatsachenkategorie aufgelistet sind - bekanntgegeben werden, obwohl sie keine Eignung zur erheblichen Kursbeeinflussung besitzen. Umgekehrt kann passieren, dass Ereignisse aus dem einzigen Grund nicht veröffentlicht werden, dass sie in den Listen nicht aufgeführt sind.

Der *T.U.* bezieht sich auf „Tatsachen“ im allgemeinen Sinne, so dass auch im italienischen Recht kein abschließender Katalog publizitätspflichtiger Ereignisse erstellt werden kann. Die *CONSOB* hat allerdings Fälle identifiziert, in denen die Prüfung, ob die Voraussetzungen der veröffentlichungspflichtigen Tatsache gegeben sind, ausfällt. Art. 66 Abs. 6 *Reg.* listet Ereignisse auf, die immer veröffentlicht werden müssen. Der Emittent braucht die allgemeinen Voraussetzungen der publizitätspflichtigen Tatsache, wie sie sich aus Art. 114 Abs. 1 S. 1 *T.U.* ergeben, nicht prüfen.

§ 5 Die gesetzlichen Tatbestandsmerkmale der Tatsache

Im § 4 ist der Begriff der „Tatsache“ diskutiert worden. In diesem Paragraph sollen die gesetzlichen Tatbestandsmerkmale analysiert werden, die eine Tatsache ad-hoc publizitätspflichtig machen.

Die ursprüngliche Rechtsgrundlage der Pflicht zur Sofortpublizität liegt im Europarecht. Schema C Ziffer 5 Buchstabe a) EG-BörsenzulassungsRL sieht folgendes vor: „Die Gesellschaft muss das Publikum über neue erhebliche Tatsachen in Kenntnis setzen, die in ihrem Tätigkeitsbereich eingetreten sind und die der breiten Öffentlichkeit nicht bekannt sind, aber wegen ihrer Auswirkung auf ihre Vermögens- und Finanzlage oder auf den allgemeinen Geschäftsverlauf zu einer beträchtlichen Änderung der Kurse ihrer Aktien führen können“.

Im deutschen Recht ist die Legaldefinition der Tatsache in § 15 Abs. 1 S. 1 WpHG enthalten. Nach dieser Norm muss der Emittent von Wertpapieren, die zum Handel an einer inländischen Börse zugelassen sind, „unverzüglich eine neue Tatsache veröffentlichen, die in seinem Tätigkeitsbereich eingetreten und nicht öffentlich bekannt ist, wenn sie wegen der Auswirkungen auf die Vermögens- oder Finanzlage oder auf den allgemeinen Geschäftsverlauf des Emittenten geeignet ist, den Börsenpreis der zugelassenen Wertpapiere erheblich zu beeinflussen“.

Im italienischen Recht sind die Tatbestandsmerkmale der Ad-hoc-Tatsache in Art. 114 Abs. 1 S. 1 *T.U.* zu finden: unbeschadet der in bestimmten Gesetzen vorgesehenen Publizitätspflichten, informieren die notierten Emittenten, sowie die Subjekte, die sie kontrollieren, das Publikum über Tatsachen, die in ihrem Tätigkeitsbereich und in dem Tätigkeitsbereich der kontrollierten Gesellschaften eintreten, wenn es sich um nicht öffentliche Tatsachen handelt, die geeignet sind, im Fall ihres öffentlichen Bekanntwerdens, den Preis der Finanzinstrumente erheblich zu beeinflussen.

A. Der „Emittent“ als Adressat der Ad-hoc-Publizitätspflicht

Nach Schema C Ziffer 5 Buchstabe a) EG-BörsenzulassungsRL ist die „Gesellschaft“ zur Sofortpublizität verpflichtet. Diese Terminologie unterscheidet sich von dem deutschen und von dem italienischen Ausdruck. Nach den nationalen Gesetzgebungen betreffen die Ad-hoc-Publizitätspflichten die „Emittenten“ (§ 15 Abs. 1 S. 1 WpHG; Art. 114 Abs. 1 S. 1 *T.U.*). Aus dem Erwägungsgrund Nr. 2 EG-BörsenzulassungsRL kann jedoch entnommen werden, dass dem Wort „Gesellschaft“ eine breitere Bedeutung beizumessen ist, denn die RL soll für alle Emittenten von Wertpapieren - unabhängig von ihrer

Rechtsform - gelten. Die Gesellschaft ist lediglich eines der Subjekte, welche Wertpapiere emittieren können. Ebenso gilt für den Ausdruck „Unternehmen", der in Schema D Abschnitt A Ziffer 4 Buchstabe a) EG-BörsenzulassungsRL und in Art. 7 EG-InsiderRL verwendet wird.

I. Deutsches Recht

1. Emittent vs. Gesellschaft

Emittenten sind Körperschaften, deren Wertpapiere[1] zum Handel an einer inländischen Börse zugelassen sind.

Das deutsche Gesetz definiert nicht, welche Gesellschaftstypen der Ad-hoc-Pflicht unterliegen. Die Identifizierung der Subjekte, die Wertpapiere emittieren können, die an einer deutschen Börse zugelassen werden können, ermöglicht die Bestimmung der Gesellschaftsformen, die publizitätspflichtig sind. Es unterliegen daher der Ad-hoc-Publizität die Aktiengesellschaft und die Kommanditgesellschaft auf Aktien.

2. Die Nationalität des Emittenten

Die Nationalität des Emittenten, d.h. das Land wo die Gesellschaft ihren Sitz hat, ist für die Ad-hoc-Publizität nicht relevant. Kein Unterschied wird in § 15 WpHG gemacht, ob die Emittenten ihren Sitz in Deutschland oder im Ausland haben. Die Verpflichtung zur Sofortpublizität trifft somit nicht nur deutsche, sondern auch ausländische Gesellschaften, solange ihre Wertpapiere in Deutschland notiert sind[2]. Aus dem Anwendungsbereich der Pflicht zur Ad-hoc-Publizität sind demgegenüber die Emittenten ausgeschlossen, die lediglich an ausländischen Börsen zugelassen sind (unabhängig davon, ob sie ihren Sitz in Deutschland oder im Ausland haben).

---

[1] Zum Begriff der Wertpapiere, s. statt aller *Zubrod*, Rechtssichere Eingrenzung der Ad-hoc-Publizitätspflicht anhand der Auswirkungen auf die Vermögens- oder Finanzlage als Zentralbegriff, 21ff.

[2] Vgl. *Hopt*, Grundsatz- und Praxisprobleme nach dem Wertpapierhandelsgesetz – insbesondere Insidergeschäfte und Ad-hoc-Publizität, ZHR 159 (1995), 135, 156; *Kümpel*, Kapitalmarktrecht: Eine Einführung, 58f.; *Pananis*, Zur Abgrenzung von Insidertatsache und ad-hoc-publizitätspflichtigem Sachverhalt bei mehrstufigen Entscheidungsprozessen, WM 1997, 460, 461.

3. Keine Konzernklausel

Das deutsche Recht enthält, im Unterschied zum italienischen Recht (Art. 114 Abs. 1 S. 1 *T.U.*), keine Konzernklausel für die Ad-hoc-Publizität[3]. Aus der Verpflichtung zur Sofortpublizität sind deshalb nicht notierte Muttergesellschaften des notierten Emittenten ausgeschlossen[4]. Wenn demgegenüber die kontrollierende Gesellschaft notiert ist, dann ist sie selbst nach § 15 WpHG publizitätspflichtig.

Das deutsche Recht enthält im Rahmen der Ad-hoc-Publizitätsregelung, im Unterschied zum italienischen Recht (Art. 114 Abs. 2 *T.U.*), keine ausdrückliche Vorschrift, die den konzerninternen Informationsfluss regelt. Es muss allerdings berücksichtigt werden, dass nach § 15 Abs. 1 S. 1 WpHG alle Tatsachen zu veröffentlichen sind, die im Tätigkeitsbereich des Emittenten eingetreten sind. Der Begriff des „Tätigkeitsbereiches" des Emittenten ist so zu verstehen, dass auch Ereignisse, welche kontrollierte Gesellschaften betreffen, publizitätspflichtig sein können. Es ergibt sich daraus, dass die Tochtergesellschaften verpflichtet sind, alle Informationen weiterzugeben, die zum Zweck der Veröffentlichung durch die Mutterunternehmen erforderlich sind.

II. Italienisches Recht

1. Emittent vs. Gesellschaft

Auch im italienischen Recht wird das Wort „Emittent", nicht das Wort „Gesellschaft" zur Identifizierung der Adressaten der Ad-hoc-Publizitätspflicht verwendet. Auf der anderen Seite findet man in der Titulation zu den Art. 113-118 *T.U.* den Ausdruck „gesellschaftliche Information" (*informazione societaria*). Diese letzte Formulierung ist darauf zurückzuführen, dass in dieser Gruppe von Normen nicht nur die Sofortpublizität, sondern auch sonstige Aspekte der Unternehmenspublizität geregelt werden (wie z.B. in Art. 117 *T.U.* die Rechnungslegung).

„Emittent" ist ein weiterer Begriff als „Gesellschaft"[5]. Es sind nach italienischem Recht nicht nur Gesellschaften (die Aktiengesellschaft und die Kommandigesellschaft auf Aktien) befugt, Finanzinstrumente zu emittieren, die in italienischen reglementierten Märkten notiert werden können. Es müssen

---

[3] Assmann/Schneider-*Kümpel*, § 15 RZ 29.

[4] Dieser Unterschied zum italienischen Recht hat in der Praxis keine besondere Bedeutung, denn im Regelfall ist in Deutschland nicht nur die Tochter-, sondern auch die Muttergesellschaft notierter Emittent von Anlageinstrumenten.

[5] *Sfameni*, Commento all'art. 114, in: Marchetti/Bianchi, La disciplina delle società quotate nel testo unico della finanza, 509, 510.

vielmehr auch sonstige Subjekte berücksichtigt werden, die – ohne die Form einer Gesellschaft anzunehmen – Effekte emittieren können, die an italienischen reglementierten Märkten notiert werden können[6]. Im Ergebnis ist der Begriff „Emittent" gewollt breit, um zu betonen, dass die juristische Form des emittierenden Subjektes im Zusammenhang mit der Ad-hoc-Publizitätspflicht keine Relevanz hat[7].

2. Die Nationalität des Emittenten

Notierte Emittenten (*emittenti quotati*) sind die italienischen oder ausländischen Subjekte, die Finanzinstrumente emittieren, die in italienischen reglementierten Märkten notiert sind (Art. 1 Abs. 1 Buchstabe w) *T.U.*). Die italienischen reglementierten Märkte untergliedern sich in die Börse und die sonstigen reglementierten Märkte. Nach dem italienischen Gesetz – die Regelung ist mit der deutschen (§ 15 Abs. 1 S. 1 WpHG) identisch - trifft die Ad-hoc-Publizitätspflicht sowohl Emittenten mit Sitz in Italien als auch Emittenten mit Sitz im Ausland, wenn sie in Italien notiert sind[8]. Dieses Prinzip wird in der Ausführungsverordnung der *CONSOB* bestätigt. Sowohl Emittenten mit Sitz im Ausland, die an der Börse in Italien notiert sind (Art. 113 *Reg.*), als auch Emittenten mit Sitz im Ausland, die an anderen italienischen reglementierten Märkten als der Börse notiert sind (Art. 104 *Reg.*), unterliegen der Ad-hoc-Publizität (Art. 113 und 104 *Reg.* verweisen auf Art. 66-69 *Reg.*).

3. Die Konzernklausel

Der Kreis der Adressaten der Ad-hoc-Publizitätspflicht wird im italienischen Recht, im Unterschied zum deutschen Recht, durch ein konzernrechtliches Merkmal ausdrücklich erweitert.

a) Ausdehnung auf die kontrollierenden Subjekte

Zusätzlich zu den notierten Emittenten sind zur Ad-hoc-Publizität auch die Subjekte verpflichtet, welche die notierten Emittenten kontrollieren (Art. 114 Abs. 1 S. 1 *T.U.*; Art. 66 Abs. 1 *Reg.*)[9]. Die kontrollierenden Subjekte brauchen, im Unterschied zu den kontrollierten notierten Emittenten, nicht notiert zu

---

[6] Z.B. die Gemeinden, die auf Grund des Art. 35 vom *l.* Nr. 724 vom 23.12.1994 Schuldverschreibungen emittieren können.

[7] *Valentino*, L'informativa societaria, 35.

[8] *ASSONIME*, Circolare Nr. 58/1999, Riv. soc., 1999, 798; *Sfameni* (oben FN 5), in: Marchetti/Bianchi, La disciplina delle società quotate nel testo unico della finanza, 509, 513.

[9] Der Begriff der Kontrolle für Teil IV des *T.U.* (Art. 91-165) ergibt sich aus Art. 93 *T.U.* Vgl. hierzu *ASSONIME*, Circolare Nr. 58/1999, Riv. soc., 1999, 798f.; *Sfameni* (oben FN 5), in: Marchetti/Bianchi La disciplina delle società quotate nel testo unico della finanza, 509, 563f.

sein[10]. Aus der Kontrollposition über den notierten Emittenten leitet das Gesetz – unabhängig von der Notierung - die Pflicht ab, für die kontrollierten Gesellschaften tätig zu werden.

Tritt die Tatsache im Tätigkeitsbereich des notierten Emittenten ein, dann ist der notierte Emittent zur Sofortpublizität verpflichtet. Tritt das Ereignis im Tätigkeitsbereich des Subjektes ein, der den notierten Emittenten kontrolliert, dann ist das kontrollierende Subjekt zur Sofortpublizität verpflichtet[11].

Zu prüfen bleibt allerdings, wen die Ad-hoc-Publizitätspflicht betrifft, falls die Tatsache in beiden Tätigkeitsbereichen eintritt. Beide sind veröffentlichungspflichtig. In erster Linie ist zur Veröffentlichung das Subjekt verpflichtet, das zunächst von dem eingetretenen Ereignis erfährt[12]. Dies ergibt sich aus dem Umstand, dass die Veröffentlichung (Art. 66 Abs. 1 *Reg.*) unverzüglich erfolgen soll[13]. Diese Interpretation ist aus Sicht der Markteffizienz vorteilhaft. Für das Anlegerpublikum ist es in aller Regel gleichgültig, wer die Veröffentlichung vornimmt. Es sind hingegen andere Faktoren wichtig, insbesondere die Unverzüglichkeit der Meldung. Soweit der verbreitete Text eindeutig erkennen lässt, dass die Tatsache in beiden Tätigkeitsbereichen eingetreten ist, ist seine Quelle (notierter Emittent oder kontrollierendes Subjekt) in kapitalmarktrechtlicher Hinsicht von keiner Bedeutung. Der Hinweis des italienischen Gesetzgebers auf zwei Subjekte, die der Pflicht zur Sofortpublizität unterliegen, operiert in diesen Fällen wie eine Art Garantie, dass mindestens eines der zwei das Ziel der prompten Information des Publikums erreicht.

Eine gemeinsame Mitteilung ist sicherlich zulässig[14]. Eine Veröffentlichung reicht jedoch in aller Regel aus. Veröffentlicht entweder der Emittent oder das Subjekt, das ihn kontrolliert, so handelt es sich um eine öffentlich bekannte Tatsache, so dass keine Pflicht zu einer weiteren Meldung bejaht werden kann[15]. Der notierte Emittent und das Subjekt, das ihn kontrolliert, könnten jedoch über verschiedene Informationen zur Bewertung des Ereignisses und seiner Auswirkungen verfügen. In einem solchen Fall hat das zweite Subjekt die Pflicht, die erste Meldung zu ergänzen oder zu korrigieren, falls die dort enthaltenen Angaben ungenügend oder sogar falsch sind[16]. Die Grundlage einer solchen Verpflichtung ist Art. 66 Abs. 4 *Reg.*, nach dem die Mitteilung die wesent-

---

[10] Vgl. *Sfameni* Commento all'art. 115, in: Marchetti/Bianchi, La disciplina delle società quotate nel testo unico della finanza, 644, 662.

[11] *Sfameni* (oben FN 5), in: Marchetti/Bianchi, La disciplina delle società quotate nel testo unico della finanza, 509, 564.

[12] *Annunziata*, La nuova disciplina delle comunicazioni societarie al pubblico e alla CONSOB, Le Società 1999, 398, 409ff.

[13] Vgl. *ASSONIME*, Circolare Nr. 58/1999, Riv. soc., 1999, 808.

[14] *CONSOB*, Mitteilung Nr. 99026448 vom 8.4.1999.

[15] *CONSOB*, Mitteilung Nr. 99026448 vom 8.4.1999.

[16] *CONSOB*, Mitteilung Nr. 99026448 vom 8.4.1999; *Annunziata* (oben FN 12), Le Società 1999, 398, 411; *Valentino* (oben FN 7), 38f.

lichen Elemente der Tatsache in einer Form enthalten muss, die eine umfassende und korrekte Beurteilung der Auswirkungen der Tatsache auf den Preis der Finanzinstrumente ermöglicht. Für das Erreichen eines solchen Ergebnisses (gute Qualität der Publizität) sind sowohl der notierte Emittent als auch das kontrollierende Subjekt verantwortlich. Im Fall des Verstoßes gegen das Gesetz oder die Ausführungsverordnung ist für beide mit Verwaltungssanktionen zu rechnen (Art. 193 *T.U.*).

b) Konzerninterner Informationsaustausch

Der konzernrechtliche Ansatz des italienischen Gesetzgebers wird in Art. 114 Abs. 2 *T.U.* mittels organisatorischer Bestimmungen bestätigt[17]. Diese Normen stellen ein System des konzerninternen Nachrichtenaustausches zum Endzweck der guten Informationsversorgung des Publikums auf. Der Gesetzgeber beabsichtigt, eine einheitliche Informationspolitik der Unternehmen - die zu einem Konzern gehören - zu gewährleisten[18]. Alle Nachrichten sollen bei einer einzigen Stelle in der Gruppe konzentriert werden, wo sie am besten bearbeitet und u.a. auf ihre Eignung zur erheblichen Kursbeeinflussung geprüft werden können. Art. 114 Abs. 2 *T.U.* zwingt sowohl die kontrollierten Gesellschaften als auch den notierten Emittenten, alle organisatorischen Maßnahmen zu treffen (z.B. Schaffung einer Ad-hoc-Abteilung), damit der Publizitätspflicht gesetzmäßig nachgekommen werden kann. Die Aufstellung von Strukturen und Mechanismen zur Erfüllung der Ad-hoc-Publizitätspflicht ist auch zur Vorbeugung von Sanktionen empfehlenswert.

Durch die Pflicht eines konzerninternen Informationsaustausches soll vermieden werden, dass die mögliche Komplexität der Gruppe zu Lasten der Anlegerinformation geht[19]. Der Gesetzgeber will die Gefahr vermeiden, dass die Konzernstruktur zum Zweck missbraucht wird, sich der Information des Publikums zu entziehen[20]. Die Problematik ist von erheblicher praktischer Bedeutung in Italien, denn viele notierte Gesellschaften operieren als reine *holdings*. Ihre Funktion besteht lediglich darin, Beteiligungen in anderen Gesellschaften zu halten. Ohne eine Pflicht der Untergesellschaften, Nachrichten der Obergesell-

---

[17] *Sfameni* (oben FN 5), in: Marchetti/Bianchi, La disciplina delle società quotate nel testo unico della finanza, 509, 621ff.

[18] *Agostoni*, L'informazione societaria nei gruppi quotati dopo l'emanazione del d.lgs. 58/98, Le Società 1999, 279, 283; *Providenti*, Disposizioni generali sugli emittenti (artt. 91-93), in: Lacaita/Napoleoni, Il testo unico dei mercati finanziari, 90, 94.

[19] *ASSONIME*, Circolare Nr. 58/1999, Riv. soc., 1999, 807.

[20] *Ntuk*, Commento agli artt. 114-118, in: Cottino, La legge Draghi e le società quotate in borsa, 84, 87.

schaft zukommen zu lassen, wäre das gesetzliche Ziel der korrekten Informationsversorgung des Publikums nicht erreichbar[21].

c) Erteilung von Anweisungen (Art. 114 Abs. 2 S. 1 *T.U.*)

Die Ad-hoc-Publizitätspflicht besteht auch bezüglich Tatsachen, die in den Tätigkeitsbereichen von kontrollierten Gesellschaften eintreten (Art. 114 Abs. 1 S. 1 *T.U.*). Der notierte Emittent und das Subjekt, das ihn kontrolliert, können der Publizitätspflicht nicht nachkommen, wenn sie von den kontrollierten Gesellschaften über eingetretene Ereignisse nicht informiert werden. Aus diesem Grund hat der italienische Gesetzgeber vorgesehen, dass die notierten Emittenten den kontrollierten Gesellschaften Anweisungen erteilen müssen, damit diese konzenintern alle Nachrichten mitteilen, die zur Erfüllung der gesetzlichen Informationspflicht gegenüber dem Publikum erforderlich sind (Art. 114 Abs. 2 S. 1 *T.U.*). Die *CONSOB* hat klargestellt, dass diese Anweisungen transparent sein müssen[22].

Da zur Ad-hoc-Publizität auch die Subjekte verpflichtet sind, welche die notierten Emittenten kontrollieren (Art. 114 Abs. 1 S. 1 *T.U.*), stellt sich die Frage, ob die Pflicht zur Erteilung von Anweisungen an kontrollierte Gesellschaften auch für sie gilt. Nach dem Wortlaut des Gesetzes kann eine solche Verpflichtung nicht bejaht werden[23]. Für eine analoge Anwendung spricht jedoch das teleologische Argument, dass die Erteilung von präzisen Richtlinien das einzige vernünftige Mittel scheint, mit dem das den notierten Emittenten kontrollierende Subjekt durch die Erhaltung der erforderlichen Informationen in die Lage versetzt wird, die Publizitätspflicht gegenüber dem Publikum zu erfüllen[24]. Andernfalls bleibt es über eingetretene Tatsachen einfach nicht informiert. Wenn man tatsächlich gewährleisten will, dass auch die kontrollierenden Subjekte das Publikum informieren, dann ist das Bestehen einer solchen Pflicht zu bejahen. Dies auch in Anbetracht der Androhung von Sanktionen wegen der Unterlassung der Ad-hoc-Meldung nach Art. 193 Abs. 1 *T.U.*

Die Anweisungen müssen formalisiert werden, denn nur durch eine gewisse Formalisierung können der AR in direkter Weise (Art. 149 Abs. 1 Buchstabe d) *T.U.*) und die *CONSOB* in indirekter Weise (Art. 115 Abs. 1 *T.U.*) die Erfüllung der gesetzlichen Pflicht beaufsichtigen. Es wird diskutiert, ob die

---

21 *Maviglia/Maviglia*, L'informazione societaria, in: Di Noia/Razzante, Il nuovo diritto societario e dell'intermediazione finanziaria, 335, 361.

22 *CONSOB*, Empfehlung Nr. 98090373 vom 20.11.1998.

23 *ASSONIME*, Circolare Nr. 58/1999, Riv. soc., 1999, 808; *Sfameni* (oben FN 5), in: Marchetti/Bianchi, La disciplina delle società quotate nel testo unico della finanza, 509, 623ff.

24 Vgl. *Annunziata* (oben FN 12), Le Società 1999, 398, 412, *Piscitello*, Commento all'art. 114, in: Campobasso, Testo Unico della Finanza, 949, 952; *Valentino* (oben FN 7), 36.

schriftliche Form genügt[25]. Die Verfahrensregeln über den internen Informationsaustausch sollten am besten durch Vorstandsbeschluss eingeführt werden, der dann den kontrollierten Gesellschaften mitgeteilt wird. Der AR muss die Korrektheit der Anweisungen überprüfen, welche Emittenten und kontrollierende Subjekte den kontrollierten Gesellschaften geben. Die Kontrolle richtet sich nicht nur auf die Prüfung, ob Anweisungen zum internen Informationsaustausch überhaupt erteilt wurden, denn diese Pflicht würde sich bereits aus der allgemeinen Funkion des AR, die Einhaltung von Gesetz und Gesellschaftsvertrag zu beaufsichtigen, ergeben (Art. 149 Abs. 1 Buchstabe a) *T.U.*)[26]. Die Mitglieder des internen Kontrollorgans müssen vielmehr prüfen, ob die Anweisungen zum Zweck der konzerninternen Information geeignet (*adeguatezza*) sind.

Wenn die notierten Emittenten entgegen dem Wortlaut des Art. 114 Abs. 2 *T.U.* den kontrollierten Gesellschaften keine Anweisungen erteilen (oder wenn die Anweisungen zum Informationszweck nicht geeignet sind), dann kann gegen diejenigen, die Verwaltungs-, Führungs- oder Aufsichtsfunktionen bei den notierten Emittenten ausüben, das Verfahren zur Anwendung von Verwaltungssanktionen nach Art. 193 Abs. 1 *T.U.* eingeleitet werden[27]. Das Sanktionsverfahren wird zum einen den Vorstand wegen der Unterlassung oder der Ungeeignetheit der Anweisungen und zum anderen den AR wegen Unterlassung der Aufsicht betreffen.

d) Weitergabe von Informationen (Art. 114 Abs. 2 S. 2 *T.U.*)

Die zweite konzernrechtliche organisatorische Pflicht ist eng mit der Verpflichtung zur Erteilung von Anweisungen verbunden. Sie betrifft die kontrollierten Gesellschaften, die ihrerseits vom Gesetz verpflichtet werden, die verlangten Nachrichten dem notierten Emittenten (und den Subjekten, die sie kontrollieren) unverzüglich weiterzuleiten (Art. 114 Abs. 2 S. 2 *T.U.*). Der Informationsaustausch muss nach Transparenzkritierien erfolgen[28].

Die kontrollierten Gesellschaften unterliegen keiner Pflicht der direkten Information des Publikums. Dies ist eine Prärogative der notierten Emittenten (und der Subjekte, die sie kontrollieren). Dadurch wird allerdings das gleiche Ergebnis (Informationsversorgung der Anleger über erheblich kursbeeinflussende Tatsachen) erzielt. Eine Mitteilungsspflicht der kontrollierten Gesellschaften direkt an das Publikum wäre nicht angebracht, denn die Prognose über die wichtige Kursbeeinflussung kann am bestem von dem notierten Emittenten

---

[25] Vgl. statt aller *Sfameni* (oben FN 5), in: Marchetti/Bianchi, La disciplina delle società quotate nel testo unico della finanza, 509, 627ff.

[26] *Magnani*, Commento all'art. 149, in: Marchetti/Bianchi, La disciplina delle società quotate nel testo unico della finanza, 1682, 1722.

[27] *Sfameni* (oben FN 5), in: Marchetti/Bianchi, La disciplina delle società quotate nel testo unico della finanza, 509, 641.

[28] *CONSOB*, Empfehlung Nr. 98090373 vom 20.11.1998.

als einziger zentralen Stelle zur Sammlung aller wesentlichen Nachrichten getroffen werden.

Obwohl das Gesetz keine Frist für die Nachrichtenmitteilung von den kontrollierten Gesellschaften zu dem notierten Emittenten vorsieht, ist es auf Grund des gesetzlichen Ausdrucks „zeitlich“ (*tempestivamente*) davon auszugehen, dass die Kontrollierten lediglich die Zeit haben, die erforderlichen Daten zu sammeln[29]. Die Anweisungen des notierten Emittenten können festlegen, binnen welcher (kurzen) Frist die kontrollierten Gesellschaften die Nachrichten mitteilen müssen.

e) Interessenkonflikt zwischen kontrollierten Gesellschaften und notiertem Emittenten

Die Verpflichtung zur konzerninternen Weiterleitung von Nachrichten könnte in gewissen Fällen in Konflikt mit dem Interesse auf Geheimhaltung der kontrollierten Gesellschaft geraten[30]. Das Risiko eines Schadens infolge einer Veröffentlichung könnte somit nicht nur den notierten Emittenten, oder das Subjekt, das ihn kontrolliert, sondern auch ein kontrolliertes Unternehmen betreffen. Die kontrollierten Gesellschaften können sich nicht einfach weigern, die verlangten Nachrichten mitzuteilen, denn Art. 114 Abs. 2 S. 2 *T.U.* statuiert in ganz eindeutiger Weise ihre Verpflichtung in diese Richtung. Der Konflikt zwischen Interesse auf Information des Publikums und Interesse auf Geheimhaltung der kontrollierten Gesellschaft ist über andere Wege zu lösen[31].

Nach einer ersten Lektüre des italienischen Gesetzestextes scheint, dass der Dispensantrag lediglich für potentielle Schäden, die den notierten Emittenten (oder das Subjekt, das ihn kontrolliert) betreffen, gestellt werden kann. Es ist jedoch die Auffassung vorzuziehen, dass auch im Fall einer möglichen Schädigung des kontrolllierten Unternehmens ein Befreiungsantrag zulässig ist, wenn negative Auswirkungen für die Untergesellschaft einen Schaden für den kontrollierenden Emittenten bedeuten[32]. In der Tat umfasst der Hinweis von Art. 114 Abs. 4 *T.U.* auf Abs. 1 alle Subjekte, die dort erwähnt werden, d.h. auch die kontrollierten Gesellschaften. Es ist deswegen zu folgern, dass auch ein potentieller Schaden bei einer Untergesellschaft zur Stellung eines Antrages berechtigt. Bezüglich der Zuständigkeit für die Stellung des Befreiungsantrages wird im Schema C Ziffer 5 Buchstabe a) EG-BörsenzulassungsRL nichts vorgesehen, während nach § 15 Abs. 1 S. 2 WpHG der Emittent zuständig ist. Auch

[29] *Sfameni* (oben FN 5), in: Marchetti/Bianchi, La disciplina delle società quotate nel testo unico della finanza, 509, 631.

[30] *ASSONIME*, Circolare Nr. 58/1999, Riv. soc., 1999, 807.

[31] Vgl. zum deutschen Recht *Schumacher*; Ad-hoc-Publizitätspflichten börsennotierter Fußballclubs, NZG 2001, 769, 771.

[32] Vgl. *ASSONIME*, Circolare Nr. 58/1999, Riv. soc., 1999, 808; *Sfameni* (oben FN 5), in: Marchetti/Bianchi, La disciplina delle società quotate nel testo unico della finanza, 509, 620.

nach italienischem Recht ist allein der notierte Emittent zuständig. Wenn der potentielle Schaden für die kontrollierte Gesellschaft auch negative Auswirkungen für den notierten Emittenten hat, kann letzterer Antrag stellen. Das Ergebnis des Befreiungsverfahrens wird sich dann auch auf die kontrollierte Gesellschaft auswirken.

f) Haftung im Zusammenhang mit den organisatorischen Pflichten

Durch Art. 114 Abs. 2 *T.U.* werden für notierte Emittenten und kontrollierte Gesellschaften Pflichten geschaffen, welche die interne Organisation des Konzerns betreffen.

Es stellt sich in diesem Zusammenhang die Frage nach der möglichen Haftung von kontrollierten Gesellschaften, welche die Information der Obergesellschaft unterlassen oder derart verzögern, dass eine rechtzeitige Information des Publikums nicht erfolgen kann. Es ist insbesondere fraglich, ob Art. 193 Abs. 1 *T.U.* auf die Exponenten der kontrollierten Gesellschaften Anwendung finden kann. Diese Norm droht Verwaltungssanktionen an, für diejenigen, die zu einer allgemeinen „Mitteilung" (*comunicazione*) nach Art. 114 *T.U.* verpflichtet sind. Das Analogieverbot spricht dafür, dass das Wort *comunicazione* lediglich Mitteilungen an das Publikum (Art. 114 *T.U.*) oder an die *CONSOB* (Art. 115 *T.U.*), nicht konzerninterne Kommunikationen betrifft[33].

Unterlässt die Obergesellschaft eine Meldung, weil sie von der Untergesellschaft nicht informiert wurde, werden jedoch gegen die Exponenten der Geschäftsführung, der Direktion und der Kontrolle der Muttergesellschaft Verwaltungssanktionen nach Art. 193 Abs. 1 *T.U.* wegen unterlassener Ad-hoc-Publizität verhängt[34]. Eine verwaltungsrechtliche Haftung des notierten Emittenten ist zu bejahen, denn die Obergesellschaft muss alle Maßnahmen treffen, die zur Erfüllung der Publizitätspflicht gegenüber dem Publikum erforderlich sind. In den meisten Fällen, in denen die Obergesellschaft nicht informiert wird, liegen entweder ungeeignete Anweisungen vor oder es wurden geeignete Kontrollen (*culpa in vigilando*) einfach unterlassen. Dieses Risiko der Verhängung einer Verwaltungssanktion ist im übrigen ein mächtiger Anreiz für die notierten Emittenten zum einen zur Erteilung effizienter Anweisungen und zum anderen zur ständigen Kontrolle des Verhaltens der kontrollierten Gesellschaften.

---

[33] Vgl. *Mucciarelli*, L'informazione societaria: destinatari e limiti posti dalla normativa in materia di insider trading, BBTC 1999, 745, 768f.

[34] *Rigotti*, Informativa societaria, in: Patroni Griffi/Sandulli/Santoro, Intermediari finanziari, mercati e società quotate, 601, 613f.; *Sfameni* (oben FN 5), in: Marchetti/Bianchi, La disciplina delle società quotate nel testo unico della finanza, 509, 630.

g) Keine Ad-hoc-Publizitätspflicht für kontrollierte Gesellschaften

Die Ad-hoc-Publizitätspflicht gilt für die notierten Emittenten und die Subjekte, die sie kontrollieren (Art. 114 Abs. 1 S. 1 *T.U.*). Eine Verpflichtung der kontrollierten (nicht notierten) Gesellschaften zur direkten Information des Publikums ist nicht vorgesehen. Sie müssen lediglich den (kontrollierenden) notierten Emittenten durch konzerninternen Nachrichtenaustausch in die Lage versetzen, die Anleger zu informieren.

Anders ist die Situation zu beurteilen, wenn auch die kontrollierte Gesellschaft notiert ist. Wenn beide notiert sind, gilt die Ad-hoc-Publizitätspflicht nach der allgemeinen Regel für beide. Jede muss den eigenen Informationspflichten nachkommen. Grundsätzlich ist die gesetzliche Pflicht bereits dann erfüllt, wenn eine Veröffentlichung stattfindet. Auf Grund der ersten Meldung ist die Tatsache als öffentlich bekannt anzusehen. Wie bereits ausgeführt, kann jedoch in Einzelfällen eine zweite Meldung notwendig werden. Dies wird vorkommen, wenn die erste Veröffentlichung nicht in der Lage ist, das Publikum hinreichend über das eingetretene Ereignis zu informieren[35].

4. Ausnahmen

Der Emittentenbegriff wird im italienischen Recht durch einige Ausnahmen begrenzt. Diese betreffen zum einen die Wertpapiere einiger öffentlicher Emittenten, zum anderen einige der Effekten, die von Banken und Versicherungen emittiert werden.

a) Öffentliche Emittenten

Nach Art. 118 Abs. 1 *T.U.* finden die Regeln über die gesellschaftliche Information (Art. 113-118 *T.U.*) keine Anwendung auf die in Art. 100 Abs. 1 Buchstabe d) und e) *T.U.* vorgesehenen Finanzinstrumente. Art. 100 Abs. 1 Buchstabe d) *T.U.* betrifft die Finanzinstrumente, die von dem italienischen Staat, sonstigen EU-Mitgliedstaaten oder öffentlichen internationalen Organisationen - an denen auch mindestens ein EU-Mitgliedstaat beteiligt ist (wie z.B. die Europäische Investitionsbank) - emittiert oder garantiert werden. Art. 100 Abs. 1 Buchstabe e) *T.U.* betrifft die Finanzinstrumente, die von der Europäischen Zentralbank oder den nationalen Zentralbanken der EU-Mitgliedstaaten, emittiert werden. Es handelt sich um Finanzinstrumente, die von besonders soliden Emittenten emittiert oder garantiert werden. Für solche öffentliche Institu-

---

[35] *Maviglia/Maviglia* (oben FN 21), in: Di Noia/Razzante, Il nuovo diritto societario e dell'intermediazione finanziaria, 335, 362.

tionen ist eine Ausnahme von der Ad-hoc-Publizitätspflicht gerechtfertigt, denn das Risiko der Investition ist gleich Null[36].

Sinn und Zweck der Sonderregelung liegt in der Notwendigkeit, unnötige *Compliance*-Kosten zu reduzieren[37]. Durch die prompte Erteilung von Informationen über sich selbst, versetzten die Emittenten die Investoren in die Lage, rationelle Portfolioentscheidungen zu treffen. Die Tätigkeit der Sammlung und Verbreitung von Tatsachen bringt jedoch für die betroffenen Gesellschaften Kosten mit sich. Soweit Veröffentlichungen Vorteile für den Kapitalmarkt bringen, die höher als die Nachteile sind, ist die Publizitätsregelung wirtschaftlich sinnvoll. Wie gesehen, ist bei öffentlichen Emittenten das Risiko der Investition absolut minimal. Aus diesem Grund ist es nicht erforderlich, sie zu verpflichten, das Publikum über eingetretene Tatsachen zu informieren. Das Fehlen einer solchen Ausnahme im deutschen Recht macht im Ergebnis keinen Unterschied. Wegen des praktisch nicht bestehenden Ausfallrisikos solcher Anlagetitel gibt es keine emittentenbezogene Tatsache, die eine kursrelevante Auswirkung haben kann.

b) Banken und Versicherungen

Art. 118 Abs. 2 *T.U.* macht zwei weiteren Ausnahmen von der Veröffentlichungspflicht, denn Art. 116 *T.U.* über die Emittenten von im Publikum in erheblichem Maße verbreiteten Finanzinstrumenten findet auf die in Art. 100 Abs. 1 Buchstabe f) *T.U.* vorgesehenen Finanzinstrumente keine Anwendung. Art. 100 Abs. 1 Buchstabe f) *T.U.* bezieht sich auf die von Banken emittierten Finanzprodukte - anders als Aktien oder Finanzinstrumente, die den Kauf von Aktien ermöglichen - und auf die von Versicherungsunternehmen emittierten Versicherungsprodukte[38].

Die Begründung dieser Ausnahmen besteht darin, dass die Tätigkeit von Banken und Versicherungen einem eigenen öffentlichen Aufsichtssystem unter-

---

[36] *Carbone*, Commento all'art. 118, in: Alpa/Zatti, Commentario breve al codice civile, 1208; *Maviglia/Maviglia* (oben FN 21), in: Di Noia/Razzante, Il nuovo diritto societario e dell'intermediazione finanziaria, 335, 424; *Ntuk* (oben FN 20), in: Cottino, La legge Draghi e le società quotate in borsa, 84, 100; *Trovatore*, Commento all'art. 116, in: Alpa/Capriglione, Commentario al testo unico delle disposizioni in materia di intermediazione finanziaria, 1074, 1076.

[37] *Giordano*, Commento all'art. 118, in: Alpa/Capriglione, Commentario al testo unico delle disposizioni in materia di intermediazione finanziaria, 1098, 1101f.

[38] Der Begriff von „Finanzprodukt" in Art. 100 Abs. 1 Buchstabe f) *T.U.* ist weiter als der Begriff von „Finanzinstrument" in Art. 118 Abs. 2 *T.U.* Die Definition von „Finanzinstrumenten" ist in Art. 1 Abs. 2 *T.U.* enthalten. Die „Finanzprodukte" werden dann von Art. 1 Abs. 1 Buchstabe u) *T.U.* als die Finanzinstrumente *und* jede sonstige Form von Investition finanzieller Natur definiert. Zu dieser Differenzierung vgl. *Annunziata*, Commento all'art. 118, in: Marchetti/Bianchi, La disciplina delle società quotate nel testo unico della finanza, 745, 748.

liegt, nämlich der Italienischen Zentralbank für die Banken und der *ISVAP* für die Versicherungen[39]. Diese externen Kontrollen machen nach Ansicht des Gesetzgebers eine weitere Aufsicht durch die Öffentlichkeit (Art. 114 *T.U.*) und durch die *CONSOB* (Art. 115 *T.U.*) überflüssig. In Wirklichkeit haben die Kontrollen durch die italienische Zentralbank und durch den *ISVAP* andere Funktionen als die der *CONSOB*, so dass die Motivation der gesetzlichen Differenzierung nicht überzeugend ist[40].

Die Ausnahme des Art. 100 Abs. 1 Buchstabe f) *T.U.* bezüglich einiger von Banken emittierten Finanzinstrumente hat eine große praktische Bedeutung, denn sie betrifft vor allem Schuldverschreibungen (*obbligazioni*), d.h. eine – auch aus steuerrechtlichen Gründen - im Publikum besonders beliebte Art der Anlage. Ca. ein Drittel der Investitionsmittel der italienischen Kreditinstitute wird durch die Emission von *obbligazioni* gesammelt[41]. Der Ausschluss der Ad-hoc-Publizitätspflicht für diese Kategorie von Wertpapieren lässt sich damit begründen, dass Schuldverschreibungen wenige Risiken für die Anleger mit sich bringen[42]. Ohne Informationspflichten können allerdings die Inhaber von solchen Effekten über wichtige Umstände desinformiert bleiben[43]. Die *CONSOB* selbst hat darauf aufmerksam gemacht, dass die Ausnahme für die Banken von Nachteil für die Information des gesamten Publikums sein kann[44].

Auf Grund Fehlens einer überzeugenden Begründung für eine differenzierte Behandlung bleibt nur festzuhalten, dass Versicherungen und Banken auf Grund der geltenden italienischen Regelung insgesamt eine privilegierte Position genießen[45].

---

[39] *Fabbiani*, La disciplina degli emittenti titoli diffusi in misura rilevante. Riflessi sulle banche popolari, Le Società, 1999, 1183, 1185; *Giordano* (oben FN 37), in: Alpa/Capriglione, Commentario al testo unico delle disposizioni in materia di intermediazione finanziaria, 1098, 1102 und 1105.

[40] Kritisch *Annunziata*, Commento all'art. 100, in: Marchetti/Bianchi, La disciplina delle società quotate nel testo unico della finanza, 149, 161f.

[41] Vgl. *Giordano* (oben FN 37), in: Alpa/Capriglione, Commentario al testo unico delle disposizioni in materia di intermediazione finanziaria, 1098, 1103f.; *Ntuk* (oben FN 20) in: Cottino, La legge Draghi e le società quotate in borsa, 84, 100.

[42] *Giordano* (oben FN 37), in: Alpa/Capriglione, Commentario al testo unico delle disposizioni in materia di intermediazione finanziaria, 1098, 1105.

[43] *Trovatore* (oben FN 36), in: Alpa/Capriglione, Commentario al testo unico delle disposizioni in materia di intermediazione finanziaria, 1074, 1077.

[44] *CONSOB*, Mitteilung Nr. 97001035 vom 5.2.1997.

[45] *Carbone* (oben FN 36), in: Alpa/Zatti, Commentario breve al codice civile, 1208.

B. Die Märkte

I. Europäisches Recht

Die EG-BörsenzulassungsRL betrifft lediglich die amtliche Notierung an einer Wertpapierbörse. Die Ad-hoc-Publizitätspflicht betrifft folglich nur die Wertpapiere, die an Börsen amtlich notiert sind. Art. 7 i.V.m. Art. 1 Nr. 2 Buchstabe d) EG-InsiderRL hat die Sofortpublizitätspflicht auf die Effekte ausgedehnt, die auf einem Markt zugelassen sind, der von staatlich anerkannten Stellen reglementiert und überwacht wird, regelmäßig stattfindet und der Öffentlichkeit direkt oder indirekt zugänglich ist. Zusätzlich zu den Börsen werden somit sonstige reglementierte Märkte umfasst.

II. Deutsches Recht

Die Börsenmärkte sind in Deutschland in vier Segmente unterteilt: der amtliche Handel (§§ 36-49 BörsG), der geregelte Markt (§§ 71-77 BörsG), der Neue Markt und der Freiverkehr (§ 78 BörsG).

1. Amtlicher Handel, geregelter Markt und Neuer Markt

Die Sofortpublizität wird im deutschen Recht für die Emittenten von Wertpapieren vorgeschrieben, die zum Handel an einer inländischen Börse zugelassen sind (§ 15 Abs. 1 S. 1 WpHG). Darunter versteht man den amtlichen Handel und den geregelten Markt, weil die Effekten in diesen Segmenten zugelassen sind.

Auch die Emittenten von Wertpapieren, die im Neuen Markt gehandelt werden, unterliegen nach herrschender Meinung der Ad-hoc-Publizitätspflicht[46]. Die Zulassung zum Neuen Markt setzt die zum geregelten Markt voraus. Da die Ad-hoc-Publizitätspflicht an das Kriterium der Zulassung anknüpft, greift sie somit auch für die Emittenten, deren Wertpapiere im Neuen

---

[46] Vgl. *BAWe und Deutsche Börse AG*, Insiderhandelsverbote, 30; *Barnert*, Deliktischer Schadensersatz bei Kursmanipulation de lege lata und de lege ferenda, WM 2002, 1473, 1476; *Claussen*, Bank- und Borsenrecht, § 9 RZ 105; *Fülbier*, Regulierung der Ad-hoc-Publizität: Ein Beitrag zur ökonomischen Analyse des Rechts, 45f.; Assmann/Schneider-*Kümpel*, § 15 RZ 28a; *von Klitzing*, Die Ad-hoc-Publizität, 66; *Wastl*, Der Handel mit größeren Aktienpaketen börsennotierter Unternehmen, NZG 2000, 505, 512; *Zubrod* (oben FN 1), 26. A.A. Schäfer-*Geibel*, WpHG, § 15 RZ 24.

Markt notiert sind. Das Regelwerk Neuer Markt (Nr. 7.2.12) verpflichtet ausdrücklich zur Sofortpublizität[47].

2. Freiverkehr

Die Wertpapiere, die im Freiverkehr gehandelt werden, sind hingegen nicht an einer inländischen Börse zugelassen, mit der Folge, dass für sie keine Ad-hoc-Publizitätspflicht besteht[48].

Der Ausschluss für Freiverkehrswerte aus dem Anwendungsbereich der Sofortpublizität findet nach einer Meinung seine Rechtsgrundlage in dem eher engen Marktbegriff der EG-InsiderRL[49]. Im Freiverkehr gibt es keine Reglementierung durch staatlich anerkannte Stellen. Die Geschäftsführungen der Börsen haben zudem nur geringe Kontrollbefugnisse. Nach einer anderen Auffassung erfüllt der Freiverkehr den Marktbegriff der EG-InsiderRL[50]. Aus den §§ 10 und 78 BörsG ergibt sich, dass der Freiverkehr auf eine gesetzliche Grundlage gestellt ist und den Anlegern ausreichend Schutz anbietet. Daher sei die Ausklammerung europarechtswidrig.

Der deutsche Gesetzgeber hat vor allem aus wettbewerblichen Gründen auf eine Ausdehnung des Ad-hoc-Publizitätsgebotes auf den Freiverkehr verzichtet. Die Statuierung von Informationspflichten hätte die Attraktivität dieses Marktsegmentes beeinträchtigt[51]. Es wurde befürchtet, dass sich besonders ausländische Emittenten bei einer solchen Verpflichtung aus dem Freiverkehr zurückgezogen hätten. Die Perspektive, umfangreichen Informationspflichten nachkommen zu müssen, hätte vor allem Kleinunternehmen von diesem Segment ferngehalten. Die begrenzten Kosten (keine Zulassung und Publizität) sind gerade die Vorteile des Freiverkehrs[52].

Obwohl der Ausschluss der Freiverkehrswerte aus der Ad-hoc-Publizitätspflicht in praktischer Hinsicht verständlich ist, sprechen einige Argumente gegen diese Wahl des Gesetzgebers. Während das Gesetz durch die Auferlegung der Sofortpublizitätspflicht im amtlichen Handel, im geregelten

---

[47] Vgl. hierzu *Kullmann/van Aerssen*, Neuer Markt und EASDAQ – Ein Vergleich der Zulassungsvoraussetzungen und Zulassungsfolgepflichten, ZBB 2000, 10, 18f.

[48] Schäfer-*Geibel*, WpHG, § 15 RZ 20; *Wastl* (oben FN 46), NZG 2000, 505, 512.

[49] Vgl. *Kümpel*, Bank- und Kapitalmarktrecht, 1264ff.; *Möller*, Das neue Insiderrecht – Eckpfeiler funktionsfähiger Wertpapiermärkte, BFuP 1994, 99, 102.

[50] Vgl. statt aller *Hopt*, Zum neuen Wertpapierhandelsgesetz. Stellungnahme für den Finanzausschuss des Deutschen Bundestages, WM-Festgabe Hellner, 29, 32; *ders.* (oben FN 2), ZHR 159 (1995), 135, 151.

[51] Begründung zum Regierungsentwurf 2. FFG, BT-Drucks. 12/6679, 76. Kritisch dazu *Burgard*, Ad-hoc-Publizität bei gestreckten Sachverhalten und mehrstufigen Entscheidungsprozessen, ZHR 162 (1998), 51, 58.

[52] Vgl. etwa *Franke*, Die rechtliche Ordnung des geregelten Kapitalmarktes, in: Assmann/Schütze, Handbuch des Kapitalanlagerechts, § 2 RZ 90.

und Neuen Markt ein hohes Niveau an Transparenz und die Bekämpfung von Insiderhandel gewährleistet, verfügen die Anleger im Freiverkehr über wenige Informationen und kein vorbeugendes Instrumentarium gegen Insidergeschäfte[53].

III. Italienisches Recht

In Italien ist zwischen reglementierten (Art. 61-77 *T.U.*) und nicht reglementierten (Art. 78-79 *T.U.*) Märkten zu unterscheiden.

1. Reglementierte Märkte

Die Ad-hoc-Publizitätspflicht findet auf die notierten Emittenten und auf die Subjekte, die sie kontrollieren, Anwendung (Art. 114 Abs. 1 *T.U*). „Notierte Emittenten" sind die Subjekte, die Finanzinstrumente emittieren, die in italienischen reglementierten Märkten notiert sind (Art. 1 Abs. 1 Buchstabe w) *T.U.*). Reglementierte Märkte sind die Börse und die sonstigen reglementierten Märkte. Sonstige reglementierte Märkte sind der *Mercato ristretto* (Enger Markt) und der *Nuovo Mercato* (Neuer Markt)[54].

2. Nicht reglementierte Märkte

Der *T.U.* wurde als eine Reform der Regelung der notierten Gesellschaften gedacht. Ein Teil der Vorschriften über die Unternehmenspublizität macht jedoch eine Ausnahme zu dieser Leitlinie der Novelle und betrifft auch Emittenten, die nicht notiert sind. Zur Ad-hoc-Publizität (obwohl mit einigen Besonderheiten, die sich aus dem *Reg.* ergeben) sind auch die Subjekte verpflichtet, die - ohne an italienischen reglementierten Märkten notiert zu sein - Finanzinstrumente emittiert haben, die im Publikum in erheblichem Maße verbreitet sind (Art. 116 Abs. 1 S. 1 *T.U.*). Im Unterschied zum deutschen Recht werden deshalb von der Sofortpublizität auch Effekte umfasst, die nicht in reglementierten Märkten zugelassen sind.

Zwei Hauptgründe haben den Gesetzgeber dazu bewegt, die Regelung über die Ad-hoc-Publizität auch auf nicht notierte Emittenten auszudehnen. Die erhebliche Verbreitung der Wertpapiere im Publikum wird rechtspolitisch als eine hinreichende Begründung angesehen, um auch außerhalb der reglementier-

---

[53] *Gehrt*, Die neue Ad-hoc-Publizität nach § 15 Wertpapierhandelsgesetz, 117ff.; Schäfer-*Geibel*, WpHG, § 15 RZ 21; *von Klitzing* (oben FN 46), 65.

[54] *Sanguinetti*, Informativa societaria: obblighi di comunicazione degli emittenti quotati, Riv. dott. comm., 1999, 867, 868; *Valentino* (oben FN 7), 62.

ten Märkten die prompte Information der Anleger zu sichern[55]. Es soll nach den Intentionen des Gesetzgebers gewährleistet werden, dass auch die Inhaber von Finanzinstrumenten, die trotz mangelnder Notierung erheblich verbreitet sind, über die wesentlichen Ereignisse des Emittenten informiert werden. Das Schutzbedürfnis dieser Anleger ist sogar höher als das derjenigen, die in Wertpapieren von notierten Gesellschaften investiert haben, denn die letzteren können sich für eine Beurteilung des Wertes ihrer Investition zumindest an den Börsenpreisen orientieren[56].

Der zweite rechtspolitische Grund für die Ausdehnung der Ad-hoc-Publizitätspflicht auf nicht notierte Emittenten liegt darin, ein mögliches Hindernis zur Notierung zu beseitigen[57]. Durch Art. 116 Abs. 1 S. 1 *T.U.* werden Pflichten der Sofortinformation des Anlegerpublikums aufgestellt, bevor die Unternehmen an die Börse (oder an sonstige reglementierte Märkte) gehen. Für die Emittenten mit weit verbreiteten Finanzinstrumenten wird dadurch - aus der Sicht der Einhaltung der Ad-hoc-Informationspflichten - grundsätzlich gleichgültig, ob sie notiert sind oder nicht. Im Endeffekt fördert die Vorschrift die Notierung der Wertpapiere. Ein exzessiver Unterschied an Publizitätsanforderungen zwischen notierten und nicht notierten Gesellschaften kann letztere vor dem Gang an die Börse abschrecken. Dieses Risiko ist im deuschen Recht vorhanden. Der italienische Gesetzgeber will diesen Weg der Finanzierung fördern und, dass sich eher reglementierte als nicht reglementierte Märkte entwicklen[58]. Der Mechanismus zur Förderung des Ganges an die Börse besteht darin, den Emittenten Pflichten aufzuerlegen, die sich aus der Notierung ergeben würden, ohne die entsprechenden Vorteile zu gewähren.

Der Maßstab, an den die Ausdehung der Ad-hoc-Publizitätspflicht geknüpft ist, nämlich die erhebliche Verbreitung der Wertpapiere im Publikum, ist unbestimmt. Art. 116 Abs. 1 S. 2 *T.U.* ermächtigt die *CONSOB*, die Kriterien für die Identifizierung der Emittenten, deren Effekte erheblich verbreitet sind, festzulegen. Nach Art. 2 Buchstabe e) *Reg.* sind die Wertpapiere im Publikum in erheblichem Maße verbreitet, wenn es sich um die Effekte italienischer Emit-

---

[55] Vgl. etwa *Fabbiani* (oben FN 39), Le Società 1999, 1183; *Trovatore* (oben FN 36), in: Alpa/Capriglione, Commentario al testo unico delle disposizioni in materia di intermediazione finanziaria, 1074, 1083; *Valentino* (oben FN 7), 111.

[56] *Maviglia/Maviglia* (oben FN 21), in: Di Noia/Razzante, Il nuovo diritto societario e dell'intermediazione finanziaria, 335, 407f.

[57] Vgl. etwa *De Vitis*, Commento agli artt. 113-116, in: Rabitti Bedogni, Il testo unico dell'intermediazione finanziaria, 615, 628; *Giordano* (oben FN 37), in: Alpa/Capriglione, Commentario al testo unico delle disposizioni in materia di intermediazione finanziaria, 1098, 1099; *Ntuk* (oben FN 20), in: Cottino, La legge Draghi e le società quotate in borsa, 84, 95f.; *Rigotti* (oben FN 34), in: Patroni Griffi/Sandulli/Santoro, Intermediari finanziari, mercati e società quotate, 601, 616.

[58] Vgl. hierzu die Anmerkungen von *Sfameni,* Commento all'art. 116, in: Marchetti/Bianchi, La disciplina delle società quotate nel testo unico della finanza, 675, 684.

tenten handelt, die ein Nettovermögen von mindestens 10.000.000.000 Lire und mehr als 200 Aktionäre oder Inhaber von Schuldverschreibungen aufweisen[59].

Art. 116 Abs. 1 S. 1 *T.U.* dehnt die Anwendbarkeit von Art. 114 und 115 *T.U.* auf nicht notierte Emittenten aus. Es ist in diesem Zusammenhang fraglich, ob Art. 116 lediglich auf notierte Emittenten oder auch auf die Subjekte Anwendung findet, welche die notierten Emittenten kontrollieren, wie dies bei Art. 114 Abs. 1 S. 1 *T.U.* der Fall ist[60]. Auf Grund des Wortlautes des Gesetzes findet die Ad-hoc-Publizitätsregelung keine Anwendung auf die kontrollierenden Subjekte[61].

a) Nationalität

Das Gesetz sieht nicht ausdrücklich vor, ob die Pflicht zur Ad-hoc-Publizität für die Emittenten weit verbreiteter Finanzinstrumenten lediglich italienische oder auch ausländische Unternehmen betrifft. Auf die Definition von notierten Emittenten in Art. 1 Abs. 1 Buchstabe w) *T.U.* kann direkt nicht zurückgegriffen werden, denn Art. 116 *T.U.* findet gerade auf Gesellschaften Anwendung, die in italienischen reglementierten Märkten nicht notiert sind.

In Abwesenheit einer gesetzlichen Regelung spricht für die Anwendbarkeit der Sofortpublizitätspflicht auf alle Emittenten ohne Rücksicht auf die Nationalität das allgemeine Argument, dass die Regulierung der Ad-hoc-Publizität eher markt- als emittentenbezogen ist. Die Nationalität der betroffenen Gesellschaft spielt keine Rolle im Vergleich zum Ort des Marktes, wo die Finanzinstrumente notiert sind[62]. Dafür, dass die Ad-hoc-Verpflichtung auch auf Emittenten weit verbreiteter Finanzinstrumente mit Sitz im Ausland Anwendung finden soll, spricht *ex negativo* der Text von Art. 116 Abs. 1 S. 2 *T.U.* Die *CONSOB* kann - in Anbetracht der Informationspflichten, die sich aus der Notierung außerhalb Italiens ergeben - von der Sofortpublizitätspflicht diejenigen Emittenten von Finanzinstrumenten befreien, die an reglementierten Märkten von anderen Staaten notiert sind[63]. Sinn und Zweck dieser Ausnahmeregelung ist zu vermeiden, dass Gesellschaften mit keiner bedeutenden Verknüpfung zu

[59] Kritisch zu diesen Kriterien *Sfameni* (oben FN 58), in: Marchetti/Bianchi, La disciplina delle società quotate nel testo unico della finanza, 675, 694ff.

[60] *Sfameni* (oben FN 58), in: Marchetti/Bianchi, La disciplina delle società quotate nel testo unico della finanza, 675, 704f.

[61] So *ASSONIME*, Circolare Nr. 58/1999, Riv. soc., 1999, 827.

[62] *Sfameni* (oben FN 58), in: Marchetti/Bianchi, La disciplina delle società quotate nel testo unico della finanza, 675, 688.

[63] Mit Art. 112 Abs. 2 *Reg.* hat die zentrale Aufsichtsbehörde von dieser Ermächtigung Gebrauch gemacht. Die *CONSOB* hält eine wiederholte Verbreitung der Informationen für nicht erforderlich, wenn der Emittent das Publikum bereits in dem Staat der Notierung informiert hat.

Italien (keine Notierung) zu vielen Informationspflichten nachkommen müssen[64].

Nach Art. 2 Buchstabe e) *Reg.* fallen jedoch unter die Kategorie der Emittenten von im Publikum weit verbreiteten Finanzinstrumenten nur die italienischen Emittenten. Dies bedeutet, dass Emittenten mit Sitz im Ausland keiner Ad-hoc-Publizitätspflicht unterliegen, wenn sie weder in Italien noch im Ausland an reglementierten Märkten notiert sind. Die reine Tatsache, dass ihre Wertpapiere im italienischen Publikum weit verbreitet sind, reicht für die Bejahung der Sofortpublizitätspflicht nicht aus. Es gibt vor allem wettbewerbliche Gründe, die für die Beschränkung der Ad-hoc-Publizitätspflicht auf nicht notierte Unternehmen mit Sitz in Italien sprechen[65]. Die Erfüllung einer solchen Verpflichtung in Italien wäre für nicht notierte ausländische Emittenten eine besonders schwerwiegende Obliegenheit. Die Informationspflichten, die sich aus der Notierung ergeben, setzen zudem eine gewollte Handlung (die Notierung) voraus. Die erhebliche Verbreitung der Finanzinstrumente kann hingegen auch unabhängig von dem Willen der betroffenen Gesellschaft erfolgen.

b) Inhalt der Pflicht für nicht notierte Emittenten

Auf die Emittenten von Finanzinstrumenten, die im Publikum in erheblichem Maße verbreitet sind, finden – wie bereits erwähnt - Art. 114 (Mitteilungen an das Publikum) und 115 (Mitteilungen an die *CONSOB*) *T.U.* Anwendung, auch wenn sie an italienischen reglementierten Märkten nicht notiert sind (Art. 116 Abs. 1 S. 1 *T.U.*). Die Ausführungsverordnung konkretisiert die gesetzliche Regelung und sieht für solche Unternehmen einige Besonderheiten vor. Für die Emittenten von im Publikum weit verbreiteten Finanzinstrumenten gilt Art. 66 Abs. 1 Buchstabe b), 2, 4, 5 und 6, Buchstabe b) (Art. 109 *Reg.*). Die übrige Regelung über die Ad-hoc-Publizität [Art. 66 Abs. 1 Buchstabe a), Abs. 3, Abs. 6 Buchstabe a) und Abs. 7 *Reg.*, 67, 68 und 69] findet hingegen auf diese Gesellschaften keine Anwendung. Die Regelungsunterschiede für notierte und nicht notierte Emittenten sind insgesamt von eher nebensächlicher Bedeutung[66].

Es geht zunächst um die Erfüllung einiger Formalitäten der Marktverwaltungsgesellschaft gegenüber, die bei nicht notierten Gesellschaften überflüssig sind, denn die *società di gestione del mercato* operiert nur in Zusammenhang mit Gesellschaften, die in reglementierten Märkten notiert sind (Art. 61 Abs. 1

---

[64] *Benedettelli*, „Corporate governance", mercati finanziari e diritto internazionale privato, Riv. dir. int. priv. proc. 1998, 713, 724; *Trovatore* (oben FN 36), in: Alpa/Capriglione, Commentario al testo unico delle disposizioni in materia di intermediazione finanziaria, 1074, 1079.

[65] *Trovatore* (oben FN 36), in: Alpa/Capriglione, Commentario al testo unico delle disposizioni in materia di intermediazione finanziaria, 1074, 1075; *Valentino* (oben FN 7), 116.

[66] *ASSONIME*, Circolare Nr. 58/1999, Riv. soc., 1999, 827.

T.U.)[67]. Insbesondere braucht die Mitteilung der Marktverwaltungsgesellschaft nicht zugeschickt zu werden (Art. 66 Abs. 1 Buchstabe a) *Reg.*). Die *CONSOB* erfordert nicht, dass die Marktverwaltungsgesellschaft den Text aufbewahrt (vgl. Art. 67 Abs. 3 *Reg.*). Ebenso scheidet die Verpflichtung aus, die Mitteilung der römischen Behörde und der Marktverwaltungsgesellschaft 15 Minuten im voraus zuzuschicken, wenn sie während der Handelszeit zu verbreiten ist (Art. 66 Abs. 3 *Reg.*). Diese Vorabmitteilung, die bei notierten Emittenten eine eventuelle Kursaussetzung ermöglichen soll, ist bei nicht notierten Emittenten überflüssig, denn es findet bei ihnen keine Kursnotierung statt und deshalb besteht keine Möglichkeit einer Aussetzung. Eine weitere Erleichterung der Publizitätspflichten besteht darin, dass die vorläufigen Rechnungslegungsdaten nicht nach den Modalitäten des Art. 66 *Reg.* bekanntgegeben werden müssen (Art. 66 Abs. 6 Buchstabe a) *Reg.*). Die nicht notierten Emittenten sind daher berechtigt, solche Informationen in anderen Formen oder auch überhaupt nicht bekanntzugeben. Schließlich ist die Pflicht ausgeschlossen, im Fall von erheblichen Schwankungen des offiziellen Marktpreises nachträglich Stellung zu nehmen (Art. 66 Abs. 7 *Reg.*). Bei nicht notierten Emittenten gibt es keinen offiziellen Marktpreis.

Auch Art. 68 *Reg.* über die freiwillige Veröffentlichung von voraussichtlichen Daten, quantitativen Zielen und periodischen Rechnungslegungsdaten und Art. 69 *Reg.* über die freiwillige Veröffentlichung von Studien und Statistiken finden auf die Emittenten von weit verbreiteten Finanzinstrumenten keine Anwendung. Entscheiden sich die nicht notierten Emittenten in diesen Fällen für die Publizität, dann brauchen sie - im Unterschied zu notierten Emittenten - die Formalitäten der Ausführungsverordnung nicht einzuhalten.

c) Die Messung der erheblichen Kursbeeinflussung

Die Ausdehnung von Teilen der Ad-hoc-Publizitätspflicht auf Emittenten, die nicht notiert sind, wirft praktische Probleme unter dem Gesichtspunkt des Merkmals der Eignung der Tatsache zur erheblichen Beeinflussung auf die Preise der Finanzinstrumente auf. Wie oben gesehen, ist es bereits für die Mitglieder des Vorstands der notierten Gesellschaften schwierig, die Tragweite der konstitutiven Elemente (Eignung, Kursbeeinflussung und Erheblichkeit) der Definition dieses gesetzlichen Erfordernisses zu konkretisieren. Bei nicht notierten Unternehmen ist die Lage dadurch verkompliziert, dass auf Grund fehlender Notierung keine offiziellen Preise festgestellt werden[68]. Es kann deshalb nicht durch eine einfache Kenntnisnahme der Kurse der Finanzinstrumente vor

---

[67] *Sfameni* (oben FN 5), in: Marchetti/Bianchi, La disciplina delle società quotate nel testo unico della finanza, 509, 611; *Trovatore* (oben FN 36), in: Alpa/Capriglione, Commentario al testo unico delle disposizioni in materia di intermediazione finanziaria, 1074, 1083.

[68] *ASSONIME*, Circolare Nr. 58/1999, Riv. soc., 1999, 827; *Valentino* (oben FN 7), 114f.

und nach dem Eintritt der Tatsache festgestellt werden, ob eine erhebliche Kursbeeinflussung stattgefunden hat.

Um die Erheblichkeit einer Tatsache bei nicht notierten Emittenten zu messen, sind Verkäufe der Effekten der Gesellschaft vor und nach Eintritt des Ereignisses zu hypothesieren[69]. Der Preisunterschied zwischen den zwei theoretischen Verkäufen (beispielsweise 1 Euro im Fall einer positiven Tatsache: vor dem Eintritt 10 Euro und nach dem Eintritt 11 Euro) soll dann in einem Prozentsatz ausgedrückt werden. Übersteigt dieser Wert eine bestimmte Grenze (z.B. 5%), dann ist - wie im Beispiel (+10%) - von einer erheblichen Kursbeeinflussung auszugehen. Die konkrete Aufsichtsarbeit der *CONSOB* ist in Bezug auf die Effekten nicht notierter Emittenten wesentlich verkompliziert, denn der Preis der Wertpapiere soll bei der Unterlassung einer Ad-hoc-Meldung jedesmal kalkuliert werden. Der Ausschluss der Pflicht, nachträglich Stellung über erhebliche Schwankungen des Preises zu nehmen (Art. 109 *Reg.* verweist nicht auf Art. 66 Abs. 7 *Reg.*) ist auf diese Schwierigkeiten bei der Bestimmung des Preises zurückzuführen.

C. Zum Begriff der „Öffentlichkeit"

Die Veröffentlichung einer Tatsache ist nur dann sinnvoll, wenn sie noch nicht öffentlich bekannt ist. Die Publizität eines öffentlichen Ereignisses befriedigt hingegen kein Informationsbedürfnis des Kapitalmarktes. Das Publikum ist darüber informiert, so dass der Emittent sich die Kosten und den Aufwand einer Ad-hoc-Meldung sparen kann. Der Publizitätszweck, die Markttransparenz zu erstellen, wurde schon auf anderem Wege erreicht. Zu klären ist, welche Adressaten von der Mitteilung des Emittenten erreicht werden müssen, damit die Tatsache als öffentlich bekannt angesehen werden kann und die Ad-hoc-Publizitätspflicht ausscheidet.

I. Europarecht

Nach Art. 17 Abs. 1 EG-BörsenzulassungsRL müssen die Informationen in einer oder mehreren Zeitungen mit einer Verbreitung im gesamten Staatsgebiet oder weiter Verbreitung in diesem Staat veröffentlicht werden oder dem Publikum entweder in schriftlicher Form in den durch Anzeigen in einer oder mehreren Zeitungen mit einer Verbreitung im gesamten Staatsgebiet oder wei-

[69] *Maviglia/Maviglia* (oben FN 21), in: Di Noia/Razzante, Il nuovo diritto societario e dell'intermediazione finanziaria, 335, 410f.

ter Verbreitung in dem genannten Staat angegebenen Orten oder durch andere von den zuständigen Stellen anerkannte gleichwertige Mittel zugänglich gemacht werden.

Bezüglich der territorialen Verbreitung der Tatsache gilt ein Ereignis als bereits öffentlich bekannt, wenn die nationale Presse oder ein anderes nationales Informationsmittel (wie Fernsehen oder Rundfunk) darüber berichtet hat. Im Gegensatz dazu darf ein Vorkommnis noch nicht für öffentlich bekannt gehalten werden, wenn nur die *lokale* Presse (oder Fernsehen oder Rundfunk) darüber berichtet hat. Korrekte Preisbildung und effektive Vorbeugung vor dem Insiderhandel sind nur dann gewährleistet, wenn über die kursbeeinflussende Tatsache auf nationaler Ebene berichtet wird.

Bezüglich der personalen Verbreitung der Tatsache bezieht sich Art. 17 Abs. 1 EG-BörsenzulassungsRL auf das gesamte Publikum. Ebenso stellen Schema C Ziffer 5 Buchstabe a) für Aktien sowie Schema D Buchstabe A) Ziffer 4 Buchstabe a) für Schuldverschreibungen auf die Information einer breiten Öffentlichkeit ab. Wenn durch die Sofortpublizität die Anleger als Gesamtheit geschützt werden soll, ist von einer öffentlich bekannten Tatsache nur dann auszugehen, wenn eine unbestimmte Zahl von Personen Kenntnis des Ereignisses haben kann.

II. Deutsches Recht

Nach § 15 Abs. 3 WpHG ist die Veröffentlichung in mindestens einem überregionalen Börsenpflichtblatt oder über ein elektronisch betriebenes bei Unternehmen weit verbreitetes Informationsverbreitungssystem vorzunehmen.

Mit dieser Regelung begnügt sich der Gesetzgeber lediglich mit der Information der sog. Bereichsöffentlichkeit[70]. Nach den Vorarbeiten erreicht die Ad-hoc-Publizität ihren Zweck auch dann, wenn nur eine begrenzte Anzahl von Anlegern die Möglichkeit hat, von der Tatsache zu erfahren. Die Unterrichtung des breiten Publikums sei hingegen nicht erforderlich. Das deutsche Gesetz hat somit die Anzahl der Adressaten der Information im Vergleich zum Europarecht beschränkt[71]. Wenn die institutionellen Kapitalmarktteilnehmer informiert sind, lassen sie die Nachrichten in die geschäftlichen Dispositionen einfließen. Die kursrelevanten Sachverhalte schlagen sich schnell in den Börsenpreisen

---

[70] Begründung zum Regierungsentwurf 2. FFG, BT-Drucks. 12/6679, 48; Bericht des Finanzausschusses, BT-Drucks. 12/7918, 101; *BAWe und Deutsche Börse AG*, Insiderhandelsverbote, 35 und 41.

[71] *von Klitzing* (oben FN 46), 51ff.

nieder und die Möglichkeit des Insiderhandels ist ausgeschlossen[72]. Information des Kapitalmarktes und Behinderung der Insidergeschäfte sind gewährleistet. Diese Wahl des Gesetzgebers reflektiert das deutsche Modell von *corporate governance*, das bisher eher auf die Rolle der institutionellen Investoren als auf die des gesamten Marktes abgestellt hat[73]. Diese Lösung passt deshalb in die Systematik des WpHG, wo der Anlegerschutz primär als Funktions- und nicht als Individualschutz operiert.

Die Entscheidung des deutschen Gesetzgebers für eine selektive Öffentlichkeit ist jedoch kritisiert worden[74]. Da Adressaten der Ad-hoc-Veröffentlichung in Deutschland lediglich die institutionellen Anleger sind, ist die Richtlinienkonformität des § 15 Abs. 3 WpHG anzuzweifeln[75]. Bedenken ergeben sich bei einer Analyse der diversen Zielsetzungen der Sofortpublizität[76]. Sofern Sinn und Zweck der Ad-hoc-Publizität darin liegt, die prompte Information des gesamten Publikums zu fördern, wird dieses Ziel bei der Erstellung einer reinen Bereichsöffentlichkeit nicht erreicht. Kleinanleger verfügen über keinen Anschluss an elektronischen Informationsverbreitungssystemen, so dass die Merheit der nicht-professionellen Investoren von der Ad-hoc-Tatsache überhaupt nicht oder nur mit Verspätung erfahren[77]. Das Merkmal der Bereichsöffentlichkeit bewirkt somit eine Diskriminierung[78]. Die Unterrichtung nur einiger Anleger wirft Bedenken auch bezüglich der Verwirklichung der Zielsetzung der Verbesserung der Funktionsfähigkeit des Kapitalmarktes auf. Die Verbreitung von Informationen ausschließlich an bestimmte Kategorien von Personen kann die Investitionsbereitschaft sonstiger potentieller Investoren

---

[72] Vgl. etwa *Fürhoff/Wölk*, Aktuelle Fragen zur Ad-hoc-Publizität, WM 1997, 449, 451; Schäfer-*Geibel*, WpHG, § 15 RZ 46; *Möller* (oben FN 49), BFuP 1994, 99, 109; *Rieckers*, Haftung des Vorstand für fehlerhafte Ad-hoc-Meldungen de lege lata und de lege ferenda, BB 2002, 1213, 1214.

[73] *Loizzo*, Introduzione, in: Lacaita/Napoleoni, Il testo unico dei mercati finanziari, 3, 6.

[74] Vgl. beispielsweise *Assmann*, Das künftige deutsche Insiderrecht, AG 1994, 196, 202; *Becker*, Das neue Wertpapierhandelsgesetz, 81; *Kümpel* (oben FN 2), 97.

[75] Vgl. *Hirte*, Die Ad-hoc-Publizität im System des Aktien- und Börsenrechts, in: Hadding/Hopt/Schimansky, Das 2. Finanzmarktförderungsgesetz, 47, 66ff.; *von Klitzing* (oben FN 46), 51ff. und 91ff.

[76] *Mennicke*, Sanktionen gegen Insiderhandel, 87ff.

[77] Vgl. *BAWe und Deutsche Börse AG*, Insiderhandelsverbote, 56; Schäfer-*Geibel*, WpHG, § 15 RZ 141; *Hopt* (oben FN 2), ZHR 159 (1995), 135, 153f.; *ders.*, Familien- und Aktienpools unter dem Wertpapierhandelsgesetz, ZGR 1997, 1, 24f.; *von Rosen*, Zweites Finanzmarktförderungsgesetz und Privatanleger, Die Bank 1995, 9, 12.

[78] *Klein*, Praktische Erfahrungen eines Weltkonzerns mit Vorschriften der Ad-hoc-Publizität in Deutschland und im Ausland, in: Hadding/Hopt/Schimansky, Das 2. Finanzmarktförderungsgesetz, 95, 99; *Kümpel* (oben FN 49), 1160; *Pellens/Fülbier*, Gestaltung der Ad-hoc-Publizität unter Einbeziehung internationaler Vorgehensweisen, in: Baegte, Insiderrecht und Ad-hoc-Publizität, 23, 31 und 37f.; *Struckmann*, Insiderregeln und deren Umsetzung am Beispiel der Bundesrepublik Deutschland, 99.

reduzieren[79]. Die Funktionsfähigkeit des Marktes wird auch dadurch gewährleistet, dass gleiche Chancen bestehen, an dem Wertpapierhandel teilzunehmen. Wenn auf Grund der konkreten Modalitäten der Ad-hoc-Veröffentlichung zunächst nur die professionellen Kapitalmarktteilnehmer über kursbeeinflussende Ereignisse informiert werden, wird die Investitionsbereitschaft der nicht informierten Anleger beeinträchtigt.

Trotz dieser Kritiken der Rechtslehre muss zur Kenntnis genommen werden, dass in der Praxis erhebliche Fortschritte zur Sicherung einer zügigen Information des gesamten Anlegerpublikums gemacht worden sind, denn die Texte der Ad-hoc-Meldungen stehen nunmehr über Internet[80], Fax-Abruf[81] und Videotext[82] jedem zur Verfügung. Der Wortlaut der Mitteilung wird wenige Sekunden nach der Einspeisung in das elektronische System per Internet verbreitet, so dass die institutionellen Investoren keinen informativen Vorteil genießen. Ferner wird der TV-Videotext als zusätzliches Informationsverbreitungssystem verwendet. Internet und Fernsehen sind weit verbreitete und preiswerte Informationsquellen. Die damit zusammenhängende Kostensenkung bedeutet einen wichtigen Schritt in die Richtung eines gleichberechtigten Zugangs zum Wertpapierhandel.

III. Italienisches Recht

Auch nach italienischem Recht sind lediglich die Tatsachen zu veröffentlichen, die nicht öffentlich bekannt sind (*non di pubblico dominio*). Was öffentlich bekannt ist, ist - wie im deutschen Recht - mit Rückgriff auf die Modalitäten der Verbreitung der Tatsache festzustellen[83]. Es steht der *CONSOB* zu, mit Verordnung die Mechanismen der Information des Publikums festzulegen (Art. 114 Abs. 1 S. 2 *T.U.*). Nach Art. 66 Abs. 1 der Ausführungsverordnung muss der Emittent die Mitteilung der Marktverwaltungsgesellschaft, welche die Tatsache sofort zur Verfügung des Publikum stellt, und zwei Nachrichtenagenturen zuschicken. Durch diese Modalitäten der Veröffentlichung wird, im Unterschied zum deutschen Recht, die Information des gesamten Anlegerpublikums

---

[79] *Hausmaninger*, Insider Trading: Eine systemvergleichende Untersuchung amerikanischer, europäischer und österreichischer Regelungen, 196f.

[80] Aktuelle Ad-hoc-Mitteilungen können u.a. über folgende Quellen abgerufen werden: www.bawe.de; www.dgap.de; www.vwd.de; www.xiqu.de; www.huginonline.de.

[81] Computel (0190-5476647)

[82] n-tv (S. 460), ARD/ZDF (S. 718).

[83] *Lener*, La diffusione delle informazioni „price sensitive" tra informazione societaria e informazione riservata, Le Società, 142, 146f.; *Maviglia/Maviglia* (oben FN 21), in: Di Noia/Razzante, Il nuovo diritto societario e dell'intermediazione finanziaria, 335, 365.

gesichert. Dementsprechend ist von einer öffentlich bekannten Tatsache auszugehen, wenn sie der breiten Öffentlichkeit bekannt ist.

In einem Verfahren gegen einen Emittenten, der eine Meldung unterlassen hatte, hat die *CONSOB* entschieden, keine Sanktion zu verhängen, weil die Tatsache als öffentlich bekannt anzusehen war[84]. In einem Gespräch mit Finanzanalysten hatte der Vorstandsvorsitzende einer Mobilfunkgesellschaft die Anzahl der im Juli 1998 neu abgeschlossenen Verträge bekanntgegeben. Auf Grund dieser für den Emittenten positiven Information stieg an der Mailänder Börse der Kurs des betroffenen Wertpapiers. Die Tatsache (d.h. die hohe Anzahl der abgeschlossenen Telefonverträge im Juli 1998) konnte allerdings nicht als geeignet betrachtet werden, den Kurs erheblich zu beeinflussen. Dies war keine Neuheit für die Mobilfunkgesellschaft, denn in den letzten zwei Jahren hatte sich die gleiche Tendenz verzeichnet. Das Publikum wusste bereits seit langem, dass die Telefongesellschaft sehr erfolgreich war und eine besonders hohe Zuwachsquote hatte. Der Emittent hatte zudem regelmäßig die Öffentlichkeit über die guten Verkäufe informiert.

IV. Ergebnis

Ist eine Öffentlichkeit in dem beschriebenen Sinne über eine Tatsache informiert, dann ist das Ereignis als öffentlich bekannt anzusehen und jegliche Pflichten des Emittenten fallen aus. Ist hingegen eine kleinere Öffentlichkeit als die beschriebene informiert, dann ist das Vorkommnis als nicht öffentlich bekannt anzusehen und der Vorstand der betroffenen Gesellschaft ist, beim Vorliegen der sonstigen gesetzlichen Voraussetzungen, zur Publizität verpflichtet.

D. Zum Begriff der „Eignung zur erheblichen Kursbeeinflussung“

I. Allgemeines

1. Europäisches Recht

Das Merkmal der „Eignung zur erheblichen Kursbeeinflussung“ findet seine Rechtsgrundlage in der EG-BörsenzulassungsRL. Schema C Ziffer 5 Buchstabe a) dieser RL erfordert die Veröffentlichung lediglich der Tatsachen, die zu einer beträchtlichen Änderung der Kurse führen können. Die Ereignisse,

---

[84] *CONSOB*, Mitteilung Nr. 98090352 vom 14.12.1998.

die nicht geeignet sind, den Preis in erheblicher Weise zu verändern, unterliegen hingegen keiner Publizitätspflicht.

Sinn und Zweck des Merkmals der Eignung zur erheblichen Kursbeeinflussung ist somit die Einschränkung der Fälle, in denen das Publikum informiert werden muss[85]. Eine exzessive Informationsversorgung der Anleger fördert nicht unbedingt die beste Transparenz und Effizienz der Kapitalmärkte. Eine Verpflichtung, auch unwesentliche Tatsachen zu verbreiten, wäre nicht praktikabel. Sie würde sehr hohe Kosten für die Emittenten mit sich bringen. Die Anleger, vor allem die nicht professionellen Anleger, wären zudem durch die enorme Informationsflut unnötig verwirrt[86]. Absicht der europäischen Regelung ist es, mit dem Merkmal der Eignung zur erheblichen Kursveränderung den Emittenten eine Grenze zu setzen, damit nur wirklich bedeutende Ereignisse veröffentlicht werden.

2. Deutsches Recht

Im deutschen Recht ist eine Tatsache publizitätspflichtig, wenn sie geeignet ist, den Börsenpreis der Wertpapiere erheblich zu beeinflussen (§ 15 Abs. 1 S. 1 WpHG). Der Gesetzgeber hat das Merkmal der „Eignung zur erheblichen Kursbeeinflussung" nicht definiert. Soweit ersichtlich haben sich zudem die deutschen Richter mit dieser Auslegungsfrage noch nicht befasst. Auf Grund der bestehenden Rechtsunsicherheit wird auch vorgeschlagen, im Zweifelsfall von einer Ad-hoc-Publizitätspflicht auszugehen.

Der Gesetzgeber selbst erkennt die Komplexität des Merkmals und fordert in den Vorarbeiten den Emittenten auf, „sich die notwendige Sachkunde zu verschaffen, die ihn zu einer sachgerechten Beurteilung in die Lage versetzt. Er hat sich dabei erforderlichenfalls des Rates des emissionsbegleitenden Kreditinstituts oder einer mit den Verhältnissen am Kapitalmarkt vertrauten Person zu bedienen"[87]. Die Unklarheit von § 15 WpHG hat somit zur Folge, dass nicht nur die Kosten der materiellen *Compliance*, sondern auch die Kosten der reinen Gesetzesauslegung (wie z.B. die Einschaltung von externen Experten) auf die Emittenten übertragen werden[88].

Die Gesellschaften könnten tatsächlich in Extremfällen gezwungen sein, sich Beratungen einzuholen, um die Anwendbarkeit von § 15 WpHG überprüfen zu lassen[89]. Angesichts der erheblichen Schwierigkeiten der Gesetzesausle-

---

[85] *BAWe und Deutsche Börse AG*, Insiderhandelsverbote, 38.

[86] *Immenga*, Das neue Insiderrecht im Wertpapierhandelsgesetz, ZBB 1995, 197, 202.

[87] Begründung zum Regierungsentwurf 2. FFG, BT-Drucks. 12/6679, 48.

[88] *Assmann*, Insiderrecht und Kreditwirtschaft: Rechtsanwendungsprobleme des Insiderrechts in bezug auf die Organisation und die Geschäfte von Kreditinstituten, WM 1996, 1337, 1355f.

[89] In den meisten Fällen wird allerdings die Möglichkeit der Einsetzung von Experten von vorherein ausscheiden. Die Ad-hoc-Veröffentlichung muss kraft Gesetzes unverzüglich erfolgen, so dass in aller Regel die Emittenten keine Zeit für ein externes Gutachten haben. Die

gung empfiehlt es sich, Rat direkt bei der BAFin. einzuholen, die für die Antwort auf Fragen der Emittenten zur Verfügung steht[90]. Dies minimiert das Risiko von Sanktionen, denn es ist höchst unwahrscheinlich, dass die Frankfurter Behörde die Entscheidung des Vorstandes einer Gesellschaft (veröffentlichen oder nicht veröffentlichen) nachträglich rügt, wenn sie selbst ein bestimmtes Verhalten präventiv genehmigt hat.

3. Italienisches Recht

Im italienischen Recht sind – wie im deutschen Recht – lediglich die Tatsachen zu veröffentlichen, die geeignet sind, im Fall ihres öffentlichen Bekanntwerdens, den Preis der Finanzinstrumente erheblich zu beeinflussen (Art. 114 Abs. 1 S. 1 *T.U.*). Auch in Italien stellen sich bezüglich des Merkmals der Eignung zur bedeutenden Kursbeeinflussung Auslegungsprobleme[91]. Bisher fehlt es, soweit ersichtlich, an richterlichen Entscheidungen über diese Frage. Die *CONSOB* hat klargestellt, dass im Zweifel über das Bestehen einer Tatsache von der Information des Publikums auszugehen ist[92].

Zur Auslegung des gesetzlichen Merkmals sind drei unterschiedliche Elemente zu untersuchen: die „Eignung“ (Prognose), die „Beeinflussung auf die Kurse“ (qualitatives Element) und die „Erheblichkeit“ der Beeinflussung (quantitatives Element).

II. Die Eignung

Tatsachen sind nach Schema C Ziffer 5 Buchstabe a) EG-BörsenzulassungsRL zu veröffentlichen, wenn sie zu einer beträchtlichen Änderung der Kurse führen „können“. Diese Vorschrift setzt eine *ex ante* Beurteilung der Fähigkeit eines Ereignisses voraus, sich auf den Preis des Wertpapiers in beträchtlicher Weise auszuwirken. Ob eine Veränderung infolge des Bekanntwerdens tatsächlich eintritt, spielt für das Bejahen der Verpflichtung keine Rolle.

Notwendigkeit der Einschaltung von Experten bewirkt zudem eine faktische Diskriminierung zwischen Groß- und Kleinemittenten. Während in großen Gesellschaften normalerweise Fachpersonal vorhanden ist, brauchen kleinere Unternehmen des öfteren externen Rat.

[90] *BAWe*, JB 1996, 25; *ders.*, JB 1995, 22.

[91] Vgl. *Lener* (oben FN 83), Le Società, 142, 147ff.

[92] *CONSOB*, Empfehlung Nr. 98090373 vom 20.11.1998.

1. Deutsches Recht

Das in § 15 Abs. 1 S. 1 WpHG verwendete Wort „geeignet“ drückt, ebenso wie das Wort „können“ in der EG-BörsenzulassungsRL, die Notwendigkeit einer Prognose aus. Die Emittenten müssen vor einer Veröffentlichung prüfen, ob die Tatsache in der Lage ist, den Kurs ihrer Wertpapiere erheblich zu beeinflussen. Es ist nicht relevant, ob eine bedeutende Preisbeeinflussung nach der Publizität wirklich stattfindet[93]. Was zur Vermittlung der Tatsachenqualität zählt und die gesetzliche Ad-hoc-Publizitätspflicht auslöst, ist die abstrakte Möglichkeit einer erheblichen Kursbeeinflussung[94].

Das praktische Problem in diesem Zusammenhang ist, dass eine zuverlässige Prognose über die Beeinflussung von Tatsachen auf den Kurs der Wertpapiere sehr schwierig ist[95]. Die Preisbildung ist von einer Vielzahl von Faktoren abhängig, die außerdem aufeinander unterschiedlich einwirken können[96].

Zur Bestimmung des Kurses können im konkreten Fall diverse Elemente (wie z.B. die Lage des Marktes oder der Branche, Erwartungen, Gerüchte, Werturteile, falsche Informationen und Spekulationen, politische Einflüsse) beitragen[97]. Die aufgelisteten Faktoren zwingen die Emittenten allerdings nicht zur Ad-hoc-Publizität, denn sie sind nicht unternehmensbezogen. Dies gilt auch dann, wenn sie mit unternehmensinternen Tatsachen kombiniert sind, die insgesamt zur Überschreitung der gesetzlichen Schwelle der Erheblichkeit führen. In der *ex ante* Beurteilung müssen die Emittenten zunächst alle möglichen Elemente in Kauf nehmen, die allein oder in Kombination mit anderen Faktoren eine bedeutende Kursbeeinflussung entfalten können[98]. Es sind jedoch dann die Umstände außer Betracht zu lassen, die nicht unternehmensbezogen sind. Man kann z.B. an den Fall denken, in dem ein Autohersteller einen wichtigen Kooperationsvertrag abgeschlossen hat und der Markt diese Tatsache mit einer Kursverbesserung von 3% belohnt. Man kann dann daran denken, dass die Regierung gleichzeitig Steuervorteile allgemein für die Autoindustrie eingeführt hat, die ebenfalls eine Kurssteigerung um 3% hervorrufen. Wenn man die Schwelle der Erheblichkeit bei 5% ansetzt, ist es in diesem Fall nicht erforderlich, den Vertragsabschluss zu publizieren, da er - an sich betrachtet - nicht hin-

---

[93] *Loistl*, Empirisch fundierte Messung kursrelevanter Tatsachen, Die Bank 1995, 232, 234f.; *Vaupel*, Zum Tatbestandsmerkemal der erheblichen Kursbeeinflussung bei der Ad-hoc-Publizität, WM 1999, 521, 525.

[94] Vgl. *BAWe und Deutsche Börse AG*, Insiderhandelsverbote, 37.

[95] *Kümpel*, Börsenrecht: Eine systematische Darstellung, 126; *Schockenhoff/Wagner*, Ad-hoc-Publizität beim Aktienrückkauf, AG 1999, 548, 551f.

[96] *BAWe und Deutsche Börse AG*, Insiderhandelsverbote, 38. Vgl. auch *Groß*, Haftung für fehlerhafte oder fehlende Regel- oder Ad-hoc-Publizität, WM 2002, 477, 486; *Kaserer/Novak*, Die Anwendung von Ereignisstudien bei Ad-hoc-Mitteilungen, ZfB 71 (2001), 1353, 1354f.

[97] Vgl. Schäfer-*Geibel*, WpHG, § 15 RZ 96; *Loistl* (oben FN 93), Die Bank 1995, 232, 234.

[98] S. *Zubrod* (oben FN 1), 191.

reichend bedeutend ist. Die gesamte Verbesserung des Kurses um 6% ist in der Tat das Resultat der Mitwirkung zweier Ereignisse.

Die Identifizierung der Auswirkungen emittenten- und nicht emittentenbezogener Einflusselementen kann besonders kompliziert sein. Im Ergebnis können die Folgen von Tatsachen auf die Preise der Wertpapiere nur selten genau prognostiziert werden[99]. Die Praxis bestätigt diese Schwierigkeiten. Es ist nicht ungewöhnlich, dass Anlageberater - und dies gilt um so mehr für nicht professionelle Anleger - zum gleichen Zeitpunkt und auch wenn sie über die gleichen Informationen verfügen ganz unterschiedliche Investitionsratschläge geben[100].

2. Italienisches Recht

Auch im italienischen Recht braucht die Tatsache lediglich „geeignet" (*idoneo*) zu sein, eine erhebliche Kursbeeinflussung zu entfalten. Es ist hingegen nicht erforderlich, dass eine bedeutende Preisbeeinflussung nach der Veröffentlichung tatsächlich eintritt[101].

Die Vorhersage über die Kursentwicklung ist ebenso schwierig wie im deutschen System, denn viele schwer prognostizierbare Faktoren können Auswirkungen auf den Preis haben[102].

Die *CONSOB* hat klargestellt, dass die Prüfung der Eignung zur erheblichen Kursbeeinflussung *ex ante* vorgenommen werden muss[103]. Die Aufsichtsbehörde behauptet jedoch, dass die nachträgliche Erfahrung (nämlich die beträchtliche Änderung des Preises) als zusätzlicher „Beweis" verwendet werden kann. Dieser Stellungnahme ist zuzustimmen, wenn das Wort „Beweis" nicht in technischem Sinne, sondern in seiner Bedeutung als reines „Indiz" verstanden wird. Es steht der *CONSOB* zu, den Kausalzusammenhang zwischen dem Ein-

---

[99] Vgl. *Haouache*, Börsenaufsicht durch Strafrecht, 43ff.; *Kümpel*, Aktuelle Fragen der Ad-hoc-Publizität, AG 1997, 66, 70; *Wölk*, Ad-hoc-Publizität – Erfahrungen aus der Sicht des BAWe, AG 1997, 73, 79.

[100] Selbst für eins der größten deutschen Unternehmen - wie Daimler-Benz (inzwischen Daimler-Chrysler), für das man realistischerweise annehmen kann - dass es über kompetente Finanzanalysten verfügt, ist es kompliziert, *ex ante* einzuschätzen, wie sich eine Tatsache auf die Kurse auswirken wird. Bei den ersten vier Ad-hoc-Meldungen dieses Emittenten nach dem Inkrafttreten des § 15 WpHG hat man im nachhinein festgestellt, dass in einem Fall die Kursschwankung bei 5%, in zwei anderen Fällen bei 2% und in einem letzten Fall bei 1% lag. Angaben in *Klein* (oben FN 78), in: Hadding/Hopt/Schimansky, Das 2. Finanzmarktförderungsgesetz, 95, 103. Zu dieser Problematik vgl. auch die Studie von *Nowak*, Eignung von Sachverhalten in Ad-hoc-Mitteilungen zur erheblichen Kursbeeinflussung, ZBB 2001, 449ff.

[101] *Rigotti* (oben FN 34), in: Patroni Griffi/Sandulli/Santoro, Intermediari finanziari, mercati e società quotate, 601, 626; *Valentino* (oben FN 7), 45.

[102] *Valentino* (oben FN 7), 45.

[103] *CONSOB*, Mitteilung Nr. 98090352 vom 14.12.1998.

tritt einer Tatsache und der erheblichen Kursbeeinflussung zu beweisen[104]. Selbstverständlich kann die Aufsichtsbehörde auf Grund einer bedeutenden Kursschwankung anfangen zu ermitteln. Die Verhängung einer Sanktion ist allerdings nur dann zulässig, wenn der Kausalzusammenhang zwischen dem Eintritt der Tatsache und der erheblichen Kursbeeinflussung bewiesen ist. Da der Kurs eines Wertpapiers von einer Vielzahl von Faktoren beeinflusst werden kann, müssen in der *ex ante* Beurteilung diejenigen exkomptiert werden, die außerhalb des Tätigkeitsbereiches des Emittenten und der kontrollierten Gesellschaften eingetreten sind.

III. Die Kursbeeinflussung (das qualitative Element)

Es muss zunächst zwischen Kursveränderung und -beeinflussung unterschieden werden[105]. Während Schema C Ziffer 5 Buchstabe a) EG-BörsenzulassungsRL von einer „Änderung" der Kurse spricht, beziehen sich die deutschen und italienischen Regelungen auf eine „Beeinflussung". Der europarechtliche Begriff der „Kursveränderung" ist enger als der deutsche und italienische Begriff der „Kursbeeinflussung". Kursveränderung bedeutet, dass sich der Kurs des betroffenen Wertpapiers gegenüber dem Vortag (gestern 10 Euro) positiv (heute 11 Euro) oder negativ (heute 9 Euro) bewegt hat. Dies ist zur Erfüllung des Tatbestandsmerkmals des § 15 Abs. 1 S. 1 WpHG oder des Art. 114 Abs. 1 S. 1 *T.U.* nicht erforderlich. Die Pflicht zur Ad-hoc-Publizität kann hingegen auch von einer Tatsache ausgelöst werden, die – ohne den Kurs des betroffenen Wertpapiers zu verändern (gestern 10 Euro; heute immer noch 10 Euro) – nichtsdestotrotz eine erhebliche Kursbeeinflussung aufweist[106]. Dies kann z.B. dann vorkommen, wenn sich auf Grund eines für den betroffenen Emittenten positiven Ereignisses (+10%) der Kurs seines Wertpapiers insgesamt nicht verändert, während der Markt oder die Branche, der dem Unternehmen angehört, gleichzeitig um 10% auf Grund negativer Vorkommnisse einbricht. Wäre die positive (und publizitätspflichtige) Tatsache bei dem Emittenten nicht eingetreten, hätten auch seine Wertpapiere einen Verlust von 10% erlitten. Die positive Nachricht hat im Einzelfall die Auswirkungen der negativen ausgeglichen. Der deutsche und italienische Gesetzgeber haben mit Verwendung des Ausdruckes „beeinflussen" die Regelung im Vergleich zur EG-BörsenzulassungsRL auf die Fälle ausgedehnt, in denen, obgleich ohne Kursveränderung des betroffenen Wertpapiers, eine Kursbeeinflussung stattfindet.

---

[104] *Frignani*, I primi orientamenti della CONSOB concernenti la diffusione di informazioni „price sensitive" a terzi, Le Società 1999, 1113, 1121.
[105] Vgl. *Loistl* (oben FN 93), Die Bank 1995, 232.
[106] Schäfer-*Geibel*, WpHG, § 15 RZ 101.

Es handelt sich um eine Verschärfung der europäischen Verpflichtung zur Ad-hoc-Publizität. Bedenken bezüglich der Richtlinienkonformität sind nicht ersichtlich, denn die Mitgliedstaaten können nach Art. 5 Abs. 2 EG-BörsenzulassungsRL den Emittenten strengere als die im Schema C aufgeführten Pflichten auferlegen.

Schema C Ziffer 5 Buchstabe a) EG-BörsenzulassungsRL bezieht sich auf eine Änderung der „Kurse" der Aktien. § 15 Abs. 1 S. 1 WpHG erfordert demgegenüber, dass die Tatsache geeignet ist, den „Börsenpreis" der zugelassenen Wertpapiere erheblich zu beeinflussen. Die Verwendung des Ausdrucks „Börsenpreis" in der deutschen Regelung lässt sich mit dem Umstand erklären, dass in Deutschland die Ad-hoc-Publizitätspflicht nur für die Emittenten von Effekten besteht, die zum Handel an einer Börse zugelassen sind. Art. 114 Abs. 1 S. 1 *T.U.* spricht hingegen lediglich vom „Preis" der Finanzinstrumente. Die Verwendung des allgemeineren Begriffes „Preis" ist darauf zurückzuführen, dass im italienischen Recht auch nicht notierte Emittenten - für die keine offiziellen Preise festgestellt werden - der Ad-hoc-Publizitätspflicht unterliegen können (Art. 116 *T.U.*). Die verschiedene Terminologie der europäischen, deutschen und italienischen Regelung hat im Ergebnis im Zusammenhang mit der Definition der Märkte, nicht für die Interpretation des Merkmals der Eignung zur erheblichen Kursbeeinflussung Relevanz.

Schema C Ziffer 5 Buchstabe a) EG-BörsenzulassungsRL bezieht sich auf eine Änderung der Kurse der „Aktien". Diese Terminologie lässt sich damit erklären, dass Schema C lediglich Aktien betrifft. Der Wertpapierbegriff im Sinne der Ad-hoc-Publizität ist später von Art. 7 EG-InsiderRL auf alle Wertpapiere ausgedehnt worden, die auf einem reglementierten Markt zugelassen sind. § 15 Abs. 1 S. 1 WpHG spricht deswegen von einer erheblichen Beeinflussung des Börsenpreises der „zugelassenen Wertpapiere". Damit wird auf § 2 Abs. 1 WpHG verwiesen, wo die Legaldefinition von „Wertpapieren" enthalten ist. Art. 114 Abs. 1 S. 1 *T.U.* spricht seinerseits von einer erheblichen Beeinflussung des Preises der „Finanzinstrumente". Damit wird auf Art. 1 Abs. 2 *T.U.* verwiesen, wo die Definition von „Finanzinstrumenten" enthalten ist. Die verschiedene Terminologie der europäischen, deutschen und italienischen Regelung hat im Ergebnis lediglich für die Definition der betroffenen Effekten, nicht hingegen für die Interpretation des Merkmals der Eignung zur erheblichen Kursbeeinflussung Relevanz.

Die EG-BörsenzulassungsRL besagt nicht, über welchen Zeitraum hinweg die Kursveränderung stattfinden soll.

Auch das deutsche Gesetz behandelt diese Frage nicht[107]. Da die Kurse an der Börse täglich festgestellt werden, könnte von einem Vergleich zwischen dem heutigen und dem gestrigen Preis des Wertpapieres ausgegangen werden.

---

[107] Zu dieser Frage vgl. Schäfer-*Geibel*, WpHG, § 15 RZ 93; *Pellens/Fülbier* (oben FN 78), in: Baegte, Insiderrecht und Ad-hoc-Publizität, 23, 28f. und 42f.

Auf der anderen Seite kann es auch vorkommen, dass die Auswirkungen einer ersten Nachricht durch die Folgen einer zweiten Nachricht am gleichen Tag ausgeglichen werden. Der Kurs könnte beispielsweise zunächst auf Grund einer positiven Tatsache nach oben (z.B. +10%) und dann am selben Tag auf Grund eines anderen diesmal negativen Ereignisses nach unten (z.B. –10%) gehen. Wenn lediglich die festgestellten Börsenpreise verglichen werden, dann kann in diesem Beispiel keine Preisveränderung zwischen dem ersten und dem zweiten Tag festgestellt werden. In Wirklichkeit sind jedoch sogar zwei erheblich kursbeeinflussende Tatsachen an einem einzigen Tag eingetreten, die – beim Vorliegen der sonstigen gesetzlichen Voraussetzungen – mit getrennten Meldungen hätten veröffentlicht werden müssen.

In zeitlicher Hinsicht stellt sich auch im italienischen Recht die Frage, ob ein Vergleich zwischen dem gestrigen und dem heutigen Tag geboten ist oder ob auch innerperiodische Veränderungen des Kurses zu berücksichtigen sind. Während § 15 Abs. 1 S. 1 WpHG sich auf den „Börsenpreis" bezieht, spricht § 114 Abs. 1 S. 1 *T.U.* lediglich vom „Preis". Dieses literarische Argument ist allerdings an sich nicht entscheidend, denn – wie oben gesehen – ist die Verwendung des allgemeinen Ausdrucks „Preis" darauf zurückzuführen, dass in Italien auch einige nicht notierte Emittenten der Ad-hoc-Publizitätspflicht unterliegen. Maßgebend soll nach der *CONSOB* die Preisbeeinflussung sein, die unmittelbar nach der Verbreitung der Tatsache stattfindet[108]. Dieser Stellungnahme der italienischen Aufsichtsbehörde ist auf Grund teleologischer Überlegungen zuzustimmen. Zu den Zwecken der korrekten Informationsversorgung des Publikums und der effektiven Vorbeugung des Insiderhandels ist die prompte Benachrichtigung der Anleger von entscheidender Bedeutung. Eine Tatsache ist deshalb auch dann zu veröffentlichen, wenn sie nur innerperiodisch (d.h. vor der offiziellen Preisfeststellung) geeignet ist, den Kurs erheblich zu beeinflussen.

IV. Die Erheblichkeit (das quantitative Element)

Für die Bejahung einer Ad-hoc-Publizitätspflicht ist erforderlich, dass die Preise von dem Ereignis in *beträchtlicher* oder *erheblicher* Weise beeinflusst werden können. Die EG-BörsenzulassungsRL verwendet bezüglich der Änderung der Kurse das Wort „beträchtlich". § 15 Abs. 1 S. 1 WpHG bezieht sich auf eine „erhebliche" Kursbeeinflussung. Art 114 Abs. 1 S. 1 *T.U.* macht von dem Ausdruck „*sensibilmente*" Gebrauch. Inhaltlich kann „*sensibilmente*" sowohl als „beträchtlich" als auch als „erheblich" übersetzt werden. Es lässt sich im Ergebnis zwischen den verschiedenen Ausdrücken in der europäischen,

[108] *CONSOB*, Mitteilung Nr. 98090352 vom 14.12.1998.

deutschen und italienischen Regelung kein sprachlicher Unterschied feststellen, der auf die Auslegung des Tatbestandsmerkmals der „Erheblichkeit" Auswirkungen hat.

1. Deutsches Recht

Fraglich ist, ob die Erheblichkeit in einem fixen Wert oder in einem flexiblen Modell Ausdruck finden soll.

Ein einfacher Weg zur Konkretisierung des Begriffes der Erheblichkeit ist die Verwendung eines festen Prozentsatzes. Jedesmal, wenn eine bestimmte Grenze überschritten wird, ist das gesetzliche Merkmal gegeben. Für die Bestimmung der Höhe dieser Schwelle sind die Zielsetzungen der Ad-hoc-Publizität zu berücksichtigen. Wenn man Markttransparenz fördern will, so sind kleinere Prozentsätze vorzuziehen, denn somit erfolgen mehr Ad-hoc-Meldungen[109]. Auf der anderen Seite darf die Grenze nicht zu niedrig gesetzt werden, denn ansonsten ist mit einer Überflut an Veröffentlichungen zu rechnen (Risiko der *overinformation*). Die Kosten der *Compliance* für die Emittenten wären darüber hinaus in einer solchen Konstellation zu hoch. Bezüglich der präventiven Funktion der Ad-hoc-Publizität vor dem Insiderhandel gelten ähnliche Argumente. Bei einem hohen Prozentsatz werden viele Transaktionen von der Publizitätspflicht nicht erfasst, so dass die vorbeugende Wirkung der Sofortpublizität geschwächt wird. Für einen eher hohen Wert spricht zum anderen der Umstand, dass von der Auslegung des Begriffes der „Erheblichkeit" nicht nur die Anwendung von Verwaltungssanktionen (§ 39 WpHG), sondern auch die von Strafsanktionen (§ 38 WpHG) abhängt. Wird die Grenze allzu niedrig gesetzt, so wird die Sanktionsschwelle vorverlagert. Die Begr. zum RegE bezieht sich auf eine Kursveränderung von 5%[110]. Nach § 8 Abs. 1 der AGB für Wertpapiergeschäfte nehmen die Börsenmakler bei einer Kursschwankung von über 5% im Vergleich zum Vortageskurs die sog. Plus- oder Minusankündigung vor. Mit der Kennzeichnung der betroffenen Aktie werden die Kapitalmarktteilnehmer auf eine stark veränderte Situation hingewiesen[111].

5%, wie es in der Begr. zum RegE vorgeschlagen wird, ist jedoch nicht für alle Emittenten und alle Wertpapiere geeignet. Für Publikumsgesellschaften beispielsweise stellt es ein besonders hoher Prozentsatz dar[112]. Eine Kursverän-

---

[109] *Hausmaninger* (oben FN 79), 210.

[110] Begründung zum Regierungsentwurf 2. FFG, BT-Drucks. 12/6679, 47.

[111] *Franke* (oben FN 52), in: Assmann/Schütze, Handbuch des Kapitalanlagerechts, § 2 RZ 106ff.; *Zubrod* (oben FN 1), 205.

[112] Vgl. *Gerke/Bank/Lucht*, Die Wirkungen des Wertpapierhandelsgesetzes auf die Informationspolitik der Unternehmen, Die Bank 1996, 612, 613; *Hirte* (oben FN 75), in: Hadding/Hopt/Schimansky, Das 2. Finanzmarktförderungsgesetz, 47, 76; *Loistl* (oben FN 93), Die Bank 1995, 232ff.; *Röder*, Die Informationswirkung von Ad-hoc-Meldungen, ZfB 70 (2000), 567.

derung von über 5% bei DAX-Werten ist ein seltener Vorfall, denn die Effekte solcher Emittenten sind in der Regel liquider als die der kleinen Gesellschaften. Ein Ereignis, das bei diesen Konzernen von begrenzter Bedeutung ist, kann bei sonstigen Unternehmen erhebliche Kursschwankungen hervorrufen. Es ist deshalb wahrscheinlicher, dass die 5%-Grenze bei einem kleinen Emittenten überschritten wird. Das Ergebnis der Verwendung dieser fixen Schwelle ist, dass große Firmen das Publikum weniger informieren. Für besonders liquide Emittenten wäre die Ad-hoc-Publizität im Endeffekt ein fast theoretisches Gebot[113]. Die Verwendung einer unflexiblen Grenze bewirkt deshalb eine Diskriminierung der kleinen Unternehmen[114]. Sie berücksichtigt zudem nicht, dass die Schwankungsbreiten der einzelnen Wertpapiere sehr unterschiedlich sind[115].

Obwohl sich auf Grund der daraus entstehenden Rechtssicherheit ein fixer Richtwert empfiehlt, sprechen somit andere bedeutende Argumente zugunsten eines flexiblen Modells. Die BAFin. hat klargemacht, dass bei hochliquiden Aktien bereits eine Kursbeeinflussung von 2 bis 3% eine erhebliche Schwankung im Sinne der Ad-hoc-Publizität darstellt[116]. Für Wertpapiere, die nur in geringem Umfang gehandelt werden, soll hingegen gelten, dass sogar Kursveränderungen bis zu 10% als nicht erheblich betrachtet werden[117]. Es ist deshalb auf Grund der genannten Argumente wenig sinnvoll, sich an einem festen Richtwert zu orientieren, ohne die Volatilität der Effekte in Betracht zu ziehen. Auf ein solches flexibles Kriterium stellt der Leitfaden des BAWe und der Deutschen Börse AG ab. Es ist von einer erheblichen Kursrelevanz auszugehen, wenn eine das übliche Maß der Schwankungen deutlich übersteigende Kursbeeinflussung zu erwarten ist[118].

2. Italienisches Recht

Die Messung der „Erheblichkeit“ bereitet auch im italienischen Recht beträchtliche Auslegungsprobleme. Es stellt sich, wie im deutschen Recht, insbe-

---

113 *Wölk* (oben FN 99), AG 1997, 73, 79.

114 *Weisgerber*, Neue Informationskultur durch das zweite Finanzmarktförderungsgesetz, WM 1995, 19, 20.

115 Vgl. *Caspari*, Die Problematik der erheblichen Kursbeeinflussung einer publizitätspflichtigen Tatsache, in: Baegte, Insiderrecht und Ad-hoc-Publizität, 67, 73f.; *Deckert/von Rüden*, Anlegerschutz durch Europäisches Kapitalmarktrecht: Publizität statt Verbot, EWS 1998, 46, 52; Schäfer-*Geibel*, WpHG, § 15 RZ 102; *Kümpel* (oben FN 99), AG 1997, 66, 70; *Loesche/Eichner/Stute*, Die Berechnung von Erheblichkeitsgrenzen in den Insiderhandelsverboten des WpHG, AG 1999, 308, 309; *Schumacher* (oben FN 31), NZG 2001, 769, 772; *Wittich*, Erfahrungen mit der Ad-hoc-Publizität in Deutschland, AG 1997, 1, 3.

116 *BAWe*, JB 1995, 24f. Vgl. auch *Dreyling*, in: Hadding/Hopt/Schimansky, Das 2. FFG, 160; *Klein* (oben FN 78), in: Hadding/Hopt/Schimansky, Das 2. Finanzmarktförderungsgesetz, 95, 102; *Zubrod* (oben FN 1), 205.

117 *BAWe*, JB 1995, 25; *Müller*, Capital, Februar 1997, 74.

118 *BAWe und Deutsche Börse AG*, Insiderhandelsverbote, 38.

sondere die Frage, ob auf einen fixen oder flexiblen Wert abzustellen sei. Bei einem fixen Wert stellt sich die Problematik, ob dieser hoch oder niedrig gesetzt werden soll[119].

V. Das Bestimmtheitsgebot

1. Deutsches Recht

In den Vorarbeiten wird erörtert, dass für die Beurteilung, ob eine Tatsache erheblich kursbeeinflussend ist oder nicht, „der Einzelfall unter Zugrundelegung der allgemeinen Lebenserfahrung entscheidend" ist[120]. Die BAFin. weist allgemein auf die Verhaltensweise eines rational handelnden Investoren hin[121]. Ein Ereignis ist wesentlich, wenn ein vernünftiger Anleger es im Rahmen seiner Entscheidung für erheblich erachtet hätte und sein Entschluss ansonsten anders ausgefallen wäre[122]. Ein rationaler Investor handelt nur dann mit Wertpapieren, wenn er mit einer Kursveränderung rechnet, die zumindest die Risiken des Geschäfts kompensiert und die zusammenhängenden Kosten abdeckt.

Vor dem Hintergrund dieser von der BAFin. aufgestellten Kriterien für die Beurteilung der Eignung zur erheblichen Kursbeeinflussung stellt sich - in Anbetracht der Verhängung von Bußgeldern wegen Verstöße gegen die Ad-hoc-Publizitätspflicht (§ 39 WpHG) - die Frage, ob die allzu allgemeine Formulierung des § 15 Abs. 1 S. 1 WpHG nicht eine Verletzung des Bestimmtheitsgebotes (Art. 103 Abs. 2 GG; § 3 OWiG) darstellt. Der Adressat einer mit Bußgeld versehrten Regel muss in der Lage sein, zu verstehen, welches Verhalten das Gesetz von ihm verlangt. Auf Grund der vielfältigen Unbestimmtheit des Begriffes der Eignung zur erheblichen Kursbeeinflussung ist es aber zweifellos, dass die Emittenten nicht immer zu einer rechtssicheren Anwendung der Norm gelangen.

Die Aufsichtsbehörde befindet sich hingegen in einer privilegierten Machtposition. Die Verhängung von Bußgeldern seitens der BAFin. ist durch den Umstand erleichtert, dass die zentrale Kontrollinstanz eine *ex post* Feststellung machen kann, während die Emittenten gezwungen sind, *ex ante* das Vorliegen des Tatbestandsmerkmals der Eignung zur erheblichen Kursbeeinflus-

---

[119] Vgl. zur Diskussion *Maviglia/Maviglia* (oben FN 21), in: Di Noia/Razzante, Il nuovo diritto societario e dell'intermediazione finanziaria, 335, 368; *Valentino* (oben FN 7), 45.

[120] Begründung zum Regierungsentwurf 2. FFG, BT-Drucks. 12/6679, 48.

[121] *BAWe*, JB 1996, 24.

[122] Vgl. auch Schäfer-*Geibel*, WpHG, § 15 RZ 103; *Nowak*, Ad-hoc-Publizität bei M&A-Transaktionen, DB 1999, 601, 603; *von Klitzing* (oben FN 46), 149; *Zubrod* (oben FN 1), 191ff.

sung einzuschätzen[123]. Stellen die Mitarbeiter der Aufsichtsbehörde fest, dass eine erhebliche Kursveränderung bei einer publizitätspflichtigen Gesellschaft ohne vorausgegangene Meldung stattgefunden hat, so wird ein Sanktionsverfahren wegen Unterlassung eingeleitet. Der Betrachtung *ex post* kommt eine Indizwirkung dahingehend zu, dass mit einer erheblichen Kursbeeinflussung auch *ex ante* zu rechnen war[124]. Zur Feststellung, ob der Tatbestand einer Ordnungswidrigkeit erfüllt ist, muss allerdings die BAFin. auf die Lage vor dem Eintritt der Tatsache abstellen und den Kausalzusammenhang zwischen Ereignis und erheblicher Kursveränderung beweisen.

2. Italienisches Recht

Es ist in der italienischen Rechtsliteratur herrschende Meinung, dass sich die Emittenten - zur Feststellung, ob eine Tatsache erheblich kursbeeinflussend ist oder nicht - an der Erfahrung mit den vergangenen Kursentwicklungen eigener Wertpapierere sowie an der Erfahrung anderer notierten Gesellschaften orientieren sollen[125]. Wenn das öffentlich Bekanntwerden von bestimmten Ereignissen in der Vergangenheit niemals zu bedeutenden Kurssprüngen geführt hat, kann eine differenzierte Auswirkung im Einzelfall keine Haftung des betroffenen Unternehmens begründen. Wenn z.B. die Veröffentlichung der monatlichen Daten bezüglich der Verkäufe von Mobilfunkabos nie erhebliche Kursbeeinflussungen ausgelöst hat, dann kann der Emittent zu Recht davon ausgehen, dass es sich nicht um eine Tatsache handelt, die geeignet ist, den Preis der Wertpapiere erheblich zu beeinflussen[126]. Wie die BAFin. vertritt auch die *CONSOB* die Auffassung, dass die Gesellschaften eine fallbezogene Prüfung der Eignung zur erheblichen Kursbeeinflussung eines Ereignisses durchführen müssen, denn die Auswirkungen einer Begebenheit können je nach Kontext erheblich kursbeeinflussend sein oder nicht[127].

Ebenso wie die deutsche ist die italienische Regelung bezüglich des Merkmals der „Eignung zur erheblichen Kursbeeinflussung" in hohem Maße unbestimmt. Die Prognose über die Kursentwicklung ist besonders schwierig. Diese Umstände haben verfassungsrechtliche Relevanz (Art. 25 Abs. 2 Cost.), denn der Verstoß gegen die Ad-hoc-Publizitätspflicht wird auch in Italien mit Verwaltungssanktionen (Art. 193 *T.U.*) geahndet. Nach der *l.* 689/1981, welche die allgemeine Regelung der Verwaltungssanktionen zum Gegenstand hat und auch auf den *T.U.* anwendbar ist, ist die Verhängung einer solchen dem Legali-

---

[123] Vgl. *Wertenbruch*, Die Ad-hoc-Publizität bei der Fußball-AG, WM 2001, 193, 194; *Wittich*, Ich mache mich strafbar, Capital, Februar 1997, 74

[124] Vgl. Schäfer-*Geibel*, WpHG, § 15 RZ 93; *Loesche/Eichner/Stute* (oben FN 115), AG 1999, 308, 309f.

[125] Vgl. statt aller *Valentino* (oben FN 7), 47.

[126] So *Frignani* (oben FN 104), Le Società 1999, 1113, 1119.

[127] *CONSOB*, Empfehlung Nr. 98090373 vom 20.11.1998.

tätsprinzip unterworfen (Art. 1). Bestandteil des Legalitätsprinzips ist auch die Bestimmtheit der mit einer Ordnungswidrigkeit bewährten Gebote oder Verbote. Da bei dem Merkmal der „Eignung zur erheblichen Kursbeeinflussung" keine hinreichende Bestimmtheit vorhanden ist, besteht die Möglichkeit, dass die Vorschrift für verfassungswidrig erklärt wird[128].

VI. *Investor Relations*

Auf Grund der beschriebenen Auslegungsprobleme ist es für die Emittenten schwierig, die Eignung zu erheblicher Kursbeeinflussung einer Tatsache *ex ante* zuverlässig festzustellen. Es gibt jedoch eine unternehmerische Einstellung, welche die Auswirkungen von Ereignissen auf den Preis der Wertpapiere von vornherein reduzieren kann. Durch eine aufmerksame und gezielte Informationspolitik kann der Markt ständig über Entwicklungen informiert werden, so dass Überraschungen für die Anleger minimiert werden[129]. Eine durchlaufende Informationversorgung des Publikums kann den Überraschungseffekt neuer Tatsachen reduzieren. Da sich die Information mindestens teilweise auf die Preise niedergeschlagen hat, wird das Merkmal der Eignung zur erheblichen Kursbeeinflussung in weniger Fällen vorliegen. Dadurch ist eine Reduzierung der gesetzlich vorgeschriebenen Ad-hoc-Meldungen möglich[130]. Vor allem bei großen Unternehmen ist zunehmend das Phänomen einer freiwilliger Informationsversorgung des Publikums zu beobachten. Die Akteure entwickelter Kapitalmärkte verlangen von den Emittenten ein transparentes Informationsverhalten. Zum Teil wird das Informationsbedürfnis des Publikums durch die Erfüllung gesetzlicher Vorschriften befriedigt. Zum Teil ist es allerdings erforderlich, über die normativen Mindestanforderungen hinauszugehen[131]. Das Ergebnis einer besseren Information des Marktes kann beispielsweise mittels freiwilliger Monatsberichte erreicht werden. So wird das Publikum regelmäßig in kurzen Abständen über die Entwicklung des Unternehmens informiert und der Ge-

---

[128] Vgl. *Frignani* (oben FN 104), Le Società 1999, 1113, 1117.

[129] *Burgard* (oben FN 51), ZHR 162 (1998), 51, 71; *Klein* (oben FN 78), in: Hadding/Hopt/Schimansky, Das 2. Finanzmarktförderungsgesetz, 95, 98ff.; Assmann/Schneider-*Kümpel*, § 15 RZ 13f.; *Maviglia/Maviglia* (oben FN 21), in: Di Noia/Razzante, Il nuovo diritto societario e dell'intermediazione finanziaria, 335, 412ff.; *Schumacher* (oben FN 31), NZG 2001, 769, 772; *Sfameni* (oben FN 5), in: Marchetti/Bianchi, La disciplina delle società quotate nel testo unico della finanza, 509, 545.

[130] *Jürgens/Rapp*, Ad-hoc-Publizität: Ablauf und Technik, Die Bank 1995, 97, 100; *Tippach*, Das Insiderhandelsverbot und die besonderen Rechtspflichten der Banken, 151; *Wölk* (oben FN 99), AG 1997, 73, 80.

[131] *D'Amico*, Note sull'informazione societaria nelle quotate e nelle piccole imprese, Le Società 1999, 1, 25.

schäftsverlauf wird in die Kurse schrittweise eskomptiert. Mit dieser Problematik hat sich auch die *CONSOB* konfrontiert. Nach der italienischen Aufsichtsbehörde ist es zulässig, Ereignisse zu veröffentlichen, die nicht unter die gesetzliche Definition des Art. 114 Abs. 1 S. 1 *T.U.* fallen[132]. Die Eignung zur erheblichen Kursbeeinflussung wird in vielen Fällen nicht gegeben sein, wenn die Entwicklung der Lage des Emittenten durch gezielte Zwischenveröffentlichungen ständig bekanntgegeben wird und allmählich in den Preisen eskomptiert wird.

Mit einer freiwilligen Informationspolitik der Emittenten ist allerdings nicht immer zu rechnen. Negative Entwicklungen werden von den Unternehmen in aller Regel nicht aus freien Stücken veröffentlicht. Eine Publizitätspflicht ist deshalb lediglich bei denjenigen Tatsachen erforderlich, welche die Emittenten nicht spontan veröffentlichen wollen. Die öffentliche Bekanntgabe von Tatsachen mit für die Unternehmen positivem Inhalt wird von den Betroffenen unproblematisch vorgenommen, weil sie eine Art Werbung darstellt. Die Verbreitung von schlechten Informationen ist hingegen sicherlich nicht erwünscht, denn das *standing* des Emittenten kann dadurch beeinträchtigt werden. Es wird zudem immer Tatsachen geben, die plötzlich eintreten, so dass keine präventive Kommunikationspolitik in der Lage ist, den Überraschungseffekt solcher Ereignisse zu minimieren.

Die Freiheit der *investor relations*, insbesondere die Möglichkeit der Veröffentlichung von nicht publizitätspflichtigen Tatsachen, darf jedoch weder in Deutschland noch in Italien zur Folge haben, dass eine Meldung als „Ad-hoc-Publizität“ bezeichnet wird, wenn die gesetzlichen Voraussetzungen nicht vorliegen. Grund dafür ist es, dass eine Verwechselungsgefahr der Anleger besteht. Hinzu kommt, dass im Rahmen einer Ad-hoc-Veröffentlichung nicht von der gesetzlichen Definition erfasste Angaben unzulässig sind. Nach dem 4. FFG dürfen sonstige Umstände, welche die Voraussetzungen der Legaldefinition offensichtlich nicht erfüllen, auch in Verbindung mit veröffentlichungspflichtigen Tatsachen nicht veröffentlicht werden.

E. Zum Begriff „neu“

I. Europäisches Recht

Nach Schema C Ziffer 5 Buchstabe a) EG-BörsenzulassungsRL muss die Gesellschaft das Publikum unverzüglich über „neue“ erhebliche Tatsachen in Kenntnis setzen. Sind die Ereignisse nicht neu, dann besteht keine Publizitäts-

[132] *CONSOB*, Empfehlung Nr. 98090373 vom 20.11.1998.

pflicht. Es stellt sich deshab die Frage, wann eine Tatsache für „neu" gehalten werden kann.

II. Deutsches Recht

Gem. § 15 Abs. 1 S. 1 WpHG ist die Tatsache - in Anwendung der europäischen Norm - nur dann publizitätspflichtig, wenn sie neu" ist. Nach einhelliger Auffassung ist dem Wort „neu" keine eigenständige Bedeutung beizumessen, denn es hat lediglich die Funktion anderer Tatbestandsmerkmale der Definition zu betonen[133]. Die Neuheit kann unter dem Tatbestandsmerkmal der fehlenden Öffentlichkeit oder dem Gebot der Unverzüglichkeit subsumiert werden.

Eine Tatsache löst die Ad-hoc-Publizitätspflicht definitionsgemäß nur dann aus, wenn sie noch nicht öffentlich bekannt ist. Als „neu" ist das Ereignis zu betrachten, das noch nicht zur Verfügung der Bereichsöffentlichkeit steht (für die institutionellen Investoren handelt es sich um eine „neue" Nachricht). Nicht mehr „neu" ist hingegen das Vorkommnis, wenn diese begrenzte Öffentlichkeit davon erfahren hat[134]. Die Funktion des Wortes „neu" liegt deshalb darin, zu betonen, dass die Verpflichtung zur Soforpublizität ausgeschlossen ist, wenn die Tatsache öffentlich bekannt ist.

Mit dem Tatbestandsmerkmal „neu" wird zudem betont, dass die Tatsache unverzüglich nach ihrem Eintritt zu veröffentlichen ist. Da das Ereignis sofort nach seinem Entstehen veröffentlicht werden muss, kann es nur etwas Neues sein[135]. Ist die Tatsache vor längerer Zeit eingetreten, hat der Emittent beim Zögern eine Ordnungswidrigkeit begangen (§ 39 Abs. 1 WpHG). Das Erfordernis der Unverzüglichkeit der Ad-hoc-Veröffentlichung hat zur Folge, dass nur neue Ereignisse zu veröffentlichen sind.

III. Italienisches Recht

Im italienischen Recht ist das Tatbestandsmerkmal der Neuheit der Tatsache nicht vorhanden. Dies bestätigt rechtsvergleichend die Auffassung, wonach es keine autonome Bedeutung hat. „Neu" ist die Tatsache, weil sie noch

---

[133] Vgl. beispielsweise *Burgard* (oben FN 51), ZHR 162 (1998), 51, 58; *Schumacher* (oben FN 31), NZG 2001, 769, 770.

[134] Vgl. *Kiem/Kotthoff*, Ad-hoc-Publizität bei mehrstufigen Entscheidungsprozessen, DB 1995, 1999, 2000; *Wolf*, Rechtsanwendungsprobleme des neuen Insiderstraftatbestandes mit Vergleichen zu US-amerikanischen und Schweizer Lösungsansätzen, 58.

[135] *Caspari* (oben FN 115), in: Baegte, Insiderrecht und Ad-hoc-Publizität, 67, 72; Schäfer-*Geibel*, WpHG, § 15 RZ 36.

nicht öffentlich bekannt ist[136] oder weil sie unverzüglich veröffentlicht werden muss.

F. Zum Begriff des „Tätigkeitsbereiches"

I. Die Vorschriften

Schema C Ziffer 5 Buchstabe a) EG-BörsenzulassungsRL erfordert die Veröffentlichung lediglich von Tatsachen, die im Tätigkeitsbereich der Gesellschaft eingetreten sind. § 15 Abs. 1 S. 1 WpHG verlangt, dass die Ereignisse im Tätigkeitsbereich des Emittenten eingetreten sind. Art. 114 Abs. 1 S. 1 *T.U.* sieht die Veröffentlichung ausschließlich der Tatsachen vor, die im Tätigkeitsbereich des Emittenten und der kontrollierten Gesellschaften eingetreten sind.

Der Begriff des Tätigkeitsbereiches stimmt mit dem des Einflussbereiches nicht überein[137]. Weder das deutsche noch das italienische Gesetz verlangen, dass der Emittent in der Lage ist, das Zustandekommen der Tatsache zu beeinflussen. Das Ereignis „Niederlage in einem wichtigen Rechtsstreit" ist beispielsweise zu veröffentlichen, obwohl das Unternehmen auf die Entscheidung des Richters keinen Einfluss hatte. Der Tätigkeitsbereich des Emittenten ist als ein von dem Willen des Emittenten unabhängiges Merkmal zu interpretieren[138]. Tatsachen können einerseits Beschlussfassungen der Gesellschaft sein. Sie können jedoch andererseits auch Ereignisse sein, die ohne oder gegen den Willen des Unternehmens eintreten.

II. Unternehmensinterne und unternehmensexterne Tatsachen

Wie bereits oben festgestellt, hängt eine erhebliche Kursbeeinflussung der Wertpapiere der Emittenten von einer Vielzahl von Faktoren ab, die unternehmensintern oder –extern sind.

---

[136] *Rigotti* (oben FN 34), in: Patroni Griffi/Sandulli/Santoro, Intermediari finanziari, mercati e società quotate, 601, 625f.

[137] *Caspari* (oben FN 115), in: Baegte, Insiderrecht, 71; Schäfer-*Geibel*, WpHG, § 15 RZ 40.

[138] *Maviglia/Maviglia* (oben FN 21), in: Di Noia/Razzante, Il nuovo diritto societario e dell'intermediazione finanziaria, 335, 364; *Valentino* (oben FN 7), 41f.

1. Deutschen Recht

Die Emittenten sind vom Gesetz berufen, die unternehmensinternen Ereignisse zu veröffentlichen, die einen erheblichen Einfluss auf den Preis ihrer Wertpapiere haben können. Diese internen Vorkommnisse müssen, beim Vorliegen der sonstigen gesetzlichen Voraussetzungen, auf jeden Fall angemeldet werden. Zum Zweck des Ausschlusses der Pflicht darf der Emittent nicht argumentieren, dass er über die Tatsache nicht informiert war. Die Auferlegung der gesetzlichen Ad-hoc-Publizitätspflicht zwingt die betroffenen Gesellschaften, organisatorische Maßnahmen zu treffen. Es soll innerhalb der Unternehmen ein geeigneter Informationsfluss strukturiert werden, damit der Vorstand über die internen erheblich kursbeeinflussenden Angelegenheiten rechtzeitig informiert wird.

Eine erhebliche Kursbeeinflussung der Wertpapiere des Emittenten kann allerdings nicht nur von unternehmensinternen, sondern auch von unternehmensexternen Tatsachen ausgelöst werden[139]. Die Aufgabe des Vorstandes, erheblich kursbeeinflussende Sachverhalte zu identifizieren und anzumelden, wäre besonders erschwert, wenn nicht nur Entscheidungen eines Gesellschaftsorgans oder sonstige unternehmensinterne Vorkommnisse, sondern auch externe Ereignisse meldepflichtig wären[140]. Von solchen Tatsachen wird der Emittent u.U. sogar keine Kenntnis haben[141]. Aus diesem Grund wird in § 15 Abs. 1 S. 1 WpHG und in Art. 114 Abs. 1 S. 1 *T.U.* vorgesehen, dass nur Vorkommnisse, die in seinem Tätigkeitsbereich eingetreten sind, zu einer Ad-hoc-Publizitätspflicht führen. Damit wird der Kontroll- und Verantwortungsbereich der Unternehmen beschränkt. Auf der einen Seite brauchen die Emittenten lediglich die unternehmensinternen Ereignisse unter Kontrolle zu halten, auf der anderen Seite haften sie nicht wegen unterlassener Ad-hoc-Meldung, wenn sich der Kurs auf Grund externer Faktoren bewegt. Als Beispiele von Tatsachen, die nicht im Tätigkeitsbereich eingetreten sind, gibt der Leitfaden des BAWe und der Deutschen Börse AG noch nicht bekannte branchenspezifische Gesetzgebungsvorhaben, ein außergewöhnliches Orderaufkommen oder eine bevorstehende wesentliche Veränderung der Aktionärsstruktur an[142]. Die Liste ist nicht abschließend und kann mit allen sog. Marktdaten erweitert werden, d.h. mit politischen und wirtschaftlichen Ereignissen[143]. Sie können zwar kursrelevant sein, jedoch nicht auf die Aktivitätssphäre des Emittenten zurückgeführt werden.

---

[139] *Loistl* (oben FN 93), Die Bank 1995, 232, 236.

[140] *Cahn*, Grenzen des Markt- und Anlegerschutzes durch das Wertpapierhandelsgesetz, ZHR 162 (1998), 1, 30.

[141] Vgl. *Hausmaninger* (oben FN 79), 205.

[142] *BAWe und Deutsche Börse AG*, Insiderhandelsverbote, 35.

[143] *Burgard* (oben FN 51), ZHR 162 (1998), 51, 58; *Ekkenga*, Die Ad-hoc-Publizität im System der Marktordnungen, ZGR 1999, 165, 200; *Fürhoff/Wölk* (oben FN 72), WM 1997, 449, 451; Schäfer-*Geibel*, WpHG, § 15 RZ 39; *Hopt* (oben FN 2), ZHR 159 (1995), 135, 153;

2. Italienisches Recht

Bezüglich des Merkmals des Tätigkeitsbereiches des Emittenten ist im i-talienischen Recht, ähnlich wie im deutschen Recht, zwischen *corporate* und *market information* zu differenzieren. Die ersten sind zu veröffentlichen, die zweiten nicht[144].

III. Tätigkeitsbereich und kontrollierte Gesellschaften

Die Definition des Tätigkeitsbereiches des Emittenten wirft bei Gruppen von Unternehmen Probleme auf. Es ist insbesondere fraglich, ob die Publizitätspflicht auch Tatsachen umfasst, die sich bei kontrollierten Gesellschaften ereignen.

1. Deutsches Recht

§ 15 Abs. 1 S. 1 WpHG bezieht sich nicht auf verbundene Unternehmen und bietet somit keinen direkten Anhaltspunkt für eine konzernrechtliche Ausdehnung der Pflicht auf die Tochtergesellschaften an. Die Auslegung dieser Vorschrift ist jedoch an den Zielsetzungen der Ad-hoc-Publizität zu orientieren. Hauptzweck der Sofortpublizität ist die umfassende Informationsversorgung des Publikums. Da die Verwirklichung dieses Zieles eine weite Auslegung des Begriffes des „Tätigkeitsbereiches" des Emittenten erfordert, unterliegen auch Ereignisse betreffend kontrollierte Gesellschaften der Ad-hoc-Publizitätspflicht[145].

Kümpel, Wertpapierhandelsgesetz: Eine systematische Darstellung, 104; Assmann/Schneider-*ders.*, § 15 RZ 41; *Pananis* (oben FN 2), WM 1997, 460, 461; *Riehmer/Schröder*, Praktische Aspekte bei der Planung, Durchführung und Abwicklung eines Übernahmeangebots, BB 2001, Beilage 5, 1, 16; *Schumacher* (oben FN 31), NZG 2001, 769, 770; *von Klitzing* (oben FN 46), 102f.

[144] Vgl. *Annunziata* (oben FN 12), Le Società 1999, 398, 406f.; *Mucciarelli* (oben FN 33), BBTC 1999, 745, 755f.; *Piscitello* (oben FN 24), in: Campobasso, Testo, 949, 951; *Rigotti* (oben FN 34), in: Patroni Griffi/Sandulli/Santoro, Intermediari finanziari, mercati e società quotate, 601, 621; *Sfameni* (oben FN 5), in: Marchetti/Bianchi, La disciplina delle società quotate nel testo unico della finanza, 509, 518ff.; *Valentino* (oben FN 7), 41f. A.A. *Carbone*, Commento all'art. 114, in: Alpa/Zatti, Commentario breve al codice civile, 1198, 1199, nach dem sowohl *corporate* als aus *market information* publizitätspflichtig seien.

[145] *Cahn* (oben FN 140), ZHR 162 (1998), 1, 31; *Hopt* (oben FN 2), ZHR 159 (1995), 135, 151; Assmann/Schneider-*Kümpel*, § 15 RZ 40a. Der Begriff der Kontrolle für die Zwecke der Ad-hoc-Publizität ist aus den Vorschriften über den Konzernabschluss (§ 290ff. HGB) zu entnehmen. Das Verhältnis zwischen dem Emittenten und der kontrollierten Gesellschaft muss

Zu prüfen ist, inwieweit Ereignisse, die bei Tochtergesellschaften eintreten, die in § 15 Abs. 1 S. 1 WpHG erwähnten Auswirkungen (erhebliche Kursbeeinflussung und bilanzielle Folgen) bei der notierten Muttergesellschaft entfalten können. Dabei ist zunächst festzuhalten, dass Tatsachen, die bei kontrollierten Gesellschaften eintreten, sicherlich bedeutenden Einfluss auf die Preise der Obergesellschaft haben können. Handelt es sich bei der Untergesellschaft um eine im Vergleich zur Muttergesellschaft eher unbedeutende Gesellschaft, werden Ereignisse, welche die Tochtergesellschaft betreffen, nicht in der Lage sein, eine erhebliche Kursbeeinflussung bei dem notierten Emittenten zu entfalten. Es sind jedoch Fälle denkbar, in denen – auf Grund der unterschiedlichen Größe der beteiligten Unternehmen - Ereignisse bei der Tochtergesellschaft erheblichen Einfluss auf den Börsenpreis der Muttergesellschaft haben. Auch die Frage, ob Ereignisse, die bei einer kontrollierten Gesellschaft eintreten, geeignet sein können, bilanzielle Auswirkungen auf die Muttergesellschaft zu entfalten, ist auf Grund von § 294 Abs. 1 HGB zu bejahen. Nach dieser Vorschrift sind in den Konzernabschluss das Mutterunternehmen und die Tochterunternehmen einzubeziehen.

Es ist deshalb zum Ergebnis zu gelangen, dass eine Publizitätspflicht des Emittenten auch in Anbetracht von Tatsachen entstehen kann, die im Tätigkeitsbereich kontrollierter Gesellschaften eintreten[146]. Liegen alle gesetzlichen Voraussetzungen vor, dann ist die Muttergesellschaft, in deren Tätigkeitsbereich sich die Folgen eines Ereignisses der Tochtergesellschaft bemerkbar machen, zur Ad-hoc-Veröffentlichung verpflichtet[147].

Dabei ist aber noch weiter zu differenzieren, denn die kontrollierte Gesellschaft kann notiert oder nicht notiert sein.

Wenn sowohl die kontrollierte als auch die kontrollierende Gesellschaft notiert sind, sind sie beide gleichzeitig veröffentlichungspflichtig[148]. Wenn jedoch die eine bereits ad-hoc publiziert hat, scheidet die Notwendigkeit einer Meldung der zweiten aus, weil die Tatsache inzwischen öffentlich bekannt ist. Dafür spricht auch das Argument, dass eine Doppelveröffentlichung einer sachgerechten Preisbildung in der Regel nicht dienlich ist[149]. Es muss sich allerdings aus der Meldung ergeben, dass die Publizität auch in Namen der anderen Gesellschaft vorgenommen wird.

Wenn die Tochtergesellschaft nicht notiert und deshalb nicht selbst publizitätspflichtig ist, besteht nur eine Pflicht der notierten Muttergesellschaft, das

---

gesellschaftlicher Art sein, d.h. eine Kapitalbeteiligung des Emittenten (§ 271 HGB). *Zubrod* (oben FN 1), 65.

[146] *Zubrod* (oben FN 1), 64.

[147] *Tippach* (oben FN 130), 145f.

[148] *von Klitzing* (oben FN 46), 108.

[149] *Zubrod* (oben FN 1), 62.

Publikum zu informieren[150]. Die unverzügliche Einreichung von Informationen von der Tochter- zu der Muttergesellschaft ist erforderlich, damit die Obergesellschaft in die Lage versetzt wird, die Anleger über die eingetretene Tatsache zu informieren[151]. Dass eine solche Pflicht der Untergesellschaften besteht, kann aus den Zielsetzungen der Ad-hoc-Publizität sowie analog aus § 294 Abs. 3 S. 1 HGB entnommen werden. Zum Zweck des Konzernabschlusses haben die Tochterunternehmen dem Mutterunternehmen alle notwendigen Informationen unverzüglich weiterzugeben. Es ist analog davon auszugehen, dass die Tochtergesellschaften verpflichtet sind, der Muttergesellschaft unverzüglich über den Eintritt von Ereignissen zu informieren, die eine Publizitätspflicht gegenüber der Bereichsöffentlichkeit auslösen können. Ebenfalls hat der notierte Emittent in analoger Anwendung von § 293 Abs. 3 S. 2 HGB die Aufklärungen zu verlangen, die für die Erfüllung der Ad-hoc-Publizitätspflicht erforderlich sind. Da die Veröffentlichung der Tatsache unverzüglich nach ihrem Eintritt erfolgen muss, soll – wie es das italienische Gesetz in Art. 114 Abs. 2 *T.U.* ausdrücklich verlangt - ein Verfahren zur prompten Einreichung von Informationen seitens der kontrollierten Gesellschaften aufgestellt werden. Auf diese Weise kann die Funktionsfähigkeit des Kapitalmarktes sichergestellt und der Insiderhandel effektiv verhindert werden. Die Emittenten können somit im übrigen Verwaltungssanktionen wegen möglicher Verspätungen der Veröffentlichung vermeiden.

2. Italienisches Recht

Die konzernrechtlichen Aspekte der Ad-hoc-Publizität werden im italienischen Recht detaillierter als im deutschen Recht geregelt. In Art. 114 Abs. 1 S. 1 *T.U.* wird ausdrücklich vorgesehen, dass die notierten Emittenten und die Subjekte, die sie kontrollieren, nicht nur die Tatsachen, die im eigenen Tätigkeitsbereich eintreten, sondern auch diejenigen, die im Tätigkeitsbereich der kontrollierten Gesellschaften eintreten, veröffentlichen müssen[152].

---

[150] Vgl. *Hirte* (oben FN 75), in: Hadding/Hopt/Schimansky, Das 2. Finanzmarktförderungsgesetz, 47, 71; *Schumacher* (oben FN 31), NZG 2001, 769, 771; *von Klitzing* (oben FN 46), 108f.

[151] *Zubrod* (oben FN 1), 64.

[152] Der Begriff der Kontrolle für die Zwecke der Sofortpublizität ergibt sich aus Art. 93 *T.U.* Die Pflicht zur Ad-hoc-Publizität wird für die Tatsachen bestehen, die bei denjenigen kontrollierten Gesellschaften eintreten, die dem Konsolidierungskreis des notierten Emittenten oder des Subjektes, das den notierten Emittenten kontrolliert, gehören. Vgl. hierzu *Annunziata* (oben FN 12), Le Società 1999, 398, 404f.; *ASSONIME*, Circolare Nr. 58/1999, Riv. soc., 1999, 807; *Ntuk* (oben FN 20), in: Cottino, La legge Draghi e le società quotate in borsa, 84, 85f.; *Volpe*, Commento all'art. 93, in: Alpa/Capriglione, Commentario al testo unico delle disposizioni in materia di intermediazione finanziaria, 866ff.

Die kontrollierte Gesellschaft braucht nicht notiert zu sein. Ist sie notiert, dann ist sie selbst publizitätspflichtig, so dass – wie im deutschen Recht - eine zweite Veröffentlichung durch die kontrollierende in aller Regel ausfällt[153].

Die Pflicht zur Erteilung von Anweisungen seitens der Muttergesellschaft und von Informationen seitens der Tochtergesellschaft ergibt sich ausdrücklich aus Art. 114 Abs. 2 *T.U.*

G. Zum Begriff der „Auswirkungen auf die Vermögens- oder Finanzlage oder auf den allgemeinen Geschäftsverlauf"

I. Allgemeines

1. EG-BorsenzulassungsRL

Schema C Ziffer 5 Buchstabe a) EG-BörsenzulassungsRL erfordert die Veröffentlichung lediglich der Tatsachen, die wegen der Auswirkung auf die Vermögens- und Finanzlage oder auf den allgemeinen Geschäftsverlauf zu einer beträchtlichen Änderung der Kurse der Aktie führen können.

Nur in diesem Fall besteht eine Ad-hoc-Publizitätspflicht. Wenn die erhebliche Kursrelevanz der Tatsache ohne die genannten Auswirkungen eintritt, besteht keine Verpflichtung zur öffentlichen Bekanntgabe. Durch den europarechtlichen Hinweis auf die Notwendigkeit von bilanziellen Folgen soll eine gewisse Rechtssicherheit geschaffen werden. Mit dem Hinweis auf die Auswirkungen auf die Vermögens- und Finanzlage oder auf den allgemeinen Geschäftsverlauf soll insbesondere die Identifikation der publizitätspflichtigen Tatsachen durch die Emittenten erleichtert werden.

2. Deutsches Recht

Nach § 15 Abs. 1 S. 1 WpHG soll die Tatsache „wegen der Auswirkungen auf die Vermögens- oder Finanzlage oder den allgemeinen Geschäftsverlauf des Emittenten" geeignet sein, eine erheblich kursbeeinflussende Wirkung zu entfalten.

Die deutsche Regelung zeigt einen Unterschied zur EG-BörsenzulassungsRL. Während nach dem Europarecht sich die Auswirkung sowohl auf die Vermögens- als auch auf die Finanzlage erstrecken muss, reicht hingegen in Deutschland eine Auswirkung entweder auf die eine oder andere

---

[153] *Sfameni* (oben FN 5), in: Marchetti/Bianchi, La disciplina delle società quotate nel testo unico della finanza, 509, 564.

Lage aus. Der deutsche Gesetzgeber hat deshalb den Anwendungsbereich der EG-BörsenzulassungsRL zulässig ausgedehnt.

Zur Konkretisierung des gesetzlichen Ausdrucks hat der Finanzausschuss auf einige Bilanzierungsvorschriften hingewiesen, nämlich auf §§ 264 Abs. 2 S. 1 (JA: Vermögens-, Finanz- und Ertragslage) und 289 Abs. 1 (Lagebericht) HGB[154]. Der Veröffentlichungspflicht nach § 15 WpHG unterliegen „Tatsachen, die nach den Grundsätzen ordnungsmäßiger Buchführung einen Buchungsvorgang für den handelsrechtlichen JA oder nach den Grundsätzen ordnungsmäßiger Berichterstattung eine Angabepflicht im Lagebericht verursachen".

Obgleich § 15 Abs. 1 S.1 WpHG sich auf die Auswirkungen auf die Ertragslage nicht bezieht, ist herrschende Lehrmeinung, dass auch auf sie abzustellen sei[155]. Die Ertragslage wird in § 264 Abs. 2 S. 1 HGB erwähnt, auf welchen sich nach den Gesetzesmaterialien die Auslegung von § 15 Abs 1 S. 1 WpHG stützen soll[156]. Die Lücke ist wahrscheinlich auf das Fehlen eines entsprechenden Hinweises in Schema C Ziffer 5 Buchstabe a) EG-BörsenzulassungsRL zurückzuführen[157]. Eine solche Auslegung ist mit dem Europarecht vereinbar, denn sie bewirkt eine Ausdehnung, nicht eine Beschränkung des Umfangs der Publizitätspflicht[158].

Im Lagebericht ist u.a der „Geschäftsverlauf" der Kapitalgesellschaft darzustellen (§ 289 Abs. 1 HGB). Da in § 15 Abs. 1 S. 1 WpHG von den Auswirkungen auf den „allgemeinen" Geschäftsverlauf gesprochen wird, kommt es im Rahmen der Ad-hoc-Publizität nicht nur auf den handelsrechtlichen Begriff an[159]. Der Hinweis auf den „allgemeinen Geschäftsverlauf" hat eine besonders breite Bedeutung, denn so gut wie jede Tatsache hat darauf Auswirkungen[160]. Die Einbeziehung des allgemeinen Geschäftsverlaufs in das Tatbestandsmerkmal der Ad-hoc-Publizität ermöglicht im Grunde die Umfassung der gesamten

---

[154] Bericht des Finanzausschusses, BT-Drucks. 12/7918, 96.

[155] S. etwa *Burgard* (oben FN 51), ZHR 162 (1998), 51, 64; Schäfer-*Geibel*, WpHG, § 15 RZ 59; *Schumacher* (oben FN 31), NZG 2001, 769, 772; *Vaupel* (oben FN 93), WM 1999, 521, 528.

[156] Assmann/Schneider-*Kümpel*, § 15 RZ 59.

[157] *Pellens/Fülbier*, Publizitätspflichten nach dem Wertpapierhandelsgesetz – Ausgestaltung unter Berücksichtigung anglo-amerikanischer Regulierungen, DB 1994, 1381, 1384.

[158] Die Ausdehnung der Publizitätspflicht ist jedoch in Anbetracht des Bestimmtheitsgebotes problematisch. Wird eine Tatsache, die Auswirkungen auf die Ertragslage hat, nicht veröffentlicht und versucht die BAFin. wegen unterlassener Meldung Sanktionen zu verhängen, dann kann der Emittent mit guten Aussichten auf Erfolg einwenden, dass eine Auslegung des § 15 Abs. 1 S. 1 WpHG über den Wortlaut der Vorschrift hinaus nicht zulässig ist. Dazu s. *Zubrod* (oben FN 1), 101f.

[159] *von Klitzing* (oben FN 46), 118f.

[160] Vgl. *Hopt* (oben FN 50), WM-Festgabe Hellner, 29, 32; *Tippach* (oben FN 130), 146.

Geschäftstätigkeit des Unternehmens[161]. Eine solche weite Definition des Tatsachenbegriffes[162] ist in Anbetracht des Bestimmtheitgebotes bedenklich[163].

3. Italienisches Recht

Art. 114 Abs. 1 S. 1 *T.U.* enthält, im Unterschied zum europäischen und deutschen Recht, keinen bilanzrechtlichen Hinweis. Der fehlende Hinweis auf die Auswirkungen auf die Vermögens- und Finanzlage oder auf den allgemeinen Geschäftsverlauf erhöht in zulässiger Weise die Anzahl der Tatsachen, die nach dem Europarecht veröffentlicht werden müssen[164]. Auch Ereignisse, die keine bilanzielle Auswirkung haben, können – im Unterschied zum deutschen Recht - eine Publizitätspflicht auslösen[165]. Dies ist insbesondere bei Werturteilen und Gerüchten der Fall.

II. Zeitpunkt der Auswirkungen

Die Auswirkung auf die Vermögens- oder Finanzlage oder auf den allgemeinen Geschäftsverlauf braucht nicht bereits zum Zeitpunkt der Ad-hoc-Veröffentlichung eingetreten zu sein[166]. Die BAFin. vertritt zu Recht die Auffassung, dass die Wahrscheinlichkeit der Auswirkung genügt, um eine Verpflichtung zur Sofortpublizität auszulösen[167]. Mit dieser Auslegung kann vermieden werden, dass die Ad-hoc-Publizität exzessiv verspätet wird[168].

Eine Verschiebung der Veröffentlichung zum Zeitpunkt der Buchung gerät in Konflikt mit der Verwirklichung der Zielsetzungen der Ad-hoc-Publizität. In erster Linie geht es um die schnelle Unterrichtung der Anleger. Verlangt man, dass die Tatsache eine entsprechende Buchung bereits faktisch ausgelöst

---

[161] Begründung zum Regierungsentwurf 2. FFG, BT-Drucks. 12/6679, 48.

[162] Vgl. noch *BAWe und Deutsche Börse AG*, Insiderhandelsverbote, 36; *Burgard* (oben FN 51), ZHR 162 (1998), 51, 99; *Hirte* (oben FN 75) in: Hadding/Hopt/Schimansky, Das 2. Finanzmarktförderungsgesetz, 47, 81f.

[163] Vgl. *Schumacher* (oben FN 31), NZG 2001, 769, 772.

[164] *Annunziata*, Le norme del nuovo regolamento della CONSOB in materia din informazione societaria. Una prima lettura, BBTC 1999, 495, 496f.

[165] Vgl. *Sfameni* (oben FN 5), in: Marchetti/Bianchi, La disciplina delle società quotate nel testo unico della finanza, 509, 520.

[166] Vgl. *Cahn* (oben FN 140), ZHR 162 (1998), 1, 23; Schäfer-*Geibel*, WpHG, § 15 RZ 62; *Kümpel* (oben FN 143), 114; *Pananis* (oben FN 2), WM 1997, 460, 463; *von Klitzing* (oben FN 46), 119f.

[167] *BAWe und Deutsche Börse AG*, Insiderhandelsverbote, 36f.

[168] Vgl. auch *Fürhoff/Wölk* (oben FN 72), WM 1997, 449, 453; Assmann/Schneider-*Kümpel*, § 15 RZ 57b.; *Schumacher* (oben FN 31), NZG 2001, 769, 772.

hat, dann ist bis zum Ende des Geschäftsjahres zu warten[169]. In dieser langen Zeitperiode wären die Anleger nicht hinreichend informiert, so dass eine zügige und korrekte Preisbildung nicht erfolgt[170]. Das anhaltende Bestehen von Informationsasymmetrien würde zudem bedeuten, dass in der Zwischenzeit kein präventives Instrumentarium gegen Insidergeschäfte (außer dem strafrechtlich bewährten Insiderhandelsverbot) existiert[171]. Eine teleologische Auslegung plädiert deshalb dafür, dass die Eignung (i.S.v. Wahrscheinlichkeit) zu bilanziellen Auswirkungen für die Bejahung der Ad-hoc-Publizitätspflicht ausreicht[172].

H. Ad-hoc-Publizität bei Schuldverschreibungen

Nach Schema D Buchstabe A) Ziffer 4 Buchstabe a) EG-BörsenzulassungsRL muss das Unternehmen „das Publikum unverzüglich über neue erhebliche Tatsachen in Kenntnis setzen, die in seinem Tätigkeitsbereich eingetreten sind und die der breiten Öffentlichkeit nicht bekannt sind, die aber erheblich seine Fähigkeit beeinträchtigen können, seinen Verpflichtungen nachzukommen“. Diese Vorschrift betrifft die Schuldverschreibungen. Die Pflichten des Emittenten bei diesen Wertpapieren sind die Rück- und Zinszahlung.

I. Deutsches Recht

Auch das deutsche Gesetz enthält, wie die EG-BörsenzulassungsRL, eine Sonderbestimmung für Schuldverschreibungen. Nach § 15 Abs. 1 S. 1 zweiter Satzteil WpHG muss eine Tatsache veröffentlicht werden, wenn sie „im Fall zugelassener Schuldverschreibungen die Fähigkeit des Emittenten, seinen Verpflichtungen nachzukommen, beeinträchtigen kann“[173].

Schuldverschreibungen fallen unter die allgemeine Definition von Wertpapier (§ 2 Abs. 1 WpHG). Sie unterliegen deshalb der Ad-hoc-Publizität.

---

169 *Schander/Lucas*, Die Ad-hoc-Publizität im Rahmen von Übernahmevorhaben, DB 1997, 2109, 2110; *Tippach* (oben FN 130), 146.
170 Assmann/Schneider-*Kümpel*, § 15 RZ 57b.
171 *von Klitzing* (oben FN 46), 120.
172 Nach *Zubrod* (oben FN 1), 130ff. reicht es, wenn die Tatsache geeignet ist, Auswirkungen zu besitzen.
173 „Bei der Beurteilung der Fähigkeit des Emittenten zur Erfüllung von Verpflichtungen aus Anleihen sind insbesondere die bestehenden Sicherheiten zu berücksichtigen“. Begründung zum Regierungsentwurf 2. FFF, BT-Drucks. 12/6679, 48.

§ 15 Abs. 1 S. 1 zweiter Satzteil begründet einen zusätzlichen Tatbestand einer Veröffentlichungspflicht, die nur für Schuldverschreibungen gilt[174]. Die Emittenten sind verpflichtet, erhebliche Auswirkungen auf die Finanzlage negativer Art auch dann zu melden, wenn diese nicht zur Kursbeeinflussung geeignet sind[175]. Der Gesetzgeber hat diesen Sonderfall der Publizitätspflicht auf Bonitätsverschlechterungen begrenzt[176]. Eine Ausdehnung auf positive Ereignisse verstoßt gegen den Wortlaut des Gesetzes. Damit ist das Bestimmtheitsgebot bei bußgeldbewehrten Vorschriften verletzt. Der Schutz vor Insiderhandel ist in diesem Fall ausnahmesweise allein durch das strafbewährte Insiderhandelsverbot (§ 14 WpHG) zu gewährleisten.

II. Italienisches Recht

Das italienische Recht enthält, im Unterschied zur europäischen und deutschen Regelung, keine Besonderheit bezüglich Schuldverschreibungen (*obbligazioni*). Diese sind lediglich eine der vielen Typologien von Finanzinstrumenten (Art. 1 Abs. 2 Buchstabe b) *T.U.*). Die Emittenten von Schuldverschreibungen unterliegen deshalb der Ad-hoc-Publizität in der gleichen Weise wie die Emittenten von Aktien oder sonstigen Effekten. Eine erhebliche Preisbeeinflussung ist insbesondere dann zu vermuten, wenn Tatsachen vorliegen, welche die Solvibilität des Emittenten betreffen[177].

I. Fazit

I. Nach der Prüfung des Tatsachenbegriffes im § 4 sind in diesem Paragraph die weiteren Elemente der Legaldefinition der publizitätspflichtigen Tatsache im deutschen und italienischen Recht untersucht worden.

II. Im deutschen Recht spielt der Sitz des Emittenten für die Bejahung der Ad-hoc-Publizitätspflicht keine Rolle. Entscheidend ist hingegen, ob die Wertpapiere des deutschen oder ausländischen Emittenten in Deutschland zugelassen sind. Im deutschen Recht ist keine Konzernklausel enthalten. Die Muttergesell-

---

[174] *von Klitzing* (oben FN 46), 155ff.

[175] Vgl. *Zubrod* (oben FN 1), 173ff.

[176] Schäfer-*Geibel*, WpHG, § 15 RZ 112; *Peter*, Aspekte der Insiderstrafnorm, insbesondere der „ähnliche Sachverhalt von vergleichbarer Tragweite", 112f.

[177] *Carbone* (oben FN 145), in: Alpa/Zatti, Commentario breve al codice civile, 1198, 1199.

schaft des notierten Emittenten ist aus der Pflicht zur Sofortpublizität ausgeschlossen, es sei denn, sie ist selbst notiert.

Wie im deutschen Recht ist für die Zwecke der Ad-hoc-Publizität auch im italienischen Recht unerheblich, ob die Emittenten Sitz im Inland oder im Ausland haben, soweit sie in Italien an der Börse oder an sonstigen reglementierten Märkten notiert sind. Im Unterschied zum deutschen Recht sind nach italienischem Recht nicht nur die notierten Emittenten, sondern auch die Subjekte, die sie kontrollieren, zur Sofortpublizität verpflichtet. Die Ad-hoc-Publizitätspflicht gegenüber dem Publikum betrifft hingegen nicht die kontrollierten Gesellschaften. Zwei Meldungen (eine erste vom notierten Emittenten, eine zweite vom kontrollierenden Subjekt) brauchen nicht zu erfolgen, weil die Tatsache nach der ersten Veröffentlichung öffentlich bekannt ist. Reicht jedoch für die Information des Publikums die erste nicht aus, dann soll eine zweite erfolgen. Die notierten Emittenten und die Subjekte, die sie kontrollieren müssen Anweisungen erteilen, damit die kontrollierten Gesellschaften ihnen diejenigen Angaben mitteilen, die für die Erfüllung der Ad-hoc-Publizitätspflicht gegenüber dem Publikum erforderlich sind. Über die Korrektheit dieser Richtlinien wacht der AR. Alle Nachrichten, die für die Information des Publikums erheblich sind, werden durch diesen konzerninternen Informationsaustausch bei dem notierten Emittenten konzentriert. Es sind in diesem Zusammenhang Interessenkonflikte vorstellbar, wenn die kontrollierten Gesellschaften eine Tatsache geheimhalten wollen. Auf Grund des eindeutigen Wortlauts des Gesetzes dürfen jedoch die Tochtergesellschaften die Weiterleitung von Informationen nicht verweigern. Sie dürfen selber auch keinen Antrag auf Befreiung von der Publizitätspflicht stellen. Nur dann, wenn die Veröffentlichung der Tatsache einen Schaden auch für den notierten Emittenten bedeuten würde, kann dieser Dispensantrag auch im Interesse der kontrollierten Gesellschaft stellen. Verwaltungssanktionen wegen unterlassener Ad-hoc-Publizität können nur gegen die Organmitglieder des notierten Emittenten verhängt werden.

Das italienische Gesetz sieht ausdrücklich zwei Ausnahme von der Ad-hoc-Publizitätspflicht vor. Die erste betrifft öffentliche Emittenten von Finanzinstrumenten. In diesem Fall lässt sich die Sonderregelung mit dem minimalen Risiko der Investition begründen. Die zweite Ausnahme betrifft einige der Finanzprodukte, die Banken und Versicherungen emittieren. Auch diese Besonderheit wird mit der Sicherheit der Anlage begründet. In Wirklichkheit stellt die Ausnahme eine weitgehend ungerechtfertigte Privilegierung dieser Emittenten dar.

III. Die Ad-hoc-Publizitätspflicht gilt für die Wertpapiere, die im amtlichen, geregelten und Neuen Markt gehandelt werden. Sie gilt hingegen nicht für die im Freiverkehr gehandelten Effekte. Diese Ausnahme ist rechtspolitisch auf wettbewerbliche Gründe zurückführen. Die Einführung von Publizitätspflichten hätte die Kosten für die Emittenten erhöht und die Attraktivität dieses Marktsegmentes beeinträchtigt. Der Ausschluss der Freiverkehrswerte ist jedoch in Bezug auf die Zielsetzungen der Ad-hoc-Publizität (prompte Information der Anleger und effektive Bekämpfung des Insiderhandels) fragwürdig.

In Italien gilt die Ad-hoc-Publizitätspflicht in erster Linie für die Emittenten, die an reglementierten Märkten (Börse und anderen reglementierten Märkten einschließlich des Neuen Marktes) notiert sind. Die Pflicht gilt zudem für die Gesellschaften, deren Finanzinstrumente – trotz fehlender Notierung an reglementierten Märkten - im Publikum in erheblichem Maße verbreitet sind. Die erhebliche Verbreitung der Wertpapiere ist nach der Ausführungsverordnung gegeben, wenn das Nettovermögen des Emittenten zumindest 10.000.000.000 Lire beträgt und der Emittent über 200 Aktionäre oder Inhaber von Schuldverschreibungen hat. Die weite Verbreitung der Finanzinstrumente wird als hinreichender Grund für die Auferlegung der Ad-hoc-Informationspflicht zugunsten der Öffentlichkeit angesehen. Durch die Beseitigung von Unterschieden bei der Publizitätsregelung will der Gesetzgeber den Gang an die Börse fördern. Nur die Emittenten von weit verbreiteten Finanzinstrumenten mit Sitz in Italien unterliegen dieser Form der Sofortpublizitätspflicht. Gesellschaften mit Sitz im Ausland sind hingegen aus der Verpflichtung ausgeschlossen. Sind sie im Ausland notiert, so veröffentlichen sie bereits auf Grund der Heimatnotierung. Sind sie auch im Ausland nicht notiert, so ist die Verbindung zum italienischen Kapitalmarkt zu schwach. Für diese Kategorie von Emittenten findet die Ad-hoc-Publizitätspflicht mit einigen Besonderheiten Anwendung. Die Messung der erheblichen Preisbeeinflussung ist schwierig, denn es gibt keine offizielle Preisfeststellung.

IV. Nach dem Europarecht sind lediglich nicht öffentlich bekannte Tatsachen zu veröffentlichen. Ist ein Ereignis bereits öffentlich bekannt, befriedigt die Publizität kein Bedürfnis des Publikums. Im deutschen Recht ist eine nationale Verbreitung, jedoch lediglich an die sog. Bereichsöffentlichkeit vorgesehen. Nach dem Gesetzgeber soll dies zur Erfüllung der Zielsetzungen der Ad-hoc-Publizität ausreichen. Da durch die Dispositionen der Kapitalmarktteilnehmer sich die Tatsachen in den Preisen schnell widerspiegeln, sind korrekte Preisbildung und Vorbeugung des Insiderhandels gewährleistet. Die deutsche Lösung wirft allerdings Bedenken in Bezug auf die Konformitat mit dem Europarecht auf, denn die EG-BörsenzulassungsRL verlangt die Information des gesamten Publikums. In der Praxis wird dieses Ergebnis durch die sofortige Ausstrahlung der Ad-hoc-Meldungen in Internet und Videotext erreicht. Im italienischen Recht ist – im Unterschied zum deutschen Recht – das gesamte Anlegerpublikum, nicht nur die Bereichsöffentlichkeit, zu informieren.

V. Zu veröffentlichen sind lediglich diejenigen Tatsachen, die geeignet sind, den Kurs der Wertpapiere erheblich zu beeinflussen. Drei Elemente bilden dieses Tatbestandsmerkmal: die „Eignung“, die „Beeinflussung“ und die „Erheblichkeit“.

Deutsche und italienische Emittenten müssen prognostizieren, wie sich die Tatsache auf den Kurs auswirken wird. Es handelt sich um eine komplizierte Vorhersage, da der Preis der Wertpapiere von einer Vielzahl von Elementen abhängt. Der Zusammenhang zwischen dem Eintritt eines Ereignisses und der Kursbeinflussung ist kein Automatismus. Nicht unternehmensbezogene Faktoren dürfen nach der Legaldefinition nicht mitberücksichtigt werden.

Die „Änderung“ des Kurses ist von der „Beeinflussung“ zu unterscheiden. Letzere reicht für die Bejahung einer Ad-hoc-Publizitätspflicht aus. Fraglich ist, in welchem Zeitraum die Kursbeeinflussung stattfinden soll. Obwohl lediglich auf die täglich offiziell festgestellten Preise abgestellt werden könnte, gebietet jedoch die Verwirklichung der Zielsetzungen der Ad-hoc-Publizität die andere Lösung, nach der auch innerperiodische Kursbeeinflussungen die Sofortpublizitätspflicht entstehen lassen.

Bezüglich der Erheblichkeit kommen rigide oder flexible Grenzen in Betracht. Ein fixer Wert kann dann hoch oder niedrig gesetzt werden. Die ausgewählte Lösung reflektiert sich allerdings auf die Verwirklichung der Zielsetzungen der Ad-hoc-Publizität. Bei einem hohen Wert erfolgen weniger Meldungen. Das Publikum ist weniger informiert und der Insiderhandel favorisiert. Bei einer niedrigen Grenze erfolgen mehr Meldungen. Die Öffentlichkeit ist mehr informiert und der Insiderhandel ist effektiver bekämpft. Die Nebenwirkung einer niedrigen Grenze ist das Risiko einer exzessiven Information der Anleger. Die Alternative ist, einen flexiblen Wert zu verwenden, der insbesondere die Volatilität des betroffenen Wertpapiers berücksichtigt. Elastische Kriterien sind allerdings unter dem Gesichtspunkt der Einhaltung des Bestimmtheitsgebotes problematisch. Die BAFin. gibt als Orientierungshilfe 5%, bei DAX-Werten 2-3%.

Die BAFin. und die *CONSOB* können auf Grund der Feststellung einer erheblichen Kursbeeinflussung ohne vorausgegangene Meldung ein Sanktionsverfahren einleiten. Das reine Eintreten einer bedeutenden Preissschwankung reicht jedoch für die Verhängung einer Verwaltungssanktion nicht aus. Die Aufsichtsbehörden müssen mit einer *ex ante* Betrachtung prüfen, ob nicht unternehmensunabhängige Faktoren zur erheblichen Beeinflussung geführt haben. In der Praxis besteht allerdings das Risiko der Umkehr der Beweislast (starke Indizwirkung).

Eine freiwillige Informationspolitik, die über die Mindestanforderungen des Gesetzes hinausgeht, kann dazu beitragen, den Überraschungseffekt neuer Tatsachen zu minimieren. Eine solche Tätigkeit ist – soweit eine Verwechselung mit der Veröffentlichung publizitätspflichtiger Tatsachen ausgeschlossen ist – zulässig, denn sie ist Ausdruck der informativen Selbstbestimmug der Emittenten.

VI. Tatsachen sind nach deutschem Recht nur dann zu veröffentlichen, wenn sie „neu“ sind. Da die Veröffentlichung unverzüglich zu erfolgen hat, können nur „neue“ Ereignisse publiziert werden. Im italienischen Recht ist kein solches Merkmal vorgesehen.

VII. Tatsachen sind zu veröffentlichen, wenn sie im Tätigkeitsbereich des Emittenten eintreten. Unternehmensexterne Ereignisse sind nicht zu veröffentlichen. Der Kontroll- und Verantwortungsbereich der Emittenten wird damit begrenzt.

Die Muttergesellschaft muss das Publikum auch über Ereignisse, die bei Tochtergesellschaften eintreten, informieren. Die Unterggesellschaften müssen der Obergesellschaft alle Informationen weitergeben, die für die Erfüllung der Ad-hoc-Publizitätspflicht erforderlich sind. Zu diesem Ergebnis kommt man im deutschen Recht auf Grund einer teleologischen Auslegung und einer analogen Anwendung. Im italienischen Recht deutet hingegen das Gesetz ausdrücklich darauf hin. Der Begriff der Kontrolle ergibt sich aus den Vorschriften, die den Konsolidierungskreis für die Zwecke der Rechnugslegung bestimmen.

VIII. Die Tatsache ist publizitätspflichtig, wenn sie Auswirkungen auf die Vermögens- oder Finanzlage oder auf den allgemeinen Geschäftsverlauf hat. Diese bilanzrechtlichen Hinweise reichen nicht aus, um den Begriff des publizitätspflichtigen Ereignisses zu konkretisieren. Der „allgemeine Geschäftsverlauf“ ist ein sehr breiter Begriff.

Die Auswirkung braucht nicht zum Zeitpunkt der Veröffentlichung eingetreten zu sein. Die Wahrscheinlichkeit einer künftigen Buchung reicht aus. Für diese Interpretation spricht die Notwendigkeit, die Verwirklichung der Zielsetzungen der Ad-hoc-Publizität zu gewährleisten.

IX. Für Schuldverschreibungen enthält § 15 Abs. 1 S. 1 WpHG, in Anwendung der EG-BörsenzulassungsRL, eine Sonderregelung. Trotz fehlender Eignung zur Kursbeeinflussung tritt die Publizitätspflicht bei Verschlechterungen der Lage ein. Die Frage, ob eine Veröffentlichung auch bei einer Lageverbesserung zu erfolgen hat, ist negativ zu beantworten.

Im italienischen Recht gibt es keine Besonderheiten für Schuldverschreibungen, die wie sonstige Finanzinstrumente behandelt werden.

§ 6 Ad-hoc-Publizitätspflicht und Zeitverlauf

Im § 4 ist der Begriff der Tatsache untersucht worden. Im § 5 sind dann die konstitutiven Elemente der Legaldefinition analysiert worden. Gegenstand dieses Paragraphen ist das Verhältnis zwischen der Tatsache und dem Faktor „Zeit". Es sollen zwei grundlegende Fragen diskutiert werden. Die erste ist, wann ein publizitätspflichtiges Ereignis entsteht. Die zweite ist, binnen welcher Zeitperiode es nach dem Entstehen veröffentlicht werden muss.

Die praktische Bedeutung der Bestimmung des Zeitpunktes der Entstehung einer publizitätspflichtigen Tatsache sowie der Interpretation des Merkmals der „Unverzüglichkeit" darf nicht übersehen werden. Nimmt der Emittent nach deutschem Recht vorsätzlich oder auch nur leichtfertig eine Mitteilung oder Veröffentlichung nicht „rechtzeitig" vor, drohen Bußgelder (§ 39 Abs. 1 Nr. 1 und 2 WpHG). Auch im italienischen Recht sind Verwaltungssanktionen für den Fall des Verstoßes gegen Art. 114 *T.U.* oder dessen Ausführungsmaßnahmen vorgesehen (Art. 193 Abs. 1 *T.U.*). In diesem Zusammenhang ist Art. 66 Abs. 1 *Reg.* zu nennen, der die Emittenten verpflichtet, das Publikum „ohne Zögern" zu informieren.

A. Der Zeitpunkt der Entstehung einer publizitätspflichtigen Tatsache

Das erste umstrittene Problem ist die Feststellung des Zeitpunktes der Entstehung einer publizitätspflichtigen Tatsache. Zu diesem Zweck ist zu klären, wann alle konstitutiven Elemente der gesetzlichen Definition gegeben sind.

Die Frage nach dem Zeitpunkt der Entstehung einer publizitätspflichtigen Tatsache verdeutlicht einen grundlegenden Konflikt zwischen den Emittenten und den Anlegern[1]. Die Gesellschaften haben ein Interesse daran, selbst zu bestimmen, was und wann veröffentlicht wird. Aus verschiedenen Gründen kann es für sie vorteilhaft sein, den Zeitpunkt der Meldung zu verschieben. Auf der anderen Seite stehen die Anleger, die fast immer für eine schnelle Ad-hoc-Veröffentlichung sind. Den Zeitpunkt des Eintritts einer Tatsache zu bestimmen, bedeutet, den Willen des Gesetzgebers auch dahingehend zu rekonstruieren, inwieweit das „öffentliche" Interesse des Publikums auf Information gegenüber dem „privaten" Interesse des Emittenten auf Geheimhaltung überwiegen soll.

---

[1] *Cahn*, Grenzen des Markt- und Anlegerschutzes durch das Wertpapierhandelsgesetz, ZHR 162 (1998), 1, 3 und 21f.; *Kiem/Kotthoff*, Ad-hoc-Publizität bei mehrstufigen Entscheidungsprozessen, DB 1995, 1999, 2000; *Wittich*, Erfahrungen mit der Ad-hoc-Publizität in Deutschland, AG 1997, 1, 2.

Zum Zweck der Bestimmung des Zeitpunktes der Entstehung einer publizitätspflichtigen Tatsache kann zwischen zwei Kategorien von Ereignissen unterschieden werden. Veröffentlichungspflichtig können zum einen Vorkommnisse sein, die ohne den Willen der Unternehmensangehörigen vorkommen. Zum anderen gibt es publizitätspflichtige Ereignisse, die auf eine Beschlussfassung der betroffenen Gesellschaft zurückzuführen sind. Die ersteren werden von der Lehre als kognitive, die anderen als voluntative Tatsachen bezeichnet[2].

I. Kognitive Tatsachen (oder Sachlagen)

Die Feststellung des Zeitpunktes der Entstehung einer publizitätspflichtigen Tatsache ist in Bezug auf kognitive Tatsachen meistens unproblematisch. Wann beispielsweise ein Feuer eine Niederlassung des Emittenten zerstört oder wann Bilanzfälschungen aufgedeckt werden, kann einfach festgestellt werden[3]. Sobald ein solches Ereignis zur Kenntnisnahme des Vorstandes gelangt, muss es – beim Vorliegen der gesetzlichen Voraussetzungen - veröffentlicht werden[4].

Die Bestimmung des Zeitpunktes der Entstehung einer kognitiven Tatsache wird problematisch, wenn mehrere untereinander verbundene Ereignisse stattfinden[5]. Eine beträchtliche Verschlechterung oder Verbesserung des Geschäftsverlaufs des Emittenten ist beispielsweise in aller Regel nicht auf einzelne, voneinander zu trennende Vorkommnisse zurückzuführen[6]. Auch die Summe einzelner Tatsachen kann nach der BAFin. die Voraussetzungen für eine Ad-hoc-Publizitätspflicht erfüllen[7]. In solchen Fällen sind nicht die Einzelereignisse, sondern die Gesamtergebnisse unverzüglich zu veröffentlichen, sofern sie die gesetzlichen Bedingungen (insbesondere Eignung zur erheblichen Kursbeeinflussung und bilanzielle Auswirkungen) befriedigen. In einer solchen Konstella-

---

[2] Bereits Art. 7 Abs. 1 des Vorschlags des Rates der EG vom 25.5.1987 einer InsiderRL, ABlEG C 153 vom 11.6.1987, enthielt den Unterschied zwischen Sachlagen (*fatti*) und Entscheidungen (*decisioni*).

[3] *Kümpel*, Aktuelle Fragen der Ad-hoc-Publizität, AG 1997, 66, 68; *ders.*, Wertpapierhandelsgesetz: Eine systematische Darstellung, 105.

[4] Vgl. *BAWe*, Bekanntmachung vom 9.7.1996; *Happ/Semler*, Ad-hoc-Publizität im Spannungsfeld von Gesellschaftsrecht und Anlegerschutz – Zum Begriff der „Tatsache" in § 15 Wertpapierhandelsgesetz bei mehrstufigen Entscheidungsprozessen, ZGR 1998, 116, 128f. und 137; *Kümpel* (oben FN 3), 95.

[5] *Hopt*, Grundsatz- und Praxisprobleme nach dem Wertpapierhandelsgesetz – insbesondere Insidergeschäfte und Ad-hoc-Publizität, ZHR 159 (1995), 135, 153; *Struckmann*, Insiderregeln und deren Umsetzung am Beispiel der Bundesrepublik Deutschland, 11ff.; *Wölk*, Ad-hoc-Publizität – Erfahrungen aus der Sicht des BAWe, AG 1997, 73, 77.

[6] Vgl. Schäfer-*Geibel*, WpHG, § 15 RZ 84; *Kümpel* (oben FN 3), 93f.

[7] *BAWe*, Bekanntmachung vom 9.7.1996.

tion muss der Vorstand der betroffenen Gesellschaft veröffentlichen, sobald er über das Ergebnis der Summierung der einzelnen Tatsachen verfügt.

Es stellt sich die Frage, ob die Publizierung von Einzeltatsachen auch zur späteren Veröffentlichung ihrer Summe verpflichtet. Dies ist in der Regel zu verneinen, denn die einzelnen Ereignisse sind nach den jeweiligen Meldungen öffentlich bekannt, so dass der Tatbestand unter diesem Gesichtspunkt nicht erfüllt ist. Es ist jedoch der Fall vorstellbar, dass eine Reihe von bereits veröffentlichten Einzeltatsachen ein Ergebnis bildet, das etwas mehr als die einfache Summe der einzelnen Ereignisse ist. In einer solchen Konstellation ist auch dieses Endergebnis publizitätspflichtig, soweit es alleine die gesetzlichen Voraussetzungen befriedigt.

II. Voluntative Tatsachen (oder Entscheidungen)

Tatsachen, die Ausdruck des Willens des Emittenten sind, werden im Schrifttum als voluntative Ereignisse bezeichnet[8]. Der Weg zu einer Entscheidung in einer Gesellschaft setzt eine mehr oder weniger lange Vorbereitungsphase voraus. Es soll deshalb zunächst geprüft werden, ob eine publizitätspflichtige Tatsache bereits während des Planungsprozesses entstehen kann.

1. Planungsprozesse

Fraglich ist, ob die Pläne eines Emittenten publizitätspflichtig sind. Vorbereitungen einer Entscheidung sind Tatsachen, denn sie sind sinnlich wahrnehmbar und beweisbar[9]. Pläne treten zudem im Tätigkeitsbereich des Emittenten ein, sie sind idR nicht öffentlich bekannt und können kursrelevant sein. Problematisch ist allerdings, ob sich Planungen auf die Vermögens- oder Finanzlage der Gesellschaft auswirken können. Nach der Begründung zum Regierungsentwurf stellen „Ereignisse, deren Konsequenzen noch nicht feststehen, weil deren Wirksamkeit noch durch andere Umstände aufgehoben werden kann oder noch wirksame Gegenmaßnahmen möglich sind“, keine Tatsachen dar, die Auswirkungen auf die Vermögens- oder Finanzlage haben[10]. Nach fast einhelliger Meinung sind bloße Pläne nicht zu veröffentlichen[11].

---

[8] Vgl. etwa *Happ/Semler* (oben FN 4), ZGR 1998, 116, 125; *Zubrod*, Rechtssichere Eingrenzung der Ad-hoc-Publizitätspflicht anhand der Auswirkungen auf die Vermögens- oder Finanzlage als Zentralbegriff, 33 und 45ff.

[9] *Zubrod* (oben FN 8), 56.

[10] Begründung zum Regierungsentwurf, 2. FFG, BT-Drucks. 12/6679, 48.

[11] Vgl. etwa *Burgard*, Ad-hoc-Publizität bei gestreckten Sachverhalten und mehrstufigen Entscheidungsprozessen, ZHR 162 (1998), 51, 61; *Kümpel* (oben FN 3), 108; *Wüsthoff*, Der Auskunftsanspruch des Aktionärs nach § 131 Aktiengesetz zwischen Insider-Verboten und Ad-

Das italienische Recht verlangt - im Unterschied zum deutschen Recht – nicht, dass die Tatsache bilanzielle Auswirkungen hat. Aus diesem Grund können auch Ereignisse, die noch nicht Gegenstand einer Beschlussfassung gewesen sind, publizitätspflichtig sein, soweit die gesetzlichen Voraussetzungen (insbesondere die Eignung zur erheblichen Kursbeeinflussung) gegeben sind[12].

2. Entscheidungsprozesse

Pläne können nicht länger als solche betrachtet werden, wenn der Emittent einen Beschluss fasst[13]. In den seltenen Fällen, in denen eine wichtige Entscheidung im Kompetenzbereich eines einzigen Organs liegt, ist die Tatsache publizitätspflichtig, sobald die entsprechende Willenserklärung in der gesetzlich vorgeschriebenen Form abgegeben worden ist[14].

Normalerweise sind jedoch mehrere Gesellschaftsorgane (Vorstand, AR und HV) an einem bestimmten Unternehmensvorhaben beteiligt. Die Bestimmung des Zeitpunkts der Entstehung einer publizitätspflichtigen Tatsache ist bei solchen mehrstufigen Entscheidungsprozessen besonders kompliziert. Gem. dem Wortlaut der Vorarbeiten ist eine hohe Bestimmtheit erforderlich. Nach der Begründung zum Regierungsentwurf stellen „Ereignisse, deren Konsequenzen noch nicht feststehen, weil deren Wirksamkeit noch durch andere Umstände aufgehoben werden kann oder noch wirksame Gegenmaßnahmen möglich sind" keine Tatsachen dar, die Auswirkungen auf die Vermögens- oder Finanzlage haben[15]. Nach den Vorarbeiten ist deshalb nur dann von einer Ad-hoc-Publizitätspflicht auszugehen, wenn der Prozess der Entscheidungsfindung am Ende ist. Ein gesellschaftsrechtliches Verfahren ist grundsätzlich dann am Ende, wenn der Akt in das Handelsregister eingetragen ist, denn erst ab diesem Zeit-

---

hoc-Publizität nach dem Wertpapierhandelsgesetz, 85ff. A.A. *Panapis*, Zur Abgrenzung von Insidertatsachen und ad-hoc-publizitätspflichtigem Sachverhalt bei mehrstufigen Entscheidungsprozessen, WM 1997, 460, 464.

[12] Vgl. *Annunziata*, La nuova disciplina delle comunicazioni societarie al pubblico e alla CONSOB, Le Società, 1999, 521f.

[13] *Cahn* (oben FN 1), ZHR 162 (1998), 1, 24; *Caspari*, Die Problematik der erheblichen Kursbeeinflussung einer publizitätspflichtigen Tatsache, in: Baegte, Insiderrecht und Ad-hoc-Publizität, 67, 68; *Panapis* (oben FN 11), WM 1997, 460, 461.

[14] Vgl. *Happ/Semler* (oben FN 4), ZGR 1998, 116, 129; *Hoffmann-Becking/Happ/Semler*, Stellungnahme des Handelsrechtsausschusses des Deutschen Anwaltsvereins e.V. zur Anwendung des § 15 Wertpapierhandelsgesetz bei mehrstufigen Entscheidungsprozessen, WM 1997, 2325, 2327f.

[15] Begründung zum Regierungsentwurf 2. FFG, BT-Drucks. 12/6679, 48. In der Rechtslehre wird auf Sanierungsverhandlungen bei finanziellen Schwierigkeiten eines Emittenten als Beispiel einer wirksamen Gegenmaßnahme hingewiesen. Vgl. etwa Assmann/Schneider-*Kümpel*, § 15 RZ 53; *ders.*, Wertpapierhandelsgesetz: Eine systematische Darstellung, 108.

punkt ist der Beschluss rechtsverbindlich[16]. Es ist jedoch nicht immer einfach, die Endgültigkeit einer Entscheidung zu definieren[17]. Ein vom Vorstand aufgestellter JA kann z.B. infolge der Einwendungen des Abschlussprüfers geändert werden[18]. Nach einer Meinung sollen Entscheidungen von Unternehmensexternen keine Auswirkung auf die Bestimmung des richtigen Zeitpunktes der Ad-hoc-Publizität haben[19]. Ein Teil der Lehre ist deshalb der Auffassung, dass eine Meldepflicht spätestens beim Abschluss des unternehmensinternen Entscheidungsprozesses eingreifen soll[20]. Diese Auslegung ist vorzuziehen, denn sie entspricht am besten den Zielsetzungen der Ad-hoc-Publizität, d.h. der schnellen Information des Kapitalmarktes und der effektiven Prävention des Insiderhandels.

Auf der anderen Seite sprechen einige Argumente gegen eine exzessive Vorverlegung des Zeitpunktes der Entstehung einer publizitätspflichtigen Tatsache. Eine Verpflichtung zur frühzeitigen Ad-hoc-Veröffentlichung kann für die Emittenten schädlich sein, denn der Entscheidungsprozess kann durch die Preisgabe von Informationen beeinträchtigt oder sogar behindert werden[21]. Darüber hinaus besteht die Gefahr einer Minderung der Wettbewerbsfähigkeit der betroffenen Gesellschaft[22]. In den Vorarbeiten wird klargestellt, dass die Ad-hoc-Publizitätsregelung nicht dazu führen soll, „dass Unternehmen gezwungen werden, selbst erarbeitete Wettbewerbsvorsprünge der Konkurrenz preiszugeben"[23]. Eine verfrühte Ad-hoc-Information kann im Übrigen auch für die Anleger schädlich sein. Es kann für sie irreführend sein, Informationen bezüglich Entscheidungsprozessen zu bekommen, deren Umsetzung nicht feststeht[24]. Dies gilt insbesondere für nicht professionelle Anleger, die wegen fehlender Erfahrung lediglich eine begrenzte Fähigkeit haben, die Bedeutung und den Stand der Entscheidungsprozesse zu beurteilen. Aufgrund des unsicheren Ausgangs der Lage könnten sich erteilte Kauf- bzw. Verkaufsorder im nachhinein als fehlerhaft er-

---

[16] Vgl. *Hirte*, Die Ad-hoc-Publizität im System des Aktien- und Börsenrechts, in: Hadding/Hopt/Schimansky, Das 2. Finanzmarktförderungsgesetz, 47, 60; *Wüsthoff* (oben FN 11), 88.

[17] *Burgard* (oben FN 11), ZHR 162 (1998), 51, 67f. und 75; *Schander/Lucas*, Die Ad-hoc-Publizität im Rahmen von Übernahmevorhaben, DB 1997, 2109, 2110; *Tippach*, Das Insiderhandelsverbot und die besonderen Rechtspflichten der Banken, 145.

[18] *Fürhoff/Wölk*, Aktuelle Fragen zur Ad-hoc-Publizität, WM 1997, 449, 454.

[19] *Cahn* (oben FN 1), ZHR 162 (1998), 1, 24; *Happ/Semler* (oben FN 4), ZGR 1998, 116, 139.

[20] Vgl. *Kiem/Kotthoff* (oben FN 1), DB 1995, 1999, 2001; *von Klitzing*, Die Ad-hoc-Publizität, 125f.

[21] Vgl. *Burgard* (oben FN 11), ZHR 162 (1998), 51, 52; *Schwarze*, Insiderregelungen im Spannungsfeld der Praktikabilität, BFuP 1994, 124, 133.

[22] *BAWe und Deutsche Börse AG*, Insiderhandelsverbote, 31; Assmann/Schneider-*Kümpel*, § 15 RZ 51.

[23] Begründung zum Regierungsentwurf 2. FFG, BT-Drucks. 12/6679, 48.

[24] Vgl. *Happ/Semler* (oben FN 4), ZGR 1998, 116, 123.

weisen. Aus diesem Grund haben die Emittenten in den Ad-hoc-Meldungen vorsorglich stets anzugeben, dass die Endgültigkeit des publizierten Vorhabens noch von bestimmten Bedingungen abhängt[25].

3. Ad-hoc-Publizität und Gesellschaftsrecht

Aus gesellschaftsrechtlicher Sicht kommt der Problematik der Bestimmung des Zeitpunktes der Entstehung einer publizitätspflichtigen Tatsache eine wichtige Bedeutung zu, denn erhebliche Entscheidungen sind in aller Regel das Ergebnis der Kooperation mehrerer Gesellschaftsorgane[26]. Jede Beschlussfassung (Vorstand, AR oder HV) ist an sich eine Tatsache, denn sie ist eingetreten, sinnlich wahrnehmbar und beweisbar[27]. Die Frage ist, bei welchen dieser Entscheidungsstufen die gesetzlichen Publizitätsvoraussetzungen erfüllt sind.

a) Der Beschluss des Vorstandes

Es ist herrschende Meinung, dass Mindestvoraussetzung für die Entstehung einer publizitätspflichtigen Tatsache ein Vorstandsbeschluss ist[28]. Solange das Leitungsorgan der Gesellschaft keine Entscheidung getroffen hat, fehlt jedenfalls jene Endgültigkeit des unternehmerischen Vorhabens, die nach der Begründung zum Regierungsentwurf eine der Bedingungen für die Auslösung der gesetzlichen Verpflichtung ist. Die Wahrscheinlichkeit einer Umsetzung der Pläne ist in aller Regel bis dahin so gering, dass eine Veröffentlichung das Informationsbedürfnis der Anleger nicht korrekt befriedigt.

b) Die Zustimmung des AR

Die Verwaltung der AG steht im deutschen Recht den Mitgliedern des Vorstands und des AR zu (vgl. § 120 Abs. 2 S. 1 AktG). Dieses duale System ist so gestaltet, dass der Vorstand die Gesellschaft leitet, während der AR die Ge-

---

[25] Schäfer-*Geibel*, WpHG, § 15 RZ 82.

[26] *Hoffmann-Becking/Happ/Semler* (oben FN 14), WM 1997, 2325, 2326ff.; *Kiem/Kotthoff* (oben FN 1), DB 1995, 1999f.

[27] *Schockenhoff/Wagner*, Ad-hoc-Publizität beim Aktienrückkauf, AG 1999, 548, 550f.

[28] Vgl. etwa *Becker*, Das neue Wertpapierhandelsgesetz, 80; *Bruns*, Finanzpublizität nach Inkrafttreten des 2. Finanzmarktförderungsgesetz – Zur praktischen Umsetzung bei Daimler-Benz, in: Baegte, Insiderrecht und Ad-hoc-Publizität, 109, 110; *Hopt*, Zum neuen Wertpapierhandelsgesetz. Stellungnahme für den Finanzausschuss des Deutschen Bundestages, WM-Festgabe Hellner, 29, 32f.; *ders.* (oben FN 5), ZHR 159 (1995), 135, 152; *Pellens/Fülbier*, Gestaltung der Ad-hoc-Publizität unter Einbeziehung internationaler Vorgehensweisen, in: Baegte, Insiderrecht und Ad-hoc-Publizität, 23, 27f.; *Riehmer/Schröder*, Praktische Aspekte bei der Planung, Durchführung und Abwicklung eines Übernahmeangebots, BB 2001, Beilage 5, 1, 16; *Zubrod* (oben FN 8), 141ff.

schäftsführung überwacht (§§ 76 Abs. 1 und 111 Abs. 1 AktG). Das AktG verlangt jedoch in manchen Fällen, dass an gewissen Beschlüssen beide Organe mitwirken. Dies ist z.B. bei der Feststellung des JA (§ 172 AktG) der Fall. Obwohl grundsätzlich Maßnahmen der Geschäftsführung dem AR nicht übertragen werden können, können die Satzung oder der AR vorsehen, dass bestimmte Arten von Geschäften nur mit Zustimmung des AR vorgenommen werden dürfen (§ 111 Abs. 4 AktG). In allen solchen Fällen beschränkt sich die Rolle des AR nicht auf die Überprüfung der Tätigkeit des Vorstandes. Er ist vielmehr Mitentscheidungsorgan der AG. Es stellt sich in diesem Zusammenhang die Frage, ob die Zustimmung des AR für die Zwecke des § 15 WpHG erforderlich ist. Nach herrschender Meinung ist nicht nur der Beschluss des Vorstandes, sondern auch die Zustimmung des AR notwendig, um eine publizitätspflichtige Tatsache zu bilden[29].

aa) Argumente für die Notwendigkeit der Zustimmung des AR

Einige Autoren sind der Auffassung, dass die Entschließungsfreiheit des AR nicht durch eine vorzeitige Ad-hoc-Meldung des Vorstandsbeschlusses untergraben werden darf[30]. Hält man die Entscheidung des Leitungsorgans für ausreichend, so ist die aktienrechtliche Zuständigkeitsordnung weitgehend umgegangen. Sinn und Zweck der Zustimmung des AR ist, dass dieser mitentscheidet. Wird jedoch die Tatsache bereits nach dem Vorstandsbeschluss veröffentlicht, so beschränkt sich seine Rolle auf die des „Ja-Sagers"[31]. Der AR hat aber keine Pflicht, zuzustimmen. Obwohl in der Praxis die Zustimmung oft erfolgt - auch weil die Unternehmensentscheidungen, vor allem bei großen Publikumsgesellschaften, idR bereits vor dem Vorstandsbeschluss informell zwischen den Mitgliedern beider Gesellschaftsorgane abgesprochen werden - ist die Zustimmung keine Notwendigkeit[32]. Eine Veröffentlichung unter diesen Bedingungen

[29] *BAWe*, Schreiben des Bundesaufsichtsamtes für den Wertpapierhandel an die Vorstände der zum Amtlichen Handel oder zum Geregelten Markt zugelassenen Aktiengesellschaften sowie die persönlich haftenden Gesellschafter der zum Amtlichen Handel oder zum Geregelten Markt zugelassenen Kommanditgesellschaften auf Aktien, 26.4.2002; *BAWe und Deutsche Börse AG*, Insiderhandelsverbote, 32; *Cahn* (oben FN 1), ZHR 162 (1998), 1, 26f.; *Hopt* (oben FN 5), ZHR 159 (1995), 135, 152; *Jürgens/Rapp*, Ad-hoc-Publizität: Ablauf und Technik, Die Bank 1995, 97, 98; *Peltzer*, Die neue Insiderregelung im Entwurf des Zweiten Finanzmarktförderungsgesetz, ZIP 1994, 746, 750; *Schleifer/Kliemt*, Einschränkung betriebsverfassungsrechtlicher Unterrichtungspflichten durch Insiderrecht?, DB 1995, 2214, 2217.

[30] Vgl. *Burgard* (oben FN 11), ZHR 162 (1998), 51, 55f., 78, 83 und 92f.; *Happ*, Zum Regierungsentwurf eines Wertpapierhandelsgesetzes, JZ 1994, 240, 242; *von Klitzing* (oben FN 20), 236f.; *Wüsthoff* (oben FN 11), 89.

[31] *Cahn* (oben FN 1), ZHR 162 (1998), 1, 25; *Hoffmann-Becking/Happ/Semler* (oben FN 14), WM 1997, 2325, 2328.

[32] Vgl. etwa *Happ/Semler* (oben FN 4), ZGR 1998, 116, 141; *Kümpel* (oben FN 3), AG 1997, 66, 70.

kann deshalb das Ansehen des Emittenten beeinträchtigen. Wird die Entscheidung des Leitungsorgans veröffentlicht und stimmt danach der AR nicht zu, so wird die Glaubwürdigkeit der Gesellschaft vor dem Anlegerpublikum in Frage gestellt.

Eine Absage des AR nach Veröffentlichung des Vorstandsbeschlusses kann zudem zur Irreführung und Schädigung der Anleger führen[33]. Eine der Zielsetzungen der Sofortpublizität ist es, dem Publikum einen verlässlichen Einblick in die Vermögens- und Finanzlage des Emittenten zu vermitteln. Vor diesem Hintergrund kann die Bekanntgabe von noch nicht abgeschlossenen Unternehmensvorgängen kontraproduktiv für die Anleger sein. Diejenigen, die aufgrund der Veröffentlichung des Vorstandsbeschlusses Wertpapiere gekauft bzw. verkauft haben, haben fehlerhafte Entscheidungen getroffen, wenn die Zustimmung des AR später nicht erfolgt[34]. Gegen das Risiko einer Irreführung des Publikums kann jedoch eingewandt werden, dass es den Adressaten der Ad-hoc-Meldung selbst zusteht, über die Wahrscheinlichkeit der Umsetzung zu entscheiden und die entsprechenden Investitionen zu treffen. Diese Gefahr kann im übrigen – wie bereits erwähnt - dadurch vermieden werden, dass die erste Veröffentlichung darauf hinweist, dass die Zustimmung des AR noch aussteht[35].

bb) Argumente gegen die Notwendigkeit der Zustimmung des AR

Die Ansicht, wonach die Zustimmung des AR erforderlich ist, ist mit den Zielsetzungen der Ad-hoc-Publizität schwer vereinbar.

Eine verspätete Unterrichtung der Anleger kann mit dem Zweck der Sofortpublizität, schnell das Publikum zu informieren, nicht im Einklang gebracht werden[36].

Ähnliche Betrachtungen gelten bezüglich der präventiven Funktion der Ad-hoc-Publizität im Hinblick auf den Insiderhandel[37]. Wenn der Vorstandsbeschluss eine Insidertatsache darstellt, besteht bis zur Veröffentlichung die Gefahr von Insidertransaktionen[38]. Je länger die Zeitspanne zwischen dem Beschluss des Leitungsorgans und der Zustimmung des Kontrollorgans ist, desto höher ist das Risiko. Eine praktische Lösung zur Reduzierung der Insiderhandelsgefahr ist

[33] *Cahn* (oben FN 1), ZHR 162 (1998), 1, 25f.; *Hopt* (oben FN 5), ZHR 159 (1995), 135, 152; *Kümpel* (oben FN 3), 96; *Wüsthoff* (oben FN 11), 89.
[34] *Hoffmann-Becking/Happ/Semler* (oben FN 14), WM 1997, 2325, 2326.
[35] Vgl. *BAWe und Deutschen Börse AG*, Insiderhandelsverbote, 32; *Burgard* (oben FN 11), ZHR 162 (1998), 51, 93; Schäfer-*Geibel*, WpHG, § 15 RZ 82; *Lutter*, Gesellschaftsrecht und Kapitalmarkt, FS Zöllner, 363, 372.
[36] *Burgard* (oben FN 11), ZHR 162 (1998), 51, 72.
[37] Vgl. *Cahn* (oben FN 1), ZHR 162 (1998), 1, 26f., *Zubrod* (oben FN 8), 147f.
[38] Assmann/Schneider-*Assmann*, § 13 RZ 36a; *Kiem/Kotthoff* (oben FN 1), DB 1995, 1999, 2002; *Nowak*, Ad-hoc-Publizität bei M&A-Transaktionen, DB 1999, 601, 604; *Pananis* (oben FN 11), WM 1997, 460, 464.

die zeitliche Annäherung der Entscheidungen der zwei Gesellschaftsorgane[39]. Die Vorbeugung des Insiderhandels ist in der Zwischenperiode dem Strafrecht überlassen (§§ 14 und 38 WpHG). Eine effektive Prävention kann allerdings am besten durch eine schnelle Unterrichtung der Öffentlichkeit erreicht werden. Sinn und Zweck von § 15 WpHG als Vorbeugung des Insiderhandels spricht deshalb dagegen, dass eine zu publizierende Tatsache erst dann vorliegt, wenn der unternehmensinterne Entscheidungsprozess am Ende ist. Durch eine prompte Veröffentlichung des Vorstandsbeschlusses vermeidet zudem der Emittent diejenigen Rufverluste, die mit Insidertransaktionen idR verbunden sind[40].

cc) Die Wahrscheinlichkeitsprognose

Es wird schließlich die Meinung vertreten, dass der Vorstand beurteilen muss, ob die Umsetzung seines Beschlusses wahrscheinlich ist[41]. Bejahendenfalls ist die Tatsache sofort publizitätspflichtig. Der Vorstand befindet sich für die Beurteilung der Wahrscheinlichkeit in einer idealen Position. Das Leitungsorgan kann aufgrund seiner Erfahrung in vorhergegangenen Fällen am besten einschätzen, wie das Kontrollorgan entscheiden wird[42]. Der Wahrscheinlichkeitsgrad variiert je nach Auffassung. Nach einer Meinung z.B. sei die Tatsache zu veröffentlichen, wenn die Annahme durch den AR hoch wahrscheinlich ist[43]. Nach einer anderen Auffassung sei auf die fast Sicherheit der noch ausstehenden Zustimmung abzustellen[44].

Diese These der Wahrscheinlichkeit ist überzeugend. Eine Tatsache ist publizitätspflichtig, wenn sie Auswirkungen auf die Vermögens- oder Finanzlage hat. Der Zeitpunkt, an dem diese eintreten, liegt in der Zukunft. Was der Vorstand der Gesellschaft bei der Entscheidung über die Veröffentlichung beurteilen muss, ist, ob die Tatsache *geeignet* ist, bilanzielle Auswirkungen zu entfalten. Die „Eignung" ist gegeben, wenn der Eintritt der Buchung wahrscheinlich ist. Bei einem Vorstandsbeschluss hat die Tatsache einen hinreichenden Konkretisierungsgrad erreicht. Wenn das Leitungsorgan davon ausgeht, dass sein Beschluss vom AR angenommen wird, liegt ein Ereignis vor, das geeignet ist, sich bilanziell auszuwirken. In der Ad-hoc-Meldung, die nach der Vorstandsentscheidung ergeht, soll jedoch im Interesse der Transparenz aufgeführt werden, dass die Zustimmung des AR aussteht[45]. Stimmt dieser später nicht zu, dann soll zur Rich-

---

[39] *BAWe und Deutsche Börse AG*, Insiderhandelsverbote, 32; *Lutter* (oben FN 35), FS Zöllner, 363, 372.
[40] *Burgard* (oben FN 11), ZHR 162 (1998), 51, 57.
[41] So etwa *Kiem/Kotthoff* (oben FN 1), DB 1995, 1999ff.
[42] *Kümpel*, Insiderrecht und Ad-hoc-Publizität aus Bankensicht, WM 1996, 653, 655.
[43] *Caspari* (oben FN 13), in: Baegte, Insiderrecht und Ad-hoc-Publizität, 67, 77f.
[44] *Kümpel* (oben FN 3), AG 1997, 66 und 69.
[45] Vgl. *Nowak* (oben FN 38), DB 1999, 601, 604.

tigstellung des Informationsstands der Öffentlichkeit eine zweite Benachrichtigung des Publikums erfolgen.

c) Die Zustimmung der HV

Das Gesetz oder die Satzung sehen Fälle vor, in denen ein Beschluss der HV notwendig ist (§ 119 Abs. 1 AktG). Nach einhelliger Meinung ist auszuschließen, dass eine Ad-hoc-Publizitätspflicht erst dann entsteht, wenn der unternehmensinterne Entscheidungsprozess mit der Zustimmung dieses Organs am Ende angelangt ist[46]. Die Tatsache wird durch die Einberufung der HV öffentlich bekannt, weil der Vorstand die Tagesordnung mit den Beschlussgegenständen zumindest im Bundesanzeiger veröffentlichen muss (§ 124 Abs. 1 S. 1 i.V.m. 25 S. 1 AktG). Nach dieser Bekanntmachung ist das Ereignis öffentlich und nicht mehr etwas Neues. Die Publizitätspflicht entsteht deshalb zu einem früheren Zeitpunkt.

Auch im italienischen Recht wird die HV (*assemblea*) der AG durch Veröffentlichung der Tagesordnung im Gesetzblatt (*Gazzetta Ufficiale*) einberufen (Art. 2366 Abs. 2 *c.c.*). Soweit der Inhalt der geplanten Beschlussfassung dort aufgeführt und daher öffentlich bekannt wird, ist die Tatsache nicht mehr neu. Die Publizitätspflicht entfällt bereits aus diesem Grund.

4. Zeitpunkt der Entstehung einer publizitätspflichtigen Tatsache am Beispiel des JA

Ein wichtiges Beispiel eines mehrstufigen Entscheidungsprozesses ist das Zustandekommen eines JA.

a) Deutsches Recht

Nach der BAFin. entsteht eine publizitätspflichtige Tatsache spätestens zum Zeitpunkt der Aufstellung durch den Vorstand[47]. Es liegt allein in der Verantwortung des Leitungsorgans, einen ordnungsgemäßen JA zu erstellen, denn es handelt sich um eine Geschäftsführungsmaßnahme, die dem AR nicht übertragen werden kann (vgl. § 111 Abs. 4 S. 1 AktG). Obwohl die Möglichkeit einer Verweigerung der Feststellung besteht, kann das Kontrollorgan das wirtschaftliche Gesamtergebnis des abgelaufenen Geschäftsjahres nicht ändern. Hinzu kommt, dass der Zeitpunkt der Anlegerinformation ansonsten exzessiv

[46] Schäfer-*Geibel*, WpHG, § 15 RZ 79; *Happ/Semler* (oben FN 4), ZGR 1998, 116, 125; *Hoffmann-Becking/Happ/Semler* (oben FN 14), WM 1997, 2325, 2326; *Kiem/Kotthoff* (oben FN 1), DB 1995, 1999ff.; *Lutter* (oben FN 35), FS Zöllner, 366, *Zubrod* (oben FN 8), 153.
[47] *BAWe*, Bekanntmachung vom 9.7.1996; *BAWe und Deutsche Börse AG*, Insiderhandelsverbote, 33f.

verschoben wäre. Der Insiderhandel wäre schließlich stark favorisiert, da bis zur Zustimmung des Kontrollorgans bis zu sechs Monaten verlaufen können[48].

Nach anderen Autoren ist es auf die mehr oder weniger hohe Wahrscheinlichkeit einer Zustimmung des AR abzustellen[49]. Nach dieser Ansicht ist die Aufstellung des JA idR hinreichend. Zweifelt jedoch der Vorstand an der Annahme durch den AR, dann muss er die Zustimmung abwarten[50].

Einige Autoren halten schließlich den Beitrag des AR zur Entstehung einer publizitätspflichtigen Tatsache für erforderlich. Es wird hervorgehoben, dass das Kontrollorgan beim JA über wichtige Befugnisse verfügt[51]. Der AR kann beispielsweise eine andere als die vom Vorstand vorgeschlagene Aufteilung des JA für geboten halten (§ 58 AktG). Obwohl in der Praxis eine Änderung durch das Kontrollorgan unüblich ist, spricht diese Möglichkeit zugunsten einer Verschiebung des Zeitpunktes der Ad-hoc-Veröffentlichung. Nach einem Teil der Literatur löst deshalb erst die Einigkeit im AR die Sofortpublizitätspflicht aus[52]. Eine Vorverlagerung würde mit der aktienrechtlichen Zuständigkeitsordnung im Zusammenhang mit der Erstellung des JA kollidieren[53].

Nach der hier vertretenen These soll die Wahrscheinlichkeit der Zustimmung des AR ausreichen. Bereits bei der Aufstellung durch den Vorstand ist eine Umsetzung idR wahrscheinlich. Wird die Zustimmung unnötig abgewartet, so wird die Anlegerinformation verspätet und der Insiderhandel favorisiert[54].

b) Italienisches Recht

Die *CONSOB* hat eine Sonderregelung für die Rechnungslegungsdaten vorgesehen, die zur Veröffentlichung in der Bilanz bestimmt sind. Die Publizität erfolgt in diesem Fall auch dann, wenn die Eignung zur erheblichen Kursbeeinflussung nicht gegeben ist[55]. Für die Rechnungslegungsdaten gilt die Vermutung

---

[48] Vgl. statt aller *Wittich*, Zweieinhalb Jahre Wertpapierhandelsaufsicht – eine Zwischenbilanz, WM 1997, 2026.

[49] Statt aller *Kümpel* (oben FN 42), WM 1996, 653, 655.

[50] So im Ergebnis *Zubrod* (oben FN 8), 156ff.

[51] Vgl. *Burgard* (oben FN 11), ZHR 162 (1998), 51, 85; *Foster*, Fragen der Prüfung des Jahresabschlusses durch den Aufsichtsrat, FS Kropff, 73, 84ff.; *Happ/Semler* (oben FN 4), ZGR 1998, 116, 126 und 133.

[52] *Hoffmann-Becking/Happ/Semler* (oben FN 14), WM 1997, 2325, 2328.

[53] *von Klitzing* (oben FN 20), 245ff.

[54] In der Praxis stellt die Frage des Zeitpunktes der Entstehung einer Tatsache beim JA kein großes Problem dar, denn die wesentlichen Rechnungslegungsdaten werden nach einer gemeinsamen Sitzung vom Vorstand und AR bereits während der Aufstellung veröffentlicht. Assmann/Schneider-*Kümpel*, 15 RZ 50c.

[55] *Maviglia/Maviglia*, L'informazione societaria, in: Di Noia/Razzante, Il nuovo diritto societario e dell'intermediazione finanziaria, 335, 373; *Sfameni*, Commento all'art. 114, in: Marchetti/Bianchi, La disciplina delle società quotate nel testo unico della finanza, 509, 545; *Valentino*, L'informativa societaria, 58.

des Art. 66 Abs. 6 *Reg.*, dass sie für die Information des Anlegerpublikums von Bedeutung ist. Die *CONSOB* ordnet die Vorverlegung der Veröffentlichung zu dem Zeitpunkt an, zu dem mit hinreichender Sicherheit vorhergesehen werden kann, wie die Bilanz aussehen wird. Die italienische Regelung sieht deshalb ausdrücklich die Publizität von Vorgängen vor, die noch nicht endgültig sind[56]. Diese Vorverlegung der Informationversorgung des Publikums hat vor allem eine präventive Funktion hinsichtlich des Insiderhandels[57]. Zwischen der Prüfung der Rechnungslegungsdaten durch die Mitglieder des Vorstandes und dem formellen Beschluss des Leitungsorgans, mit dem der Bilanzentwurf der HV vorgelegt wird, kann ein langer Zeitraum liegen, der für Insidertransaktionen geeignet ist.

Die italienische Lösung bestätigt die in bezug auf deutsches Recht vertretene These, dass die Zustimmung des AR für das Entstehen einer publizitätspflichtigen Tatsache nicht erforderlich ist. Das Publikum ist über die wichtigsten Ereignisse im Unternehmensbereich auch dann schnell in Kenntnis zu setzen, wenn ihre Umsetzung nicht sicher ist.

B. Die „Unverzüglichkeit" der Veröffentlichung

Die zweite in diesem Teil zu behandelnde Frage ist die Bestimmung der Zeitperiode, die zwischen dem Entstehen der publizitätspflichtigen Tatsache und ihrer Veröffentlichung liegen darf.

Die Information des Publikums muss nach Sinn und Zweck der Ad-hoc-Publizität schnell erfolgen. Effiziente Preisbildung und Prävention des Insiderhandels sind Zielsetzungen, die am besten durch eine prompte Information der Anleger verwirklicht werden. Die Auslegung des Begriffes „unverzüglich" im deutschen Recht und „ohne Zögern" (*senza indugio*) im italienischen Recht spielt somit eine wichtige Rolle in der Funktionsweise der Ad-hoc-Publizität. Legt man das Merkmal der Unverzüglichkeit großzügig aus, so ist mit einer verspäteten Information der Anleger und einem erhöhten Risiko von Insidertransaktionen zu rechnen. Aus diesem Grund ist eine engere Interpretation vorzuziehen. Das Bedürfnis der „schnellen" Information des Publikums muss sich allerdings mit der Notwendigkeit konfrontieren, die „gute" Qualität der verbreiteten Nachrichten zu gewährleisten.

---

[56] *Rigotti*, Informativa societaria, in: Patroni Griffi/Sandulli/Santoro, Intermediari finanziari, mercati e società, 601, 622.

[57] *Lener*, La diffusione delle informazioni „price sensitive" tra informazione societaria e informazione riservata, Le Società 1999, 142, 144.

I. Europäisches Recht

Schema C Ziffer 5 Buchstabe a) EG-BörsenzulassungsRL spricht von einer „unverzüglichen“ Information des Publikums.

II. Deutsches Recht

§ 15 WpHG schreibt nicht präzise vor, wann das Publizitätsverfahren einzuleiten ist. Die Vorschrift besagt nur, dass die Veröffenlichung „unverzüglich“ nach dem Eintritt der Tatsache zu erfolgen hat. „Unverzüglich“ bedeutet ohne schuldhaftes Zögern (§ 121 Abs. 1 BGB).

Bei der Konkretisierung dieses Begriffes sind allerdings auch die Interessen des Emittenten zu berücksichtigen[58]. Die Beurteilung, ob eine Tatsache zu veröffentlichen ist, ist schwierig, denn das Entstehen eines publizitätspflichtigen Ereignisses hängt von verschiedenen Faktoren ab. Hinzu kommt, dass die Unbestimmtheit der gesetzlichen Begriffe die Entscheidung der Emittenten erschwert. Dem Vorstand soll jedenfalls hinreichend Zeit eingeräumt werden, um über die Notwendigkeit einer Ad-hoc-Veröffentlichung nachzudenken[59]. Dies ist dem Gesetzgeber bewusst, da er in der Begründung zum Regierungsentwurf die Möglichkeit eröffnet, sich des Rates von Experten zu bedienen[60]. Aufgrund des Risikos der Verhängung von Sanktionen für den Fall der Nichtbeachtung der Regeln über die Ad-hoc-Publizitätspflicht („nicht richtig“ oder „nicht vollständig“: § 39 Abs. 1 Nr. 1 und 2 WpHG) ist es erforderlich, dass die Emittenten genügend Zeit haben, um eine überlegte Entscheidung zu treffen.

Im Ergebnis soll die Frist nicht zu lange sein, damit das Publikum schnell informiert wird, jedoch gleichzeitig nicht zu kurz, damit die Emittenten eine überlegte Entscheidung treffen.

Für die Beurteilung der Unverzüglichkeit spielen die Börsenhandelszeiten keine Rolle[61]. Insbesondere ist die Pflicht nicht suspendiert zu Zeiten, in denen kein Börsenhandel stattfindet. Ein bedeutender Teil des Handels findet auch außerhalb dieser Zeiten außerbörslich statt, z.B. im Telefonhandel. Es reicht daher regelmäßig nicht aus, wenn eine am Vortag nach Börsenschluss eingetretene Tatsache erst am nächsten Morgen vor Aufnahme des Börsenhandels mitgeteilt

---

[58] Vgl. *von Klitzing* (oben FN 20), 233f.

[59] Vgl. *BAWe und Deutsche Börse AG*, Insiderhandelsverbote, 44; Schäfer-*Geibel*, WpHG, § 15 RZ 53.

[60] Begründung zum Regierungsentwurf, BT-Drucks. 12/6679, 48.

[61] So *BAWe*, JB 2000, 25.

und veröffentlicht wird. Ebenso ist eine neue Tatsache, die während des Börsenhandels eintritt, unverzüglich während der Börsenhandelszeit zu veröffentlichen.

Für die Frage, ob die Verpflichtung nach § 15 WpHG ohne schuldhaftes Zögern erfüllt wurde, ist es ebenfalls unerheblich, für welche Form der Veröffentlichung der Emittent sich entscheidet[62]. Die Veröffentlichung kann in einem überregionalen Börsenpflichtblatt oder einem bei der Bereichsöffentlichkeit weit verbreiteten elektronischen Informationsverbreitungssystem vorgenommen werden. Zur Erfüllung seiner gesetzlichen Verpflichtungen kann sich der Emittent auch eines in diesem Bereich am Markt tätigen Dienstleistungsunternehmens bedienen. Unabhängig davon hat er, auch bei der Einschaltung eines Ad-hoc-Dienstleistungsunternehmens, alle in seinem Einflussbereich stehenden erforderlichen Schritte zu unternehmen, um die Mitteilung und Veröffentlichung der kursbeeinflussenden Tatsache in die Wege zu leiten. Dabei spielt es keine Rolle, dass die Wahl des Veröffentlichungsmediums (Printmedium oder elektronisches Informationsverbreitungssystem) naturgemäß Einfluss auf den Zeitpunkt der Information der Bereichsöffentlichkeit hat.

III. Italienisches Recht

Im italienischen Recht wird von einer „unverzüglichen" Information des Publikums nicht direkt im Gesetz gesprochen. Nach Art. 114 Abs. 2 S. 2 *T.U.* müssen jedoch die kontrollierten Gesellschaften dem notierten Emittenten unverzüglich (*tempestivamente*) alle Nachrichten weiterleiten, die für die Ausübung der Informationspflicht gegenüber der Öffentlichkeit erforderlich sind. Aus dieser Verpflichtung der Tochtergesellschaften kann geschlossen werden, dass der notierte Emitttent seinen Publizitätspflichten ohne Verspätung nachkommen muss. Dies wird in der Ausführungsverordnung bestätigt. Die Vorstände der Gesellschaften müssen das Publikum ohne Zögern (*senza indugio*) informieren (Art. 66 Abs. 1 *Reg.*). Die Marktverwaltungsgesellschaft muss die Mitteilungen sofort (*immediatamente*) zur Verfügung der Öffentlichkeit stellen (Art. 67 Abs. 4 *Reg.*)[63].

---

[62] So *BAWe*, Schreiben an die Vorstände der an einer inländischen Börse zum amtlichen Handel oder geregelten Markt zugelassenen Aktiengesellschaften sowie die persönlich haftenden Gesellschafter der zum amtlichen Handel oder geregelten Markt zugelassenen Kommanditgesellschaften auf Aktien vom 8.2.2002.

[63] In Art. 114 Abs. 2 S. 2 *T.U.* wird das Wort „unverzüglich" (*tempestivamente*), in Art. 66 Abs. 1 *Reg.* „ohne Zögern" (*senza indugio*) und in Art. 67 Abs. 4 *Reg.* „sofort" (*immediatamente*) verwendet. Aus Sicht der Rechtssicherheit ist die Verwendung dreier verschiedener Ausdrücke keine vorteilhafte Entscheidung. Vgl. *Sfameni* (oben FN 55), in: Marchetti/Bianchi, La disciplina delle società quotate nel testo unico della finanza, 509, 550.

C. Fazit

I. In diesem Paragraph sind zwei Fragen diskutiert worden. Die erste betrifft die Bestimmung des Zeitpunktes der Entstehung einer publizitätspflichtigen Tatsache. Die zweite betrifft die Bestimmung der Zeitperiode, die zwischen dem Entstehen eines publizitätspflichtigen Ereignisses und ihrer Veröffentlichung vergehen darf. Wird die Publizität nicht „rechtzeitig" vorgenommen, drohen sowohl in Deutschland (§ 39 WpHG) als auch in Italien (Art. 193 *T.U.*) Geldbußen.

II. Eine Tatsache ist nur dann publizitätspflichtig, wenn sie die gesetzlichen Voraussetzungen erfüllt. Die Summe von an sich nicht relevanten Ereignissen muss veröffentlicht werden, falls sie die Legaldefinition befriedigt. Sind die Einzeltatsachen bereits veröffentlicht worden, so braucht das Ergebnis ihrer Summierung in aller Regel nicht veröffentlicht zu werden, denn die eingetretenen und publizierten Einzelereignisse sind inzwischen öffentlich bekannt. Ausnahmsweise kann die Summe von bereits publizierten Vorkommnissen publizitätspflichtig sein, wenn sie alleine die gesetzlichen Voraussetzungen erfüllt.

III. Die Ad-hoc-Publizitätspflicht kann im deutschen Recht nicht im Laufe der Vorbereitungsphase einer Entscheidung entstehen, denn Planungen an sich können keine Auswirkung auf die Vermögens- oder Finanzlage haben. Im italienischen Recht können hingegen Pläne u.U. publizitätspflichtig sein, denn bilanzielle Auswirkungen stellen kein vom Gesetz verlangtes Tatbestandsmerkmal dar.

IV. Es ist dann die Frage diskutiert worden, wann eine publizitätspflichtige Tatsache im Laufe von Entscheidungsprozessen entsteht. Liegt die Zuständigkeit bei einem einzigen Gesellschaftsorgan, dann liegt sie vor, sobald der entsprechende Beschluss gefasst ist.
Bei mehrstufigen Entscheidungsprozessen sind vor dem Hintergrund der Begründung zum Regierungsentwurf (keine Ad-hoc-Publizität, bis der Beschluss nicht endgültig wirksam ist) die Argumente für und gegen eine Vorverlegung des Zeitpunktes der Entstehung einer publizitätspflichtigen Tatsache abgewogen worden. Für eine schnelle Veröffentlichung sprechen die Zielsetzungen der Sofortpublizität (korrekte Preisbildung und Prävention des Insiderhandels). Dagegen sprechen das Risiko der Störung des Entscheidungsprozesses, der Preisgabe von Wettbewerbsvorteilen und in geringerem Maße auch der Irreführung der Anleger.

V. Die Ad-hoc-Publizität kommt mit dem Gesellschaftsrecht in Kontakt, denn die Entscheidungen der zuständigen Organe können die Publizitätspflicht auslösen.
Im deutschen Recht werden einige Entscheidungen gemeinsam vom Vorstand und AR getroffen. Es stellt sich in diesem Zusammenhang die Frage, ob der alleinige Beschluss des Leitungsorgans eine Publizitätspflicht auslöst oder die Zustimmung des Kontrollorgans abzuwarten ist. Einige Argumente sprechen für die Notwendigkeit einer Annahme des zweiten Organs. Wird bereits der Vorstandsbeschluss veröffentlicht, so wird die Rolle des AR entgegen der aktienrechtlichen Zuständigkeitsordnung faktisch beeinträchtigt. Es könnten sich zudem Glaubwürdigkeitsprobleme ergeben, wenn das Kontrollorgan nicht zustimmt. Schließlich können die Anleger durch Veröffentlichungen bei jeder Stufe des Entscheidungsprozesses irregeführt werden. Gegen die Notwendigkeit der Zustimmung des AR (d.h. gegen eine Verschiebung des Zeitpunktes der Entstehung einer publizitätspfichtigen Tatsache) sprechen die Zielsetzungen der Ad-hoc-Veröffentlichung: schnelle Herstellung der Markttransparenz und effektive Prävention des Insiderhandels. Nach einigen Autoren ist auf die Wahrscheinlichkeit der Annahme durch den AR abzustellen. Je nach Auffassung wird ein unterschiedlicher Wahrscheinlichkeitsgrad gefordert. Dieser These ist zuzustimmen. Die Wahrscheinlichkeit der Annahme durch den AR soll für die Auslösung der Ad-hoc-Publizitätspficht ausreichen. Die bilanziellen Auswirkungen brauchen nicht sofort einzutreten. Es reicht aus, wenn sie in der Zukunft eintreten. Nach dem Beschluss des Vorstandes ist idR wahrscheinlich, dass der AR zustimmen wird. In diesem Fall ist dementsprechend davon auszugehen, dass die erste Entscheidung Auswirkungen auf die Vermögens- oder Finanzlage haben wird.
Da im italienischen Recht nicht verlangt wird, dass die Tatsache bilanzielle Auswirkungen entfaltet, sind Fälle vorstellbar, in denen ein publizitätspflichtiges Ereignis auch vor einem Vorstandsbeschluss entsteht. Dies wird von der *CONSOB* in der Ausführungsverordnung in Bezug auf die Lage der Rechnungslegung ausdrücklich vorgesehen.

VI. Die HV wird öffentlich einberufen, so dass bei ihr die Tatsache öffentlich bekannt und nicht mehr publizitätspflichtig ist.

VII. Die Veröffentlichung der Tatsache muss nach deutschem Recht „unverzüglich" erfolgen. Bei der Konkretisierung dieses Merkmals ist auf die zivilrechtliche Rechtsprechung abzustellen.
Im italienischen Recht ergibt sich die Pflicht zur „unverzüglichen" Information nicht direkt aus dem Gesetz, sondern aus dem *Reg.* Art. 114 Abs. 2 *T.U.* sieht jedoch vor, dass die kontrollierten Gesellschaften dem notierten Emittenten *unverzüglich* alle Informationen liefern müssen, die zur Erfüllung der Ad-hoc-

Publizitätspflicht gegenüber dem Publikum erforderlich sind. Aus dieser Norm ist die Verpflichtung zu entnehmen, die Öffentlichkeit zügig zu informieren.
Im kapitalmarktrechtlichen Zusammenhang sind bei der Bestimmung des korrekten Zeitpunktes der Veröffentlichung sowohl die Interessen der Emittenten als auch die der Anleger zu berücksichtigen. Den Vorständen der betroffenen Emittenten soll hinreichend Zeit für eine überlegte Entscheidung eingeräumt werden.

§ 7 Die Befreiung von der Veröffentlichungspflicht

In den §§ 5 und 6 sind die gesetzlichen Voraussetzungen der Ad-hoc-Publizitätspflicht analysiert worden. Gegenstand dieses Paragraphes ist die Untersuchung der Bedingungen, unter denen die Emittenten von der Informationspflicht befreit werden.

Das Europarecht bildet die Basis für die Befreiung von der Ad-hoc-Publizitätspflicht. In Schema C Ziffer 5 Buchstabe a) EG-BörsenzulassungsRL wird vorgesehen, dass die zuständigen Stellen die Gesellschaft von der Veröffentlichungspflicht entbinden können, wenn die Verbreitung bestimmter Informationen geeignet ist, den berechtigten Interessen der Gesellschaft zu schaden. Nach § 15 Abs. 1 S. 2 WpHG kann die BAFin. „den Emittenten auf Antrag von der Ad-hoc-Publizitätspflicht befreien, wenn die Veröffentlichung der Tatsache geeignet ist, den berechtigten Interessen des Emittenten zu schaden".

Nach Art. 114 Abs. 4 *T.U.* sind die Publizitätspflichten suspendiert, wenn die notierten Emittenten und die Subjekte, welche die notierten Emittenten kontrollieren, mit begründetem Einspruch einwenden, dass aus der Mitteilung der Nachrichten an das Publikum ein schwerer Schaden entstehen kann. Die *CONSOB* kann binnen sieben Tagen die Mitteilung der Informationen auch nur zum Teil oder nur vorläufig ausschließen, wenn dies die Öffentlichkeit über wesentliche Tatsachen oder Umstände nicht irreführt. Läuft diese Frist ohne Stellungnahme der Aufsichtsbehörde ab, dann gilt der Einspruch als angenommen.

A. Die Interessenabwägung

Die Vorschriften, welche im deutschen und italienischen Recht die Möglichkeit eröffnen, von der Ad-hoc-Publizitätspflicht befreit zu werden, verdeutlichen einen grundlegenden Interessenkonflikt zwischen Emittenten und Anlegern und versuchen diesen auszugleichen[1]. Erstere haben grundsätzlich Interesse daran, Tatsachen geheim zu halten. Die Unternehmen möchten jedenfalls unabhängig von jeglicher Regelung entscheiden, wann und welche Informationen über sie den Markt erreichen sollen. Das Anlegerpublikum ist hingegen in aller Regel für eine schnelle und umfangreiche Informationsversorgung, denn die Öffentlichkeit erwartet Nachrichten, die sie in die Lage versetzen, überlegte Investitionsentscheidungen zu treffen. Die Ad-hoc-Publizität ist deshalb unter diesem Gesichtspunkt ein Mittel für die öffentliche Kontrolle der Unternehmen[2].

---

[1] *Hausmaninger*, Insider Trading, 267f.; *Valentino*, L'informativa societaria, 179.
[2] *Gehrt*, Die neue Ad-hoc-Publizität nach § 15 Wertpapierhandelsgesetz, 33.

Die Aufsichtsbehörden müssen bei der Entscheidung über die Befreiung das Emittenten- und Anlegerinteresse vergleichen und eine Abwägung vornehmen. In erster Linie ist dem Interesse des Publikums auf Veröffentlichung der Tatsache Vorrang zu geben[3]. Dafür spricht zunächst der Umstand, dass in der europäischen Regelung die Information die Regel und die Geheimhaltung lediglich die Ausnahme darstellt. Für die Priorität der Publizität gilt zudem das Argument, dass öffentliche Interessen (der Gesamtheit der Anleger) gegenüber privaten Interessen (des Emittenten) grundsätzlich schutzwürdiger sind[4]. Die Geheimhaltung kann nur dann wichtiger als die Marktinformation werden, wenn die potentiellen Nachteile für die betroffene Gesellschaft besonders bedeutend sind. Der Vorrang der Informationserwartungen des Anlegerpublikums wird im italienischen Recht stärker als im deutschen ausgedrückt. Während in § 15 Abs. 1 S. 2 WpHG von einem „berechtigten" Interesse des Emittenten die Rede ist, bezieht sich Art. 114 Abs 4 S. 1 *T.U.* auf einen „schweren" Schaden. In der italienischen Regelung sind zudem Fälle vorgesehen, in denen ein Dispens von der Publizitätspflicht überhaupt nicht erteilt werden kann, nämlich dann, wenn die Befreiung geeignet ist, das Publikum über wesentliche Tatsachen und Umstände irrezuführen (Art. 114 Abs. 4 S. 2 *T.U.*).

B. Der Schaden

Die Erfüllung der Ad-hoc-Publizitätspflicht kann den Emittenten Schaden zufügen, wie z.B. laufende Geschäftsbeziehungen stören oder eine Sanierung gefährden[5]. Während dies bei der Veröffentlichung negativer Tatsachen der Regelfall ist, kann ausnahmsweise auch bei positiven Informationen ein Interesse

---

[3] *Schneider*, Befreiung des Emittenten von Wertpapieren von der Veröffentlichungspflicht nach § 15 WpHG, BB 2001, 1214, 1215; *Sfameni*, Commento all'art. 114, in: Marchetti/Bianchi, La disciplina delle società quotate nel testo unico della finanza, 509, 620.

[4] *Assmann*, Das künftige deutsche Insiderrecht, AG 1994, 237, 252; *Dreyling*, Erste Erfahrungen mit dem Wertpapierhandelsgesetz: Ad-hoc-Publizität, Insiderrecht, Verfahrensnormen, in: Hadding/Hopt/Schimansky, Das 2. Finanzmarktförderungsgesetz in der praktischen Umsetzung, 159, 161; *Wölk*, Ad-hoc-Publizität – Erfahrungen aus der Sicht des BAWe, AG 1997, 73, 79; *Wychodil*, Die haftungsrechtliche Problematik der „Insiderinformation" im Rahmen der Effektenberatung durch Banken und Kreditinstitute, 24ff.

[5] *Cahn*, Entscheidungen des Bundesaufsichtsamtes für den Wertpapierhandel nach § 15 Abs. 1 S. 2 Wertpapierhandelsgesetz, WM 1998, 272; *Schneider* (oben FN 3), BB 2001, 1214; *Struckmann*, Insiderregeln und deren Umsetzung am Beispiel der Bundesrepublik Deutschland, 15 und 88.

an Geheimhaltung vorhanden sein[6]. Eine Meldung über besonders hohe Gewinne könnte beispielsweise die Tarifforderungen der Mitarbeiter erhöhen[7].

I. Die Konformität mit dem Europarecht

Es stellt sich zunächst die Frage, ob die Umsetzung der europäischen Vorschrift ins nationale Recht richtlinienkonform erfolgt ist.

Die deutsche Formulierung ist fast identisch mit der europäischen, so dass die Konformität nicht bezweifelt werden kann.

Anders im italienischen Recht, wo von einem „schweren" Schaden die Rede ist. Nichtsdestotrotz besteht kein Verstoß gegen das Europarecht, denn die Mitgliedstaaten können den Emittenten strengere Pflichten auferlegen. Durch den Hinweis auf einen „schweren" Schaden wird zudem nicht die Möglichkeit ausgeschlossen, die Unternehmen zu befreien. Es werden nur höhere Anforderungen gestellt, denn der italienische Antragssteller muss den Nachweis erbringen, dass die Veröffentlichung der Tatsache ihm einen „schweren" Schaden zufügen kann, während sich der deutsche Kollege auf einen Vortrag der Eignung zur Schädigung eines „berechtigten" Interessen beschränken kann.

II. Deutsches Recht

Der Gesetzgeber bezieht sich auf die „Eignung" zur Schädigung eines berechtigten Interesses. Dies bedeutet, dass der Nachteil für den Emittenten nicht zwingende Folge der Ad-hoc-Veröffentlichung sein muss[8].

Das Unternehmen ist gehalten, eine Prognose über die möglichen Auswirkungen der Veröffentlichung der Tatsache zu erstellen. Eine Wahrscheinlichkeit des Schadenseintritts ist erforderlich, um befreit zu werden. Gegen die Interpretation des Wortes „geeignet" als reine Möglichkeit einer Schädigung sprechen teleologische Argumente. Wie oben festgehalten, ist der Marktinformation gegenüber dem Interesse auf Geheimhaltung grundsätzlich Vorrang einzuräumen. Ist bereits die geringste Gefahr einer Schädigung von berechtigten Interessen des Emittenten Grund für einen Dispens, so ist von einer Überflutung mit

---

[6] *von Klitzing*, Die Ad-hoc-Publizität, 170.

[7] *Klein*, Praktische Erfahrungen eines Weltkonzerns mit Vorschriften der Ad-hoc-Publizität in Deutschland und im Ausland, in: Hadding/Hopt/Schimansky, Das 2. Finanzmarktförderungsgesetz in der praktischen Umsetzung, 95, 99.

[8] *BAWe und Deutsche Börse AG*, Insiderhandelsverbote, 45.

Befreiungsanträgen auszugehen. Die Notwendigkeit, dieses Risiko zu vermeiden, spricht für eine enge Auslegung des Merkmals der Eignung.

Ein „berechtigtes" Interesse ist etwas mehr als ein einfaches Interesse. Eine Analogie zwischen der Publizitätsbefreiungsmöglichkeit nach § 15 Abs. 1 S. 2 WpHG und dem Auskunftsverweigerungsrecht nach § 131 Abs. 3 S. 1 Nr. 1 AktG wird von dem Leitfaden des BAWe und der Deutschen Börse AG zur Konkretisierung des Begriffes angenommen[9]. Nach der aktienrechtlichen Vorschrift darf der Vorstand Informationen verweigern, soweit die Erteilung der Auskunft nach kaufmännischer Beurteilung geeignet ist, der Gesellschaft einen nicht unerheblichen Nachteil zuzufügen. Nach der Rsp. genügt ein allgemeiner Hinweis auf Konkurrenzgründe nicht. Bei der Auslegung des Begriffes „berechtigtes Interesse" ist eine enge Interpretation vorzuziehen. Es ist der Ansicht des BAWe und der Deutschen Börse AG zuzustimmen, dass der Ausnahmecharakter von § 15 Abs. 1 S. 2 WpHG hoch anzusetzten ist.

Berechtigt ist das Interesse des Emittenten in erster Linie, wenn es um seine Existenz geht[10]. Man kann an Sanierungsmaßnahmen denken, die nur dann umsetzbar sind, wenn sie für eine Weile geheim bleiben[11]. Würden Gläubiger von Verhandlungen mit Investoren im Fall einer schwierigen Finanzsituation erfahren, dann könnten sie ihre Kredite kündigen oder Vollstreckungsmaßnahmen einleiten. Solange die Sanierung realistischerweise möglich ist, besteht allerdings ein berechtigtes Interesse auf eine Verschiebung des Zeitpunktes der Ad-hoc-Publizität. In einem solchen Fall hat die Information der Öffentlichkeit gegenüber der Erhaltung der Gesellschaft eine zweitrangige Position[12]. Die Entscheidung des BAFin. bezüglich eines Dispenses von der Publizitätspflicht kann in diesem Zusammenhang besonders heikel werden, denn die Aufsichtsbehörde kann indirekt zur Insolvenz des Emittenten beitragen. Voraussetzung einer Befreiung ist, dass realistische Chancen einer Sanierung bestehen. Der Emittent muss überzeugend darlegen, dass die kritische Situation nach Ablauf des Dispenszeitraums beseitigt oder mit hinreichender Sicherheit entschärft ist[13]. Ansonsten würde die Veröffentlichungsbefreiung den Marktzugang der Informationen entgegen den Interessen der Anleger verlangsamen[14]. Schwierig ist für die BAFin., zügig zu entscheiden und dabei die Interessen der Emittenten korrekt

---

[9] *BAWe und Deutsche Börse AG*, Insiderhandelsverbote, 45f.

[10] *BAWe und Deutsche Börse AG*, Insiderhandelsverbote, 46; *Ekkenga*, Die Ad-hoc-Publizität im System der Marktordnungen, ZGR 1999, 165, 201.

[11] Assmann/Schneider-*Kümpel*, § 15 RZ 81; *ders.*, Wertpapierhandelsgesetz: Eine systematische Darstellung, 121; *ders.*, Bank- und Kapitalmarktrecht, 1225.

[12] *Dreyling* (oben FN 4), in: Hadding/Hopt/Schimansky, Das 2. Finanzmarktförderungsgesetz in der praktischen Umsetzung, 159, 161.

[13] Vgl. *BAWe und Deutsche Börse AG*, Insiderhandelsverbote, 46; Schäfer-*Geibel*, WpHG, § 15 RZ 116.

[14] *Wölk* (oben FN 4), AG 1997, 73, 79.

einzuschätzen. Die Aufsichtsbehörde ist auf Grund der Dringlichkeit im Wesentlichen auf die Darstellungen des Antragsstellers angewiesen[15].

Der Gesetzgeber will zudem, dass die Emittenten weiterhin Anreiz haben, sich Wettbewerbsvorteile zu verschaffen[16]. Das Gebot der Markttransparenz kann in diesem Kontext in Konflikt mit den Interessen des Unternehmens geraten. Sind die Emittenten verpflichtet, Tatsachen unverzüglich preiszugeben, ohne von diesen profitiert haben zu können, so wirkt die Ad-hoc-Publizitätspflicht als Hindernis zur Schaffung von Informationen[17]. Die Sofortpublizität ist somit industriell kontraproduktiv. Die Interessen der Emittenten sind durch eine Befreiung zu schützten.

III. Italienisches Recht

1. Allgemeines

Die Voraussetzungen der Befreiung sind im italienischen Recht enger formuliert als im deutschen, denn es wird nicht von der Eignung zur Schädigung eines „berechtigten" Interesses (§ 15 Abs. 1 S. 2 WpHG), sondern von der Eignung eines „schweren" Schadens des Emittenten gesprochen (Art. 114 Abs. 4 S. 1 *T.U.*).

Die Eignung einer Schädigung reicht aus. Es ist deshalb nicht erforderlich, dass der schwere Schaden infolge der Veröffentlichung eintritt.

Die Eignung ist jedoch als Wahrscheinlichkeit des Schadenseintritts zu interpretieren. Es reicht nicht aus, dass irgendeine Chance besteht, dass ein Nachteil infolge der Veröffentlichung eintritt. Es ist vielmehr erforderlich, dass mit hinreichender Sicherheit davon ausgegangen wird.

Ein „schwerer" Schaden ist etwas mehr als ein Schaden zu einem „berechtigten" Interesse[18]. Die italienische Vorschrift ist Ausdruck des Prinzips, dass das Interesse der Anleger auf Information gegenüber dem des Emittenten auf Vertraulichkeit Vorrang hat[19]. Nach Art. 114 Abs. 4 S. 2 *T.U.* erfolgt zudem überhaupt keine Befreiung, wenn die Geheimhaltung das Publikum über wesentliche Tatsachen und Umstände irreführen kann. Das Interesse auf Information des Marktes wird im italienischen Recht als derart wichtig angesehen, dass der Emittent dafür bereit sein muss, einen schweren Schaden zu erleiden. Die Vor-

[15] *Fürhoff/Wölk*, Aktuelle Fragen zur Ad-hoc-Publizität, WM 1997, 449, 458.

[16] *Pfitzer/Streib*, Bestimmungen über die Unternehmenspublizität im Rahmen des Wertpapierhandelsgesetzes, BB 1995, 1947, 1949.

[17] *Pellens/Fülbier*, Publizitätspflichten nach dem Wertpapierhandelsgesetz – Ausgestaltung unter Berücksichtigung anglo-amerikanischer Regulierungen, DB 1994, 1381, 1382f.

[18] *Carbone*, Commento all'art. 114, in: Alpa/Zatti, Commentario breve al codice civile, 1198, 1200.

[19] Vgl. *Valentino* (oben FN 1), 179.

schrift enthält somit eine Art „Mission“ an die Unternehmen, nämlich um jeden Preis sicherzustellen, dass der Markt informationseffizient und funktionsfähig ist[20]. Die Interessen des Publikums werden durch diese Norm zu Unrecht verabsolutisiert. Es sind Fälle vorstellbar, in denen die Anwendung dieses starken kapitalmarktrechtlichen Ansatzes, z.B. unter dem Gesichtspunkt der Erhaltung von Arbeitsplätzen, besonders schädlich sein kann. Vorzuziehen ist daher die deutsche Lösung, die – trotz der grundsätzlichen Behauptung des Vorrangs des Informationsinteresses des Marktes - eine wenngleich eng auszulegende Möglichkeit der Befreiung einräumt.

2. Der Sonderfall der nicht notierten Emittenten

Ein Sonderfall der Befreiung ist für die Emittenten von weit verbreiteten Finanzinstrumenten vorgesehen. Diese können von der *CONSOB* auf begründeten Antrag von der Ad-hoc-Publizitätspflicht befreit werden, wenn die zu veröffentlichenden Informationen für den Anlegerschutz nicht bedeutend sind (Art. 112 Abs. 1 *Reg.*). Die Ad-hoc-Publizität betrifft jedoch gerade wichtige Tatsachen. Im italienischen Recht bemisst sich die Relevanz der Ereignisse nach dem Kriterium der Eignung zur „erheblichen“ Beeinflussung des Preises. Ist das Ereignis insoweit nicht von Bedeutung, so besteht ohnehin keine Publizitätspflicht. Die Einräumung einer Befreiungsmöglichkeit, wenn es sich um Tatsachen handelt, die für den Anlegerschutz nicht wichtig sind, ist deshalb überflüssig. Es ist schwierig sich vorzustellen, in welchen Fällen ein Ereignis, das geeignet ist, den Preis der Finanzinstrumente erheblich zu beeinflussen, für den Anleger nicht relevant sein kann. Vielleicht dann, wenn die weit verbreiteten Finanzinstrumente nicht ausgetauscht werden, denn in einer solchen Situation besteht kein Investoreninteresse auf Information.

Art. 112 Abs. 1 *Reg.* kann eine andere Funktion in der Praxis übernehmen. Wenn die Emittenten von weit verbreiteten Finanzinstrumenten unsicher sind ob eine gewisse Tatsache publizitätspflichtig ist, können sie durch die Stellung eines Befreiungsantrages die *CONSOB* zwingen, ihre Meinung zur Erheblichkeit des Ereignisses in Bezug auf den Anlegerschutz zu äußern. Entscheidet die Aufsichtsbehörde, dass das Vorkommnis für die Investoren nicht bedeutend ist, so wird die betroffene Gesellschaft von der Informationspflicht befreit. Auf diese Weise wird das Risiko vermieden, eine Ordnungswidrigkeit zu begehen, denn es ist kaum vorstellbar, dass die *CONSOB* zunächst die Unterlassung der Veröffentlichung genehmigt und später diesen Umstand rügt.

---

[20] *Angelici*, Note in tema di informazione societaria, in: Bonelli/Buonocore/Corsi/Costi/Ferro-Luzzi/Gambino/Jaeger/Patroni Griffi, La riforma delle società quotate, 249, 263.

C. Das Befreiungsverfahren

Die Befreiung von der Ad-hoc-Publizitätspflicht wird sowohl in Deutschland als auch im Italien auf Antrag erteilt. Dieser muss unverzüglich nach Eintritt der Tatsache gestellt werden[21]. Die Dispensanträge müssen spätestens zu dem Zeitpunkt erfolgen, zu dem auch eine Veröffentlichung erfolgen müsste[22]. Durch eine Verzögerung wird ansonsten eine Ordnungswidrigkeit begangen. Ein Befreiungsantrag nach dem Zeitpunkt, zu dem die Veröffentlichung hätte erfolgen müssen, ist nicht mehr zulässig.

Die BAFin. hat einige praktische Hinweise bezüglich der Form des Befreiungsantrages gegeben. Die Tatsache muss genau benannt werden. Es muss zudem der Zeitraum angegeben werden, für den von der Pflicht befreit werden soll (in den meisten Fällen werden wenige Tage ausreichen). Der Antrag ist als Befreiungsantrag gem. § 15 Abs. 1 S. 2 WpHG erkennbar zu machen[23]. Er muss Firma und Sitz des Veröffentlichungspflichtigen, die Angabe an welchen Börsen er zugelassen ist und die Wertpapierkennnummer enthalten. Wegen der Eilbedürftigkeit sollte der Antrag als Telefax übersandt und vorher telefonisch angekündigt werden. Er ist grundsätzlich in deutscher Sprache zu stellen. In analoger Anwendung von § 15 Abs. 3 WpHG kann jedoch die BAFin. eine Bekanntgabe in einer anderen Sprache gestatten.

Der Antrag ist zu begründen. Die Begründung muss erkennen lassen, welchen berechtigten Interessen des Emittenten bei sofortiger Information des Publikums geschadet wird und aus welchen Gründen eine Schädigung nach Ablauf des Befreiungszeitraumes nicht mehr zu erwarten ist[24]. Soll der Dispens für den Fall von Sanierungsvorhaben erfolgen, so verlangt die BAFin. einen entsprechenden Plan[25].

I. Die aufschiebende Wirkung des Antrags

Obwohl die EG-BörsenzulassungsRL darüber schweigt, haben der deutsche und italienische Gesetzgeber entschieden, dass die Antragsstellung aufschiebende Wirkung hat. Insbesondere besteht im deutschen Recht Einigkeit

---

[21] Vgl. *BAWe*, Bekanntmachung vom 7.12.1994.

[22] *Schneider* (oben FN 3), BB 2001, 1214, 1216.

[23] S. auch *Schneider* (oben FN 3), BB 2001, 1214, 1216.

[24] *BAWe und Deutsche Börse AG*, Insiderhandelsverbote, 47.

[25] Vgl. *Dreyling* (oben FN 4), in: Hadding/Hopt/Schimansky, Das 2. Finanzmarktförderungsgesetz in der praktischen Umsetzung, 159, 161.

darüber, dass der Emittent für die Zeit der Bearbeitung des Antrages durch die BAFin. von der Pflicht zur Veröffentlichung befreit ist[26].

Aufgrund der aufschiebenden Wirkung besteht allerdings die Gefahr, dass die Emittenten mit unbegründeten Befreiungsanträgen versuchen, das Veröffentlichungsverfahren zu verlangsamen oder zu vermeiden[27]. Eine rechtsmissbräuchliche Verzögerungsstrategie ist mit den Zwecken der Ad-hoc-Publizität nicht vereinbar, denn jegliche Verspätung hindert die korrekte Preisbildung und erhöht das Insiderhandelsrisiko. Sobald die BAFin. oder die *CONSOB* merken, dass der Befreiungsversuch unbegründet ist, werden sie ihn ablehnen, so dass die Emittenten zur sofortigen Veröffentlichung verpflichtet sind[28]. Die Gefahr einer hohen Anzahl an rechtsmissbräuchlichen Anträgen ist jedoch als eher teoretisch zu schätzen, denn die Gesellschaften, die nicht veröffentlichen wollen, können einfach den Tatsacheneintritt verschweigen. Für die Emittenten kann u.U. vorteilhafter sein, in Zukunft dem Risiko einer Sanktion ausgesetzt zu sein, als ein schlechtes Ereignis sofort zu veröffentlichen. Die Wahrscheinlichkeit, entdeckt zu werden, hängt von der Effizienz der Ermittlungen ab. Die Statistiken scheinen diese These zu belegen, denn nur wenige Befreiungsanträge werden gestellt.

Der Antragsteller hat einen Anspruch auf Bearbeitung seines Antrags durch die Behörde und auf vertrauliche Behandlung[29].

II. Die Entscheidungsfrist

Die EG-BörsenzulassungsRL sieht keine Frist vor, binnen deren die nationalen Aufsichtsbehörden über den Antrag zu entscheiden haben. Zügige Stellungnahmen der BAFin. und der *CONSOB* sind allerdings erforderlich, denn aufgrund der bestehenden Informationsasymmetrie zwischen Emittenten und Anlegern ist die Preisbildung nicht korrekt und das Insiderhandelsrisiko hoch[30].

Es ist in der deutschen Literatur vorgeschlagen worden, den Antrag als bewilligt zu betrachten, wenn die BAFin. nicht binnen einer bestimmten Frist

---

[26] *Schneider* (oben FN 3), BB 2001, 1214, 1216; *von Klitzing* (oben FN 6), 176f..

[27] Vgl. *Assmann* (oben FN 4), AG 1994, 237, 251; *Piscitello*, Commento all'art. 114, in: Campobasso, Testo Unico della Finanza, 949, 954; *Sfameni* (oben FN 3), in: Marchetti/Bianchi, La disciplina delle società quotate nel testo unico della finanza, 509, 620.

[28] Vgl. etwa Begründung zum Regierungsentwurf 2. FFG, BT-Drucks. 12/6679, 49; *Fürhoff/Wök* (oben FN 15), WM 1997, 449, 457; *Hopt*, Grundsatz- und Praxispboleme nach dem Wertpapierhandelsgsetz – insbesondere Insidergeschäfte und Ad-hoc-Publizität, ZHR 159 (1995), 135, 157f.; *Pfitzer/Streib* (oben FN 16). BB 1995, 1947, 1950.

[29] *Schneider* (oben FN 3), BB 2001, 1214, 1216.

[30] Vgl. etwa *Rigotti*, Informativa societaria, in: Patroni Griffi/Sandulli/Santoro, Intermediari finanziari, mercati e società quotate, 601, 636.

einen Ablehnungsbescheid erlässt[31]. Im italienischen Recht räumt Art. 114 Abs. 4 S. 2 *T.U.* der *CONSOB* eine Frist von sieben Tagen für die Entscheidung ein. Wird diese versäumt, so gilt der Antrag als genehmigt. Der Emittent ist dann nicht mehr zur Veröffentlichung verpflichtet. Im Regelfall wird den Vertretern der betroffenen Gesellschaften rechtliches Gehör vor der Aufsichtsbehörde gewährt[32].

Der Notwendigkeit einer schnellen Entscheidung steht die Erforderlichkeit einer überlegten Stellungnahme der BAFin. und der *CONSOB* gegenüber[33]. Auf der einen Seite müssen die nationalen Aufsichtsbehörden, um die Erfüllung der Zielsetzungen der jeweiligen Gesetze zu gewährleisten, so schnell wie möglich über den Antrag entscheiden. Auf der anderen Seite müssen sie hinreichend Zeit haben, um die für die Befreiung notwendigen Elemente einschätzen zu können.

III. Folgen der Ablehnung des Befreiungsantrags

Wenn das Entscheidungsverfahren mit einer Ablehung des Antrages endet, muss die Veröffentlichung ohne jegliche Verspätung erfolgen. Ansonsten droht die Anwendung einer Verwaltungssanktion. Das Merkmal der Unverzüglichkeit ist in diesem Zusammenhang anders auszulegen als im Rahmen des Grundfalls des § 15 Abs. 1 S. 1 WpHG, denn dem Emittenten ist bei Stellung des Antrags bewusst, dass eine „an sich" veröffentlichungspflichtige Tatsache vorliegt[34]. Die Prüfung des Sachverhaltes hat bereits stattgefunden. Bei Ablehnung des Befreiungsantrags bedeutet unverzüglich „sofort".

Im italienischen Recht ist ausdrücklich vorgesehen, dass dem Befreiungsantrag auch nur zum Teil stattgegeben werden kann. Die *CONSOB* kann deshalb entscheiden, dass einige Informationen zu veröffentlichen sind, während andere geheimgehalten werden dürfen. Auch im deutschen Recht ist das teilweise Stattgeben des Antrags zulässig[35].

Gegen die Ablehnung des Befreiungsantrags kann gerichtlicher Schutz beantragt werden[36]. Wenn das Dispensgesuch zu Unrecht abgelehnt wurde, d.h. ohne das Interesse des Unternehmens berücksichtigt zu haben, kann gegen die Entscheidung der Aufsichtsbehörden mit Erfolgsaussicht gerichtlich vorgegangen werden. Wenn der Antrag des Emittenten gerechtfertigt war, wird infolge

---

[31] Vgl. *Assmann* (oben FN 4), AG 1994, 237, 251; *Happ*, Zum Regierungsentwurf eines Wertpapierhandelgesetzes, JZ 1994, 240, 243.

[32] So *Carbone* (oben FN 18), in: Alpa/Zatti, Commentario breve al codice civile, 1201.

[33] Vgl. *Hausmaninger* (oben FN 1), 268.

[34] *Schneider* (oben FN 3), BB 2001, 1214, 1218.

[35] *Schneider* (oben FN 3), BB 2001, 1214, 1217.

[36] Vgl. zum deutschen Recht *Schneider* (oben FN 3), BB 2001, 1214, 1218.

der Ablehnung wahrscheinlich ein Schaden entstehen. Zum effektiven Schutz des Unternehmens ist der Weg der einstweiligen Verfügung geboten, da andernfalls die gerichtliche Entscheidung zu spät kommt[37]. Wenn die Verpflichtung zur Veröffentlichung in kürzester Zeit von dem zuständigen Gericht nicht suspendiert wird, besteht zudem für den Emittenten die Gefahr, gegen die Unverzüglichkeitspflicht zu verstoßen.

Nach Ablehnung können die Emittenten bei Änderungen der Sachlage neue Anträge stellen[38].

D. Die Dauer der Befreiung

Wenn dem Antrag stattgegeben wird, wird die Publizitätspflicht suspendiert.

Wird ein Dispens erteilt, so ist die Erfüllung der Zielsetzungen der Ad-hoc-Publizität nicht möglich. Die Preisbildung erfolgt nicht in korrekter Weise, da die erheblich kursbeeinflussende Tatsache nicht öffentlich bekannt ist. Informierte Investitions- bzw. Desinvestitionsentscheidungen können nicht getroffen werden. Die Preise der Wertpapiere spiegeln ihren wahren Wert nicht wider, so dass bei einem schlechten Ereignis zu teuer gekauft oder bei einem guten zu billig verkauft wird[39]. Es besteht zudem die Gefahr des Insiderhandels[40]. Da Verzerrungen der Preisbildung und das Risiko von Insidertransaktionen gegen Sinn und Zweck der Sofortpublizität verstoßen, soll die Befreiung so kurz wie möglich sein. In der Praxis ist es ohnehin unwahrscheinlich, dass die tatsächliche Situation lange geheimgehalten werden kann[41]. Es steht der BAFin. bzw. der *CONSOB* zu, die Dauer des Dispenses im Einzelfall festzusetzen[42]. Die Befreiungen erstrecken sich in der Praxis auf wenige Tage.

Im Fall eines Dispenses braucht der Emittent die Geschäftsführung der Börse bzw. die Marktverwaltungsgesellschaft nicht zu benachrichtigen[43]. Diese Mitteilung ist nur dann notwendig, wenn die Tatsache veröffentlicht wird. Le-

---

[37] Vgl *Cahn* (oben FN 5), WM 1998, 272, 273; *Valentino* (oben FN 1), 179f.

[38] Vgl. etwa *Schneider* (oben FN 3), BB 2001, 1214, 1218.

[39] Schäfer-*Geibel*, WpHG, § 15 RZ 114; *Kümpel*, Aktuelle Fragen der Ad-hoc-Publizität, AG 1997, 66, 71; *ders.*, Wertpapierhandelsgesetz: Eine systematische Darstellung, 120f.

[40] *Pfitzer/Streib* (oben FN 16), BB 1995, 1947, 1949.

[41] *Fürhoff/Wölk* (oben FN 15), WM 1997, 449, 458f.

[42] *Dreyling* (oben FN 4), in: Hadding/Hopt/Schimansky, Das 2. Finanzmarktförderungsgesetz in der praktischen Umsetzung, 159, 160; *Wittich*, Erfahrungen mit der Ad-hoc-Publizität in Deutschland, AG 1997, 1, 4.

[43] Vgl. Bericht des Finanzausschusses des Deutschen Bundestages, BT-Drucks. 12/7918, 101; Schäfer-*Geibel*, WpHG, § 15 RZ 119; Assmann/Schneider-*Kümpel*, § 15 RZ 82ff.; *Schneider* (oben FN 3), BB 2001, 1214, 1217.

diglich bei einer Veröffentlichung wird sich das Ereignis in den Preisen widerspiegeln und es kann daher erforderlich werden, die Feststellung des Börsenpreises auszusetzen.

E. Der Widerruf der Befreiung

Die erteilte Befreiung kann widerrufen werden.

I. Deutsches Recht

Eine publizitätspflichtige Tatsache ist nach deutschem Recht immer auch eine Insidertatsache (§ 13 Abs. 1 WpHG). Die Befreiungsperiode stellt deshalb eine riskante Situation in Bezug auf das Vorkommen von Insiderhandel dar. Auf dem Markt herrschen Informationsasymmetrien, so dass die Möglichkeit besteht, Insidergeschäfte abzuschließen. Die Befreiung von der Publizitätspflicht darf nicht den Insiderhandel fördern.

Der Dispens soll daher widerrufen werden, wenn Insidergeschäfte eintreten[44]. Es steht der BAFin. zu, den Kurs besonders sorgfältig nach Dispenserteilung zu kontrollieren, um mögliche Insiderverstöße zu identifizieren. In der Praxis sorgt eine Klausel des Befreiungsbescheids für einen Widerrufsvorbehalt im Fall der Verbreitung von Gerüchten auf dem Markt[45]. Bei der Entscheidung bezüglich des Widerrufs des Dispenses ist eine erneute Abwägung der Interessen des Emittenten und des Kapitalmarktes vorzunehmen. Vorrang soll, beim Vorliegen von Insiderhandel, noch stärker das öffentliche Interesse des Anlegerpublikums auf Information gegenüber dem privaten Interesse des Unternehmens auf Geheimhaltung haben[46]. In Extremfällen könnte sogar kein Widerruf erfolgen, wenn wirklich schwerwiegende Auswirkungen auf den Emittenten infolge der

---

[44] *Burgard*, Ad-hoc-Publizität bei gestreckten Sachverhalten und mehrstufigen Entscheidungsprozessen, ZHR 162 (1998), 51, 56; *von Klitzing* (oben FN 6), 178.

[45] Schäfer-*Geibel*, WpHG, § 15 RZ 117; *Wittich* (oben FN 42), AG 1997, 1, 4f.; *Schneider* (oben FN 3), BB 2001, 1214, 1217. Beim Insiderhandel während der Dispenszeit hat der Emittent selbst ein Interesse an einer unverzüglichen Veröffentlichung, um nicht dem Risiko ausgesetzt zu sein, gegen das Weitergabeverbot gem. § 14 Abs. 1 Nr. 2 WpHG zu verstoßen. Strafbar ist nach dieser Norm nicht nur die unbefugte Mitteilung einer Insidertatsache an einen Dritten, sondern auch das reine Zugänglichmachen derselben, was durch ein Unterlassen verursacht werden kann (sog. passives Weitergabeverbot). Darüber hinaus beeinträchtigen Insidervorfälle das Ansehen des Emittenten.

[46] *Kümpel*, Insiderrecht und Ad-hoc-Publizität aus Bankensicht, WM 1996, 653, 659; *ders.*, Wertpapierhandelsgesetz: Eine systematische Darstellung, 99f.

öffentlichen Bekanntgabe der Tatsache sicher sind. Zu denken ist z.B. an das Scheitern von Sanierungsverhandlungen als Folge der Veröffentlichung. Als Kriterium für eine Entscheidung ist in einer solchen Konstellation auch auf das Verhalten des Emittenten abzustellen. Das befreite Unternehmen hat alle erforderlichen Maßnahmen zu treffen, damit die Tatsache geheim bleibt. Wenn der Emittent die Geheimhaltung nicht gewährleistet, ist der Dispens zu widerrufen, um die Anleger vor Insidertransaktionen zu schützen. Nur dann, wenn die Verbreitung der Information nicht auf eine schuldhafte Handlung oder Unterlassung des Emittenten zurückzuführen ist, bleibt noch Raum für eine Berücksichtigung seiner Interessen.

Eine für eine kurze Zeit praktikable Alternative zum Widerruf der Befreiung ist, dass sich der Emittent mit der Geschäftsführung der Börsen, an denen die Wertpapiere gehandelt werden, in Verbindung setzt, um eine Kursaussetzung zu veranlassen[47]. Der Dispensbescheid enthält regelmäßig eine solche Klausel für die Fälle, in denen die Vertraulichkeit der Tatsache nicht mehr gewährleistet ist.

II. Italienisches Recht

Auch im italienischen Recht besteht eine partielle Übereinstimmung zwischen dem Begriff der publizitätpflichtigen Tatsache und dem der Insidertatsache (Art. 180 Abs. 3 *T.U.*). Es gibt deshalb im Fall einer Befreiung von der Ad-hoc-Publizitätspflicht das Risiko, dass Insiderhandel getätigt wird. Wobei die Möglichkeit eines Widerrufs der Befreiung nicht ausdrücklich vorgesehen ist, kann die *CONSOB* - im Fall der Verbreitung von Gerüchten und des Verdachts von Insiderhandel – den Emittenten zur Veröffentlichung zwingen (Art. 114 Abs. 3 *T.U.*). Eine Kursaussetzung eliminiert vorläufig das Insiderhandelsrisiko.

F. Die Befreiungspraxis

In den ersten Anmerkungen der deutschen Lehre bezüglich der Ad-hoc-Publizität war die Befürchtung vorhanden, dass die Emittenten von der Befreiungsmöglichkeit ständig Gebrauch machen könnten.

---

[47] *Fürhoff/Wölk* (oben FN 15), WM 1997, 449, 459; Schäfer-*Geibel*, WpHG, § 15 RZ 117; *Hoffmann-Becking/Happ/Semler*, Stellungnahme des Handelsrechtsausschusses des Deutschen Anwaltsvereins e.V. zur Anwendung des § 15 Wertpapierhandelsgesetz bei mehrstufigen Entscheidungsprozessen, WM 1997, 2325, 2331; *Kümpel* (oben FN 39), AG 1997, 66, 71; *Schneider* (oben FN 3), BB 2001, 1214, 1217.

Aus den Statistiken der BAFin. ergibt sich jedoch, dass keine Überflutung an Dispensanträgen stattgefunden hat[48]. In der Periode 1995-2000 wurden nur 58 Anträge gestellt. Davon wurden 41 stattgegeben, sechs abgelehnt und acht zurückgenommen. Vergleicht man diese Zahlen mit der Anzahl erfolgter Ad-hoc-Mitteilungen, zeigt sich ein starker Gegensatz sowohl im absoluten Verhältnis als auch in der Entwicklung[49].

In der Praxis erteilt die BAFin. Befreiungen nur bei negativen Unternehmensinformationen[50]. Dispense wurden erteilt, um Sanierungsmaßnahmen zu ermöglichen (insbesondere im Fall drohender Zahlungsunfähigkeit eines Emittenten oder seiner Tochterunternehmen) oder um Konflikte mit den Ad-hoc-Publizitätsvorschriften in anderen Ländern zu vermeiden[51].

Die Ad-hoc-Publizität hat sich für positive Nachrichten durchgesetzt und wird nicht selten missbräuchlich als Marketinginstrument eingesetzt[52]. Die Unternehmen haben im Gegenteil kein Interesse, negative Informationen zu verbreiten. Wird der Befreiungsantrag abgelehnt, lässt sich eine Veröffentlichung nicht vermeiden, weil die BAFin. über die Angelegenheit informiert ist. Wenn erteilt, dauert zudem der Dispens nur wenige Tage, so dass der Schutz des Emittenten vor dem öffentlich Bekanntwerden der Nachricht begrenzt ist. Aus allen diesen Gründen werden Befreiungsanträge oft nicht gestellt.

Allerdings dürfte diese Zurückhaltung in Zukunft abnehmen, denn zu den Änderungen im WpHG durch das 4. FFG gehört eine erhebliche Ausweitung der Kompetenzen der BAFin. zur Verhängung von Bußgeldern bei Verstößen gegen die Ad-hoc-Pflichten[53].

G. Fazit

I. § 15 WpHG im deutschen Recht und Art. 114 *T.U.* im italienischen Recht erlauben die Befreiung von der Ad-hoc-Publizitätspflicht. Die Möglichkeit eines Dispenses verdeutlicht den Interessenkonflikt zwischen Emittenten, die eher für eine Geheimhaltung zumindest der unternehmensinternen negativen Tatsachen sind, und den Anlegern, die eher für eine breite Informationversorgung plädieren. Bei der Entscheidung über die Erteilung einer Befreiung muss zwischen den Gesellschafts- und den Publikumsinteressen abgewogen werden. Die Informationserwartungen der Anleger sind idR zu befriedigen, denn die korrekte Preisbil-

[48] Die Statistiken sind zu finden im Internet unter http://www.bawe.de.
[49] *Schneider* (oben FN 3), BB 2001, 1214, 1215.
[50] Vgl. *von Klitzing* (oben FN 6), 170.
[51] *BAWe und Deutsche Börse AG*, Insiderhandelsverbote, 56.
[52] Vgl. *Schneider* (oben FN 3), BB 2001, 1214, 1215.
[53] *Schneider* (oben FN 3), BB 2001, 1214, 1215.

dung und die Verhinderung des Insiderhandels werden am besten durch die prompte Information der Öffentlichkeit erreicht.

II. Voraussetzung für eine Befreiung im deutschen Recht ist die Eignung der Veröffentlichung der Tatsache, ein berechtigtes Interesse des Emittenten zu schädigen. „Eignung" bedeutet, dass der Nachteil nicht zwingende Folge der öffentlichen Bekanntgabe ist. Sie ist als Wahrscheinlichkeit des Schadenseintritts zu interpretieren. Das Interesse muss „berechtigt", d.h. etwas mehr als ein einfaches Interesse, sein. Ein allgemeiner Hinweis auf Konkurrenzgründe genügt nicht. Die Dispensvoraussetzungen sind eng zu interpretieren. Sie werden z.B. dann vorliegen, wenn die Veröffentlichung der Tatsache die Existenz des Emittenten gefährdet.

Die Bedingungen der Befreiung sind im italienischen Recht enger formuliert als im deutschen Recht, denn es wird verlangt, dass die Veröffentlichung einen „schweren" Schaden auslösen kann. Italien hat dadurch die Möglichkeit eines Dispenses im Vergleich zum Europarecht richtlinienkonform beschränkt. Besteht durch die Geheimhaltung die Gefahr, die Anleger irrezuführen, so kann auf keinen Fall eine Befreiung erfolgen. Diese Norm ist zu kritisieren, denn sie verabsolutisiert den kapitalmarktrechtlichen Ansatz der Regelung und vernachlässigt sonstige wichtigen Aspekte.

III. Eine Befreiung von der Ad-hoc-Publizitätspflicht wird in Deutschland und Italien nur auf Antrag gewährt. Dieser muss unverzüglich nach Eintritt der Tatsache gestellt werden, denn ansonsten drohen aufgrund der Verzögerung Verwaltungssanktionen. Ebenso müssen die Aufsichtsbehörden ohne Zögern darüber entscheiden.

Die Anträge haben in beiden Ländern aufschiebende Wirkung. Dadurch entsteht die in der Literatur überbewertete Gefahr von Rechtsmissbräuchen.

Während im deutschen Recht keine Frist für die Entscheidung der Aufsichtsbehörde vorgesehen ist, muss sie hingegen nach italienischem Recht binnen sieben Tagen getroffen werden. Eine zügige Stellungnahme der BAFin. muss nichtsdestotrotz erfolgen, denn die Verwirklichung der Zielsetzungen der Ad-hoc-Publizität ist während der Wartezeit - aufgrund der aufschiebenden Wirkung der Anträge – behindert. Der Notwendigkeit einer schnellen Entscheidung steht die Erforderlichkeit einer überlegten Stellungnahme der Aufsichtsbehörden gegenüber.

Wird der Antrag abgelehnt, so können die Emittenten gerichtlichen Schutz beantragen. Ansonsten muss die Veröffentlichung sofort erfolgen.

IV. Die Dauer der Befreiung muss so kurz wie möglich sein.

Die Emittenten müssen alle Maßnahmen treffen, welche die Vertraulichkeit der Tatsache während der Befreiungszeit sichern. Der Dispens ist zu widerrufen, wenn Insiderhandel in der Zwischenzeit getätigt wird. In Ausnahmefällen könnte noch Raum für eine Betrachtung der Interessen der Emittenten vorhanden sein, wenn infolge der Veröffentlichung besonders schwerwiegende Schäden zu befürchten sind.

§ 8 Das Publizitätsverfahren

In diesem Paragraph wird die Abwicklung des Publizitätsverfahrens dargestellt. Wenn eine veröffentlichungspflichtige Tatsache vorliegt (§§ 4 und 5) und keine Befreiung durch die BAFin. erfolgt ist (§ 7), muss der Emittent das entsprechende Verfahren einleiten.

Das Publizitätsverfahren ist im deutschen Recht in drei Phasen geteilt (§ 15 Abs. 2-4 WpHG): die Vorabinformation der Geschäftsführung der Börse und der BAFin.; die Veröffentlichung an das Publikum; die nachträgliche Information der Geschäftsführung der Börse und der BAFin.

Das italienische Gesetz beschäftigt sich im Unterschied zum deutschen Gesetz nicht direkt mit den technischen Aspekten des Verfahrens. Art. 114 Abs. 1 S. 2 *T.U.* verweist diesbezüglich auf eine Ausführungsverordnung der *CONSOB*, der zusteht, die Modalitäten der Information des Publikums festzulegen. Die italienische Aufsichtsbehörde wird zudem ermächtigt, die eigenen Funktionen mit denen der Marktverwaltungsgesellschaft zu koordinieren[1]. Das Publizitätsverfahren ist im italienischen Recht einfach, denn der Text der Meldung ist lediglich gleichzeitig an die Marktverwaltungsgesellschaft, die *CONSOB* und zwei Nachrichtenagenturen zu schicken.

A. Die Mitteilung

Eine Mitteilung an Kontrollinstanzen vor der Veröffentlichung an die Investoren ist im Europarecht nicht vorgesehen. Nach Art. 17 Abs. 1 EG-BörsenzulassungsRL haben die Emittenten die zuständigen Stellen „gleichzeitig" mit dem Publikum zu informieren.

I. Allgemeines

1. Deutsches Recht

Im deutschen Recht sind jedoch die Geschäftsführung der Börse sowie die BAFin. vor einer Veröffentlichung in Kenntnis zu setzen. Fraglich ist, ob die deutsche Regelung unter dem Gesichtspunkt der Reihenfolge richtlinien-

---

[1] Die einzige zugelassene Marktverwaltungsgesellschaft ist derzeit die *Borsa Italiana spa*. Sie hat eine Verordnung über die von ihr organisierten und verwalteten Märkte (*Regolamento dei mercati organizzati e gestiti dalla Borsa Italiana spa* vom 11.12.1997) erlassen, die von der *CONSOB* mit Beschluss Nr. 11091 vom 12.12.1997 angenommen wurde.

konform ist, denn die in § 15 Abs. 2 WpHG vorgesehenen Modalitäten des Verfahrens verschieben - entgegen den Zielsetzungen der Ad-hoc-Publizität - die Unterrichtung des Anlegerpublikums[2]. Die Vorabinformation der Kontrollinstanzen findet jedoch ihre Begründung darin, dass die Geschäftsführung der Börse den Kurs aussetzen kann und die BAFin. die gesamte Abwicklung auch zum Zweck der Vorbeugung des Insiderhandels beaufsichtigen kann. Sie operieren deshalb im Interesse der Funktionsfähigkeit des Marktes, d.h. zur Verwirklichung des obersten Ziels der EG-BörsenzulassungsRL. Die Vorabinformation ist deshalb europarechtskonform.

Für Emittenten mit Sitz im Ausland gilt das Prinzip „erst Mitteilung, dann Veröffentlichung„ nicht, denn sie dürfen beides gleichzeitig vornehmen (§ 15 Abs. 2 S. 3 WpHG). Dies ist zulässig, wenn die BAFin. diese besondere Prozedur genehmigt hat (auch allgemein durch Bekanntmachung[3]) und die Entscheidung der Geschäftsführung über die Aussetzung der Feststellung des Börsenpreises nicht beeinträchtigt wird. Die Emittenten mit Sitz im Ausland müssen in einigen Fällen ähnliche Ad-hoc-Publizitätspflichten in ihrem Heimatland erfüllen. Die erste Meldung in Deutschland kann deshalb in Konflikt mit denjenigen nationalen Regelungen geraten, nach denen die erste Informationsverbreitung im Inland stattfinden muss[4]. Durch die Zulassung der gleichzeitigen Mitteilung und Veröffentlichung werden ausländische Emittenten in die Lage versetzt, die eigenen nationalen Bestimmungen einzuhalten[5]. Die Erfüllung von Publizitätspflichten im Ausland befreit allerdings nicht von Publizitätspflichten in Deutschland[6]. Nur dann, wenn die Informationsverbreitung durch den ausländischen Emittenten in einer für die deutschen Anleger geeigneten Form erfolgt (beispielweise durch internationale Verbreitungssysteme), ist eine zweite Veröffentlichung nicht mehr notwendig.

2. Italienisches Recht

Im italienischen Recht ist die Vorabinformation der Kontrollinstanzen lediglich als Ausnahme vorgesehen. In Italien sind Aufsichtsstrukturen und Publikum idR gleichzeitig zu benachrichtigen (Art. 66 Abs. 1-2 *Reg.*). Nur dann, wenn die Mitteilung während der Handelszeit veröffentlicht wird, muss sie mindestens 15 Minuten vor der Veröffentlichung der *CONSOB* und der Marktverwaltungsgesellschaft zur Verfügung gestellt werden (Art. 66 Abs. 3 *Reg.*). Sie gibt der Marktverwaltungsgesellschaft die Gelegenheit, den Kurs auszuset-

[2] Vgl. *Hausmaninger*, Insider Trading, 257 und 268.
[3] *BAWe und Deutsche Börse AG*, Insiderhandelsverbote, 44.
[4] Umgekehrt könnte eine erste Meldung im Ausland gegen die vorgeschriebene Form der Publizität nach § 15 Abs. 3 S. 2 WpHG verstoßen. Schäfer-*Geibel*, WpHG, § 15 RZ 133.
[5] Assmann/Schneider-*Kümpel*, § 15 RZ 100a.
[6] Schäfer-*Geibel*, WpHG, § 15 RZ 134.

zen, und der *CONSOB* die Möglichkeit, von Anfang an das Verfahren zu beaufsichtigen[7]. Auch im italienischen Recht ist die Vorabinformation richtlinienkonform, denn Kursaussetzung und Aufsicht sind der Funktionsfähigkeit des Kapitalmarktes dienlich.

II. Die Mitteilung an die Geschäftsführung der Börse und an die Marktverwaltungsgesellschaft

Die Pflicht zur Vorabinformation der Geschäftsführung der Börse und der Marktverwaltungsgesellschaft besteht nur dann, wenn später eine Veröffentlichung stattfinden soll[8]. Entfällt die Informationspflicht des Publikums auf Grund einer Befreiung, so ist auch die Vorabinformation nicht erforderlich.

1. Deutsches Recht

Die Meldung ist nach deutschem Recht zunächst an die Geschäftsführung der Börsen zu schicken (§ 15 Abs. 2 S. 1 WpHG). Diese darf die ihr mitgeteilte Tatsache nur zum Zweck der Entscheidung verwenden, ob die Feststellung des Börsenpreises auszusetzen oder einzustellen ist, (§ 15 Abs. 2 S. 2 WpHG). Die Geschäftsführung prüft demzufolge, ob nach § 75 Abs. 3 BörsG (für Wertpapiere mit nicht-amtlicher Notierung) oder nach § 43 Abs. 1 BörsG (für Wertpapiere mit amtlicher Notierung) die Notierung auszusetzen oder einzustellen ist.

Nach § 43 Abs. 1 Nr. 2 BörsG kommt man zu einer zeitlich nicht begrenzten Einstellung der Notierung, wenn ein ordnungsgemäßer Börsenhandel nicht mehr gewährleistet erscheint[9]. Sie wird nur in extremen Fällen (z.B. Vergleich oder Insolvenz) angeordnet[10]. In aller Regel wird das Vorliegen einer publizitätspflichtigen Tatsache lediglich zur Aussetzung führen. Auch diese stellt allerdings für das reibungslose Funktionieren der Märkte eine gravierende Entscheidung dar, da gem. Nr. 6 der Sonderbedingungen für Wertpapiergeschäfte alle an der Börse auszuführenden Kundenaufträge erlöschen. Die Aussetzung kann deshalb nur dann angeordnet werden, wenn ein ordnungsgemäßer Börsenhandel zeitweilig gefährdet ist oder wenn sie zum Schutz des Publikums geboten erscheint (§ 43 Abs. 1 Nr. 1 BörsG).

---

[7] *Valentino*, L'informativa societaria, 51f.

[8] Vgl. Bericht des Finanzausschusses des Deutschen Bundestages, BT-Drucks. 12/7918, 101; Assmann/Schneider-*Kümpel*, § 15 RZ 100.

[9] Vgl. Schäfer-*Hamann*, BörsG, § 43 RZ 1; *Schwark*, BörsG, § 43 RZ 3; *von Klitzing*, Die Adhoc-Publizität, 189ff.

[10] Vgl. Assmann/Schneider-*Kümpel*, § 15 RZ 117; *von Rosen*, Die rechtliche Ordnung des geregelten Kapitalmarktes, in: Assmann/Schütze, Handbuch des Kapitalanlagerechts, § 2 RZ 164.

Die Geschäftsführung geniesst Ermessen bei der Entscheidung, ob der Kurs ausgesetzt werden soll[11]. Dieses soll jedoch nach dem Grundsatz der Verhältnismäßigkeit ausgeübt werden. Nicht angebracht wäre beispielsweise eine Aussetzung, wenn die Tatsache offensichtlich nicht geeignet ist, eine erhebliche Kursbeeinflussung auszulösen[12]. Im Börsenwesen gilt der Grundsatz, dass gehandelt werden soll[13]. Aussetzungen sind soweit wie möglich zu vermeiden, denn sie laufen idR gegen die Interessen der Emittenten und des Publikums[14]. Dabei wird z.B. das Ansehen der betroffenen Gesellschaft vor den Anlegern in Frage gestellt, denn dahinter werden schlechte Nachrichten vermutet[15]. Die Investoren haben noch ein stärkeres Interesse daran, dass gehandelt wird, denn dadurch wird ihnen überhaupt die Möglichkeit eröffnet, Wertpapiere zu kaufen oder zu verkaufen[16]. Die Kontinuität des Börsenhandels stellt einen wichtigen Faktor zur Stärkung des Vertrauens der Öffentlichkeit dar. Häufige Kursaussetzungen beeinträchtigen die Investitionsbereitschaft, wenn die Anleger an der Funktionsfähigkeit der Börse zweifeln[17]. Gelangt man nichtsdestotrotz zu einer Aussetzung, so soll diese aus den erwähnten Gründen so kurz wie möglich gehalten werden. IdR reicht ein Zeitraum von einer bis zu anderthalb Stunden aus.

a) Sinn und Zweck der Kursaussetzung

Die Kursaussetzung, die im deutschen Recht in Umsetzung des Art. 14 EG-BörsenzulassungsRL eingeführt wurde, soll eine korrekte Börsenpreisbildung ermöglichen und Insidergeschäften entgegenwirken[18].

Die zeitweilige Gefährdung der Ordnungsmäßigkeit des Börsenhandels ist bei publizitätspflichtigen Tatsachen gegeben, denn das Ereignis ist nach der Legaldefinition geeignet, den Kurs erheblich zu beeinflussen[19]. Solange die Tat-

---

[11] Assmann/Schneider-*Kümpel*, § 15 RZ 124.

[12] *Kümpel*, Aktuelle Fragen der Ad-hoc-Publizität, AG 1997, 66, 72; *ders.*, Börsenrecht: Eine systematische Darstellung, 126f.

[13] Vgl. *Kümpel*, Kapitalmarktrecht: Eine Einführung, 96f.; *Schwarze*, Insiderregelungen im Spannungsfeld der Praktikabilität, BFuP 1994, 124, 130.

[14] *BAWe und Deutsche Börse AG*, Insiderhandelsverbote, 44.

[15] Schäfer-*Geibel*, WpHG, § 15 RZ 130.

[16] *Schwarze*, Ad-hoc-Publizität und die Problematik der Notierungsaussetzung, in: Baegte, Insiderrecht und Ad-hoc-Publizität, 99, 101ff.

[17] Vgl. *Bruns*, Finanzpublizität nach Inkrafttreten des 2. Finanzmarktförderungsgesetz – Zur praktischen Umsetzung bei Daimler-Benz, in: Baegte, Insiderrecht und Ad-hoc-Publizität, 109, 115.

[18] Bericht des Finanzausschusses des Deutschen Bundestages, BT-Drucks. 12/7918, 101; Stellungnahme des Bundesrates, BT-Drucks. 12/6679, 94.

[19] Vgl. *Schwark* (oben FN 9), § 43 RZ 5f.

sache nicht öffentlich bekannt ist, werden keine adäquaten Preise vereinbart[20]. Im Fall einer negativen Nachricht verkaufen die Anleger ihre Wertpapiere zu einem zu hohen Kurs. Umgekehrt wird bei positiven Tatsachen zu einem zu niedrigen Preis verkauft. Darüber hinaus ist die bestehende Informationsasymmetrie für Insiderhandel geeignet. Eine Kursaussetzung ist zum Schutz des Publikums erforderlich, denn der Tatsacheneintritt verändert die Grundlage der Auftragserteilung. Sinn und Zweck der Aussetzung ist es, den Anlegern auf Grund der Verbreitung aktueller Informationen die Möglichkeit zu geben, erneut über die Investitionsentscheidung nachzudenken[21]. Infolge der eingetretenen Tatsache besteht kein Interesse mehr an der Ausführung des Orders oder dies nur zu einem veränderten Kursniveau[22]. Wie bereits erwähnt, erlöschen deshalb im Zusammenhang mit der Aussetzung die Aufträge, die auf Grund einer überholten Informationslage erteilt wurden. Auf diese Art und Weise werden Schäden für die Anleger vermieden[23].

Mit der Kursaussetzung wird Zeit gewonnen, bis die Verwirklichung der Zielsetzungen der Sofortpublizität wieder gesichert ist. Der Börsenhandel wird vorübergehend mit sofortiger Wirkung unterbrochen, so dass in der Zwischenzeit durch die Ad-hoc-Veröffentlichung die Informationsdifferenzen eliminiert werden können[24]. Während der Aussetzung werden die Kurse nicht festgestellt, um erhebliche Kurssprünge sowie Insidertransaktionen zu vermeiden. Nach Tatsachenverbreitung ist eine korrekte Preisbildung wieder möglich und Insidergeschäfte können nicht mehr abgeschlossen werden[25].

b) Das Aussetzungsverfahren

Die BAFin. und die Deutsche Börse AG haben einige Hinweise bezüglich des Mitteilungsverfahrens gegeben[26]. Der Text soll aus Geschwindigkeitsgründen am besten per Telefax mitgeteilt werden. Den Emittenten wird empfohlen, darauf hinzuweisen, welche Art der Veröffentlichung (überregionales Börsenpflichtblatt oder elektronisch betriebenes Informationsverbreitungssystem)

---

[20] Assmann/Schneider-*Kümpel*, § 15 RZ 127f.; *ders.*, Kapitalmarktrecht – Einführung, in: Kümpel/Ott, Kapitalmarktrecht, KZ 50 RZ 59.

[21] S. *Hirte*, Die Ad-hoc-Publizität im System des Aktien- und Börsenrechts, in: Hadding/Hopt/Schimansky, Das 2. Finanzmarktförderungsgesetz in der praktischen Umsetzung, 47, 69; *Kümpel*, Börsenrecht: Eine systematische Darstellung, 124f.

[22] *Kümpel*, Wertpapierhandelsgesetz: Eine systematische Darstellung, 125ff.; *ders.*, Aktuelle Fragen der Ad-hoc-Publizität, AG 1997, 66, 72.

[23] Vgl. Schäfer-*Geibel*, WpHG, § 15 RZ 129.

[24] Begründung zum Regierungsentwurf Börsenzulassungsgesetz, BT-Drucks. 10/4296, 15; *Kümpel* (oben FN 21), 119f.

[25] Für eine Darstellung der verschiedenen empirischen Untersuchungen s. *Lahmann*, Insiderhandel, 88f.

[26] *BAWe und Deutsche Börse AG*, Insiderhandelsverbote, 40.

verwendet wird. Die Wahrscheinlichkeit einer Kursaussetzung ist im Fall der Veröffentlichung in einem Börsenpflichtblatt höher, weil zwischen der Annahme der Anzeige und dem Erscheinen eine längere Zeitperiode vergeht[27]. Es soll ferner angegeben werden, wann die Publizität stattfinden wird. Die Mitteilungsangaben sind so zu gestalten, dass der Geschäftsführung der Börse genügend Zeit hat (20-30 Minuten), um eine überlegte Entscheidung zu treffen und gegebenenfalls Kontakt mit den Emittenten für Rückfragen aufzunehmen.

Eine überlegte Entscheidung des Emittenten bezüglich des Zeitpunktes der Veröffentlichung ermöglicht eine Reduzierung der Anzahl der Kursaussetzungen[28]. Die Verbreitung von Informationen während der Handelszeit kann zu sofortigen starken Kursbeeinflussungen führen. Wenn die Tatsache demgegenüber außerhalb dieser Zeit veröffentlicht wird, können sie vermieden werden. Ist die Information spätestens eine halbe Stunde vor Börsenbeginn der Bereichsöffentlichkeit bekannt, so kommt man in der Praxis zu keiner Kursaussetzung, denn das Ereignis hat sich in den Preisen bereits vor der Wiederaufnahme des Handels niedergeschlagen. Eine korrekte Handhabung der Sofortpublizität ermöglicht deshalb die Stabilisierung des Börsenhandels. Es empfiehlt sich z.B., wichtige Sitzungen der Gesellschaftsorgane, die zur Auslösung der Ad-hoc-Publizitätspflicht führen können, erst abends durchzuführen[29].

Der Zeitpunkt der Veröffentlichung kann jedoch nicht in jeder Situation beliebig gewählt werden[30]. Die Emittenten können das Entstehen einer publizitätspflichtigen Tatsache (typischerweise bei kognitiven Ereignissen) nicht immer steuern. Kommt ein publizitätspflichtiges Vorkommnis während der Handelszeit vor, so ist der Vorstand der Gesellschaft zur unverzüglichen Bekanntgabe verpflichtet. Ansonsten wird eine Ordnungswidrigkeit nach § 39 Abs. 1 WpHG begangen. Dies ist von der BAFin. bestätigt worden[31]. Für die Beurteilung der Unverzüglichkeit der Publizität kommt es nicht auf die Börsenhandelszeiten an. „Angesichts des festzustellenden Publizitätsverhaltens der börsenzugelassenen Emittenten, wonach im Jahr 2001 ca. 60% aller über ein elektroni-

---

[27] Schäfer-*Hamann*, BörsG, § 43 RZ 9.

[28] Vgl. Schäfer-*Geibel*, WpHG, § 15 RZ 55; *Pellens/Fülbier*, Publizitätspflichten nach dem Wertpapierhandelsgesetz – Ausgestaltung unter Berücksichtigung anglo-amerikanischer Regulierungen, DB 1994, 1381, 1383; *Röder*, Die Informationswirkung von Ad-hoc-Meldungen, ZfB 70 (2000), 567, 572f.; *Schwarze* (oben FN 13), 124, 130f.; *von Klitzing* (oben FN 9), 195f.

[29] Vgl. *BAWe und Deutsche Börse AG*, Insiderhandelsverbote, 45; Schäfer-*Geibel*, BörsG, § 43 RZ 9; *Schwarze* (oben FN 16), in: Baegte, Insiderrecht und Ad-hoc-Publizität, 99, 105.

[30] *Klein*, Praktische Erfahrungen eines Weltkonzerns mit Vorschriften der Ad-hoc-Publizität in Deutschland und im Ausland, in: Hadding/Hopt/Schimansky, Das 2. Finanzmarktförderungsgesetz in der praktischen Umsetzung, 95, 104.

[31] *BAWe*, Schreiben an die Vorstände der an einer inländischen Börse zum amtlichen Handel oder zum geregelten Markt zugelassenen Aktiengesellschaften sowie die persönlichen haftenden Gesellschafter der zum amtlichen Handel oder zum geregelten Markt zugelassenen Kommanditgesellschaften auf Aktien, 8.2.2002.

sches Informationsverbreitungssystem verbreiteten Ad-hoc-Meldungen montags bis freitags in der Zeit von 7.00 bis 9.00 Uhr veröffentlicht wurden, ist darauf hinzuweisen, dass die gesetzliche Verpflichtung zur unverzüglichen Mitteilung und Veröffentlichung unabhängig von Börsenhandelszeiten existiert. Die gesetzlich vorgeschriebene Vorabmitteilung der kursbeeinflussenden Tatsache an die Börsen kann während der Börsenhandelszeiten zwar Kursaussetzungen zur Folge haben. Dies liegt grundsätzlich weder im Interesse der Marktteilnehmehr noch der Emittenten, da die Kursaussetzung in den Handel, d.h. in die Preisfeststellung eingreift, z.B. zum Erlöschen allen offener Wertpapieraufträge in dem betreffenden Wertpapier führt. Ist die kursbeeinflussende Tatsache jedoch während der Börsenhandelszeiten eingetreten, ist ein Zuwarten ohne sachlich gerechtfertigten Grund nicht zulässig. Aus dem WpHG lässt sich keine Wertung dahingehend entnehmen, dass bei nicht stattfindender Handelsaktivität eine bestehende Ad-hoc-Publizität suspendiert wäre. Den Erfordernissen des § 15 WpHG wird daher grundsätzlich nicht dadurch genüge getan, indem eine am Vortag nach Börsenschluss eingetretene Tatsache erst am nächsten Morgen vor Aufnahme des Börsenhandels mitgeteilt und veröffentlicht wird".

Die Geschäftsführung der Börse braucht idR nicht länger als 30 Minuten, um die Notwendigkeit einer Kursaussetzung auszuwerten[32]. Maßgeblich sind jedoch die Umstände des Einzelfalles. Die Entscheidung wird z.B. durch eine exzessive Flut von Informationen erschwert. In Zweifelsfällen empfiehlt es sich, den Zeitverlauf telefonisch abzustimmen. Während die Entscheidung über die Kursaussetzung anhängig ist, muss mit der Veröffentlichung gewartet werden.

Die Praxis der Kursaussetzungen hat sich nach Inkrafttreten des WpHG positiv verändert[33]. Man ist von 86 Fällen im Jahre 1993 und 62 im Jahre 1994 auf nur 25 im Jahre 1995 gekommen. Sie erstrecken sich idR auf höchstens einen Handelstag.

2. Italienisches Recht

Auch im italienischen Recht ist der Text der Meldung der Marktverwaltungsgesellschaft mitzuteilen (Art. 66 Abs. 1 Buchstabe a) *Reg.*). Die Mitteilung soll aus Geschwindigkeitsgründen per Telefax erfolgen. Die Marktverwaltungsgesellschaft muss der Text der Meldung sofort zur Verfügung des Publikums stellen.

---

[32] *BAWe und Deutsche Börse AG*, Insiderhandelsverbote, 40.

[33] Vgl. *BAWe und Deutsche Börse AG*, Insiderhandelsverbote, 45; *Gerke/Bank/Lucht*, Die Wirkungen des Wertpapierhandelsgesetzes auf die Informationspolitik der Unternehmen, Die Bank 1996, 612, 616; *Kümpel* (oben FN 21), 128ff.; *Schwarze* (oben FN 13), 124, 131; *ders.* (oben FN 16), in: Baegte, Insiderrecht und Ad-hoc-Publizität, 105.

Die Vorabinformation der Marktverwaltungsgesellschaft hat die gleiche Funktion wie im deutschen Recht. Dadurch soll sie in die Lage gesetzt werden, den Handel auszusetzen.

III. Die Mitteilung an die BAFin. und an die *CONSOB*

1. Die Mitteilung an die BAFin.

Tatsachen sind vor der Veröffentlichung nicht nur der Geschäftsführung der Börse, sondern auch der BAFin. mitzuteilen, damit diese das gesamte Verfahren von Anfang an überwachen kann[34]. Die Vorabinformation der Aufsichtsbehörde ermöglicht, auch in Anbetracht der eventuellen Anwendung von Sanktionen, die Kontrolle über die Korrektheit der Veröffentlichungstätigkeit des Emittenten (richtig, vollständig, in der vorgeschriebenen Form, rechtzeitig). Die präventive Information der BAFin. dient zudem der Bekämpfung des Insiderhandels. Nach der Mitteilung wird die Aufsichtsbehörde den Kurs der Wertpapiere beobachten und mögliche Unregelmäßigkeiten aufspüren. Die Zeitspanne zwischen der Entstehung einer Insidertatsache und ihrer Veröffentlichung kann für Insidertransaktionen ausgenutzt werden[35]. Wenn dies der Fall ist, dann löst die Publizität eine reduzierte Kursbeeinflussung aus, da sich der Insiderhandel bereits im Preis niedergeschlagen hat. Folglich erlangen auch diejenigen Mitteilungen, die den Kurs der Wertpapiere nur gering beeinflussen, die Aufmerksamkeit der BAFin.[36].

Für die Durchführung der Mitteilung an die BAFin. gelten einige praktische Hinweise. Es sind die betroffenen Wertpapiere unter Angabe der Wertpapierkennnummer und des Börsenplatzes aufzuführen[37]. Die Mitteilung hat regelmäßig per Telefax zu erfolgen, damit die erforderliche Geschwindigkeit der Operation gesichert ist[38]. Durch die Verwendung von lediglich bestimmten Telefaxleitungen soll die Vertraulichkeit gesichert werden. Die Emittenten haben Ansprechpartner in Angelegenheiten des § 15 WpHG zu benennen und der BAFin. schriftlich mitzuteilen.

---

[34] Begründung zum Regierungsentwurf 2. FFG, BT-Drucks. 12/6679, 49; Bericht des Finanzausschusses des Deutschen Bundestages, BT-Drucks. 12/7918, 101.

[35] Vgl. *Nowak*, Ad-hoc-Publizität bei M&A-Transaktionen, DB 1999, 601, 604.

[36] *Wittich*, Erfahrungen mit der Ad-hoc-Publizität in Deutschland, AG 1997, 1, 4.

[37] *BAWe*, Bekanntmachung vom 29.1.1996.

[38] *BAWe*, Bekanntmachung vom 7.12.1994.

2. Die Mitteilung an die *CONSOB*

Auch im italienischen Recht ist die *CONSOB* über die Veröffentlichung von Anfang an zu informieren, damit sie ihre Aufsichtsfunktion ausübt (Art. 66 Abs. 2 *Reg.*). Der Unterschied zum deutschen Recht besteht darin, dass die Mitteilung an die Aufsichtsbehörde nicht im voraus, sondern idR gleichzeitig mit der Veröffentlichung stattfindet. Die *CONSOB* wird auf Grund der Vorabinformation in die Lage versetzt, eventuelle Insidergeschäfte zu entdecken. Die Mitteilung an die Aufsichtsbehörde ermöglicht zudem, auch hinsichtlich der Verhängung von Sanktionen (Art. 193 Abs. 1 *T.U.*), die Kontrolle über die Erfüllung der gesetzlichen Pflicht. Es geht insbesondere darum, zu prüfen, ob dem Markt „korrekte" Informationen geliefert werden (vgl. Art. 115 Abs. 1 *T.U.*)[39].

Die Information der *CONSOB* soll am besten per Telefax erfolgen, damit die Aufsichtsbehörde prompt benachrichtigt wird.

B. Die Veröffentlichung

I. Die Informationsmittel

1. Europäischen Recht

Art. 17 Abs. 1 der EG-BörsenzulassungsRL regelt die Veröffentlichungsmittel: „Die von den Emittenten eines Wertpapiers, das zur amtlichen Notierung in einem Mitgliedstaat zugelassen ist, dem Publikum zugänglich zu machenden Informationen gem. den Schemata C und D müssen in einer oder mehreren Zeitungen mit einer Verbreitung im gesamten Staatsgebiet oder weiter Verbreitung in diesem Staat veröffentlicht werden oder dem Publikum entweder in schriftlicher Form in den durch Anzeigen in einer oder mehreren Zeitungen mit einer Verbreitung im gesamten Staatsgebiet oder weiter Verbreitung in dem genannten Staat angegebenen Orten oder durch andere von den zuständigen Stellen anerkannte gleichwertige Mittel zugänglich gemacht werden".

2. Deutsches Recht

Eine Veröffentlichung erfolgt entweder in mindestens einem überregionalen Börsenpflichtblatt oder über ein elektronisch betriebenes Informationsverbreitungssystem (sog. Ticker-Meldung), das bei den Kreditinstituten, deutschen Zweigstellen von Unternehmen mit Sitz im Ausland, welche Bankgeschäfte betreiben oder Finanzdienstleistungen erbringen (§ 53 Abs. 1 S. 1

[39] *Valentino* (oben FN 7), 49.

KWG), anderen Unternehmen, die ihren Sitz im Inland haben und an einer inländischen Börse zur Teilnahme am Handel zugelassen sind, und Versicherungsunternehmen weit verbreitet ist (§ 15 Abs. 3 S. 1 WpHG). Der Emittent kann auch beide Veröffentlichungswege gleichzeitig verwenden[40].

Die erste Möglichkeit für die Emittenten, der Veröffentlichungspflicht nachzukommen, ist, sich eines überregionalen Börsenpflichtblatts zu bedienen. Die Definition ist in § 37 Abs. 4 BörsG enthalten. Dabei muss es sich um Tageszeitungen mit überregionaler Verbreitung im Inland handeln[41]. Dies soll für eine weite Diffusion der Tatsache sorgen. Eine lokale Verbreitung reicht nicht aus[42]. Die Presse ist unter dem Gesichtspunkt ein vorteilhaftes Mittel, dass die Informationskosten niedrig sind. Sie kann zudem eine relativ hohe Anzahl von Investoren erreichen. Eine auf Tageszeitungen ausgerichtete Publizität kann jedoch die Erfordernisse eines effizienten Kapitalmarktes nicht immer erfüllen[43]. In zeitlicher Hinsicht ist die Verwendung der Presse kein vorteilhafter Verbreitungsmechanismus, denn der Zeitraum zwischen der Annahme der Anzeige (nicht nach 15.00 Uhr) und der Veröffentlichung (am nächsten Morgen) ist länger als im Fall eines elektronischen Systems[44]. In der Zwischenperiode können sich Gerüchte auf dem Markt verstreuen und Insidervorfälle ereignen. Den Emittenten ist daher von dieser Form der Veröffentlichung idR abzuraten.

Sofern der Emittent keine Veröffentlichung in einem überregionalen Börsenpflichtblatt vornimmt, muss er ein elektronisch betriebenes Informationsverbreitungssystem verwenden[45]. Der größte Teil der Tatsachen wird mit dieser

---

[40] *BAWe und Deutsche Börse AG*, Insiderhandelsverbote, 41.

[41] Als überregionale Börsenpflichtblätter fungieren einige der am meisten verbreiteten Tageszeitungen Deutschlands: „Börsenzeitung“, „Die Welt“, „Handelsblatt“, „Frankfurter Allgemeine Zeitung“, „Frankfurter Rundschau“, „Süddeutsche Zeitung“. Vgl. hierzu *BAWe und Deutsche Börse AG*, Insiderhandelsverbote, 113; *Caspari*, Die Problematik der erheblichen Kursbeeinflussung einer publizitätspflichtigen Tatsache, in: Baegte, Insiderrecht und Ad-hoc-Publizität, 67, 70; Schäfer-*Geibel*, WpHG, § 15 RZ 139; *Pellens/Fülbier*, Gestaltung der Ad-hoc-Publizität unter Einbeziehung internationaler Vorgehensweisen, in: Baegte, Insiderrecht und Ad-hoc-Publizität, 23, 37; *Wölk*, Ad-hoc-Publizität – Erfahrungen aus der Sicht des BAWe, AG 1997, 73, 75.

[42] Begründung zum Regierungsentwurf 2. FFG, BT-Drucks. 12/6679, 49.

[43] Vgl. *Breuer*, Zweites Finanzmarktförderungsgesetz: Neues Leben für den Finanzplatz Deutschland, Die Bank 1994, 444, 446; *Hirte* (oben FN 21), in: Hadding/Hopt/Schimansky, Das 2. Finanzmarktförderungsgesetz in der praktischen Umsetzung, 47, 70.

[44] *Fürhoff/Wölk*, Aktuelle Fragen zur Ad-hoc-Publizität, WM 1997, 449, 459.

[45] Die DGAP mbH mit Sitz in Frankfurt am Main übernimmt die ganzen Formalitäten des Publizitätsverfahrens über elektronisch betriebene Informationsverbreitungssysteme. Diese Gesellschaft stellt bei Beauftragung sicher, dass eine ihr durch einen Emittenten übermittelte Mitteilung gesetzeskonform veröffentlicht wird.. Sie hat auf ihrer *homepage* unter www.dgap.de ein umfassendes Archiv von Ad-hoc-Mitteilungen eingerichtet. Neben DGAP bieten auch seit Herbst 2000 die XiQu AG und seit Frühjahr 2001 die Hugin IR Services

Modalität veröffentlicht[46]. Das Informationsverbreitungssystem wird von den Emittenten vor allem auf Grund der Schnelligkeit bevorzugt[47]. Eine unverzügliche Benachrichtigung entspricht am besten den Zielsetzungen der Regelung. Durch die elektronische Verbreitung wird die Informationseffizienz des Marktes verbessert und der Zeitraum für Insidertätigkeiten reduziert.

3. Italienisches Recht

Die Emittenten müssen die Mitteilung zwei Nachrichtenagenturen zuschicken (Art. 66 Abs. 1 Buchstabe b) *Reg.*). Die Ausführungsverordnung verlangt keine besondere Form für die Veröffentlichung. Wie im deutschen Recht kann deshalb auch ein elektronisches Medium verwendet werden[48].

Auf die Vor- und Nachteile der Verwendung von Tageszeitungen oder elektronischen Verbreitungssystemen wurde schon oben im Rahmen der Anmerkungen zum deutschen Recht eingegangen[49].

II. Verbot anderweitiger Formen der Veröffentlichung

1. Deutsches Recht

Der deutsche Gesetzgeber hat ausdrücklich vorgesehen, dass die Publizität nicht in einer anderen Form als die gesetzliche erfolgen kann (§ 15 Abs. 3 S. 2 WpHG). Gem. § 39 Abs. 1 Nr. 3 WpHG begeht eine Ordnungswidrigkeit, wer vorsätzlich oder leichtfertig entgegen § 15 Abs. 3 S. 2 WpHG eine Veröffentlichung vornimmt. Mit dem Verbot anderer Veröffentlichungsformen soll eine unkontrollierte Verbreitung publizitätspflichtiger Informationen verhindert werden[50]. Pressemitteilungen sowie sonstige Arten der Verlautbarung der Tatsache vor dem Verfahren nach § 15 Abs. 3 WpHG sind deshalb verboten[51].

„Dem Emittenten ist freigestellt, sich zusätzlich eines anderen Veröffentlichungsmediums zu bedienen; er hat in diesem Fall jedoch zu beachten, dass

---

Deutschland GmbH für Emittenten Dienstleistungen im Zusammenhang mit der technischen Erfüllung der Ad-hoc-Publizität an.

[46] Die jeweiligen Daten können den JB des BAWe entnommen werden.

[47] Bericht des Finanzausschusses des Deutschen Bundestages, BT-Drucks. 12/7918, 101; *BAWe und Deutsche Börse AG*, Insiderhandelsverbote, 41 und 55.

[48] *Annunziata*, La nuova disciplina delle comunicazioni societarie al pubblico e alla CONSOB, Le Società, 1999, 520, 527.

[49] Vgl. *Valentino* (oben FN 7), 52.

[50] Bericht des Finanzausschusses des Deutschen Bundestages, BT-Drucks. 12/7918, 101.

[51] *BAWe und Deutsche Börse AG*, Insiderhandelsverbote, 41.

die kursrelevante Tatsache zumindest zeitgleich im Wege eines der beiden vorgeschriebenen Verfahren den Marktteilnehmern zur Kenntnis gebracht wird“[52]Nach der Durchführung des gesetzlichen Verfahrens kann die Tatsache auch mit anderen Mitteln weiterverbreitet werden[53]. Es ist z.B. nicht verboten, nach der Veröffentlichung den Inhalt der Meldung im Rahmen einer Pressekonferenz zu erläutern.

2. Italienisches Recht

Im italienischen Recht ist kein ausdrückliches Verbot anderweitiger Veröffentlichungsformen zu finden. Die Lehre kommt jedoch zu ähnlichen Ergebnissen wie im deutschen Recht[54]. Dass die Verbreitung der Tatsache nach dem Verfahren des Art. 66 Abs. 1 *Reg.* erfolgen muss, ergibt sich aus der Notwendigkeit, die Effektivität der Publizität zu sichern. Wenn sich die Emittenten die Form der Veröffentlichung beliebig aussuchen könnten, könnten sie auch Modalitäten wählen, die keine hinreichende Verbreitung des Ereignisses sichern.

Während und nach der Veröffentlichung in der in der Ausführungsverordnung vorgesehenen Form können, wie im deutschen Recht, zusätzliche Modalitäten der Publizität verwendet werden.

Im übrigen steht es der Marktverwaltungsgesellschaft zu, sonstige Modalitäten der Informationsversorgung des Publikums festzulegen (Art. 67 Abs. 1 Buchstabe b) *Reg.*). Es ist jedoch erforderlich, dass sie das gleiche Niveau der Informationsverbreitung gewährleisten. Durch diese flexible Norm wird verdeutlicht, dass das Ziel der Sofortpublizität die prompte Information der Anleger ist, während die Mittel dazu eine nebensächliche Rolle spielen.

III. Veröffentlichung nicht publizitätspflichtiger Tatsachen

Im Wege von § 15 WpHG und Art. 114 *T.U.* sind diejenigen Tatsachen zu veröffentlichen, die den jeweiligen gesetzlichen Erfordernissen entsprechen. Es stellt sich die Frage, ob auch sonstige Ereignisse als „Ad-hoc-Publizität“ publiziert werden dürfen.

---

[52] Bericht des Finanzausschusses des Deutschen Bundestages, BT-Drucks. 12/7918, 101.

[53] S. *Claussen*, Bank- und Börsenrecht, § 9, RZ 107; *Kümpel*, Aktuelle Fragen der Ad-hoc-Publizität, AG 1997, 66, 72f.; *Schumacher*, Ad-hoc-Publizitätspflichten börsennotierter Fußballclubs, NZG 2001, 769, 773.

[54] Vgl. etwa *Annunziata* (oben FN 48), Le Società, 1999, 520, 522; *Valentino* (oben FN 7), 52.

1. Deutsches Recht

Eine Ad-hoc-Tatsache ist eine Insidertatsache, die durch die in § 15 Abs. 1 S. 1 WpHG vorgesehenen zusätzlichen Tatbestandsmerkmale qualifiziert wird. Ist sie nicht publizitätspflichtig, so ist das Risiko eines Verstoßes gegen das Insiderverbot auf Grund der bestehenden Informationsasymmetrie hoch. Zum einen können verbotene Insidergeschäfte abgeschlossen werden, zum anderen kann gegen das Weitergabeverbot verstoßen werden (§ 14 Abs. 1 WpHG). Es können z.B. bei einer Besprechung mit Finanzanalysten Fragen gestellt werden, die zur Preisgabe von Insidertatsachen führen[55]. Wenn diese nicht schnell öffentlich bekannt werden, verlängert sich der Zeitraum, in dem verbotene Transaktionen abgeschlossen werden können. Öffentlich bekanntgewordene Insiderverstöße schädigen in vielerlei Hinsicht den Emittenten[56]. Bei schwerwiegenden Fällen ist z.B. mit einer Erhöhung der Kosten der Kapitalaufbringung zu rechnen, denn die Anleger werden die Wertpapiere anderer Unternehmen vorziehen. Eine freiwillige Veröffentlichung bietet schließlich den Vorteil, das Risiko von Sanktionen wegen Verspätung der Publizität zu eliminieren. Vor allem in den Fällen, in denen der Zeitpunkt der Entstehung einer Tatsache nicht einfach festzustellen ist (mehrstufige Prozesse), können die Emittenten mit einer vorverlegten Information der Bereichsöffentlichkeit Geldbußen vermeiden[57]. Es ist deshalb insgesamt festzuhalten, dass es für die betroffenen Gesellschaften vorteilhaft ist, Insidertatsachen zu veröffentlichen, auch wenn keine Pflicht dazu besteht[58].

Vorgeschriebene Formen für die Veröffentlichung von Insidertatsachen existieren nicht, so dass die Emittenten die entsprechenden Modalitäten frei wählen können. Es muss allerdings gewährleistet werden, dass eine breite Öffentlichkeit informiert wird, um den Straftatbestand der unbefugten Weitergabe auszuschließen. Die BAFin. hält eine analoge Anwendung von § 15 Abs. 2-4 WpHG auf Insidertatsachen für zulässig[59]. Der Emittent hat allerdings in der

---

[55] *BAWe und Deutsche Börse AG*, Insiderhandelsverbote, 22; Assmann/Schneider-*Kümpel*, § 15 RZ 54.

[56] Vgl. statt aller *Hausmaninger* (oben FN 2), 21ff., 64ff. und 117ff.

[57] Vgl. *Hirte* (oben FN 21), in: Hadding/Hopt/Schimansky, Das 2. Finanzmarktförderungsgesetz in der praktischen Umsetzung, 47, 59; *Schander/Lucas*, Die Ad-hoc-Publizität im Rahmen von Übernahevorhaben, DB 1997, 2109, 2112.

[58] Vgl. *Breuer* (oben FN 43), Die Bank 1994, 444, 446; *Hopt*, Familien- und Aktienpools unter dem Wertpapierhandelsgesetz, ZGR 1997, 1, 24f.

[59] *BAWe*, Schreiben des Bundesaufsichtsamtes für den Wertpapierhandel an die Vorstände der zum Amtlichen Handel oder zum Geregelten Markt zugelassenen Aktiengesellschaften sowie die persönlich haftenden Gesellschafter der zum Amtlichen Handel oder zum Geregelten Markt zugelassenen Kommanditgesellschaften auf Aktien, 26.4.2002; *BAWe und Deutsche Börse AG*, Insiderhandelsverbote, 22. Vgl. auch *Bosse*, Melde- und Informationspflichten nach dem Aktiengesetz und Wertpapierhandelsgesetz im Zusammenhang mit dem Rückkauf eigener Aktien, ZIP 1999, 2047, 2049; *Burgard*, Ad-hoc-Publizität bei gestreckten Sachver-

Meldung klarzustellen, dass es sich nicht um eine publizitätspflichtige Tatsache handelt. Wird eine Insidertatsache analogisch veröffentlicht, so sind auch die Mitteilungspflichten nach § 15 Abs. 2 WpHG einzuhalten[60]. Dadurch kann die Geschäftsführung gegebenenfalls eine Aussetzung veranlassen und die BAFin. seine Aufsichtsfunktion effizient wahrnehmen.

Es gibt schließlich Ereignisse, die weder publizitätspflichtig nach § 15 WpHG sind noch Insidertatsachen nach § 13 WpHG darstellen. Die Emittenten dürfen diese Informationen innerhalb der durch das Kapitalmarkt- und Wettbewerbsrecht gezogenen Grenzen verbreiten[61]. Wenn sie jedoch das Ad-hoc-Publizitätsverfahren verwenden, ist das Risiko einer Irreführung der Anleger über die Existenz einer erheblich kursbeeinflussenden Tatsache zu hoch. Aus diesem Grund ist eine analoge Anwendung des Verfahrens nach § 15 WpHG auf sonstige Tatsachen ausgeschlossen[62]. DGAP mbH, XiQu AG und Hugin IR Services Deutschland GmbH bieten die Möglichkeit, über einen zweiten Kanal wichtige, aber nicht ad-hoc-pflichtige Informationen der Bereichsöffentlichkeit bekannt zu machen[63].

2. Italienisches Recht

Das Veröffentlichungsverfahren des Art. 66 *Reg.* ist nicht für publizitätspflichtige Tatsachen reserviert. Bestehen Zweifel, ob ein Ereignis die Voraussetzungen des Art. 114 Abs. 1 *T.U.* erfüllt, dann soll es nach Auffassung der *CONSOB* mit den Modalitäten einer publizitätspflichtigen Tatsache veröffentlicht werden[64].

Es empfiehlt sich allerdings, wie im deutschen Recht, eine Differenzierung zwischen Insidertatsachen und „normalen" Ereignissen vorzunehmen. Bei ersteren ist eine Veröffentlichung zur Beseitigung von Informationsasymmetrien empfehlenswert. Diese kann in beliebiger Form erfolgen. Es muss lediglich gewährleistet werden, dass eine breite Öffentlichkeit informiert wird. Eine analoge Anwendung des Art. 114 Abs. 1 *T.U.* ist zulässig.

Bei „sonstigen" Tatsachen, die nicht erheblich kursbeeinflussend sind, kommt hingegen eine analoge Anwendug nicht in Betracht, denn das Risiko, dass die Anleger das Vorliegen eines erheblich kursbeeinflussenden Ereignisses vermuten, ist zu hoch.

---

halten und mehrstufigen Entscheidungsprozessen, ZHR 162 (1998), 51, 79f. und 89; *Fürhoff/Wölk* (oben FN 44), WM 1997, 449, 456f.; *Zubrod*, Rechtssichere Eingrenzung der Ad-hoc-Publizitätspflicht anhand der Auswirkungen auf die Vermögens- oder Finanzlage als Zentralbegriff, 226ff.

[60] Assmann/Schneider-*Kümpel*, § 15 RZ 57.

[61] *Ekkenga*, Kapitalmarktrechtliche Aspekte der „Investor Relations", NZG 2001, 1, 5.

[62] Vgl. *Zubrod* (oben FN 59), 230ff., mit Beispielen aus der Praxis.

[63] Vgl. *BAWe*, JB 2000, 28.

[64] *CONSOB*, Mitteilung Nr. 98090352 vom 14.12.1998.

IV. Technische Aspekte des Publizitätsverfahrens

1. Deutsches Recht

Während § 15 Abs. 3 WpHG wenige konkrete Hinweise hinsichtlich der Abwicklung des Publizitätsverfahrens gibt, sind zahlreiche praktische Informationen aus einigen Bekanntmachungen der BAFin. zu entnehmen[65].

Es steht innerhalb des Emittenten dem Vorstand zu, Entscheidungen über Publizitätsmaßnahmen zu treffen. Er kann einen Verantwortlichen im Unternehmen mit dieser Aufgabe beauftragen[66]. In aller Regel wird der Leiter der Abteilung „Investor Relations" diese Funktion übernehmen[67]. Die Erledigung der Formalitäten des Publizitätsverfahrens braucht nicht materiell durch den Vorstand oder sonstige Mitglieder des Emittenten zu erfolgen. Es ist zulässig und üblich, Dritte zu beauftragen. Spezialisierte Agenturen übernehmen die Durchführung der technischen Aspekte der Ad-hoc-Publizität. Auch im Fall der Beauftragung Externer hat jedoch der Emittent dafür zu sorgen, dass der Text der Meldung im Laufe des Verfahrens nicht verändert wird[68].

Ad-hoc-Meldungen sind eindeutig als solche zu kennzeichnen, damit die Anzeige in die entsprechende Rubrik des Börsenpflichtblattes oder des elektronisch betriebenen Informationsverbreitungssystems aufgenommen werden kann[69]. Es soll in der Überschrift durch Verwendung des Begriffes „Ad-hoc-Meldung" oder durch Nennung des § 15 WpHG oder durch eine sonstige geeignete Bezeichnung deutlich gemacht werden, dass es sich um die Veröffentlichung einer publizitätspflichtigen Tatsache handelt. Durch eine geeignete Gestaltung der Mitteilung ist die Gefahr einer Irreführung des Anlegerpublikums zu vermeiden. Darüber hinaus muss der Text den Emittenten klar erkennen lassen[70]. Sind mehrere Gesellschaften bezüglich derselben Tatsache zur Publizität verpflichtet und erfolgt eine gemeinsame Meldung, so sind aus Transparenzgründen alle Publizitätspflichtigen namentlich zu nennen[71].

Im Rahmen der Berichterstattung nach § 15 WpHG sind lediglich diejenigen Tatsachen zu veröffentlichen, welchen die Eignung zur erheblichen Kursbeeinflussung zukommt[72]. Es dürfen z.B. nicht, wie es allerdings in der Praxis vorkommt, der gesamte JA oder Zwischenbericht veröffentlicht werden. Aus der Zielsetzung der Ad-hoc-Publizität, Markttransparenz zu fördern, kann das

---

[65] *BAWe*, Bekanntmachung vom 7.12.1994; *ders.*, Bekanntmachung vom 29.1.1996; *ders.*, Bekanntmachung vom 9.7.1996.

[66] *BAWe*, Bekanntmachung vom 7.12.1994; *ders.*, Bekanntmachung vom 9.7.1996.

[67] Vgl. *Gerke/Bank/Lucht* (oben FN 33), Die Bank 1996, 612, 613.

[68] *BAWe und Deutsche Börse AG*, Insiderhandelsverbote, 42.

[69] *BAWe*, Bekanntmachung vom 29.1.1996.

[70] *BAWe und Deutsche Börse AG*, Insiderhandelsverbote, 42.

[71] *BAWe*, Bekanntmachung vom 29.1.1996.

[72] *BAWe*, Bekanntmachung vom 9.7.1996.

Prinzip abgeleitet werden, dass zusätzliche unnötige Angaben verboten sind. Sonstige Informationen sind hingegen zulässig, wenn sie die Verständlichkeit der Mitteilung verbessern und den Zusammenhang, in dem die Tatsache eingetreten ist, verdeutlichen. Der Leser der Meldung muss in die Lage versetzt werden, das publizitätspflichtige Vorkommnis sofort zu erkennen[73]. Der Emittent ist allerdings nach der BAFin. nicht verpflichtet, in der Veröffentlichung darzulegen, welche konkreten Auswirkungen das Ereignis auf seine Vermögens- oder Finanzlage oder auf seinen allgemeinen Geschäftsverlauf haben kann[74]. Der Vorstand der betroffenen Gesellschaft ist ebenfalls nicht verpflichtet, die Gründe auszuführen, aus welchen sich ergibt, dass die Tatsache geeignet ist, eine erhebliche Kursbeeinflussung auf den Börsenpreis zu entfalten. Im Ergebnis soll die Information, wie die italienische Ausführungsverordnung vorsieht, umfassend (nichts Wichtiges darf verschwiegen werden) und korrekt (nichts Falsches oder Irreführendes darf enthalten werden) erfolgen. Nach dem 4. FFG dürfen sonstige Angaben, welche die Voraussetzungen der Legaldefinition offensichtlich nicht erfüllen, auch in Verbindung mit veröffentlichungspflichtigen Tatsachen, nicht mitgeteilt werden. Mit dieser Änderung soll nach den Vorarbeiten erreicht werden, dass die Veröffentlichung offensichtlich überflüssiger Ad-hoc-Mitteilungen unterbleibt[75]. Die Ad-hoc-Publizität soll dazu beitragen, dass Marktteilnehmer frühzeitig über marktrelevante Informationen verfügen, damit sie sachgerechte Anlageentscheidungen treffen können. Dieses Transparenzziel kann aber nicht erreicht werden, wenn gänzlich oder zum Teil unnötige Veröffentlichungen dazu führen, dass es für den durchschnittlichen Anleger unmöglich wird, die wirklich kursrelevanten Informationen zu erkennen. Um hier entgegen zu wirken ist es erforderlich, die Veröffentlichung offensichtlich überflüssiger Ad-hoc-Mitteilungen zu verhindern. Mit dieser Neuregelung soll dem Vertrauen der Anleger in die Richtigkeit des gesamten Inhalts der veröffentlichten Ad-hoc-Mitteilung Rechnung getragen werden.

Jede Ad-hoc-Meldung hat Verbindungen und Vergleiche mit vorangegangen Mitteilungen zu enthalten, wenn es zum Zweck der Informationsversorgung des Publikums erforderlich ist. Nach dem 4. FFG müssen in der Mitteilung genutzte Kennzahlen im Geschäftsverkehr üblich sein und einen Vergleich mit den zuletzt genutzten Kennzahlen ermöglichen. Mit dieser Änderung soll nach den Vorarbeiten sichergestellt werden, dass die Empfänger der Veröffentlichung ein klares Bild von der neu eingetretenen Tatsache erhalten[76]. Dies gilt insbesondere dann, wenn der Emittent Kennzahlen wie beispielsweise „Gewinn

[73] Vgl. *Peltzer*, Die neue Insiderregelung im Entwurf des Zweiten Finanzmarktförderungsgesetzes, ZIP 1994, 746, 750.
[74] *BAWe und Deutsche Börse AG*, Insiderhandelsverbote, 42. A.A. *Zubrod* (oben FN 59), 209ff.
[75] Begründung zum Regierungsentwurf 4. FFG, BT-Drucks.936/01, 250.
[76] Begründung zum Regierungsentwurf 4. FFG, BR-Drucks. 936/01, 249.

vor Zinsen und Steuern" (*EBIT – earnings before interest and taxes*), „Gewinn vor Steuern, Zinsen und Abschreibungen" (*EBITDA – earnings before interest, taxes, depreciation and amortization*), Jahresüberschuss (nach *US GAAP*) oder Gewinn/Verlust pro Aktie verbreitet. Mit dieser Änderung wird verhindert, dass die Vorstände der betroffenen Gesellschaften durch den Gebrauch von Fantasiekennzahlen oder den Wechsel der von ihnen benutzten Kennzahlen negative Entwicklungen zu verschleiern suchen.

Die Emittenten müssen den Inhalt der Meldung korrigieren, falls erhebliche Änderungen der veröffentlichten Lage eintreten. Kontinuierliche Publizität ist nach Sinn und Zweck nicht nur als zügige Erstinformation des Publikums, sondern auch als prompte Richtigstellung zu interpretieren.

Nach dem 4. FFG sind zudem unwahre Tatsachen, die im Rahmen der Ad-hoc-Publizität veröffentlicht wurden, unverzüglich in einer neuen Veröffentlichung zu berichtigen, auch wenn die Voraussetzungen nicht vorliegen. Mit dieser Änderung soll sichergestellt werden, dass unrichtige Inhalte unverzüglich nach § 15 Abs. 3 berichtigt werden[77].

2. Italienisches Recht

Bestimmungen über Form und Umgang der Veröffentlichung sind nicht im Gesetz, sondern in der Ausführungsverordnung zu finden.

Zuständig für Entscheidungen im Rahmen der Ad-hoc-Publizität ist der Vorstand der pflichtigen Gesellschaft, der jedoch diese Befugnis delegieren kann. Mit der Abwicklung der technischen Aspekte des Verfahrens können auch Dritte beauftragt werden.

Eine Meldung ist als „Meldung nach Art. 114 *T.U.*" zu bezeichnen, damit das Risiko einer Irreführung des Anlegerpublikums vermieden wird[78]. Die Tatsache und die Emittenten müssen ebenfalls aus dem Text der Mitteilung ganz eindeutig hervorgehen.

Die Meldung muss die wesentlichen Elemente der Tatsache in einer Form enthalten, die eine umfassende und korrekte Beurteilung ihrer Auswirkungen auf die Preise der Finanzinstrumente ermöglicht (Art. 66 Abs. 4 *Reg.*). Die *CONSOB* will mit dieser Regelung alle Möglichkeiten einer Irreführung des Anlegerpublikums vermeiden (vgl. Art. 91 *T.U.*). „Umfassend" drückt das quantitative Element der Information aus. In der Meldung dürfen keine Aspekte verschwiegen werden, die für das Verständnis der Tatsache erforderlich sind[79]. „Korrekt" drückt das qualitative Element aus. Es deutet zum einen darauf hin, dass die Informationen der Wahrheit entsprechen müssen, zum anderen, dass sie

[77] Begründung zum Regierungsentwurf 4. FFG, BT-Drucks. 936/01, 250.
[78] *Valentino* (oben FN 7), 56.
[79] *Annunziata* (oben FN 48), Le Società, 1999, 520, 522.

nicht in einer irreführenden Weise dargestellt werden dürfen[80]. Zusätzliche Angaben sind verboten, es sei denn sie dienen der Verständlichkeit der Meldung.

Die Mitteilung muss Verbindungen und Vergleiche mit dem Inhalt vorangegangener Meldungen sowie Aktualisierungen im Falle bedeutender Änderungen der zuvor veröffentlichten Informationen enthalten (Art. 66 Abs. 5 *Reg.*). Diese Vorschrift der Ausführungsverordnung will den logischen und historischen Zusammenhang zwischen verschiedenen Mitteilungen gewährleisten. Als Prinzip gilt, dass jede Veröffentlichung einer Tatsache an sich verständlich sein muss. Eine isolierte Meldung ist jedoch u.U. nicht dazu imstande, die Bedeutung des eingetretenen Ereignisses und die Entwicklung der Lage präzise zu vermitteln. Es kann deshalb vorkommen, dass die genaue Tragweite einer Meldung nur im Zusammenhang mit anderen verständlich wird. Die Ad-hoc-Publizität ist teleologisch nicht nur zügige Information des Publikums, sondern auch korrekte Informationsversorgung und prompte Richtigstellung[81].

Der Mindestinhalt der Ad-hoc-Meldungen kann mit Verordnung der Marktverwaltungsgesellschaft bestimmt werden (Art. 67 Abs. 1 *Reg.*). Die *CONSOB* hat deshalb vorgesehen, dass der Inhalt der Mitteilungen ein gewisses Niveau an Formalisierung erreichen kann.

V. Die Sprache der Veröffentlichung

1. Europäisches Recht

Art. 17 Abs. 2 EG-BörsenzulassungsRL regelt die Sprache der Veröffentlichung: „Die in Abs. 1 genannten Informationen müssen in der oder in den Amtssprachen oder in einer der Amtssprachen oder in einer anderen Sprache abgefasst werden, sofern in dem betreffenden Mitgliedstaat die Amtssprache oder die Amtssprachen oder diese andere Sprache auf finanziellem Gebiet üblich sind und von den zuständigen Stellen akzeptiert werden".

2. Deutsches Recht

Die Sprache der Veröffentlichung war nach der ursprünglichen Version von § 15 Abs. 3 S. 1 WpHG ausschließlich deutsch. Da diese Beschränkung die Arbeit ausländischer Emittenten erschwerte, hat der Gesetzgeber eine Änderung vorgenommen. Nach der Neuregelung kann die Veröffentlichung auch in einer anderen Sprache erfolgen, wenn dadurch eine ausreichende Unterrichtung der Bereichsöffentlichkeit nicht gefährdet erscheint. Es steht dem Ermessen der BAFin. innerhalb dieses Rahmens zu, die zugelassenen Fremdsprachen zu

---

[80] Vgl. *Valentino* (oben FN 7), 54.
[81] *Annunziata* (oben FN 48), Le Società, 1999, 520, 523.

bestimmen[82]. In einer Umfrage der Aufsichtsbehörde bei Fachverbänden sprachen sich diese für eine generelle Zulassung von englisch als der in der internationalen Wirtschaft gebräuchlichen Sprache aus[83]. Nunmehr können Emittenten mit ausländischem Sitz die Meldungen auch auf englisch veröffentlichen. Übersetzungen sind nicht mehr erforderlich, was eine Kostenreduzierung zur Folge hat. Insgesamt wird das Veröffentlichungsverfahren beschleunigt. Der Zeitraum, der für mögliche Verstöße gegen das Insiderrecht verwendet werden kann, ist abgekürzt. Die schnelle Preisbildung wird gefördert.

Ausländische Emittenten genießen allerdings im Endeffekt eine privilegierte Stellung, denn sie können zwischen deutsch und englisch wählen. Gesellschaften mit Sitz in Deutschland dürfen hingegen lediglich die Heimatsprache verwenden. Es empfiehlt sich deshalb eine Gesetzesänderung dahingehend, dass alle Emittenten in deutsch oder englisch die Veröffentlichung vornehmen dürfen. Nach dem 4. FFG ist eine zeitgleiche Fassung in englischer Sprache gestattet. Durch diese neue Vorschrift soll ermöglicht werden, die Mitteilung in deutsch sowie zusätzlich in englisch zu verbreiten[84]. Damit wird die Informationsversorgung der internationalen Anlegerkreise verbessert.

3. Italienisches Recht

Die Sprache der Veröffentlichung ist auch für ausländische Emittenten italienisch (Art. 113 Abs. 3 und 104 Abs. 4 *Reg.*). Studien und Statistiken können jedoch auch in der Originalsprache veröffentlicht werden.

VI. Die Zusammenfassung

1. Deutsches Recht

Bei umfangreichen Veröffentlichungen kann die BAFin. die Verbreitung einer Zusammenfassung gestatten (§ 15 Abs. 3 S. 3 WpHG). Zum einen soll die kürzere Version den Aufwand der Emittenten reduzieren. Zum anderen soll die Zusammenfassung das Verständnis der Tatsache für die Adressaten erleichtern. Die vollständigen Angaben müssen bei den Zahlstellen des Emittenten kostenfrei erhältlich sein. Darüber hinaus muss in der Veröffentlichung darauf hingewiesen werden, dass es sich um eine kürzere Fassung handelt. Der BAFin. ist der vollständige Text mitzuteilen[85].

---

[82] *BAWe*, JB 1995, 21f.
[83] *BAWe*, JB 1996, 23.
[84] Begründung zum Regierungsentwurf 4. FFG, BT-Drucks. 936/01, 250.
[85] *BAWe*, Bekanntmachung vom 7.12.1994.

Soweit ersichtlich hat bislang kein Emittent von der Möglichkeit der Zusammenfassung Gebrauch gemacht. Es ist in der Tat unwahrscheinlich, dass Tatsachen so kompliziert sind, dass sie nicht ohnehin auf ein bis zwei Seiten dargestellt werden können[86].

2. Italienisches Recht

Die Möglichkeit der Veröffentlichung einer Zusammenfassung ist im italienischen Recht nicht ausdrücklich vorgesehen. Die Regel ist, dass die Mitteilung die wesentlichen Elemente der Tatsache enthalten muss (Art. 66 Abs. 4 *Reg.*). Normalerweise ist deshalb ein Text zu veröffentlichen, der selbst eine Zusammenfassung des Ereignisses ist.

C. Die nachträgliche Benachrichtigung der Kontrollinstanzen

Die dritte und letzte Phase des deutschen Publizitätsverfahrens besteht in der nachträglichen Benachrichtigung der Kontrollinstanzen. Nach erfolgter Publizität sind die Geschäftsführung der Börse und die BAFin. unverzüglich zu informieren (§ 15 Abs. 4 WpHG). Den zwei Stellen muss unter Angabe der Modalitäten der Publizierung der genaue Wortaut der Veröffentlichung zugänglich gemacht werden. Insoweit kann die BAFin. die Einhaltung der Veröffentlichungspflicht nachträglich kontrollieren, insbesondere ob der Text der mitgeteilten und der veröffentlichten Meldung identisch sind. Für die Geschäftsführung der Börse ist die Benachrichtigung aus dem Grund von Bedeutung, dass sie eine laufende Kursaussetzung beenden kann. Für Emittenten mit Sitz im Ausland kann die BAFin. auf entsprechenden Antrag gestatten, die Mitteilung gleichzeitig mit der Veröffentlichung vorzunehmen. In diesem Fall ist eine gesonderte Übersendung der mit der Mitteilung inhaltlich identischen Veröffentlichung überflüssig[87]. Ebenfalls ist die nachträgliche Benachrichtigung der Geschäftsführung der Börse nicht erforderlich, denn die Tatsache ist bereits veröffentlicht worden. Eine Kursaussetzung wäre nicht mehr nützlich gewesen, ist nicht angeordnet worden und braucht deshalb nicht beendet zu werden.

Eine nachträgliche Benachrichtigung der Marktverwaltungsgesellschaft und der *CONSOB* ist im italienischen Recht nicht vorgesehen.

[86] *Wölk* (oben FN 41), AG 1997, 73, 76.
[87] Begründung zum Gesetzentwurf, BT-Drucks. 13/8933, 93.

D. Publizitätsverfahren und Auskunftsrecht des Aktionärs

I. Deutsches Recht

Gem. § 131 Abs. 1 AktG hat jeder Aktionär auf Verlangen in der HV Recht auf Auskunft über Angelegenheiten der Gesellschaft. In diesem Rahmen bieten insbesondere die Tagesordnungspunkte „Entlastung von Vorstand und Aufsichtsrat" und „Vorlage des JA" ein weites Feld möglicher Wortmeldungen. Die Mitteilung einer publizitätspflichtigen Tatsache in einem solchen Kontext stellt einen Verstoß gegen § 15 Abs. 3 S. 2 WpHG dar, denn die Veröffentlichung in einem überregionalen Börsenpflichtblatt oder über ein elektronisch betriebenes Informationsverbreitungssystem ist vom Gesetz zwingend vorgesehen[88]. Die HV ist keine Bereichsöffentlichkeit im gesetzlichen Sinne[89].

Die Wahrscheinlichkeit eines Verstoßes gegen § 15 Abs. 3 S. 2 WpHG in dieser Form ist jedoch in der Praxis gering[90]. Die Tatsache ist bei der HV bereits öffentlich bekannt, denn das Zusammentreffen der Aktionäre setzt in aller Regel eine öffentliche Einladung voraus (§ 121 Abs. 3 S. 1 AktG)[91]. Bei der Einberufung muss die Tagesordnung mit den Beschlussgegenständen zumindest im Bundesanzeiger veröffentlicht werden (§ 124 Abs. 1 S. 1 AktG i.V.m. 25 AktG). Nach dieser Bekanntmachung ist die Tatsache nicht mehr neu und daher nicht mehr publizitätsbedürftig. Im Hinblick auf kognitive Ereignisse kommt hinzu, dass Vorkommnisse unverzüglich nach ihrem Entstehen zu veröffentlichen sind. Es bestehen deshalb wenige Möglichkeiten, dass die Tatsache gerade kurz vor der HV eintritt[92]. Wenn das Ereignis bereits seit einer Weile besteht, wurde ohnehin gegen das Gebot der „unverzüglichen" Publizität verstoßen[93].

---

[88] Vgl. *Wüsthoff*, Der Auskunftsanspruch des Aktionärs nach § 131 Aktiengesetz zwischen Insider-Verboten und Ad-hoc-Publizität nach dem Wertpapierhandelsgesetz, 157ff.

[89] *von Klitzing* (oben FN 9), 206. Da eine publizitätspflichtige Tatsache immer auch eine Insidertatsache ist, erfüllt ihre Preisgabe zusätzlich den Straftatbestand der unbefugten Mitteilung (§ 14 Abs. 1 Nr. 2 WpHG). Vgl. diesbezüglich *Ekkenga* (oben FN 61), NZG 2001, 1, 4.

[90] Vgl. *Hirte* (oben FN 21), in: Hadding/Hopt/Schimansky, Das 2. Finanzmarktförderungsgesetz in der praktischen Umsetzung, 47, 57.

[91] Ausnahmen treten auf, wenn keine Veröffentlichung im Bundesanzeiger erfolgt, wie im Fall des § 121 Abs. 4 (Einberufung durch eingeschriebenen Brief) oder des § 121 Abs. 6 AktG (Vollversammlung). Vgl. dazu *Happ/Semler*, Ad-hoc-Publizität im Spannungsfeld von Gesellschaftsrecht und Anlegerschutz – Zum Begriff der „Tatsache" in § 15 Wertpapierhandelsgesetz bei mehrstufigen Entscheidungsprozessen, ZGR 1998, 116, 125.

[92] Assmann/Schneider-*Kümpel*, § 15 RZ 42.

[93] *Benner-Heinacher*, Kollidiert die Auskunftspflicht des Vorstandes mit dem Insidergesetz?, DB 1995, 765f.; *Schlaus*, Die Insiderregeln der §§ 12 ff. Wertpapierhandelsgesetz aus der Sicht der Praxis, in: Hadding/Hopt/Schimansky, Das 2. Finanzmarktförderungsgesetz in der praktischen Umsetzung, 35, 39f.

Als Vorbeugungsmaßnahme empfiehlt es sich jedoch, vor der HV zu überprüfen, ob Tatsachen ordnungsgemäß veröffentlicht wurden[94]. Wenn ein Ereignis noch nicht veröffentlicht wurde, ist dies jedenfalls im voraus zu tun, während das Zusammentreffen der Aktionäre gegebenenfalls für Erläuterungen der vorab veröffentlichten Tatsache verwendet werden kann[95].

In den seltenen Fällen, in denen die publizitätspflichtige Tatsache noch nicht vor der HV veröffentlicht wurde, stellt sich die Frage, wie sich der Vorstand gegenüber einer Anfrage eines Aktionärs verhalten muss. Die Auskunft kann solange verweigert werden, bis das Ereignis während derselben HV nach § 15 Abs. 3 WpHG veröffentlicht wird[96]. Innerhalb einer Stunde sollte es möglich sein, die Tatsache der Bereichsöffentlichkeit zugänglich zu machen. Danach kann die Auskunft den Aktionären erteilt werden, ohne eine Ordnungswidrigkeit zu begehen. Will der Vorstand die Angelegenheit für eine längere Zeitperiode geheimhalten, so muss der Emittent eine Befreiung von der Ad-hoc-Publizitätspflicht gem. § 15 Abs. 1 S. 2 WpHG bei der BAFin. beantragen[97].

II. Italienisches Recht

Auch im italienischen Recht besteht die Gefahr, im Laufe einer HV reservierte Informationen preiszugeben.

Die Argumente der Diskussion der HV sind allerdings in aller Regel, wie im deutschen Recht, bereits öffentlich bekannt.

Es ist jedoch in seltenen Fällen möglich, dass Argumente berührt werden, deren Abhandlung die Preisgabe von reservierten Nachrichten bedeuten würde[98]. Die HV stellt keine hinreichende Öffentlichkeit dar. Die Verbreitung von reservierten Informationen stellt deshalb einen Verstoß gegen das Mitteilungsverbot (Art. 180 Abs. 1 Buchstabe b) *T.U.*) dar. Der Vorstand muss deshalb die HV unterbrechen und die Tatsache veröffentlichen.

---

[94] *Assmann*, Rechtsanwendungsprobleme des Insiderrechts, AG 1997, 50, 57; *Weisgerber*, Neue Informationskultur durch das Zweite Finanzmarktförderungsgesetz, WM 1995, 19.
[95] *Gehrt*, Die neue Ad-hoc-Publizität nach § 15 Wertpapierhandelsgesetz, 32.
[96] Schäfer-*Geibel*, WpHG, § 15 RZ 48; *von Klitzing* (oben FN 9), 207f.
[97] *Wüsthoff* (oben FN 88), 164.
[98] Z.B. im Falle der Vollversammlung. Dazu s. *Sangiovanni*, Die Vollversammlung der Aktiengesellschaft im italienischen Recht, NZG 2001, 784ff.

E. Die Publizitätspraxis

I. Die Quantität der Veröffentlichungen

§ 15 WpHG stellt in quantitativer Hinsicht einen Erfolg dar. Die Zahl der Veröffentlichungen betrug bereits im Jahre 1995 1.001. Im Jahre 1996 sind dann 1.058, im Jahre 1997 1.279, im Jahre 1998 1.856, im Jahre 1999 3.417, im Jahre 2000 5.693 und im Jahre 2001 5.421 Mitteilungen bei der BAFin. eingegangen[99].

Die statistischen Daten besagen, dass sich eine bedeutende quantitative Wende im Informationsverhalten der meisten Emittenten ereignet hat. Diverse Gründe haben zu dieser Flut an Veröffentlichungen geführt[100]. Die Überwachung durch eine zentrale Aufsichtsbehörde ist sicherlich ein Anreiz für die Emittenten, ihren Informationspflichten nachzukommen. Insbesondere hat die Androhung höherer Sanktionen (bis zu 1.500.000 Euro) im Fall des Verstoßes gegen § 15 WpHG einige Unternehmen zu einem lebhaften Informationsverhalten bewegt[101]. Außerdem haben einige Gesellschaften effektive organisatorische Maßnahmen zur prompten Identifizierung und Veröffentlichung publizitätspflichtiger Tatsachen getroffen[102]. Der quantitative Erfolg hängt auch mit einer geänderten Gesamteinstellung einiger Emittenten zusammen. Inzwischen ist erkannt worden, dass Transparenz gegenüber den Anlegern grundsätzlich vorteilhaft ist, während eine zurückhaltende Kommunikationspolitik das Vertrauensverhältnis zum Publikum beeinträchtigen kann[103]. Nicht zuletzt hat sich die Anzahl notierter Unternehmen, insbesondere im Neuen Markt, in den letzten Jahren erhöht[104].

---

[99] Die Daten sind den Veröffentlichungen des BAWe entnommen.

[100] Vgl. etwa *Happ/Semler* (oben FN 91), ZGR 1998, 116, 117; *Wittich*, Zweieinhalb Jahre Wertpapierhandelsaufsicht – eine Zwischenbilanz, WM 1997, 2026.

[101] Vgl. *Hirte* (oben FN 21), in: Hadding/Hopt/Schimansky, Das 2. Finanzmarktförderungsgesetz in der praktischen Umsetzung, 47, 82.

[102] *Pellens/Fülbier* (oben FN 41), in: Baegte, Insiderrecht und Ad-hoc-Publizität, 23, 35.

[103] *Gerke/Bank/Lucht* (oben FN 33), Die Bank 1996, 612f.

[104] *Schruff/Nowak/Feinendegen*, Ad-hoc-Publizitätspflicht des Jahresergebnisses gem. § 15 WpHG: Wann muss veröffentlicht werden?, BB 2001, 719.

II. Der Inhalt der Veröffentlichungen

1. Deutsches Recht

Mehr Veröffentlichungen bedeuten nicht automatisch eine proportionale Verbesserung der Transparenz des deutschen Kapitalmarktes. Von Bedeutung für die Informationsversorgung des Publikums ist nicht nur die Frequenz, sondern auch der Inhalt der Meldungen.

Der Praxis kann entnommen werden, dass manche Veröffentlichungen keine kurserhebliche Tatsache enthalten. Einige Unternehmen haben zudem die Praxis, zusätzlich zu dem publizitätspflichtigen Ereignis eine Vielzahl von sonstigen Informationen zu melden. Im Ergebnis wird das Instrument der Ad-hoc-Publizität von dem Vorstand notierter Gesellschaften in nicht seltenen Fällen für Werbebotschaften und zu Zwecken der Öffentlichkeitsarbeit verwendet[105]. Dies stellt jedoch eine Verletzung von § 15 WpHG dar, der auf die Veröffentlichung von erheblich kursbeeinflussenden, nicht von Nachrichten jedweder Art abstellt. Äußerungen mit werbendem Inhalt sind rechtswidrig und folglich ist eine Geldbuße wegen Missachtung der Ad-hoc-Publizität gem. § 39 Abs. 1 WpHG zu verhängen[106].

Das insgesamt unkorrekte Verhalten der Emittenten lässt sich sicherlich auch auf Unsicherheiten bei der Gesetzesauslegung zurückführen. Die Sorge, Informationen zu unterlassen und dadurch eine Ordnungswidrigkeit zu begehen, hat einige Unternehmen dazu geführt, vorsichtshalber zu veröffentlichen[107]. Dies ist allerdings aus der Sicht der Effizienz des Kapitalmarktes negativ, denn unnötige oder umfangreiche Meldungen dienen nicht der Transparenz. Es wird für die Adressaten auf Grund überflüssiger oder auch nur exzessiver Informationen schwierig, einzuschätzen, wann eine wesentlich kursbeeinflussende Tatsache vorliegt[108]. Das Publikum wird über die reale Lage des Unternehmens im Endeffekt nicht korrekt informiert und kann deshalb keine vernünftige Investitionsentscheidung treffen.

Die BAFin. hat dazu zunächst aufgefordert, bei den Veröffentlichungen den Umfang von einer Seite nicht zu überschreiten[109]. Lange Meldungen lassen sich im Übrigen auch durch organisatorische Maßnahmen, wie die Benennung

---

[105] *Kaserer/Nowak*, ZfB 71 (2001), 1353; *Schruff/Nowak/Feinendegen* (oben FN 104), BB 2001, 719; *Weber*, Die Entwicklung des Kapitalmarktrechts 1998-2000: Publizität, Insiderrecht und Kapitalmarktaufsicht, NJW 2000, 3461, 3462f.

[106] *Ekkenga* (oben FN 61), NZG 2001, 1, 7.

[107] *Pellens/Fülbier* (oben FN 28), DB 1994, 1381, 1385.

[108] *Bruns* (oben FN 17), in: Baegte, Insiderrecht und Ad-hoc-Publizität, 109, 118; *Gehrt* (oben FN 95), 21f.; *Gerke/Bank/Lucht* (oben FN 33), Die Bank 1996, 612, 616; Assmann/Schneider-*Kümpel*, § 15 RZ 75; *Pfitzer/Streib*, Bestimmungen über die Unternehmenspublizität im Rahmen des Wertpapierhandelsgesetztes, BB 1995, 1947, 1949 und 1951.

[109] Vgl. *Wittich* (oben FN 36), AG 1997, 1, 2.

eines Ad-hoc-Publizitätsgremiums, vermeiden[110]. Dieses soll bei allen wichtigen Tatsachen prompt in Kenntnis gesetzt werden[111]. Die BAFin. hat dann mit einem Schreiben an die Emittenten zu diesem praktischen Problemkreis Stellung genommen[112]. Ad-hoc-Mitteilungen sollen aus einem Pflichtteil und möglichen freiwilligen Ergänzungen bestehen. Der Pflichtteil besteht aus der Überschrift „Ad-hoc-Mitteilung" oder „Mitteilung nach § 15 WpHG", dem Namen des Emittenten und der Beschreibung der Tatsache. Für die Formulierung der „Tatsache" sollten möglichst nicht mehr als 10 bis 20 Schreibmaschinenzeilen benötigt werden. Zu den freiwilligen Ergänzungen gehören die Erläuterung des Ereignisses sowie der Hinweis auf weitere Informationsmöglichkeiten (z.B. Telefonnummer der PR-Abteilung, Internet-Homepage, etc.). Nicht im Sinne der Ad-hoc-Publizität liegt es, die eingangs einer Ad-hoc-Mitteilung genannte Tatsache gegen Ende der Mitteilung nochmals in wörtliche Zitate aus Erklärungen von Vorstandmitgliedern oder anderen Personen gekleidet zu wiederholen. Gleiches gilt generell für die Wiederholung von zu einem früheren Zeitpunkt schon veröffentlichten Informationen oder gar nicht existierenden „Tatsachen". Ferner sind Reaktionen auf Angriffe durch Mitbewerber des Unternehmens sowie die eigene Bewertung von Mitbewerbern nicht gesetzlich gewollter Gegenstand von Ad-hoc-Mitteilungen. Als Missstand sind ferner die Veröffentlichung des eigenen Firmenprofils sowie Zwischenberichte und JA in voller Länge zu betrachten. Zwischenberichte und JA können zwar der Ad-hoc-Publizitätspflicht unterliegende Tatsachen enthalten, es sind aber nur diese Tatsachen (z.B. ein signifikantes Gewinnwachstum) zu veröffentlichen, nicht jedoch der gesamte, möglicherweise mehrere Seiten umfassende Bericht.

Das 4. FFG hat § 15 Abs. 1 WpHG geändert, um diese praktischen Probleme zu beseitigen. Sonstige Angaben, welche die Voraussetzungen der Legaldefinition der publizitätspflichtigen Tatsache offensichtlich nicht erfüllen, dürfen - auch in Verbindung mit veröffentlichungspflichtigen Ereignissen - nicht veröffentlicht werden.

2. Italienisches Recht

Das Erfordernis einer korrekten Information des Anlegerpublikums ergibt sich im italienischen Recht direkt aus dem Gesetzestext, denn die *CONSOB* hat die Aufgabe, die Korrektheit der veröffentlichten Tatsachen zu prüfen (Art. 115 Abs. 1 *T.U.*). „Korrekt" bedeutet nicht nur, dass die Nachrichten der Wahrheit

---

[110] *Kümpel*, Bank- und Kapitalmarktrecht, 1220.

[111] *BAWe und Deutsche Börse AG*, Insiderhandelsverbote, 53.

[112] *BAWe*, Schreiben an die Vorstände der zum amtlichen Handel oder zum geregelten Markt zugelassenen Aktiengesellschaften sowie die persönlich haftenden Gesellschafter der zum amtlichen Handel oder zum geregelten Markt zugelassenen Kommanditgesellschaften auf Aktien, 22.3.2000.

entsprechen; es bedeutet auch, dass die Informationen in einer verständlichen Weise verbreitet werden müssen[113]. Die Mitteilung muss zudem eine „umfassende“ Beurteilung der Auswirkungen der Tatsache auf die Preise der Finanzinstrumente ermöglichen (Art. 66 Abs. 4 *Reg.*). Die Marktverwaltungsgesellschaft kann schließlich in Bezug auf einzelne Typologien von Ereignissen die Modalitäten der Darstellung der Informationen festlegen (Art. 67 Abs. 1 Buchstabe a) *Reg.*).

Auch in der italienischen Praxis werden jedoch Mitteilungen veröffentlicht, die keine Tatsache enthalten[114]. In einigen Fällen werden zusammen mit dem publizitätspflichtigen Ereignis auch sonstige Informationen verbreitet. Handelt es sich um Nachrichten, die für das Verständnis der Anleger von Bedeutung sind, so ist eine solche Praxis nicht zu beanstanden (solange die erheblich kursbeeinflussende Tatsache klar erkennbar bleibt). Handelt es sich hingegen um unwichtige Informationen, so besteht die Gefahr, dass das Ereignis nicht hinreichend zum Ausdruck kommt und der Markt irregeführt wird[115].

III. Die Kosten

Die Einhaltung der Ad-hoc-Publizitätspflicht bringt Kosten mit sich[116]. U.U. müssen sich die Emittenten umstrukturieren, um im Einklang mit der Sofortpublizitätsregelung zu operieren. Auch hinsichtlich der schweren Sanktionen ist es für die Unternehmen vorteilhaft, Systeme zur schnellen und korrekten Identifizierung publizitätspflichtiger Tatsachen in Gang zu setzen[117]. IdR wird eine Stelle benannt, die sich mit der *Compliance* mit der Ad-hoc-Publizität befasst. Diese Abteilung ist mit qualifizierten und entsprechend teueren Mitarbeitern zu besetzen[118]. Zusätzlich zu den strukturellen Veränderungen, kostet auch jede einzelne Meldung eine (allerdings relativ geringe) Summe[119].

---

[113] *Providenti*, Commento all'art. 115, in: Alpa/Capriglione, Commentario al testo unico delle disposizioni in materia di intermediazione finanziaria, 1063, 1066.
[114] Vgl. *Valentino* (oben FN 7), 34 und 55f.
[115] Vgl. *Maviglia/Maviglia*, L'informazione societaria, in: Di Noia/Razzante, Il nuovo diritto societario e dell'intermediazione finanziaria, 335, 382.
[116] Vgl. etwa *Engel*, Das neue deutsche Insiderrecht, JA 1996, 510, 516; *Hausmaninger* (oben FN 2), 267; *Struckmann*, Insiderregeln und deren Umsetzung am Beispiel der Bundesrepublik Deutschland, 99f.
[117] *Pellens/Fülbier* (oben FN 28), DB 1994, 1381, 1387f.; *Weisgerber* (oben FN 94), WM 1995, 19f.
[118] Vgl. *Gehrt* (oben FN 95), 31.
[119] Vgl. *Pellens/Fülbier* (oben FN 41), in: Baegte, Insiderrecht und Ad-hoc-Publizität, 23, 37.

F. Fazit

I. Während das Publizitätsverfahren im deutschen Recht im Gesetz geregelt ist, ist die italienische Regelung überwiegend in der Ausführungsverordnung zu finden.

Die erste Stufe des deutschen Verfahrens ist die Mitteilung der Tatsache an die BAFin. und an die Geschäftsführung der Börse. Im italienischen Recht werden hingegen die Kontrollinstanzen idR zusammen mit dem Publikum informiert. Nur dann, wenn die Veröffentlichung während der Handelszeit stattfinden soll, sind *CONSOB* und Marktverwaltungsgesellschaft im voraus zu informieren. Nach der EG-BörsenzulassungsRL müssen die Kontrollinstanzen gleichzeitig mit dem Publikum informiert werden. Diese Vorabinformation der Behörde ist europarechtlich nicht zu beanstanden, denn sie dient der Sicherung der Funktionsfähigkeit des Kapitalmarktes (Aufsicht über den Insiderhandel und Aussetzung des Kurses).

II. Die Vorabmitteilung der Tatsache an die Geschäftsführung der Börse dient der Aussetzung bzw. der Einstellung des Kurses. Obwohl man in aller Regel lediglich zu einer Kursaussetzung kommt, stellt diese ein pathologisches Ereignis dar, denn der Grundsatz im Börsenwesen ist das Handeln. Die Verbreitung einer Tatsache während der Handelszeit führt zu erheblichen Kursbeeinflussungen. Die Veröffentlichung soll deshalb idealerweise außerhalb dieser Zeit stattfinden. In einigen Fällen wird jedoch dies nicht möglich sein, weil das Ereignis unverzüglich nach seinem Eintritt zu publizieren ist. Emittenten und Publikum können deshalb Interesse an einer kurzen Kursaussetzung haben, damit in der Zwischenzeit die Veröffentlichung erfolgt. Zum Anlegerschutz erlöschen in diesem Fall die noch nicht ausgeführten Aufträge. Nach Beseitigung der Informationsasymmetrie werden die Geschäfte zum wahren Wert des Wertpapiers abgeschlossen.

Auch im italienischen Recht dient die Mitteilung an die Marktverwaltungsgesellschaft einer eventuellen Kursaussetzung.

III. Die Mitteilung der Tatsache an die BAFin. und an die *CONSOB* dient der Aufsicht über das Publizitätsverfahren und insbesondere der Vorbeugung des Insiderhandels. Im Unterschied zum deutschen Recht wird die *CONSOB* gleichzeitig mit dem Markt informiert.

IV. Die Tatsache muss nach der Mitteilung veröffentlicht werden. Zu diesem Zweck stehen im deutschen Recht zwei Mittel zur Verfügung: ein Börsenpflichtblatt oder ein elektronisches Informationsverbreitungssystem. Letzteres wird inzwischen von über 99% der Emittenten verwendet. Dies ist zu begrüßen, denn auch die wenigen Stunden - die wegen der Veröffentlichung in einer Tageszeitung verloren gehen - können für Verstöße gegen das Insiderrecht missbraucht werden. Im italienischen Recht wird der Text der Meldung durch Nachrichtenagenturen (per Tageszeitung oder auch elektronisch) veröffentlicht.

Die genannten Formen der Veröffentlichung sind obligatorisch. Werden andere Modalitäten gewählt, so wird eine Ordnungswidrigkeit begangen. Im italienischen Recht kann jedoch die Marktverwaltungsgesellschaft anderweitige Formen zulassen. Während und nach der Veröffentlichung kann die Tatsache auch anderweitig verbreitet werden.

Alle publizitätspflichtigen Tatsachen (§ 15 WpHG) sind nach deutschem Recht auch Insidertatsachen (§ 13 WpHG). Das Gegenteil gilt jedoch nicht. Es gibt deshalb Insidertatsachen, die nicht publizitätspflichtig sind. In diesem Fall besteht eine hohe Gefahr von Verstößen gegen das Insiderrecht. Die BAFin. ist der Auffassung, dass im Wege von § 15 WpHG auch reine Insidertatsachen analog veröffentlicht werden dürfen. Ereignisse, die weder publizitätspflichtig noch Insidertatsachen sind, dürfen hingegen analog nicht veröffentlicht werden, denn die Gefahr einer Irreführung des Publikums über das Merkmal der erheblichen Kursbeeinflussung zu hoch ist. Auch im italienischen Recht dürfen Insidertatsachen im Rahmen der Ad-hoc-Publizität veröffentlicht werden. Sonstige Tatsachen wegen der Verwechselungsgefahr allerdings nicht.

V. Zuständig für Entscheidungen über die Ad-hoc-Publizität ist der Vorstand. Dieser kann die Aufgabe auf einen Verantwortlichen im Unternehmen übertragen. Mit der Durchführung des Verfahrens können Externe beauftragt werden. Im Text der Meldung sind Emittent und Tatsache ganz eindeutig zu bezeichnen. Zusätzliche Angaben sind verboten, es sei denn sie dienen der Verständlichkeit der Veröffentlichung. Der Text der Meldung muss umfassend und korrekt sein und Verbindungen und Vergleiche mit vorangegangen Mitteilungen enthalten.

Die Texte der Veröffentlichungen sind in deutsch zu formulieren. Ausländische Emittenten können auch die englische Sprache verwenden. Nach der Ausführungsverordnung müssen die Veröffentlichungen auf italienisch formuliert werden. Studien und Statistiken können auch in der Originalsprache verbreitet werden.

Nach deutschem Recht kann die BAFin. die Veröffentlichung einer Zusammenfassung genehmigen. Dies ist in der Praxis noch nicht erfolgt, denn selbst die „normalen“ Meldungen sollten nur 2-3 Seiten lang sein. Im italienischen Recht ist die Möglichkeit einer Zusammenfassung nicht vorgesehen.

VI. Die Antwort auf die Anfrage eines Aktionärs in der HV könnte zur Preisgabe einer publizitätspflichtigen Tatsache führen. Dies ist unter zwei Gesichtspunkten problematisch. Zum einen wird dem gesetzlich vorgeschriebenen Veröffentlichungsverfahren nicht gefolgt. Zum anderen kann gleichzeitig auch eine

Insidertatsache unbefugt mitgeteilt werden. In der Praxis handelt es sich um ein eher theoretisches Problem, denn in aller Regel wird vor einer HV die Tagesordnung veröffentlicht. Publizitätspflichtige Tatsachen sind ohnehin sofort nach Eintritt zu veröffentlichen. Betrifft jedoch eine Anfrage ein noch nicht öffentlich bekanntes und erheblich kursbeinflussendes Ereignis, dann soll die HV unterbrochen und die Bereichsöffentlichkeit informiert werden.

VII. In quantitativer Hinsicht ist § 15 WpHG ein Erfolg, denn es wird inzwischen über 5000 Mal pro Jahr veröffentlicht. Inhaltlich sind jedoch nicht alle Meldungen punktuell. Manchmal enthalten sie keine Tatsache und manchmal enthalten sie zu viele zusätzliche Informationen. Durch organisatorische Maßnahmen können die Emittenten ihr Informationsverhalten verbessern. In der italienischen Praxis ergeben sich ähnliche Anwendungsprobleme.

Die Einhaltung der Ad-hoc-Publizitätspflicht bringt Kosten für die Emittenten (organisatorisch und für die einzelnen Meldungen).

§ 9 Aufsicht und Rechtsfolgen des Verstoßes

Die Emittenten haben regelmäßig dann Anreiz, der Ad-hoc-Publizitätspflicht nachzukommen, wenn der Inhalt der Veröffentlichung vorteilhaft ist. Handelt es sich allerdings um die Meldung negativer Tatsachen, so ist mit einer freiwilligen Erfüllung nicht zu rechnen. Um die Information des Publikums auch in diesen Fällen zu garantieren, ist es erforderlich, ein effektives Kontrollsystem (Aufsicht und Sanktionen) aufzustellen[1].

A. Die Aufsicht über die Publizitätspflicht

I. Deutsches Recht

Unter den zahlreichen Aufgaben, welche vom WpHG der BAFin. zugewiesen worden sind, zählt auch die Überwachung der Einhaltung der Ad-hoc-Publizitätspflicht. Die Sofortpublizität bezweckt die Erhöhung der Markttransparenz und die Bekämpfung des Insiderhandels. Um die Verwirklichung dieser Ziele zu gewährleisten, sind der BAFin. gewisse Kontrollbefugnisse eingeräumt worden.

Die BAFin. „kann von dem Emittenten Auskünfte und die Vorlage von Unterlagen verlangen, soweit dies zur Überwachung der Einhaltung der in den Absätzen 1 bis 4 geregelten Pflichten erforderlich ist" (§ 15 Abs. 5 S. 1 WpHG). Von dieser Befugnis wird relativ selten Gebrauch gemacht. Von Januar 1995 bis Juli 1996 beispielsweise hat das BAWe nur in ungefähr 90 Fällen um Auskünfte gebeten[2]. Manchmal sind auch Unterlagen, insbesondere Prüfungsberichte von Wirtschaftsprüfern sowie Verträge, angefordert worden.

Während der üblichen Arbeitszeit ist den Bediensteten der BAFin. und den von ihr beauftragten Personen, soweit dies zur Wahrnehmung ihrer Aufgaben erforderlich ist, das Betreten der Grundstücke und Geschäftsräume des E-mittenten zu gestatten (§ 15 Abs. 5 S. 2 WpHG). Nach der Generalklausel des § 6 Abs. 1 WpHG kann sich die Aufsichtsbehörde anderer Personen und Einrichtungen bedienen. Behörden leisten sich ohnehin gegenseitig Rechts- und Amts-

---

[1] Vgl. Begründung zum Regierungsentwurf 2. FFF, BT-Drucks. 12/6679, 35; *Salafia*, L'informativa societaria e l'efficienza del mercato, Le Società, 1999, 1029.

[2] Angaben in *Wittich*, Erfahrungen mit der Ad-hoc-Publizität in Deutschland, AG 1997, 1, 4.

hilfe nach Art. 35 Abs. 1 GG[3]. Die BAFin. kann deshalb Dritte, wie z.B. Wirtschaftsprüfer, privatrechtlich beauftragen.

Der zur Erteilung einer Auskunft Verpflichtete kann die Auskunft auf solche Fragen verweigern, deren Beantwortung ihn selbst oder einen der in § 383 Abs. 1 Nr. 1 bis 3 ZPO bezeichneten Angehörigen der Gefahr strafrechtlicher Verfolgung oder eines Verfahrens nach dem OWiG aussetzen würde. Der Verpflichtete ist über sein Recht zur Verweigerung der Auskunft zu belehren (§ 16 Abs. 6 WpHG). Widerspruch und Anfechtungsklage haben keine aufschiebende Wirkung (§ 16 Abs. 7 WpHG).

Die BAFin. ist nicht mit der Befugnis ausgestattet worden, im Fall der Unterlassung selbst eine Veröffentlichung vorzunehmen. Dies ist aus der Sicht der Informationseffizienz des Kapitalmarktes negativ zu beurteilen. Man hätte, wie im italienischen Recht (Art. 114 Abs. 3 *T.U.*), vorsehen können, dass in diesem Fall die Aufsichtsbehörde das Publikum auf Kosten des Emittenten informiert. Negativ anzumerken ist auch, dass die BAFin. keine vorhergehende Kontrolle über den Inhalt der Veröffentlichung hat[4]. Die Aufsichtsbehörde muss sich damit begnügen, die Emittenten nachträglich zur Verantwortung zu ziehen.

II. Italienisches Recht

Art. 91 *T.U.* legt die allgemeinen Zielsetzungen der Aufsicht der *CONSOB* fest: Schutz der Anleger, Funktionsfähigkeit und Transparenz der Kapitalmärkte. Die Prüfung dieser Behörde im Rahmen der Gesellschaftsinformation richtet sich an der „Korrektheit“ (Art. 115 Abs. 1 *T.U.*). „Korrektheit“ bedeutet in erster Linie, dass die *CONSOB* kontrollieren muss, ob die Veröffentlichungen der Wahrheit entsprechen[5]. Es bedeutet zudem, dass die Aufsichtsbehörde prüfen muss, ob die verbreiteten Nachrichten umfassend und verständlich sind.

1. Die Ersatzvornahme

Art. 13 Abs. 2 EG-BörsenzulassungsRL ermächtigt die zuständigen Stellen, wenn der Anlegerschutz oder der ordnungsgemäße Ablauf des Marktes dies erfordern, den Emittenten aufzufordern, „in der von ihnen für angemessen gehaltenen Form und Frist bestimmte Auskünfte zu veröffentlichen. Kommt der

[3] Vgl. Assmann/Schneider-*Dreyling*, § 6 RZ 1.
[4] *Assmann*, Kapitalmarkt und Kapitalmarktordnung, in: Assmann/Schütze, Handbuch des Kapitalanlagerechts, § 1 RZ 38.
[5] Vgl. *Maviglia/Maviglia*, L'informazione societaria, in: Di Noia/Razzante, Il nuovo diritto societario e dell'intermediazione finanziaria, 335, 399ff.; *Sfameni*, Commento all'art. 115, in: Marchetti/Bianchi, La disciplina delle società quotate nel testo unico della finanza, 644, 646f.

Emittent dieser Aufforderung nicht nach, so können die zuständigen Stellen nach Anhörung des Emittenten selbst die Veröffentlichung dieser Auskünfte vornehmen".

Die *CONSOB* kann von den in Art. 114 Abs. 1 *T.U.* aufgelisteten Subjekten (den notierten Emittenten, den Subjekten, die sie kontrollieren, und den kontrollierten Gesellschaften[6]) die Veröffentlichung von Nachrichten und Dokumenten verlangen, die für die Information des Publikums erforderlich sind (Art. 114 Abs. 3 *T.U.*)[7]. Wird dieser Aufforderung keine Folge geleistet, so veröffentlicht die Aufsichtsbehörde auf Kosten der Verpflichteten. Durch die Unterlassung wird zunächst der Tatbestand des Art. 193 Abs. 1 *T.U.* verwirklicht[8]. Wird dann der Aufforderung der *CONSOB* keine Folge geleistet, so wird zusätzlich zu diesem Verwaltungstatbestand der Straftatbestand des Art. 2638 *c.c.* (Behinderung der Funktionen der öffentlichen Aufsichtsbehörden) erfüllt[9].

2. Die Kontrollbefugnisse (Art. 115 *T.U.*)

Art. 115 *T.U.* räumt der *CONSOB* eine Reihe von Kontrollbefugnissen ein. Die Aufsichtsbehörde kann: a) die Erteilung von Auskünften oder die Vorlage von Unterlagen von notierten Emittenten, kontrollierenden Subjekten und kontrollierten Gesellschaften verlangen; b) sich Auskünfte von Geschäftsführern, Mitgliedern des Aufsichtsrates, Wirtschaftsprüfungsgesellschaften sowie Direktoren der Gesellschaften und der unter a) aufgelisteten Subjekte einholen; c) die Räume der unter a) aufgelisteten Subjekte durchsuchen (Art. 115 Abs. 1 *T.U.*)[10].

---

[6] Der Hinweis in Art. 114 Abs. 3 *T.U.* auf die in Abs. 1 aufgelisteten Subjekte betrifft alle dort erwähnten Subjekte, einschließlich der kontrollierten Gesellschaften, obwohl sie keiner Pflicht der Information des Publikums unterliegen: *Sfameni*, Commento all'art. 114, in: Marchetti/Bianchi, La disciplina delle società quotate nle testo unico della finanza, 509, 613.

[7] Vgl. *Maviglia/Maviglia* (oben FN 5), in: Di Noia/Razzante, Il nuovo diritto societario e dell'intermediazione finanziaria, 335, 390 und 398; *Ntuk*, Commento agli artt. 114-118, in: Cottino, La legge Draghi e le società quotate in borsa, 84, 87f.; *Piscitello*, Commento all'art. 114, in: Campobasso, Testo Unico della Finanza, 949, 953.

[8] Vgl. *CONSOB*, Mitteilung 198090352 vom 14.12.1998.

[9] Vgl. *ASSONIME*, Circolare Nr. 58/1999, Riv. soc., 1999, 828f.; *Casalegno*, Commento all'art. 174, in: Cottino, La legge Draghi e le società quotate in borsa, 371, 377f.; *Valentino*, L'informativa societaria, 183.

[10] Nach den allgemeinen Prinzipien über die Transparenz der Handlungen der Verwaltung ergibt sich, dass die Betroffenen über die Kontrolltätigkeit des Aufsichtspersonals der *CONSOB* informiert werden müssen. Verfassungsrechtlich stützt sich die Vorschrift über Durchsuchungen auf Art. 14 Abs. 3 *Cost.*, nach dem besondere Gesetze sie für wirtschaftliche Zwecke zulassen können. Sie müssen allerdings in der Weise durchgeführt werden, dass das Verteidigungsrecht (Art. 24 Abs. 2 *Cost.*) der Betroffenen gewährleistet ist.

Art. 115 *T.U.* findet in erster Linie auf notierte Emittenten Anwendung. Die Besonderheit der italienischen Regelung im Vergleich zur deutschen ist jedoch die ausdrückliche Erweiterung des Anwendungsbereiches der Vorschrift auf die Konzernebene[11]. Anfragen und Durchsuchungen können deshalb nicht nur bei notierten Emittenten, sondern auch bei kontrollierenden Subjekten und kontrollierten Gesellschaften durchgeführt werden[12]. Die *CONSOB* kann schließlich ihre Befugnisse auch gegenüber einer Reihe von natürlichen Personen ausüben, die gewisse Führungsfunktionen innehaben.

Im Unterschied zu Art. 114 Abs. 4 *T.U.*, der die Befreiung von der Veröffentlichungspflicht zulässt, enthält Art. 115 *T.U.* keine besondere Bestimmung dazu. Die Emittenten sind deshalb nicht befugt, der *CONSOB* Informationen zu verschweigen[13]. Die unterschiedliche Behandlung lässt sich damit begründen, dass die Mitteilung von Auskünften lediglich an die Aufsichtsbehörde nicht in der Lage ist, der Gesellschaft einen Schaden zuzufügen.

B. Rechtsfolgen des Verstoßes gegen die Ad-hoc-Publizitätspflicht

Es soll im Folgenden untersucht werden, welche Rechtsfolgen die Verletzung der Ad-hoc-Publizitätspflicht im deutschen und italienischen Recht mit sich bringt.

Der europäische Gesetzgeber schreibt keine spezifische Sanktion vor. Nach Art. 12 der EG-BörsenzulassungsRL können die zuständigen Stellen den Umstand veröffentlichen, dass der Emittent seinen Pflichten nicht nachkommt. Ansonsten bezieht sich die Norm in allgemeiner Weise auf Sanktionen für den Fall, dass die aus der Zulassung erwachsenden Pflichten nicht eingehalten werden.

Die Verletzung von § 15 WpHG und Art. 114 *T.U.* stellt in erster Linie eine Ordnungswidrigkeit dar (§ 39 WpHG; Art. 193 Abs. 1 *T.U.*).

Ein Verstoß gegen die Ad-hoc-Publizitätspflicht kann zudem strafrechtliche Folgen mit sich bringen. In der italienischen Regelung werden Strafsanktionen (*sanzioni penali*: Art. 2621 und 2622 *c.c.*) und Verwaltungssanktionen (*sanzioni amministrative*: Art. 193 Abs. 1 *T.U.*) vorgesehen. Es wird somit Gebrauch des sog. zweigleisigen Systems gemacht[14]. Die gleichen Rechtsgüter werden sowohl straf- als auch verwaltungsrechtlich geschützt. Die Instrumente des

---

[11] *ASSONIME*, Circolare Nr. 58/1999, in Riv. soc., 1999, 796.

[12] *Parrella*, Gli emittenti. Informazione societaria e disciplina delle società con azioni quotate (artt. 113-135), in: Lacaita/Napoleoni, Il testo unico dei mercati finanziari, 114, 119.

[13] *Ntuk* (oben FN 7), in: Cottino, La legge Draghi e le società quotate in borsa, 84, 93.

[14] *Lacaita*, Le sanzioni penali in materia di intermediari, mercati ed emittenti (artt. 166-174), in: Lacaita/Napoleoni, Il testo unico dei mercati finanziari, 155.

Strafrechts haben eine susbidiäre Funktion, denn sie kommen nur dann zur Anwendung, wenn es sich um besonders schwerwiegende Verletzungen handelt[15]. Während Art. 193 Abs. 1 *T.U.* Verwaltungssanktionen wegen Unterlassung der Veröffentlichung sowie Missachtung von Formalitäten und Verfahrensregeln verhängt, bestrafen Art. 2621 und 2622 *c.c.* die Tatsache, dass die Meldungen falsche Informationen enthalten[16]. In diesem Fall berührt die Handlung der Täter das Vertrauen der Anleger in stärkerer Weise[17].

Das zweigleisige System findet auch in Deutschland Anwendung. Das deutsche Recht unterscheidet sich von dem italienischen darin, dass § 88 Nr. 1 BörsG (nunmehr § 20a WpHG[18]) nicht direkt auf § 15 WpHG verweist. Das Verschweigen bewertungserheblicher Umstände oder unrichtige Angaben über bewertungserhebliche Umstände in einer Ad-hoc-Veröffentlichung können nichtsdestotrotz den Tatbestand des Kursbetruges (nunmehr der Kurs- und Marktpreismanipulation) erfüllen[19].

Schließlich wird untersucht, inwieweit die Verletzung des Publizitätsgebotes zivilrechtliche Ansprüche begründen kann.

---

[15] *Criscuolo*, Le sanzioni amministrative (artt. 188-196), in: Lacaita/Napoleoni, Il testo unico dei mercati finanziari, 207; *Sgubbi*, Le sanzioni, in: Bonelli/Buonocore/Corsi/Costi/Ferro-Luzzi/Gambino/Jaeger/Patroni Griffi, La riforma delle società quotate, 293, 295.

[16] Vgl. *Mucciarelli*, L'informazione societaria: destinatari e limiti posti dalla normativa in materia in insider trading, BBTC 1999, 745, 753; *Pistorelli*, Corporate governance. Il nuovo assetto delle responsabilità penali, Riv. trim. dir. pen. econ. 1999, 294, 312; *Pollice*, Commento all'art. 193, in: Alpa/Capriglione, Commentario al testo unico delle disposizioni im materia di intermediazione finanziaria, 1744, 1746.

[17] Vgl. *Lampone*, Le sanzioni amministrative, in: Di Noia/Razzante, Il nuovo diritto societario e dell'intermediazione finanziaria, 621, 623.

[18] Mit dem 4. FFG ist § 88 BörsG entfallen. Das Verbot der Kurs- und Marktpreismanipulation ist nunmehr in den neuen §§ 20a und 20b WpHG geregelt. S. dazu *Barnert*, Deliktischer Schadensersatz bei Kursmanipulation de lege lata und de lege ferenda, WM 2002, 1473ff.; *Ekkenga*, Kurspflege und Kursmanipulation nach geltendem umd künftigem Recht, WM 2002, 317ff.; *Möller*, Die Neuregelung des Verbots der Kurs- und Marktpreismanipulation im Vierten Finanzmarktförderungsgesetz, WM 2002, 309ff; *Schmitz*, Aktuelles zum Kursbetrug gem. § 88 BörsG, wistra 2002, 208ff.; *Ziouvas/Walter*, Das neue Börsenstrafrecht mit Blick auf das Europarecht – zur Reform des § 88 BörsG, WM 2002, 1483ff.

[19] Vgl. etwa *Thümmel*, Haftung für geschönte Ad-hoc-Meldungen: Neues Risikofeld für Vorstände oder ergebnisorientierte Einzelfallrechtsprechung?, DB 2001, 2331, 2332; LG Augsburg, 24.9.2001, BB 2001, 2130; BKR 2001, 99; DB 2001, 2334; NZG 2002, 429; ZIP 2001, 1881.

I. Verwaltungsrechtliche Sanktionen

Der Verstoß gegen die in § 15 WpHG vorgesehenen Publizitätspflichten stellt im deutschen Recht in erster Linie eine Ordnungswidrigkeit (§ 39 WpHG) dar. Der Gesetzgeber geht davon aus, dass das Ziel der Verbesserung der Informationseffizienz des Kapitalmarktes primär mit der Androhung von Geldbußen erreicht werden kann. Ebenso hat sich der italienische Gesetzgeber in erster Linie für Verwaltungssanktionen entschieden (Art. 193 Abs 1 *T.U.*). Geschützt wird auf der einen Seite das Recht auf Information des Publikums (Art. 114 *T.U.*), auf der anderen Seite das Recht auf Information der *CONSOB* (Art. 115 *T.U.*)[20].

1. Allgemeines

a) Deutsches Recht

§ 39 WpHG will sicherstellen, dass die Publizitätspflicht in ihrer Gesamtheit respektiert wird[21]. Aus diesem Grund wird eine Reihe von Verhaltensweisen sanktioniert.

Die Verletzung der Regeln der ersten Phase des Publizitätsverfahrens, nämlich der Mitteilungspflicht gegenüber der Geschäftsführung der Börse und der BAFin. nach § 15 Abs. 2 S. 1 WpHG, wird mit einer Geldbuße bis zu 250.000 Euro geahndet. Der Verstoß gegen § 15 Abs. 1 S. 1 i.V.m. § 15 Abs. 3 S. 1 WpHG, d.h. die Unterlassung der Veröffentlichung, wird mit einer Geldbuße bis zu 1.500.000 Euro geahndet. Die Verletzung der vorgeschriebenen Form der Veröffentlichung (überregionales Börsenpflichtblatt oder elektronisch betriebenes Informationsverbreitungssystem) nach § 15 Abs. 3 S. 2 WpHG wird mit einer Geldbuße bis zu 1.500.000 Euro geahndet. Der Verstoß gegen § 15 Abs. 4 WpHG, nämlich die Veröffentlichung der Geschäftsführung der Börse und der BAFin. nicht oder nicht rechtzeitig zu übersenden, wird mit einer Geldbuße bis zu 50.000 Euro geahndet. § 39 Abs. 1 WpHG setzt im subjektiven Tatbestand vorsätzliches oder leichtfertiges Handeln voraus. Die Leichtfertigkeit ist der erhöhte Grad von Fahrlässigkeit, wenn der Täter aus grober Achtlosigkeit verkennt, dass er einen Tatbestand verwirklicht. Ein lediglich auf einfacher Fahrlässigkeit beruhender Gesetzverstoß wird vom Gesetzgeber für nicht ahndungswürdig gehalten[22].

---

[20] *Portolano*, Commento all'art. 174, in: Alpa/Capriglione, Commentario al testo unico delle disposizioni im materia di intermediazione finanziaria, 1599, 1600f.

[21] Vgl. *BAWe und Deutsche Börse AG*, Insiderhandelsverbote, 49.

[22] Begründung zum Regierungsentwurf 2. FFG, BT-Drucks. 12/6679, 50.

Die Verweigerung der Herausgabe von Unterlagen oder der Erteilung von Auskünften (§ 15 Abs. 5 S. 1 WpHG) wird mit einer Geldbuße bis zu 50.000 Euro geahndet. Die Behinderung der Mitarbeiter des BAFin. oder ihrer Beauftragten beim Betreten der Grundstücke oder Geschäftsräume des Emittenten (§ 15 Abs. 5 S. 2 WpHG) wird mit einer Geldbuße bis zu 50.000 Euro geahndet. Für diese zwei letzten Tatbestände (§ 39 Abs. 2 WpHG) reicht im Unterschied zu den vier oben beschriebenen (§ 39 Abs. 1 WpHG) fahrlässiges Handeln aus. Fahrlässig handelt, wer die im Verkehr erforderliche und ihm mögliche Sorgfalt außer acht lässt und dadurch einen Tatbestand verwirklicht.

b) Italienisches Recht

Die Auflistung der sanktionierten Tatbestände ist in Art. 193 Abs. 1 *T.U.* weniger detailliert als im deutschen Recht. Gegen diejenigen, die Funktionen der Geschäftsführung, Direktion und Kontrolle bei Gesellschaften oder sonstigen Subjekten wahrnehmen und den Pflichten nach den Art. 114 und 115 *T.U.* unterliegen, wird eine Geldbuße von 5.164 bis 103.291 Euro verhängt, wenn sie die Vorschriften jener Artikel oder der jeweiligen Ausführungsmaßnahmen missachten (Art. 193 Abs. 1 *T.U.*)[23].

Die Verletzung tritt in verschiedenen Formen in Erscheinung. Der typische Verstoß liegt in der Unterlassung der Veröffentlichung. Eine Verletzung findet jedoch auch dann statt, wenn sie nicht richtig, nicht vollständig, nicht in der vorgeschriebenen Form oder nicht rechtzeitig erfolgt[24].

Für den subjektiven Tatbestand wird im *T.U.* keine Besonderheit vorgesehen, so dass nach der allgemeinen Regel für Verwaltungssanktionen (Art. 3 *l.* 689/81) die Fahrlässigkeit ausreicht[25].

---

[23] Die vom italienischen Gesetzgeber auch im Bereich der Sanktionen verwendete Technik des Verweises auf die Ausführungsmaßnahmen wird kritisiert. Zum einen stellen sich Probleme der Verständlichkeit der Normen, zum anderen Fragen der Einhaltung des Legalitätsprinzips (Art. 1 *l.* 689/81). Vgl. hierzu *Giavazzi*, Profili penali dell'apparato sanzionatori del t.u. dell'intermediazione finanziaria, in: Marchetti/Bianchi, La disciplina delle società quotate nel testo unico della finanza, 1966, 1970f.; *Seminara*, Commento al'art. 193, in: Campobasso, Testo Unico della Finanza, 1513, 1514.

[24] *Sfameni* (oben FN 6), in: Marchetti/Bianchi, La disciplina delle società quotate nel testo unico della finanza, 509, 641.

[25] Vgl. *CONSOB*, Mitteilung 198090352 vom 14.12.1998.

2. Die Adressaten der Sanktionen

a) Deutsches Recht

Nach § 9 Abs. 1 Nr. 1 OWiG haftet derjenige, der als vertretungsberechtigtes Organ für die juristische Person gehandelt hat. Im Regelfall handelt es sich um den Vorstandsvorsitzenden. Bei der Verhängung der Geldbuße ist allerdings eine Abgrenzung zwischen der Einzelverantwortlichkeit des Vorstandsmitglieds im Rahmen der Geschäftsverteilung von der Gesamtverantwortung des Vorstandes vorzunehmen[26]. Nach § 9 Abs. 2 OWiG kann eine Geldbuße auch gegen denjenigen verhängt werden, der ausdrücklich dazu beauftragt wurde, in eigener Verantwortung Aufgaben des Betriebsinhabers wahrzunehmen. Die Erfüllung der Ad-hoc-Publizitätspflicht erfordert in aller Regel Organisationsmaßnahmen[27]. Dazu gehören normalerweise die Benennung einer zentralen Stelle zur Sammlung und Beurteilung von Tatsachen sowie die Strukturierung einer Verfahrensweise zur unverzüglichen Veröffentlichung. Es muss in diesem Zusammenhang gewährleistet werden, dass der Verantwortliche für die Sofortpublizität die entsprechenden Informationen prompt bekommt. Nach § 130 OWiG handelt ordnungswidrig, wer als Betriebsinhaber vorsätzlich oder fahrlässig die Aufsichtsmaßnahmen unterlässt, die erforderlich sind, um im Betrieb Zuwiderhandlungen gegen Pflichten zu verhindern, die den Inhaber als solchen treffen und deren Verletzung mit Geldbuße bedroht ist. Der Vorstand bleibt deshalb, auch wenn er die Entscheidungen nach § 15 WpHG auf eine nachgeordnete Ebene delegiert, für die ordnungsgemäße Kontrolle verantwortlich[28]. Wenn ausreichende Organisationsmaßnahmen getroffen wurden, ist seine Haftung ausgeschlossen.

Nach § 30 OWiG kann zusätzlich auch gegen die juristische Person eine Geldbuße festgesetzt werden, wenn ihr das Handeln des vertretungsberechtigten Organs zugerechnet werden kann[29]. Sanktionen gegen die Gesellschaft können auch bei Ordnungswidrigkeiten von Generalbevollmächtigten, Prokuristen und Handlungsbevollmächtigten, die in leitender Stellung tätig sind, festgesetzt werden.

b) Italienisches Recht

Gegen die Informationspflichten nach Art. 114 und 115 *T.U.* können diejenigen verstoßen, welche die Funktionen der Geschäftsführung, Direktion und

[26] *BAWe und Deutsche Börse AG*, Insiderhandelsverbote, 48.
[27] Vgl. Assmann/Schneider-*Kümpel*, § 15 RZ 173ff.
[28] Schäfer-*Schäfer*, WpHG, § 15 RZ 160.
[29] *BAWe und Deutsche Börse AG*, Insiderhandelsverbote, 48; Assmann/Schneider-*Kümpel*, § 15 RZ 179f.

Kontrolle ausüben (Art. 193 Abs. 1 *T.U.*)[30]. Im Gesetz wird nicht erklärt, ob alle Mitglieder der Geschäftsführung, Direktion bzw. Kontrolle haften[31]. Vorzuziehen ist eine differenzierte Betrachtung, die auf die Rolle des Einzelnen abstellt. Es muss insbesondere berücksichtigt werden, wie die Befugnisse verteilt wurden[32].

Die Gesellschaften und die sonstigen Subjekte, denen die Täter angehören, haften solidarisch für die Zahlung der Geldbuße (Art. 195 Abs. 9 *T.U.*). Dadurch will der Gesetzgeber nicht nur die Einnahme der Summe sichern, sondern auch Anreiz zu unternehmensinternen Kontrollen schaffen[33]. Die Gesellschaften und die sonstigen Subjekte müssen bei den Tätern Regress nehmen (sog. Personalisierung der Verwaltungssanktion[34]). Diese Norm stellt eine Ausnahme zur allgemeinen Regel des Art. 6 *l.* 689/81 dar, nach dem die juristische Person lediglich dazu befugt ist. Da allerdings für den Fall, dass kein Regress genommen wird, keine Sanktion vorgesehen ist, ist die Effektivität dieser Regelung schwach[35].

3. Die Höhe der Sanktionen

a) Deutsches Recht

Die Höhe der angedrohten Geldbuße hängt von den jeweiligen Handlungen ab. Im Unterschied zum italienischen Recht wird sie für jeden Tatbestand detailliert aufgeführt. Die Berechnung geht weit über den nach § 17 OWiG vorgesehenen Bußgeldrahmen hinaus. Dies sei gerechtfertigt, weil die genannten Verstöße besonders schwerwiegende Auswirkungen auf den Finanzmarkt haben, indem sie die Zuverlässigkeit und Wahrheit der Preisbildung beeinträchtigen[36]. Bei bestimmten Verletzungen kann die Geldbuße den Betrag von 1.500.000 Euro erreichen, wenn die Handlung vorsätzlich ist. Ist sie lediglich fahrlässig, so kann nur die Hälfte des Höchstbetrages verhängt werden (§ 17 Abs. 2 OWiG).

---

[30] Zur Frage, ob der Hinweis auf Geschäftsführung, Direktion und Kontrolle im formellen oder materiellen Sinn zu interpretieren ist, vgl. *Sfameni* (oben FN 6), in: Marchetti/Bianchi, La disciplina delle societàq quotate nel testo unico della finanza, 509, 642.

[31] *Sassani/Cardani*, Le sanzioni amministrative, in: Patroni Griffi/Sandulli/Santoro, Intermediari finanziari, mercati e società quotate, 1247, 1262f.

[32] *Valentino* (oben FN 9), 185.

[33] *Lampone* (oben FN 17), in: Di Noia/Razzante, Il nuovo diritto societario e dell'intermediazione finanziaria, 621, 629.

[34] *Sgubbi* (oben FN 15), in: Bonelli/Buonocore/Corsi/Costi/Ferro-Luzzi/Gambino/Jaeger/Patroni Griffi, La riforma delle società quotate, 293, 312.

[35] *ASSONIME*, Circolare Nr. 58/1999, Riv. soc., 1999, 829.

[36] So die Begründung zum Regierungsentwurf 4. FFG, BR-Drucks. 936/01, 282.

Die Androhung hoher Geldbußen bezweckt die Verwirklichung der Zielsetzungen der Ad-hoc-Publizitätspflicht. Verstöße dagegen unterhalten Informationsasymmetrien und beeinträchtigen die Markttransparenz[37]. Die Sofortpublizität stellt zudem, wie bereits mehrfach erwähnt, ein zentrales Element der Insiderhandelsprävention dar. Durch die schwere Sanktionierung soll ferner die Verbesserung der Wettbewerbsfähigkeit des Finanzplatzes Deutschland erzielt werden, denn hohe Geldbußen stärken das Anlegervertrauen und die Investitionsbereitschaft[38]. Die beträchtliche Sanktionierung ist auch ein Ausgleich für die Tatsache, dass § 15 Abs. 6 S. 1 WpHG die Schutzgesetzeigenschaft der Regeln über die Ad-hoc-Publizität ausschließt. Mit der Abschreckungskraft von schweren finanziellen Folgen wird Druck auf die Emittenten ausgeübt. Bei niedrigeren Geldbußen kann es in bestimmten Fällen tatsächlich günstiger sein, nicht zu veröffentlichen, um sich durch die Unterhaltung des asymmetrischen Informationsstandes Vorteile zu verschaffen[39]. Wird die Unterlassung nicht entdeckt, so bleibt die Tatsache geheim und der Emittent riskiert keine Sanktion. Wird die Verletzung der Publizitätspflicht entdeckt, so kann sie – zumindest in einer ersten Phase - bestritten werden. Wird die Sanktion schließlich verhängt, so kann sie - im Vergleich zu dem aus der frühzeitigen Veröffentlichung möglicherweise entstehenden Schaden - ohnehin vertretbar sein. Die Abschreckungswirkung des Repressiosapparates ist im Ergebnis eher für kleine Familiengesellschaften als für große Publikumsgesellschaften effektiv[40]. Hohe finanzielle Sanktionen finden ihre Begründung auch darin, dass sie sich „an börsennotierte Unternehmen und deren gesetzliche Vertreter richten, die regelmäßig vermögend sind und im Zweifel nur durch entsprechend hohe Geldbußen zur Beachtung der Vorschriften über die Ad-hoc-Publizität angehalten werden können"[41].

Allzu hohe Geldbußen beeinflussen die Informationspolitik der Emittenten auch in einer negativen Art und Weise. Aus der Praxis ergibt sich, dass einige Gesellschaften auch dann veröffentlichen, wenn keine publizitätspflichtige Tatsache vorliegt. In anderen Fällen werden zusätzlich zum relevanten Ereignis unnötige Informationen verbreitet. Dieses Verhalten ist auch dadurch ausgelöst, dass die Emittenten - im Zweifel über das Bestehen einer Tatsache - veröffentlichen, um dem Vorwurf nicht ausgesetzt zu sein, eine gebotene Meldung unterlassen zu haben. Dies ist angesichts der Verwirklichung des Zieles der Verbesserung der Informationseffizienz des Kapitalmarktes kontraproduktiv. Es besteht das Risiko einer Irreführung der Anleger.

---

[37] Begründung zum Regierungsentwurf 2. FFG, BT-Drucks. 12/6679, 58.

[38] Vgl. *Lahmann*, Insiderhandel, 193.

[39] *Weisgerber*, Neue Informationskultur durch das Zweite Finanzmarktförderungsgesetz, WM 1995, 19.

[40] *Struckmann*, Insiderregeln und deren Umsetzung am Beispiel der Bundesrepublik Deutschland, 88.

[41] Bericht des Finanzausschusses des Deutschen Bundestages, BT-Drs. 12/7918, 96.

b) Italienisches Recht

Es wird allgemein eine Geldbuße zwischen 5.164 und 103.291 Euro angedroht (Art. 193 *T.U.*). Die Höchstsanktion ist wesentlich geringer als im deutschen Recht.

4. Zuständigkeit und Verfahren

a) Deutsches Recht

Für die Ahndung der Ordnungswidrigkeiten ist die BAFin. als Verwaltungsbehörde nach § 36 Abs. 1 Nr. 1 OWiG zuständig (§ 40 WpHG).

Das Verfahren ist in § 46 ff. OWiG geregelt.

b) Italienisches Recht

Das Sanktionsverfahren für die Verhängung von Geldbußen im Rahmen der Ad-hoc-Publizität wird detailliert und gesondert geregelt. Dies stellt einen Unterschied zum deutschen Recht dar, denn im WpHG werden keine besonderen Regeln vorgesehen. Es wird vielmehr auf die allgemeinen Bestimmungen im OWiG verwiesen. Wenn einzelne Aspekte nicht direkt im *T.U.* geregelt sind, so ist die *l.* 689/1981 anzuwenden[42].

Das Sonderverfahren hat zunächst verwaltungsrechtlichen Charakter. Die Sanktionen werden vom Schatzministerium auf Vorschlag der *CONSOB* mit begründetem Beschluss verhängt (Art. 195 Abs. 1 *T.U.*)[43]. Nach überwiegender Meinung kann das Ministerium keine weiteren Ermittlungen anordnen und darf lediglich prüfen, inwieweit die Aufsichtsbehörde das Gesetz eingehalten hat[44]. Obwohl die Verwaltungssanktionen vom Schatzministerium verhängt werden, spielt somit die *CONSOB* die zentrale Funktion des Verfolgers[45]. Das Ministerium kann auf die Verhängung einer vorgeschlagenen Geldbuße nicht verzichten[46]. Es kann jedoch bei entsprechender Begründung die Höhe, die sich an den

[42] *Dell'Atti*, Commento agli artt. 191-194, in: Alpa/Zatti, Commentario breve al codice civile, 1389, 1390; App. Milano, 13.4.1999, Le Società 1999, 1342.

[43] Die Begründung braucht im Beschluss nicht wiederholt zu werden. Es reicht aus, wenn dieser sich auf den Vorschlag der *CONSOB* bezieht. So *Capriglione*, Commento agli artt. 195-196, in: Alpa/Zatti, Commentario breve al codice civile, 1397, 1399.

[44] Vgl. statt aller *Capriglione*, Commento all'art. 195, in: Alpa/Capriglione, Commentario al testo unico delle disposizioni im materia di intermediazione finanziaria, 1757, 1763.

[45] Vgl. *Buonocore*, La riforma delle società quotate, in: Bonelli/Buonocore/Corsi/Costi/Ferro-Luzzi/Gambino/Jaeger/Patroni Griffi, La riforma delle società quotate, 3, 67.

[46] *De Biasi*, Commento agli artt. 188-196, in: Belli/Mazzini/Tedeschi, Il testo unico della finanza, 273, 279.

Kriterien des Art. 11 *l.* Nr. 689/81 (insbesondere der Schwere der Tat) orientieren muss, ändern[47].

Die *CONSOB* ist beim Vorliegen der gesetzlichen Voraussetzungen verpflichtet, das Sanktionsverfahren einzuleiten[48]. Die Aufsichtsbehörde muss zunächst zur Wahrung des Verteidigungsrechts die Vorwürfe den Betroffenen mitteilen und die Stellungnahme derselben einholen (Art. 195 Abs. 2 *T.U.*). Nimmt der angeforderte Emittent binnen 30 Tagen nicht Stellung, so geht das Verfahren weiter.

Eine Zusammenfassung des Beschlusses des Schatzministeriums, mit dem die Sanktionen verhängt werden, ist im Bullettin der *CONSOB* zu veröffentlichen (Art. 195 Abs. 3 *T.U.*). Das Ministerium kann auf Antrag der Aufsichtsbehörde, nach Beurteilung der Art des Verstoßes und der im Spiel stehenden Interessen, weitere Modalitäten der Veröffentlichung festlegen (vgl. Art. 12 EG-BörsenzulassungsRL). Die Kosten werden vom Täter getragen, während die Gesellschaft solidarisch haftet und verpflichtet ist, Regress zu nehmen (Art. 195 Abs. 9 *T.U.*). Die praktischen Effekte der Vorschrift über die zusätzliche Publizität der Sanktionierung sind – vor dem Hintergrund steigenden Wettbewerbs - nicht zu unterschätzen, denn sie kann negative Auswirkungen auf die Reputation des Emittenten haben[49]. Diese Gefahr soll nach einer Meinung die zuständigen Behörden dazu veranlassen, einen eher geringeren Gebrauch von dieser Art Prangerstrafe zu machen[50].

Gegen den Beschluss, mit dem die Sanktion verhängt wird, kann Einspruch beim Oberlandesgericht des Ortes, wo die Gesellschaft ihren Sitz hat oder der Verstoß stattgefunden hat, eingelegt werden (Art. 195 Abs. 4 *T.U.*). Im Unterschied zum deutschen Recht ist der Zivilrichter zuständig. Der Einspruch ist zunächst dem Schatzministerium und der *CONSOB* innerhalb von 30 Tagen mitzuteilen. Dadurch erhält die Aufsichtsbehörde die Gelegenheit, an dem Prozess teilzunehmen. Der Einspruch ist danach innerhalb von 30 Tagen bei der Geschäftsstelle des OLG einzulegen.

Der Einspruch hat idR keine aufschiebende Wirkung. Das OLG kann allerdings die Sankionsverhängung aus wichtigen Gründen mit begründetem Beschluss suspendieren (Art. 195 Abs. 5 *T.U.*). Obwohl der Antrag auf Erteilung der aufschiebenden Wirkung im Wege einstweiliger Verfügung gestellt werden

---

[47] *Lampone* (oben FN 17), in: Di Noia/Razzante, Il nuovo diritto societario e dell'intermediazione finanziaria, 621, 627; *Sassani/Cardani* (oben FN 31), in: Patroni Griffi/Sandulli/Santoro, Intermediari finanziari, mercati e società quotate, 1247, 1267f.

[48] *Sassani/Cardani* (oben FN 31), in: Patroni Griffi/Sandulli/Santoro, Intermediari finanziari, mercati e società quotate, 1247, 1266.

[49] *Criscuolo* (oben FN 15), in: Lacaita/Napoleoni, Il testo unico dei mercati finanziari, 207, 211.

[50] *Buonocore* (oben FN 45), in: Bonelli/Buonocore/Corsi/Costi/Ferro-Luzzi/Gambino/Jaeger/Patroni Griffi, La riforma delle società quotate, 3, 38.

kann[51], wird der Emittent normalerweise gezwungen, die Verwaltungssanktion bereits vor der endgültigen Entscheidung zu bezahlen[52].

Das OLG kann auf Antrag der Parteien Fristen für die Einreichung von Schriftsätzen und Unterlagen festlegen sowie ihre Anhörung zulassen (Art. 195 Abs. 6 *T.U.*). Das Verfahren findet ansonsten nach den Art. 737 ff. *c.p.c.* statt[53].

Das OLG entscheidet in nicht öffentlicher Form mit begründetem Beschluss, nachdem die Staatsanwaltschaft ihre Stellungnahme abgegeben hat (Art. 195 Abs. 7 *T.U.*). Die Entscheidung ist der natürlichen Person und der Gesellschaft, der sie angehört, mitzuteilen. Gegen den Beschluss kann nach Art. 111 *Cost.* Revision wegen Gesetzverstoßes eingelegt werden[54]. Die Revision nach Art. 360 Abs. 1 Nr. 5 *c.p.c.* wegen fehlender oder nicht ausreichender Begründung ist hingegen nicht zulässig[55].

Eine Kopie des Beschlusses wird von der Geschäftsstelle des OLG dem Schatzministerium und der *CONSOB* übersendet, damit eine Zusammenfassung im Bulletin der Aufsichtsbehörde veröffentlicht wird (Art. 195 Abs. 8 *T.U.*).

5. Statistische Angaben über Bußgeldverfahren

Aus den Veröffentlichungen der deutschen Aufsichtsbehörde ergibt sich, dass im Jahre 1995 11, im 1996 16, im 1997 9, im 1998 13, im 1999 4, im 2000 8 und in 2001 22 Bußgeldverfahren eröffnet wurden. In den meisten Fällen wurden sie eingestellt. Ursachen davon sind u.a. die Komplexität der Tatbestände, die umfangreiche Ermittlungen erfordern, und das Fehlen des subjektiven Tatbestandes. Im Jahre 2000 wurden beispielsweise sechs Bußgelder in Höhe von 10.000,- DM bis 200.000,- DM verhängt.

---

[51] *Sassani/Cardani* (oben FN 31), in: Patroni Griffi/Sandulli/Santoro, Intermediari finanziari, mercati e società quotate, 1247, 1270.

[52] Kritisch *Buonocore* (oben FN 45), in: Bonelli/Buonocore/Corsi/Costi/Ferro-Luzzi/Gambino/Jaeger/Patroni Griffi, La riforma delle società quotate, 3, 38.

[53] Vgl. App. Milano, 13.4.1999, Le Società 1999, 1342.

[54] *Capriglione* (oben FN 43), in: Alpa/Zatti, Commentario breve al codice civile, 1397, 1400f.; *Lampone* (oben FN 17), in: Di Noia/Razzante, Il nuovo diritto societario e dell'intermediazione finanziaria, 629.

[55] *De Biasi* (oben FN 46), in: Belli/Mazzini/Tedeschi, Il testo unico della finanza, 273, 280; *Sassani/Cardani* (oben FN 31), in: Patroni Griffi/Sandulli/Santoro, Intermediari finanziari, mercati e società quotate, 1247, 1270.

II. Strafrechtliche Sanktionen

1. Deutsches Recht

Eine Bestrafung wegen eines Verstoßes gegen die Ad-hoc-Publizitätspflicht kann sich aus § 88 Nr. 1 BörsG (nunmehr § 20a WpHG) ergeben[56].

Der Text einer Veröffentlichung kann unrichtige Angaben enthalten, die für die Bewertung der Wertpapiere erheblich sind. Wird zudem eine kursbeeinflussende Tatsache verschwiegen oder mit Verspätung veröffentlicht, so wird ein Umstand verschwiegen oder verspätet veröffentlicht, der für die Bewertung der Wertpapiere erheblich ist. In diesen Fällen wird gegen eine bestehende Rechtsvorschrift (§ 15 Abs. 1 WpHG) verstoßen.

§ 88 Nr. 1 BörsG setzt im subjektiven Tatbestand die Einwirkungsabsicht auf die Preise voraus[57]. IdR wird bei Verstößen gegen § 15 Abs. 1 WpHG diese Absicht fehlen. In den meisten Fällen ist die Unterlassung, die Verspätung oder die unrichtige Angabe lediglich die Folge einer unkorrekten Einschätzung der Auswirkungen der Tatsache auf den Preis. Daher entfällt im Normalfall eine Bestrafung. Für die Staatsanwaltschaft ist es jedenfalls schwierig, die Einwirkungsabsicht zu beweisen.

Der Tatbestand des § 88 Nr. 1 BörsG ist allgemein gehalten. Die abstrakten Formulierungen machen es für den nicht mit Börsewesen vertrauten Richter oder Staatsanwalt schwierig, bestimmte Manipulationstechniken unter den Straftatbestand zu fassen[58].

Bestrafungen nach § 88 Nr. 1 BörsG (Freiheitsstrafe bis zu drei Jahren oder Geldstrafe[59]) sind aus den genannten Gründen selten gewesen[60].

---

[56] Vgl. *Barnert* (oben FN 18), WM 2002, 1473, 1476; *Kaiser*, Die Sanktionierung von Insiderverstößen und das Problem der Kursmanipulation, WM 1997, 1557, 1563; Assmann/Schneider-*Kümpel*, § 15 RZ 185; Schäfer-*Ledermann*, BörsG, § 88 RZ 8; *Möller* (oben FN 18), WM 2002, 309, 312; *Schröder*, Strafbares Insiderhandeln von Organvertretern einer AG nach geltendem und neuem Recht, NJW 1994, 2879, *Thümmel* (oben FN 19), DB 2001, 2331; *Ziouvas/Walter* (oben FN 18), WM 2002, 1483ff. LG Augsburg, 24.9.2001, BB 2001, 2130; BRK 2001, 99; DB 2001, 2334; NZG 2002, 429; ZIP 2001, 1881.

[57] Vgl. hierzu statt aller *Ekkenga* (oben FN 18), WM 2002, 317, 318f. § 20a WpHG verzichtet jedoch auf dieses Erfordernis und begnügt sich mit einfachem Vorsatz (§ 15 StGB).

[58] *Moosmayer*, Straf- und bußgeldrechtliche Regelungen im Entwurf eines Vierten Finanzmarktförderungsgesetzes, wistra 2002, 161, 162.

[59] Nach § 20a WpHG kann die Freiheitsstrafe fünf Jahre erreichen.

[60] *Claussen*, Dem Neuen Markt eine zweite Chance, BB 2002, 105, 110; Schäfer-*Ledermann*, BörsG, Vorbemerkungen zu § 88ff. RZ 2; *Möller* (oben FN 18), WM 2002, 309; *Moosmayer* (oben FN 58), wistra 2002, 161ff.

2. Italienisches Recht

Auch im italienischen Recht können im Zusammenhang mit der Ad-hoc-Publizität strafrechtliche Tatbestände erfüllt werden. Dies erfolgt direkt durch den Straftatbestand des Art. 2621 *c.c.* (falsche Gesellschaftsmitteilungen), des Art. 2622 *c.c.* (falsche Gesellschaftsmitteilungen, die Gesellschafter oder Gläubiger schädigen) und indirekt durch den Straftatbestand des Art. 2637 *c.c.* (Kursbetrug).

a) Der Straftatbestand des Art. 2621 *c.c.* (falsche Gesellschaftsmitteilungen)

Es wird mit Haftstrafe bis zu einem Jahr und sechs Monaten derjenige bestraft, der in den Mitteilungen an das Publikum falsche Informationen darlegt (Art. 2621 Abs. 1 *c.c.*). Diese Straftat kann von den Geschäftsführern, den Generaldirektoren, den Mitgliedern des Aufsichtsrates und den Liquidatoren begangen werden, wobei die Haftung im Zusammenhang mit der Ad-hoc-Publizitätspflicht regelmäßig die Vorstandsmitglieder als zuständiges Organ treffen wird. Die Vorschrift umfasst auch den Fall der Unterlassung von Informationen in der Mitteilung, jedoch nicht den der Unterlassung der Mitteilung und auch nicht den der Verspätung. Art. 2621 *c.c.* setzt eine Mitteilung voraus, und zwar eine, die falsche oder unzureichende Informationen enthält. Die Unterlassung der Mitteilung sowie die Verspätung fallen unter Art. 193 Abs. 1 *T.U.*[61].

Art. 2621 *c.c.* ist im italienischen Recht als Vergehen (*contravvenzione*) und nicht als Verbrechen (*delitto*) zu qualifizieren. Es reicht deshalb im subjektiven Tatbestand Fahrlässigkeit aus, die gem. Art. 42 Abs. 3 *c.p.* vermutet wird. Dies erschwert in beträchtlicher Weise die Verteidigung. Entspricht die Nachricht nicht der Wahrheit, so muss der Täter beweisen, dass die notwendige Sorgfalt bei der entsprechenden Prüfung verwendet wurde. Dies wird nicht immer gelingen. In der Praxis wird es somit manchmal zur Begehung dieses Vergehens faktisch genügen, dass die Informationen der Wahrheit nicht entsprechen[62]. Fehler in den Mitteilungen des Emittenten wandeln sich in strafbare Handlungen um.

---

[61] Vgl. *Ntuk* (oben FN 7), in: Cottino, La legge Draghi e le società quotate in borsa, 84, 87.

[62] *Sgubbi* (oben FN 15), in: Bonelli/Buonocore/Corsi/Costi/Ferro-Luzzi/Gambino/Jaeger/Patroni Griffi, La riforma delle società quotate, 293, 299f.

b) Der Straftatbestand des Art. 2622 *c.c.* (falsche Gesellschaftsmitteilungen, die Gesellschafter oder Gläubiger schädigen)

Es handelt sich um die gleiche Straftat des Art. 2621 *c.c.*, mit dem Unterschied, dass Gesellschafter oder Gläubiger durch die falsche Gesellschaftsmitteilung einen Vermögensschaden erleiden. Die Sanktion ist dementsprechend höher (von sechs Monaten bis zu drei Jahren Haftstrafe).

c) Der Straftatbestand des Art. 2637 *c.c.* (Kursbetrug)

Durch die Verbreitung von falschen Nachrichten in einer Veröffentlichung nach Art. 114 Abs. 1 *T.U.* wird der Straftatbestand des Art. 2637 *c.c.* erfüllt[63]. Das Zusammenspiel dieser zwei Normen erhöht das Risiko von Strafsanktionen. Art. 114 Abs. 1 *T.U.* verpflichtet die Emittenten, diejenigen Tatsachen zu veröffentlichen, die geeignet sind, den Preis der Finanzinstrumente erheblich zu beeinflussen, während Art. 2367 *c.c.* die Verbreitung von gewissen erheblich preisbeeinflussenden Nachrichten bestraft.

Der Straftatbestand des Art. 2637 *c.c.* ist auch beim Vorliegen von Eventualvorsatz gegeben[64]. Es könnte sich deshalb im Zweifel empfehlen, um das Risiko und die Höhe einer Sanktionierung zu reduzieren, vorsorglich von der Veröffentlichung abzusehen, denn die Unterlassung stellt lediglich eine Ordnungswidrigkeit dar[65].

III. Zivilrechtliche Rechtsfolgen

Schließlich ist zu fragen, inwieweit ein Verstoß gegen die Ad-hoc-Publizitätspflicht zum Schadensersatz gegenüber den Anlegern führt.

Die Möglichkeit einer Schädigung als Folge der Verletzung des § 15 WpHG oder des Art. 114 *T.U.* kann sowohl im Fall der Unterlassung einer gebotenen Mitteilung (negativer oder positiver) Tatsachen als auch im Fall einer Mitteilung von Umständen, die unwahre Angaben enthält, bejaht werden.

63 Vgl. *Maccari*, Le disposizioni penali, in: Patroni Griffi/Sandulli/Santoro, Intermediari finanziari, mercati e società quotate, 1279, 1339; *Portolano* (oben FN 20), in: Alpa/Capriglione, Commentario al testo unico delle disposizioni im materia di intermediazione finanziaria, 1599, 1607; *Sgubbi* (oben FN 15), in: Bonelli/Buonocore/Corsi/Costi/Ferro-Luzzi/Gambino/Jaeger/Patroni Griffi, La riforma delle società quotate, 293, 305.

64 Vgl. *Donato/Portolano*, Commento all'art. 181, in: Alpa/Capriglione, Commentario al testo unico delle disposizioni im materia di intermediazione finanziaria, 1663, 1673.

65 *Sgubbi* (oben FN 15), in: Bonelli/Buonocore/Corsi/Costi/Ferro-Luzzi/Gambino/Jaeger/Patroni Griffi, La riforma delle società quotate, 293, 306.

Im Falle einer unterlassenen unverzüglichen Meldung, die geeignet ist, den Kurs *negativ* zu beeinflussen, ist anspruchsberechtigt derjenige Anleger, der nach dem Zeitpunkt, zu dem eine ordnungsgemäße Veröffentlichung hätte erfolgen müssen, die Wertpapiere des Emittenten erwirbt und im Augenblick des Bekanntwerdens der Tatsache noch Inhaber der Papiere ist[66]. Dieser hätte nämlich in Kenntnis der negativen Tatsache die Wertpapiere nicht zu dem von ihm entrichteten Preis erworben; er hat die Effekten also „zu teuer" gekauft.

Ein Schaden kann auch im Fall verursacht werden, dass der Emittent eine den Kurs potentiell *positiv* beeinflussende Tatsache nicht (oder nicht unverzüglich) veröffentlicht. Anspruchsberechtigt ist hier der Anleger, der vor dem Eintritt der Tatsache bereits Inhaber der Papiere war und diese nach Eintritt der Tatsache, aber vor ihrem Bekanntwerden veräußerte. Dieser hätte bei Kenntnis der positiven Tatsache die Wertpapiere nicht zu dem von ihm erzielten, sondern zu einem höheren Preis, veräußert; er hat die Wertpapiere daher „zu billig" verkauft.

In dem (unwahrscheinlichen) Fall der unwahren Veröffentlichung einer den Kurs negativ beeinflussenden Nachricht ist anspruchsberechtigt derjenige Anleger, der die Wertpapiere nach der falschen Veröffentlichung veräußert; er hat die Effekten „zu billig" verkauft.

Im Fall der unwahren Veröffentlichung einer den Kurs positiv beeinflussenden Nachricht ist anspruchsberechtigt derjenige Anleger, der die Wertpapiere nach der falschen Veröffentlichung erwirbt und bei dem Bekanntwerden der Unrichtigkeit noch Inhaber der Papiere ist; dieser hat die Wertpapiere „zu teuer" gekauft[67].

1. Deutsches Recht

Nach Inkrafttreten des WpHG hat die Lehre die Frage diskutiert, inwieweit sich die Emittenten wegen unterlassener unverzüglicher Veröffentlichung kursbeeinflussender Tatsachen oder wegen Veröffentlichung unwahrer Tatsachen in einer Mitteilung über kursbeeinflussende Tatsachen schadensersatzpflichtig machen. Im Folgenden soll zunächst der Stand der Diskussion unter der alten Regelung geschildert werden und danach auf die geplante Neuregelung eingegangen werden.

---

[66] So die Begründung zum Regierungsentwurf 4. FFG, BR-Drucks. 936/01, 267.

[67] So die Begründung zum Regierungsentwurf 4. FFG, BR-Drucks. 936/01, 269.

a) Die alte Regelung

aa) Ansprüche aus § 823 Abs. 2 BGB i.V.m. § 15 WpHG

§ 15 WpHG ist kein Schutzgesetz i.S.v. § 823 Abs. 2 BGB[68]. Schutzvorschriften sind Normen, die nicht nur der Allgemeinheit, sondern auch dem Schutz einzelner Personen oder Personenkreise dienen. § 15 WpHG schützt lediglich die Anleger als Gemeinschaft, d.h. als Träger des gesamten Angebots- und Nachfragepotentials, nicht die einzelnen Anleger. Aus den Vorarbeiten zum 2. FFG ergibt sich, dass die Sofortpublizität der Sicherung der Funktionsfähigkeit des Kapitalmarktes dienlich ist[69]. Diese öffentlichrechtliche Funktion wird in § 15 Abs. 6 S. 1 WpHG ausdrücklich bestätigt. Verstößt der Emittent gegen die Verpflichtungen nach Abs. 1, 2 oder 3, so ist er einem anderen nicht zum Ersatz des daraus entstandenen Schadens verpflichtet.

Der Gesetzgeber hatte die Möglichkeit eines Schadensersatzes aus § 823 Abs. 2 BGB i.V.m. § 15 WpHG mit dem Argument der Gefährdung der Firmensanierungen ausgeschlossen[70]. Die Gefahr einer Verletzung der Veröffentlichungspflicht ist bei Unternehmen in finanziellen Schwierigkeiten besonders hoch, denn sie wollen negative Publizität über sich vermeiden und sind daher nicht bereit, hausinterne Informationen preiszugeben. Das Risiko von Klagen auf Schadensersatz ist deshalb ausgerechnet bei notleidenden Gesellschaften höher als bei gesunden Emittenten. Zahlungen zugunsten einiger Anleger erschweren die Sanierungsmaßnahmen. Nach den Vorarbeiten zum WpHG besteht in solchen Fällen ein offentliches Interesse an die Rettung des Emittenten. Dieses Ziel wäre jedoch verfehlt, wenn die Gelder der Kreditinstitute anstatt zur Sanierung des Unternehmens zur Befriedigung der Schadensersatzansprüche verwendet werden müssten. Insbesondere wäre eine bloße Fahrlässigkeitshaftung kontraproduktiv, da in diesem Fall die Kreditgeber nicht oder nicht zu den gleichen Bedingungen bereit wären, die Liquidität des Unternehmens wieder herzustellen[71]. Werden die Emittenten ständig von (angeblich) nicht informierten Anlegern in Anspruch genommen, so werden die Unternehmen exzessiv pönalisiert und im Endeffekt die Attraktivität des Finanzplatzes Deutschland beeinträchtigt[72]. Der Gesetzgeber hat in diesem Zusammenhang auch die Folgen von mög-

---

[68] Für eine Darstellung des Meinungsstandes, s. *Rodewald/Siems*, Haftung für die „frohe Botschaft" – Rechtsfolgen falscher Ad-hoc-Mitteilungen, BB 2001, 2437, 2439.

[69] Bericht des Finanzausschusses des Deutschen Bundestages, BT-Drs. 12/7918, 96 und 102. Dies ist vom LG München I, 28.6.2001, ZIP 2001, 1815, bestätigt worden.

[70] Bericht des Finanzausschusses des Deutschen Bundestages, BT-Drs. 12/7918, 96 und 102.

[71] *Rodewald/Siems* (oben FN 68), BB 2001, 2437, 2439.

[72] Schäfer-*Geibel*, WpHG, § 15 RZ 153.

lichen Insolvenzen auf die Arbeitsplätze berücksichtigt[73]. Ein weiteres Argument für den Ausschluss von Schadensersatzansprüchen liegt in der Wahrung der Funktionen der Sofortpublizität[74]. Sollten sie großzügig gestattet werden, so besteht das Risiko, dass die Emittenten aus Angst davor massiv Befreiungen von der Ad-hoc-Publizitätspflicht beantragen. Dies hätte eine verspätete Information des Kapitalmarktes und ein erhöhtes Risiko von Insidergeschäften zur Folge.
Die Entscheidung des Gesetzgebers, Schadensersatzansprüche aus § 823 Abs. 2 BGB auszuschließen, ist auf Kritik gestoßen[75]. Systematisch ist es schwierig zu verstehen, weshalb die gesetzliche Begründung (Förderung der Unternehmenssanierung) nicht auch in anderen ähnlichen Fällen (z.B. bei Produkthaftung) gelten soll[76]. Der Ausschluss von Schadensersatzansprüchen wird auch unter dem Gesichtspunkt kritisiert, dass das Gesetz bereits mit der Befreiungsmöglichkeit die Interessen der Emittenten hinreichend berücksichtigt[77]. Die Einstellung des Gesetzgebers sei darüber hinaus ungerecht, weil gesunde Unternehmen diskriminiert werden[78]. Folge des Ausschlusses der Möglichkeit, Schadensersatzansprüche geltend zu machen, ist, dass die Repression der Verstöße gegen die Sofortpublizität von dem Einschreiten der BAFin. abhängig gemacht wird, ohne dass die Anleger in dieser Angelegenheit eine Rolle spielen. Viel gerechter wäre, wenn die direkt Betroffenen Klage zum Schutz der eigenen Position erheben könnten. Schließlich war der Haftungsausschluss in § 15 Abs. 6 S. 1 WpHG nach einer Meinung nicht mit Europarecht vereinbar, weil er den Zweck der europäischen Ad-hoc-Publizität, auch den einzelnen Anleger zu schützen, verhinderte[79].

bb) Weitere Anspruchsgrundlagen

Nach § 15 Abs. 6 S. 2 WpHG sind Schadensersatzansprüche, die auf anderen Rechtsgrundlagen als § 15 WpHG i.V.m. § 823 Abs. 2 BGB beruhen, nicht ausgeschlossen. Eine Klage wäre z.B. dann möglich, wenn der Emittent

---

73 Vgl. *von Rosen*, Zweites Finanzmarktförderungsgesetz und Privatanleger, Die Bank 1995, 9, 12.

74 Vgl. *Kümpel*, Bank- und Kapitalmarktrecht, 1207.

75 Vgl. statt aller *Tippach*, Das Insiderhandelsverbot und die besonderen Rechtspflichten der Banken, 65ff.

76 Vgl. die Argumente von *Hopt*, Grundsatz- und Praxisprobleme nach dem Wertpapierhandelsgesetz – insbesondere Insidergeschäfte und Ad-hoc-Publizität, ZHR 159 (1995), 135, 161.

77 So Schäfer-*Geibel*, WpHG, § 15 RZ 152.

78 S. *Hirte*, Die Ad-hoc-Publizität im System des Aktien- und Börsenrechts, in: Hadding/Hopt/Schimansky, Das 2. Finanzmarktförderungsgesetz, 47, 87ff.

79 So *von Klitzing*, Die Ad-hoc-Publizität, 222f. Nach der Rspr. fordert allerdings das Europarecht die Begründung eines individuellen Schadensersatzanspruchs nicht, weil die EG-InsiderRL den Mitgliedstaaten ausdrücklich überlässt, festzulegen, wie die Verstöße zu ahnden sind. S. AG München, 23.8.2001, DB 2001, 2336; NJW-RR 2001, 1707; WM 2002, 594.

gegen die Ad-hoc-Publizitätspflicht und gleichzeitig gegen eine andere Bestimmung, die ein Schutzgesetz darstellt, verstößt.

Ein Anspruch nach § 823 Abs. 2 BGB i.V.m. § 263 StGB (Betrug) ist allerdings idR nicht gegeben[80]. Unzutreffende und zu positive Ad-hoc-Veröffentlichungen können den objektiven Tatbestand des Betruges erfüllen. Sie können geeignet sein, den Anleger zu täuschen, bei ihm einen Irrtum über die Situation des Unternehmens zu erregen und zu einer Vermögensverfügung in Form des Erwerbs von Aktien zu veranlassen. Normalerweise mangelt es jedoch am erforderlichen Vorsatz des Vorstands[81]. Es ist jedenfalls schwierig, das Vorliegen des subjektiven Tatbestandes zu beweisen.

Ebenfalls kommt in den meisten Fällen ein Anspruch gem. § 823 Abs. 2 BGB i.V.m. § 264a StGB (Kapitalanlagebetrug) nicht in Betracht. Nach dem LG München sind Ad-hoc-Meldungen keine „Prospekte oder Darstellungen oder Übersichten über den Vermögensstand" im Sinne der genannten strafrechtlichen Bestimmung[82]. Hinzu kommt, dass mangels Vertrieb bzw. Angebot von Wertpapieren die Tatbestandsvoraussetzungen des § 264a StGB im allgemeinen nicht erfüllt sind.

In Betracht könnte § 823 Abs. 2 BGB i.V.m. § 88 Nr. 1 BörsG über Kursbetrug (nunmehr § 20a WpHG über Kurs- und Marktpreismanipulation) kommen. Die börsenrechtliche Bestimmung ist jedoch nach herrschender Literaturmeinung kein Schutzgesetz, denn die Vorschrift (wie es sich auch aus den Vorarbeiten zum Zweiten Gesetz zur Bekämpfung der Wirtschaftskriminalität ergibt[83]) gewährleistet lediglich die korrekte Preisbildung am Markt, d.h. die Verwirklichung eines öffentlichen Rechtsgutes[84]. Der Schutz der einzelnen Anleger sei nur reflexartig. Anders hat jedoch das LG Augsburg entschieden[85]. § 88 Nr.

---

[80] Vgl. LG München I, 28.6.2001, ZIP 2001, 1815ff.; LG Augsburg, 9.1.2002, WM 2002, 592; AG München, 23.8.2001, DB 2001, 2336; NJW-RR 2001, 1707; WM 2002, 594.

[81] So *Thümmel* (oben FN 19), DB 2001, 2331f.

[82] LG München I, 28.6.2001, ZIP 2001, 1818. Vgl. auch LG Augsburg, 9.1.2002, WM 2002, 592; AG München, 23.8.2001, DB 2001, 2336; NJW-RR 2001, 1707; WM 2002, 594.

[83] BGBl 1986 I, 721ff.; Begründung zum Regierungsentwurf, BT-Drucks. 10/318, 21f. und 45f.

[84] Vgl. *Barnert* (oben FN 18), WM 2002, 1473ff.; *Ekkenga* (oben FN 18), WM 2002, 317, 323f.; *Groß*, Haftung für fehlerhafte oder fehlende Regel- oder Ad-hoc-Publizität, WM 2002, 477, 484; Assmann/Schneider-*Kümpel*, § 15 RZ 186; *Rieckers*, Haftung des Vorstands für fehlerhafte Ad-hoc-Meldungen de lege lata und de lege ferenda, BB 2002, 1213, 1215; *Schmitz* (oben FN 18), wistra 2002, 208, 211f.; *Thümmel* (oben FN 19), DB 2001, 2331, 2332f.

[85] LG Augsburg, 24.9.2001, BB 2001, 2130; BRK 2001, 99; DB 2001 2334; NZG 2002, 429, ZIP 2001, 1881. Der Kläger machte abgetretene Schadensersatzansprüche des Aktienkäufers wegen unrichtiger und für den Kauf ursächlicher Ad-hoc-Meldungen geltend. Die Ansprüche richteten sich gegen die Infomatec AG, deren Aktien erworbern wurden, und die damaligen Vorstände der Beklagten. Diese hatten durch falsche Ad-hoc-Meldungen über Großaufträge

1 BörsG sei auch ein Gesetz zum Schutze des einzelnen Anlegers. Neben der Allgemeinheit soll durch diese Vorschrift auch das Vermögen der Investoren vor einer unredlichen Beeinflussung geschützt werden. Mittelbar wirkt sich der Schutz des Börsen- und Marktverkehrs auch zugunsten des einzelnen Kapitalanlegers aus[86].

Ein Schadensersatzanspruch könnte schließlich auf einer sittenwidrigen vorsätzlichen Schädigung (§ 826 BGB) beruhen[87]. In den meisten Fällen wird jedoch bei der Ad-hoc-Publizität ein entsprechendes Verhalten nicht vorliegen[88]. Der Nachweis vorsätzlicher Schädigung der Anleger durch den Vorstand stellt jedenfalls eine hohe Hürde dar[89]. In dem vom LG Augsburg entschiedenen Fall wurde bewusst eine unrichtige Auskunft erteilt[90]. Das LG hält den Tatbestand der sittenwidrigen vorsätzlichen Schädigung für erfüllt. Die Vorstände der Infomatec AG setzten sich mit der Mitteilung bewusst über die Fakten hinweg, obwohl ihnen bekannt war, dass Anleger und potentielle Anleger sich auf die Richtigkeit solcher Mitteilungen verlassen und dafür ihr Vermögen aufs Spiel setzen.

b) Die Neuregelung durch das 4. FFG

Der Gesetzgeber des 4. FFG hat erkannt, dass einerseits Anleger bei unterlassener oder verspäteter Veröffentlichung oder unrichtiger Behauptung einer Tatsache nur unzureichend geschützt sind und andererseits das Publizitätsverhalten einiger börsennotierter Unternehmen starke Mängel aufweist[91].

---

eine Überbewertung der Wertpapiere herbeigeführt. Der Anleger hatte sich auf Grund einer Ad-hoc-Veröffentlichung vom 20.5.1999, die einen Millionenauftrag mit MobilCom bekannt gab, zum Kauf der Aktien entschlossen. Tatsächlich hatte dieses Unternehmen lediglich einen kleineren Auftrag erteilt. Entgegen der Ad-hoc-Veröffentlichung lag ein Rahmenabkommen über ein Auftragsvolumen von 55.000.000 DM nicht vor. Das Gesamtvolumen des Auftrags betrug nur 9.800.000 DM.

[86] In einer späteren Entscheidung hat das LG Augsburg, 9.1.2002, WM 2002, 592, entschieden, dass § 88 BörsG kein Schutzgesetz ist: „Es wäre sicherlich nicht sachgerecht, einen unbeschränkten Schadensersatz zuzubilligen und auf diese Weise bei Vorliegen ingendeiner Falschinformation von diesem Zeitpunkt an das Risiko jeder sinnvollen und sinnlosen Spekulation der betroffenen Aktiengesellschaft zu überbürden".

[87] Bericht des Finanzausschusses des Deutschen Bundestages, BT-Drs. 12/7918, 102.

[88] LG München I, 28.6.2001, ZIP 2001, 1818f.; AG München, 23.8.2001, DB 2001, 2336; NJW-RR 2001, 1707; WM 2002, 594. Vgl. auch *Groß* (oben FN 84), WM 2002, 477, 485.

[89] LG Augsburg, 9.1.2002, WM 2002, 592. Vgl. auch *Rieckers* (oben FN 84), BB 2002, 1213, 1217f.; *Thümmel* (oben FN 19), DB 2001, 2331ff.

[90] LG Augsburg, 24.9.2001, BB 2001, 2130; BRK 2001, 99; DB 2001, 2334; NZG 2002, 429, ZIP 2001, 1881.

[91] Begründung zum Regierungsentwurf 4. FFG, BR-Drucks. 936/01, 181.

Aus diesen Gründen sieht das 4. FFG zwei neue Paragraphen zum Schadensersatz vor: § 37b wegen unterlassener unverzüglicher Veröffentlichung kursbeeinflussender Tatsachen und § 37c wegen Veröffentlichung unwahrer Tatsachen in einer Mitteilung über kursbeeinflussende Tatsachen[92].

Unterlässt es der Emittent von Wertpapieren, die zum Handel an einer inländischen Börse zugelassen sind, unverzüglich eine neue Tatsache zu veröffentlichen, die in seinem Tätigkeitsbereich eingetreten und nicht öffentlich bekann ist und die wegen ihrer Auswirkungen auf die Vermögens- oder Finanzlage oder auf den allgemeinen Geschäftsverlauf des Emittenten geeignet ist, den Börsenpreis der zugelassenen Wertpapiere erheblich zu beeinflussen, ist er einem Dritten zum Ersatz des durch die Unterlassung entstandenen Schadens verpflichtet, wenn der Dritte 1) die Wertpapiere nach der Unterlassung erwirbt und er bei Bekanntwerden der Tatsache noch Inhaber der Wertpapiere ist oder 2) die Wertpapiere vor dem Eintritt der Tatsache erwirbt und nach der Unterlassung veräußert (§ 37b Abs. 1 WpHG)[93].

---

[92] Dazu s. *Rössner/Bolkart*, Schadensersatz bei Verstoß gegen Ad-hoc-Publizitätspflichten nach dem 4. Finanzmarktförderungsgesetz, ZIP 2002, 1471.

[93] Begründung zum Regierungsentwurf 4. FFG, BR-Drucks. 936/01, 266f.: „Absatz 1 enthält die Tatbestandsvoraussetzungen für einen Schadensersatzanspruch. Entsprechend der Konzeption des § 15 sind Anspruchsverpflichtete Emittenten, deren Wertpapiere an einer inländischen Börse zum amtlichen oder geregelten Markt zugelassen sind. Darüber hinaus muss ein solcher Emittent es unterlassen haben, eine neue Tatsache, die in seinem Tätigkeitsbereich eingetreten und nicht öffentlich bekannt ist und die wegen ihrer Auswirkungen auf die Vermögens- oder Finanzlage oder auf den allgemeinen Geschäftsverlauf des Emittenten geeignet ist, den Börsenpreis der zugelassenen Wertpapiere erheblich zu beeinflussen, unverzüglich zu veröffentlichen. Eine Schadensersatzpflicht kommt also nur bei der verspäteten oder unterlassenen unverzüglichen Veröffentlichung solcher Tatsachen in Betracht, die nach § 15 „ad hoc" zu publizieren sind.

Die Schadensersatzpflicht nach Absatz 1 besteht sowohl im Fall der Unterlassung positiver als auch negativer Veröffentlichungen. Im Falle einer unterlassenen unverzüglichen Meldung, die geeignet ist, den Kurs negativ zu beeinflussen, folgt eine Schadensersatzpflicht aus Absatz 1 Nr. 1. Anspruchsberechtigt ist hier derjenige Anleger, der nach dem Zeitpunkt, zu dem eine ordnungsgemäße Veröffentlichung hätte erfolgen müssen, die Wertpapiere des pflichtwidrig handelnden Emittenten erwirbt und im Augenblick des Bekanntwerdens der Tatsache noch Inhaber der Papiere ist. Dieser Anleger hätte nämlich in Kenntnis der negativen Tatsache die Wertpapiere nicht zu dem von ihm entrichteten Preis erworben; er hat die Wertpapiere also „zu teuer" gekauft. Der Anleger ist so zu stellen, als ob der Emittent seine Pflichten ordnungsgemäß erfüllt hätte. Unerheblich für den Anspruch ist, ob der Anleger die Papiere später – also nach Bekanntwerden der Tatsache – veräußert.

Eine Schadensersatzpflicht nach Absatz 1 Nr. 2 besteht, wenn der Emittent eine den Kurs potentiell positiv beeinflussende Tatsache nicht unverzüglich veröffentlicht hat. Anspruchsberechtigt ist hier der Anleger, der vor dem Eintritt der Tatsache bereits Inhaber der Papiere war und diese nach Eintritt der Tatsache, aber vor ihrem Bekanntwerden veräußerte. Der Anleger hätte in dieser Konstellation bei Kenntnis der positiven Tatsache die Wertpapiere nicht zu dem von ihm erzielten, sondern zu einem höheren Preis, veräußert; er hat die Wertpapiere

Nach Abs. 1 kann nicht in Anspruch genommen werden, wer nachweist, dass die Unterlassung nicht auf Vorsatz oder grober Fahrlässigkeit beruht (§ 37 b Abs. 2 WpHG)[94].

Der Anspruch nach Abs. 1 besteht nicht, wenn der Dritte die nicht veröffentlichte Tatsache im Falle des Abs. 1 Nr. 1 bei dem Erwerb oder im Falle des Abs. 1 Nr. 2 bei der Veräußerung kannte (§ 37b Abs. 3 WpHG)[95].

Der Anspruch nach Abs. 1 verjährt in einem Jahr von dem Zeitpunkt an, zu dem der Dritte von der Unterlassung Kenntnis erlangt, spätestens jedoch in drei Jahren seit der Unterlassung (§ 37b Abs. 4 WpHG)[96].

Weitergehende Ansprüche, die nach Vorschriften des bürgerlichen Rechts auf Grund von Verträgen oder vorsätzlichen unerlaubten Handlungen erhoben werden können, bleiben unberührt (§ 37b Abs. 5 WpHG)[97].

Eine Vereinbarung, durch die Ansprüche des Emittenten gegen Vorstandsmitglieder wegen der Inanspruchnahme des Emittenten nach Abs. 1 im voraus ermäßigt oder erlassen werden, ist unwirksam (§ 37b Abs. 6 WpHG)[98].

---

daher „zu billig" verkauft. Der Anleger ist auch hier so zu stellen, als ob der Emittent seine Pflichten ordnungsgemäß erfüllt hätte.".

94 Begründung zum Regierungsentwurf 4. FFG, BR-Drucks. 936/01, 267: „Absatz 2 beschränkt die Haftung auf Vorsatz und grobe Fahrlässigkeit. Darüber hinaus führt die Regelung zu einer Umkehr der Beweislast im Hinblick auf das Verschulden. Die Regelung entspricht insoweit den Grundsätzen über die Beweislastverteilung anhand der von den Beteiligten jeweils beherrschten Verantwortlichkeitsbereichen.".

95 Begründung zum Regierungsentwurf 4. FFG, BR-Drucks. 936/01, 267: „Gem. Absatz 3 besteht ein Schadensersatzanspruch nach Absatz 1 nicht, wenn der Anspruchssteller die nicht veröffentlichte Tatsache im Falle des Absatzes 1 Nr. 1 zum Zeitpunkt des Erwerbs oder im Falle des Absatzes 1 Nr. 2 zum Zeitpunkt der Veräußerung kannte. Die Regelung stellt damit eine gesetzliche Sonderregelung im Hinblick auf das Mitverschulden (§ 254 BGB) des Geschädigten dar. Grob fahrlässige Unkenntnis führt in Anlehnung an die Vorschriften über die Prospekthaftung (§ 43 BörsG n.F., § 20 KAGG, § 12 AuslInvestG) nicht zu einem Anspruchsausschluss.".

96 Begründung zum Regierungsentwurf 4. FFG, BR-Drucks. 936/01, 268: „Nach Absatz 4 verjährt der in Absatz 1 geregelte Anspruch in einem Jahr von dem Zeitpunkt an, zu dem der Anspruchssteller von der Unterlassung des Emittenten Kenntnis erlangt, spätestens nach drei Jahren seit der Unterlassung. Einem Anspruchsteller, der Kenntnis von der Unterlassung des Emittenten hat, ist es zumutbar, innerhalb eines Jahres die notwendigen rechtlichen Schritte zu ergreifen, um seinen Anspruch geltend zu machen. Im Hinblick auf die Schnelllebigkeit des Geschäftsverkehrs im Wertpapierbereich und zur Schaffung von Rechtssicherheit wird eine absolute Verjährungsgrenze von drei Jahren angeordnet. Die börsen- und investmentrechtlichen Haftungsvorschriften für fehlerhafte Prospekte enthalten entsprechende Verjährungsregeln.".

97 Begründung zum Regierungsentwurf 4. FFG, BR-Drucks. 936/01, 268: „Absatz 5 legt fest, dass weitergehende Ansprüche, die sich nach den Vorschriften des bürgerlichen Rechts auf Grund von Verträgen oder vorsätzlichen unerlaubten Handlungen ergeben können, von der neuen Schadensersatznorm nicht betroffen sind. Die Regelung entspricht § 45 Abs. 2 BörsG n.F.".

Veröffentlicht der Emittent von Wertpapieren, die zum Handel an einer inländischen Börse zugelassen sind, in einer Mitteilung über kursbeeinflussende Tatsachen eine unwahre Tatsache, die in seinem Tätigkeitsbereich eingetreten sein soll und nicht öffentlich bekannt ist und die wegen ihrer Auswirkungen auf die Vermögens- oder Finanzlage oder auf den allgemeinen Geschäftsverlauf des Emittenten geeignet ist, den Börsenpreis der zugelassenen Wertpapiere erheblich zu beeinflussen, ist er einem Dritten zum Ersatz des Schadens verpflichtet, der dadurch entsteht, dass der Dritte 1) die Wertpapiere nach der Veröffentlichung erwirbt und er bei dem Bekanntwerden der Unrichtigkeit der Tatsache noch Inhaber der Wertpapiere ist oder 2) die Wertpapiere vor der Veröffentlichung erwirbt und vor dem Bekanntwerden der Unrichtigkeit der Tatsache veräußert (§ 37c Abs. 1 WpHG)[99].

Nach Abs. 1 kann nicht in Anspruch genommen werden, wer nachweist, dass er die Unrichtigkeit der Tatsache nicht gekannt hat und die Unkenntnis nicht auf grober Fahrlässigkeit beruht (§ 37c Abs. 2 WpHG).

---

[98] Begründung zum Regierungsentwurf 4. FFG, BR-Drucks. 936/01, 268: „Vorstandsmitglieder, die ihre Pflichten verletzen, sind der Gesellschaft zum Schadensersatz verpflichtet. Absatz 6 verhindert, dass etwaige Regressansprüche des Emittenten gegen Vorstandsmitglieder wegen der Inanspruchnahme der Gesellschaft aus Absatz 1 durch Dritte im voraus ermäßigt oder erlassen werden. Unberührt von Absatz 6 bleiben Vereinbarungen zwischen der Gesellschaft und Vorstandsmitgliedern nach Entstehung eines Schadensersatzanspruchs. Hier gelten die allgemeinen aktienrechtlichen Regelungen; insbesondere der nach § 136 Aktiengesetz angeordnete Ausschluss des Stimmrechts der Betroffenen.".

[99] Begründung zum Regierungsentwurf 4. FFG, BR-Drucks. 936/01, 269: „§ 37c ist das Pendant zu § 37b für den Fall, dass eine Mitteilung über potenziell kursbeeinflussende Tatsachen eines Emittenten unwahre Angaben enthält. Die allgemeinen Anspruchsvoraussetzungen des Absatzes 1 entsprechen denjenigen des § 37b Absatz 1. Unterschiede ergeben sich im Hinblick auf die Tathandlung. Während § 37b Sachverhalte erfasst, bei denen eine veröffentlichungsbedürftige potenziell kursbeeinflussende Tatsache nicht oder zu spät veröffentlicht wird, regelt § 37c den Fall, dass der Emittent in einer Mitteilung über kursbeeinflussende Tatsachen einen falschen Sachverhalt veröffentlicht.

Wie § 37b umfasst § 37c positive und negative Veröffentlichungen. Im Fall der unwahren Veröffentlichung einer den Kurs positiv beeinflussenden Nachricht resultiert die Ersatzpflicht aus Absatz 1 Nr. 1. Anspruchsberechtigt ist derjenige Anleger, der die Wertpapiere nach der falschen Veröffentlichung erwirbt und bei dem Bekanntwerden der Unrichtigkeit noch Inhaber der Papiere ist; der Anleger hat die Wertpapiere „zu teuer" gekauft. Unerheblich ist, ob der Anleger die Papiere später - also nach Bekanntwerden der Unrichtigkeit - veräußert. Der Anleger ist so zu stellen, als ob der Emtitent seine Pflichten ordnungsgemäß erfüllt hätte.

Hat der Emittent wahrheitswidrig eine den Kurs negativ beeinflussende Tatsache veröffentlicht, resultiert eine Schadensersatzpflicht aus Absatz 1 Nr. 2. Ein Anspruch besteht nur, wenn der Anleger bereits vor der Veröffentlichung Inhaber der Papiere war und das Veräußerungsgeschäft vor dem Bekanntwerden der Unrichtigkeit erfolgt. Entscheidend ist hier, dass die Wertpapiere „zu billig" verkauft wurden und dadurch ein Schaden entstanden ist.".

Der Anspruch nach Abs. 1 besteht nicht, wenn der Dritte die Unrichtigkeit der Tatsache im Falle des Abs. 1 Nr. 1 bei dem Erwerb oder im Falle des Abs. 1 Nr. 2 bei der Veräußerung kannte (§ 37c Abs. 3 WpHG).

Der Anspruch nach Abs. 1 verjährt in einem Jahr von dem Zeitpunkt an, zu dem der Dritte von der Unrichtigkeit der Tatsache Kenntnis erlangt, spätestens jedoch in drei Jahren seit der Veröffentlichung (§ 37c Abs. 4 WpHG).

Weitergehende Ansprüche, die nach Vorschriften des bürgerlichen Rechts auf Grund von Verträgen oder vorsätzlichen unerlaubten Handlungen erhoben werden können, bleiben unberührt (§ 37c Abs. 5 WpHG).

Eine Vereinbarung, durch die Ansprüche des Emittenten gegen Vorstandsmitglieder wegen der Inanspruchnahme des Emittenten nach Abs. 1 im voraus ermäßigt oder erlassen werden, ist unwirksam (§ 37c Abs. 6 WpHG).

Auf Grund der neuen §§ 37b und 37c WpHG wird auch der Wortlaut von § 15 Abs. 6 WpHG geändert. Verstößt der Emittent gegen die Verpflichtung nach Abs. 1, 2 o der 3, so ist er einem anderen nur unter den Voraussetzungen der §§ 37b und 37c zum Ersatz des daraus entstehenden Schadens verpflichtet. Die Neuregelung unterstreicht, dass es sich bei § 15 WpHG nicht um ein Schutzgesetz im Sinne des § 823 Abs. 2 BGB handelt[100]. Schutzgut des § 15 WpHG ist die Sicherung der Funktionsfähigkeit des Kapitalmarkts.

2. Italienisches Recht

Die Frage des Schadensersatzes wegen unterlassener oder unwahrer Veröffentlichung wird in der italienischen Lehre kaum diskutiert.

Ein Schadensersatzanspruch der Anleger ist auf die weit gefasste Generalklausel des Art. 2043 *c.c.* zu stützen[101].

C. Fazit

I. Ist der Inhalt der Meldung positiv, so brauchen Sanktionen für den Fall der Verletzung der Ad-hoc-Publizitätspficht nicht vorgesehen zu werden. Ist hingegen der Inhalt der Meldung negativ, so ist mit einer freiwilligen Erfüllung der Emittenten nicht zu rechnen. Die Androhung einer Sanktion und die Aufstellung einer Aufsicht sind erforderlich.

Die BAFin. kann die Emittenten wegen Unterlassung einer Veröffentlichung sanktionieren. Sie kann hingegen nicht anstelle des Verpflichteten veröf-

---

[100] Begründung zum Regierungsentwurf 4. FFG, BR-Drucks. 936/01, 251.

[101] *Sfameni* (oben FN 6), in: Marchetti/Bianchi, La disciplina delle società quotate nel testo unico della finanza, 509, 524.

fentlichen. Dies ist aus Sicht der Effizienz des Kapitalmarktes negativ zu beurteilen, denn die Anleger bleiben nicht informiert. Im italienischen Recht kann hingegen die *CONSOB* anstelle und auf Kosten des Emittenten veröffentlichen. Die BAFin. prüft den Inhalt der Meldungen nicht in präventiver Weise. Es besteht deshalb das Risiko, dass Nachrichten auf den Markt verstreut werden, die der Information des Publikums nicht dienen. Eine präventive Kontrolle durch die Aufsichtsbehörde ist allerdings keine praktikable Lösung und ist auch im italienischen Recht nicht vorgesehen.

Die italienische Ad-hoc-Publizitätsregelung ist allgemein mehr konzernrechtlich orientiert als die deutsche. Dies spiegelt sich auch in den Vorschriften betreffend die Aufsicht wider. Während sich § 15 Abs. 5 WpHG ausschließlich auf die Emittenten bezieht, räumt hingegen Art. 115 Abs. 1 *T.U.* Befugnisse auch gegenüber kontrollierenden und kontrollierten Gesellschaften ein.

II. In Deutschland und Italien kann die Verletzung der Ad-hoc-Publizitätspflicht verwaltungsrechtliche Sanktionen zur Folge haben. Die Tatbestände werden im deutschen Recht detaillierter beschrieben.

Zuständig für Entscheidungen im Rahmen der Ad-hoc-Publizität ist der Vorstand. Obwohl die Befugnis auf eine nachgeordnete Ebene delegiert werden kann, bleibt das Führungsorgan für die Aufsicht verantwortlich. Er kann sich von der Haftung befreien, wenn durch organisatorische Maßnahmen gewährleistet wird, dass eine zuständige Stelle im Unternehmen über alle erforderlichen Infomationen verfügt und in der Lage ist, das Publikum ordnungsgemäß zu informieren.

Die Höhe der Verwaltungssanktionen ist auch auf die Angst um die Wettbewerbsfähigkeit Deutschlands zurückzuführen. Drakonische Androhungen sollen die Verwirklichung der Zielsetzungen der Ad-hoc-Publizität (Informationseffizienz des Kapitalmarktes und Prävention des Insiderhandels) gewährleisten. Das Angst vor Verwaltungssanktionen führt jedoch faktisch zu einer exzessiven Veröffentlichungstätigkeit.

Im deutschen Recht folgt das Sanktionsverfahren den allgemeinen Regeln für Geldbußen. Im italienischen Recht ist hingengen ein detailliertes Sonderverfahren vorgesehen. Zuständig für die Verhängung der Sanktionen ist im Unterschied zum deutschen Recht nicht die Kapitalmarktaufsichtsbehörde, sondern das Schatzministerium.

Es werden nur wenige Bußgeldverfahren jedes Jahr eingeleitet, die meistens eingestellt werden. Die verhängten Sanktionen sind niedrig.

III. Im Zusammenhang mit der Ad-hoc-Publizität können auch Straftaten begangen werden. Im deutschen Recht kann insbesondere der objektive Tatbestand des Kursbetruges (nunmehr der Kurs- und Marktpreismanipulation) erfüllt sein. Eine Bestrafung ist bisher allerdings in der Praxis daran gescheitert, die Einwirkungsabsicht auf die Preise nachzuweisen. Dies wird sich in der Zukunft ändern, denn der neue § 20a WpHG begnügt sich mit einfachem Vorsatz (§ 15 StGB).

Im italienischen Recht verhängen Art. 2621 und 2622 *c.c.* Strafsanktionen für die Verbreitung falscher Informationen. Darüber hinaus kann, wie im deutschen Recht, der Tatbestand des Kursbetruges (Art. 2637 *c.c.*) erfüllt sein.

IV. Die Verletzung der Ad-hoc-Publizitätspflicht kann Anlegern Schäden zufügen. Zivilrechtliche Folgen waren allerdings im deutschen Recht unter der Geltung des alten Rechts schwer zu rekonstruieren. Die Schutzgesetzeigenschaft von § 15 WpHG wurde vom Gesetzgeber ausdrücklich ausgeschlossen. Betrug, Kapitalanlagebetrug und Kursbetrug im Zusammenhang mit der Ad-hoc-Publizitätspflicht kommen aus verschiedenen Gründen nicht in Betracht. Besonders schwierig ist der Nachweis des Vorsatzes. Eine weitere Möglichkeit ist § 826 BGB. Nachdem die Rspr. die zivilrechtliche Haftung der Emittenten im Kontext der Sofortpublizität bejaht hat, ist nunmehr im 4. FFG eine ausdrükliche Regelung enthalten.

Im italienischen Recht ist die allgemeine Klausel des Art. 2043 *c.c.* zum Schadensersatz einzusetzen.

§ 10 Zusammenfassung der Ergebnisse

Seit langer Zeit werden auf gemeinschaftlicher Ebene Vorschriften zur Regelung der Kapitalmärkte erlassen. Ein Teil dieser Bestimmungen betrifft die Informationsversorgung des Anlegerpublikums. Die Rechtsgrundlage der Ad-hoc-Publizität – als besondere Form der Unternehmenspublizität, die sich durch ihre Unregelmäßigkeit und Zügigkeit charakterisiert – ist Art. 4 Abs. 2 EG-BörsenzulassungsRL.

In Deutschland ist diese Norm zunächst durch § 44a BörsG, dann durch § 15 WpHG, umgesetzt worden. Im Kontext des WpHG wird nunmehr die präventive Funktion der Sofortpublizität vor dem Insiderhandel betont.

Im italienischen Recht hat sich das Gegenteil ereignet, denn die Regelung, die zunächst systematisch als Vorbeugung des Insiderhandels verstanden wurde, geniesst derzeit eine autonome Stellung. Mit der Aufhebung des Gesetzes Nr. 157/1991 und dem Erlass des *T.U.* sind der Ad-hoc-Publizität Sondervorschriften gewidmet worden. Die italienische Regelung der Sofortpublizität ist zum erheblichen Teil in einer Ausführungsverordnung der *CONSOB* enthalten. Daher stellt sich die Frage des Verhältnisses zwischen Gesetz und Verordnung.

A. Sinn und Zweck der Ad-hoc-Publizitätsregelung

Die Ad-hoc-Publizität hat sowohl im deutschen als auch im italienischen Recht kapitalmarktrechtlichen Charakter, denn sie bezweckt, nicht nur aktuelle Anleger, sondern auch potentielle Investoren zu informieren. Regel- und Sofortpublizität laufen in beiden Rechtsordnungen parallel. Die Veröffentlichung von JA und Zwischenbericht befreit nicht von der Ad-hoc-Publizität und umgekehrt. Nur in Ausnahmefällen kann die Sofortpublizität entfallen, nämlich in der eher theoretischen Situation, dass eine Tatsache unmittelbar vor der Veröffentlichung der Rechnungslegungsinstrumente eintritt. Da in dieser Konstellation das Ereignis unverzüglich in die periodische Publizität aufgenommen wird, handelt es sich um ein bereits öffentlich bekanntes Vorkommnis, das eine zweite Veröffentlichung nicht erfordert. Das besondere Merkmal der Ad-hoc-Publizität ist die Geschwindigkeit der Anlegerinformation. Die Regelpublizität tritt hingegen an vorgegebenen Stichtagen ein, u.U. zu spät, um das Investitionsverhalten des Publikums effektiv zu steuern.

Die Ad-hoc-Publizität bezweckt die Transparenz der Kapitalmärkte, die nicht nur in quantitativer, sondern auch in qualitativer Hinsicht zu verstehen ist. In diesem Zusammenhang hebt sich die italienische Regelung hervor, denn sie verlangt die „Korrektheit“ der Information. Im deutschen Recht hingegen ist ein solches Prinzip nicht direkt dem Gesetz zu entnehmen. Informationsversorgung der Anleger in diesem doppelten Sinn (quantitativ und qualitativ) beinhaltet ein Verbot der Verbreitung zu vieler und zu weniger Daten. Quantität und Qualität der Informationen sind an den Bedürfnissen des Publikums zu orientieren. Durch die unverzügliche Veröffentlichung erheblich kursrelevanter Tatsachen soll eine korrekte Preisbildung ermöglicht werden und folglich eine Verbesserung der Effizienz der Kapitalmärkte, denn zum einen fließen die Ressourcen dorthin, wo sie die beste Rendite bekommen (allokative Effizienz), zum anderen werden die Investitionskosten reduziert (operationelle Effizienz). Offenlegung von Informationen bedeutet Beseitigung von Informationsasymmetrien und Herstellung der informativen Gleichbehandlung der Anleger.

Ad-hoc-Publizität ist auch Vorbeugung des Insiderhandels. Je früher die nicht öffentlichen kurserheblichen Informationen den Kapitalmarkt erreichen, desto weniger Zeit bleibt für Insidergeschäfte. Während das Insiderhandelsverbot die Verbreitung von Tatsachen hindert, fördert die Sofortpublizität diese.

Endziel der Ad-hoc-Publizität ist, zusammen mit den sonstigen Maßnahmen zur Förderung der jeweiligen Finanzplätze, die Attraktivität der Standorte Deutschland und Italien zu steigern.

§ 15 WpHG und Art. 114 *T.U.* enthalten eine Reihe von undefinierten Merkmalen. Es ist zudem wenig Rechtsprechung vorhanden. Dies verunsichert die Praktiker. Die Hinweise der BAFin. sind allerdings etwas mehr als eine reine Orientierungshilfe. In Italien bietet die Ausführungsverordnung der *CONSOB* partielle Klarheit bezüglich der Gesetzesauslegung. Eine besondere Bedeutung ist aufgrund des gemeinsamen europäischen Ursprungs der rechtsvergleichenden Auslegung beizumessen.

B. Die Tatsache

Zu veröffentlichen ist die Tatsache. Tatsache ist etwas Geschehenes, das dem Beweis zugänglich ist.

Künftige Ereignisse sind aus dem Anwendungsbereich der Ad-hoc-Publizität auszuschließen, denn sie sind noch nicht eingetreten und beweisbar. Prognosen sind hingegen etwas Eingetretenes und Beweisbares. Jedoch können sie - auch wenn sie vom Emittenten stammen und geeignet sind, den Kurs erheblich zu beeinflussen - keine Verpflichtung nach § 15 WpHG auslösen, denn sie können keine bilanzielle Auswirkung haben. Die Ereignisse, auf die sich die Prognosen gestützt haben, können publizitätspflichtig gewesen sein. In diesem Fall wäre die Voraussicht ein Indiz des Verstoßes gegen die Pflicht zur unverzüglichen Information des Publikums. Auch im italienischen Recht sind künftige Ereignisse nicht publizitätspflichtig, denn sie sind noch nicht eingetreten und beweisbar. Prognosen über künftige Tatsachen können im Unterschied zum deutschen Recht publizitätspflichtig sein (bilanzielle Auswirkungen des eingetretenen Ereignisses sind im italienischen Recht nicht erforderlich). In den meisten Fällen werden allerdings die gesetzlichen Voraussetzungen für eine Veröffentlichung (insbesondere die Eignung zur erheblichen Kursbeeinflussung) nicht gegeben sein. Handelt es sich um Prognosen, die nicht kursbeeinflussend sind, so ist ihre Veröffentlichung freiwillig. Entscheiden sich die Emittenten dafür, so müssen die Modalitäten der Ad-hoc-Publizität eingehalten werden. Darüber hinaus sind die Prognosen im Interesse der Anlegerinformation ständig zu korrigieren. Die Tatsachen, auf die sich die Voraussichten stützten, können publizitätspflichtig gewesen sein.

Werturteile sind nach deutschem Recht nicht publizitätspflichtig. Da aber ihre Äußerung wahrgenommen und bewiesen werden kann, handelt es sich um Tatsachen. Sie können vom Emittenten stammen und geeignet sein, den Kurs erheblich zu beeinflussen. Werturteile können allerdings keine bilanziellen Auswirkungen entfalten. Die zu Grunde liegenden Tatsachen hingegen können publizitätspflichtig gewesen sein. Die Äußerung von Werturteilen, wenn sie von dem Emittenten kommt und geeignet ist, den Kurs erheblich zu beeinflussen, ist im italienischen Recht - im Unterschied zum deutschen - publizitätspflichtig. Die zu Grunde liegenden Tatsachen können ebenfalls publizitätspflichtig gewesen sein.

Gerüchte sind nach deutschem Recht nicht publizitätspflichtig. Sie sind geschehen und beweisbar und daher Tatsachen. Gerüchte treten allerdings idR außerhalb des Tätigkeitsbereiches des Emittenten ein. Normalerweise sind sie öffentlich bekannt und nicht geeignet, den Preis der Wertpapiere erheblich zu beeinflussen. Gerüchte können auf keinen Fall bilanzielle Auswirkungen entfalten, so dass sie im Ergebnis nicht publizitätspflichtig sind. Die zu Grunde liegenden Tatsachen können beim Vorliegen der gesetzlichen Voraussetzungen zu publizieren gewesen sein. Gerüchte sind auch nach italienischem Recht Tatsachen, denn sie sind eingetreten und beweisbar. In der Praxis wird allerdings das eine oder andere gesetzliche Merkmal für eine Veröffentlichung fehlen. Den Gerüchten wird in Italien eine Sonderbestimmung der Ausführungsverordnung gewidmet. Die Emittenten sind zur Stellungnahme verpflichtet, falls sich auf dem Markt erheblich kursbeeinflussende Nachrichten verstreut haben. Liegt dem *rumor* eine publizitätspflichtige Tatsache zu Grunde, dann wurde wegen der Versäumung der unverzüglichen Veröffentlichung eine Ordnungswidrigkeit begangen. Liegt dem *rumor* keine publizitätspflichtige Tatsache zu Grunde, so wurde keine Ordnungswidrigkeit begangen. Die *CONSOB* überträgt eine große Verantwortung auf die Emittenten, nämlich dafür Sorge zu tragen, dass der Kapitalmarkt ständig in korrekter Weise informiert wird. Die zu Grunde liegenden Tatsachen können, bei Vorliegen der gesetzlichen Voraussetzungen, publizitätspflichtig gewesen sein.

Kataloge von publizitätspflichtigen Tatsachen haben im deutschen Recht lediglich eine Beispielfunktion. Der Vorstand des Emittenten hat im Einzelfall immer zu prüfen, ob alle gesetzlichen Veröffentlichungsvoraussetzungen vorliegen. Kataloge von Tatsachen können sogar irreführend sein. Es kann z.B. vorkommen, dass alle Verschmelzungsverträge eines Emittenten bekanntgegeben werden, obwohl sie gelegentlich keine Eignung zu erheblicher Kursbeeinflussung besitzen. Umgekehrt kann es auch vorkommen, dass publizitätspflichtige Ereignisse nicht veröffentlicht werden, nur weil sie in den Beispielsverzeichnissen nicht aufgeführt sind. In der Ausführungsverordnung der *CONSOB* werden Tatsachen aufgelistet, die immer publiziert werden müssen. In solchen Fällen braucht der Emittent das Vorliegen der gesetzlichen Voraussetzungen nicht zu prüfen, weil die italienische Aufsichtsbehörde die Relevanz der Ereignisse vermutet.

Publizitätspflichtig ist die Einzeltatsache, welche die gesetzlichen Voraussetzungen erfüllt (z.B. beträchtlicher Verlust). In einigen Fällen kann die Summe von an sich nicht veröffentlichungspflichtigen Einzelereignissen (z.B. Reihe von kleinen Verlusten) publizitätspflichtig werden. Sind die einzelnen Ereignisse veröffentlicht worden (z.B. zwei wichtige Verluste), braucht ihre Summe nicht veröffentlicht zu werden (es sei denn, sie alleine erfüllt die gesetzlichen Voraussetzungen: z.B. Insolvenz), da die einzelnen Tatsachen inzwischen öffentlich bekannt sind.

Die Ad-hoc-Publizitätspflicht kann im Laufe der Vorbereitungsphase einer Entscheidung nicht entstehen. Reine Planungen können keine Auswirkung auf die Vermögens- oder Finanzlage des Emittenten haben. Gegen eine exzessive Vorverlagerung der Sofortpublizität spricht der Schutz von Unternehmen und Anlegern. Die Veröffentlichung von Plänen kann die Strategien der Emittenten beeinträchtigen, während das Publikum durch Nachrichten über reine Vorhaben eher irregeführt als informiert wird.

Bei Entscheidungsprozessen muss unterschieden werden, ob ein oder mehrere Gesellschaftsorgane zuständig sind. Liegt die Zuständigkeit bei einem einzigen Organ, dann entsteht eine Tatsache, sobald der entsprechende Beschluss gefasst ist. Bei mehrstufigen Entscheidungsprozessen spricht die Verwirklichung der Zielsetzungen der Sofortpublizität (korrekte Preisbildung und Prävention des Insiderhandels) für die Vorverlagerung. Dagegen sprechen das Risiko einer Störung des Entscheidungsprozesses, einer Preisgabe von Wettbewerbsvorteilen und einer Irreführung der Anleger. Es stellt sich in diesem Zusammenhang insbesondere die Frage, ob bereits der Beschluss des Vorstandes die Publizitätspflicht auslöst oder die Zustimmung des AR abzuwarten ist. Einige Argumente sprechen für ihre Notwendigkeit. Wird der alleinige Vorstandsbeschluss veröffentlicht, so wird die Funktion des Kontrollorgans entgegen der aktienrechtlichen Zuständigkeitsordnung beeinträchtigt. Die Ablehnung der Zustimmung kann zudem das Ansehen des Emittenten negativ beeinflussen.

Schließlich werden die Anleger durch eine Mehrzahl von Veröffentlichungen irregeführt Gegen die Notwendigkeit der Zustimmung des AR spricht die Verwirklichung der Zielsetzungen der Ad-hoc-Publizität: zügige Herstellung der Markttransparenz und effektive Prävention des Insiderhandels. Nach der Begründung zum Regierungsentwurf muss der Entscheidungsprozess zu Ende gekommen sein, damit eine Publizitätspflicht entsteht.

C. Sonstige Merkmale der publizitätspflichtigen Tatsache

Im deutschen Recht ist der „Emittent" zur Ad-hoc-Publizität verpflichtet. Sein Sitz (Deutschland oder Ausland) spielt keine Rolle. Entscheidend ist hingegen, ob die Wertpapiere des Emittenten an einer deutschen Börse zugelassen sind. Im deutschen Recht ist im Zusammenhang mit der Sofortpublizität keine Konzernklausel enthalten.

Ebenso wie im deutschen Recht ist es für die Zwecke der Ad-hoc-Publizität auch nach der italienischen Regelung unerheblich, ob die Emittenten ihren Sitz im In- oder Ausland haben, solange sie in Italien notiert sind. Im Unterschied zum WpHG sind jedoch nicht nur die notierten Emittenten, sondern auch die Subjekte, die sie kontrollieren, zur Sofortpublizität verpflichtet. Die Pflicht betrifft nicht die kontrollierten Subjekte. Sind zwei Subjekte zur Publizität verpflichtet, so bedeutet dies nicht automatisch, dass zwei Meldungen erfolgen müssen (eine von dem notierten Emittenten, eine von dem kontrollierenden Subjekt). Die notierten Emittenten müssen Anweisungen erteilen, damit die kontrollierten Gesellschaften all diejenigen Informationen liefern, die für die Erfüllung der Sofortpublizitätspflicht erforderlich sind.

Die Ad-hoc-Publizitätspflicht gilt in Deutschland für die Wertpapiere, die im amtlichen Handel und im geregelten Markt gehandelt werden. Sie findet hingegen keine Anwendung auf die Emittenten von Effekten, die im Freiverkehr gehandelt werden. Dies lässt sich rechtspolitisch auf wettbewerbliche Gründe zurückführen, da die Einführung von Publizitätspflichten die Kosten erhöht und die Attraktivität jenes Marktsegmentes beeinträchtigt hätte. In Italien gilt die Ad-hoc-Publizitätspflicht in erster Linie für die Emittenten, die an der Börse oder an anderen reglementierten Märkten notiert sind. Sie gilt zudem für die Finanzinstrumente, die - unabhängig von der Notierung - im Publikum in erheblichem Maße verbreitet sind. Der Gesetzgeber hält die weite Verbreitung der Effekten für einen hinreichenden Grund, um den Unternehmen die Pflicht aufzuerlegen, die Anleger über erhebliche Tatsachen zu informieren. Darüber hinaus wird durch die Beseitigung der Unterschiede bei der Publizitätsregelung die Notierung gefördert. Für nicht notierte Emittenten findet die Ad-hoc-Publizitätspflicht mit einigen Besonderheiten Anwendung. Die Messung der erheblichen Beeinflussung der Preise bereitet in diesem Fall große Schwierigkeiten, denn es werden außerhalb der Börse keine Preise festgestellt.

Es sind lediglich nicht öffentlich bekannte Tatsachen zu veröffentlichen. Ist das Ereignis bereits öffentlich, befriedigt seine weitere Bekanntgabe kein Bedürfnis der Anleger. Während im Europarecht die Verbreitung der Information an das gesamte Publikum vorgesehen ist, reicht im deutschen Recht die Herstellung einer Bereichsöffentlichkeit aus. Die Benachrichtigung der an ein elektronisch betriebenes Informationsverbreitungssystem verbundenen Investoren ermöglicht die Erfüllung der Zielsetzungen der Ad-hoc-Publizität. Durch die Dispositionen der professionellen Anleger spiegeln sich die Tatsachen in den Preisen der Wertpapiere schnell wieder, so dass die korrekte Preisbildung gewährleistet und der Insiderhandel gehindert ist.

Nach der EG-BörsenzulassungsRL sind lediglich die Tatsachen zu veröffentlichen, die geeignet sind, den Kurs der Aktien beträchtlich zu verändern. Aufgrund des Wortlauts der deutschen und italienischen Regelung reicht jedoch eine Beeinflussung ohne Änderung des Kurses aus. Die Tatsache muss zur erheblichen Kursbeeinflussung „geeignet" sein. Die Emittenten müssen prognostizieren, wie sich das Ereignis auf den Preis der Wertpapiere auswirken wird. Es handelt sich um eine komplizierte Voraussicht, denn viele Faktoren bestimmen den Kursablauf und einige davon sind nicht unternehmensintern. Bezüglich des Merkmals der Erheblichkeit kann die Grenze (erheblich - nicht erheblich) rigide oder flexibel ausgelegt werden. Ein fixer Wert kann dann hoch oder niedrig angesetzt werden. Die Entscheidung schlägt sich allerdings in der Verwirklichung der Zielsetzungen der Ad-hoc-Publizität nieder. Bei einer hohen Grenze erfolgen wenige Meldungen, so dass das Publikum wenig informiert und der Insiderhandel favorisiert ist. Bei einer niedrigen Grenze erfolgen viele Meldungen, mit dem Vorteil, dass das Publikum mehr informiert und der Insiderhandel effektiver bekämpft wird. Die BAFin. gibt als Orientierungshilfe einen Wert von 5%; bei DAX-Werten beträgt dieser allerdings 2-3%. Die Alternative zu einem rigiden Wert ist, sich an einer flexiblen Methode zu orientieren, die insbesondere die Volatilität des betroffenen Wertpapiers berücksichtigt. Die Verwendung eines solchen Kriteriums ist jedoch unter dem Gesichtspunkt der Einhaltung des Bestimmtheitsgebotes problematisch. Die BAFin. und die *CONSOB* können aufgrund der reinen *ex post* Feststellung einer erheblichen Kursbeeinflussung ohne vorausgegangene Meldung ein Sanktionsverfahren wegen Unterlassung der Ad-hoc-Publizität einleiten. Das Eintreten einer Kursveränderung reicht jedoch nicht für die Verhängung einer Verwaltungssanktion aus. Die Aufsichtsbehörden müssen im Wege einer *ex ante* Betrachtung prüfen, ob nicht unternehmensexterne Faktoren zu erheblichen Kursschwankungen geführt haben. Eine freiwillige Informationspolitik, die über die Mindestanforderungen des Gesetzes hinausgeht, minimiert den Überraschungseffekt neuer Tatsachen.

Tatsachen sind zu veröffentlichen, wenn sie im Tätigkeitsbereich des Emittenten eintreten. Eine Publizitätspflicht unternehmensexterner Ereignisse ist ausgeschlossen. Der Kontroll- und Verantwortungsbereich der Emittenten wird dadurch begrenzt. Zu veröffentlichen sind auch Ereignisse, die im Tätigkeitsbereich der kontrollierten Gesellschaften eintreten, denn sie können erheblichen Einfluss auf die Preise der notierten Muttergesellschaft haben. Die Pflicht scheidet in aller Regel aus, wenn die Tochtergesellschaft selbst publizitätspflichtig ist und veröffentlicht hat. Im Unterschied zum deutschen Recht wird im italienischen Recht ausdrücklich vorgesehen, dass Ereignisse, die in den Tätigkeitsbereichen kontrollierter Gesellschaften eintreten, zu veröffentlichen sind. Es wird zudem vorgesehen, dass die Tochtergesellschaften alle Informationen weitergeben müssen, die für die Erfüllung der Ad-hoc-Publizitätspflicht durch den notierten Emittenten erforderlich sind.

D. Die Befreiung von der Ad-hoc-Publizitätspflicht

§ 15 WpHG und Art. 114 *T.U.* gestatten, beim Vorliegen bestimmter Voraussetzungen, die Befreiung von der Ad-hoc-Publizitätspflicht. Die Möglichkeit eines Dispenses verdeutlicht den Interessenkonflikt zwischen den Emittenten, die eher für eine Geheimhaltung der unternehmensinternen Tatsachen sind, und den Anlegern, die eher eine breite Informationsversorgung befürworten. Das Interesse auf Befreiung besteht vor allem bei den für die Gesellschaften negativen Tatsachen. Es muss bei der Dispenserteilung zwischen Emittenten- und Publikumsinteressen abgewogen werden. In erster Linie sollen die Bedürfnisse der Anleger überwiegen, denn eine korrekte Preisbildung und eine effektive Prävention des Insiderhandels werden am besten durch die prompte Information des Kapitalmarktes erreicht.

Voraussetzung einer Befreiung im deutschen Recht ist die Eignung der Veröffentlichung der Tatsache, ein berechtigtes Interesse des Emittenten zu schädigen. „Eignung" bedeutet, dass der Nachteil nicht zwingende Folge der Veröffentlichung zu sein braucht. Sie ist vielmehr als Wahrscheinlichkeit des Schadenseintritts zu interpretieren. Das Interesse muss „berechtigt", d.h. etwas mehr als ein einfaches Interesse sein. Ein allgemeiner Hinweis auf Konkurrenzgründe genügt nicht für eine Befreiung. Die Dispensvoraussetzungen sind insgesamt eng zu interpretieren. Sie sind z.B. dann gegeben, wenn die Veröffentlichung der Tatsache die Existenz des Emittenten gefährdet. Die Befreiungsbedingungen sind im italienischen Recht noch enger formuliert als im deutschen, denn es wird verlangt, dass die Veröffentlichung einen „schweren" Schaden auslösen kann. Italien hat dadurch die Möglichkeit eines Dispenses im Vergleich zum Europarecht richtlinienkonform beschränkt. Besteht zudem durch die Geheimhaltung die Gefahr, die Anleger irrezuführen, so kann überhaupt keine Befreiung erfolgen. Diese zweite italienische Norm ist europarechtlich fragwürdig, denn sie beseitigt die Dispensmöglichkeit und ist nicht angebracht, denn sie verabsolutisiert den kapitalmarktrechtlichen Ansatz der Regelung.

Eine Befreiung von der Ad-hoc-Publizitätspflicht wird in Deutschland und Italien nur auf Antrag gewährt. Dieser ist unverzüglich nach Eintritt der Tatsache zu stellen. Ebenso müssen die Aufsichtsbehörden ohne Zögern über diesen entscheiden. Die Anträge haben in beiden Ländern aufschiebende Wirkung, wodurch die in der Literatur allerdings überbewertete Gefahr von Rechtsmissbräuchen entsteht. Die Emittenten, die berechtigten Grund zur Befreiung haben, haben ein Interesse daran, die Dispensgesuche überzeugend zu begründen. Während im deutschen Recht keine Frist für die Entscheidung der Aufsichtsbehörde vorgesehen ist, muss eine solche nach italienischem Recht binnen sieben Tagen getroffen werden. Auch die BAFin. muss allerdings zügig entscheiden, denn die Ziele der Ad-hoc-Publizität werden in der Wartezeit auf Grund der aufschiebenden Wirkung der Anträge nicht erreicht. Der Notwendigkeit einer schnellen Entscheidung der Aufsichtsbehörde steht die Erforderlichkeit einer überlegten Stellungnahme gegenüber. Wird der Antrag abgelehnt, so können die Emittenten gerichtlichen Schutz beantragen. Ansonsten muss die Veröffentlichung unverzüglich erfolgen. Die Befreiungszeit ist wegen ihres Ausnahmecharakters so kurz wie möglich zu halten. Der Dispens ist zu widerrufen, wenn in der Zwischenzeit Insiderhandel getätigt wird, denn das berechtigte Interesse der Emittenten auf Geheimhaltung darf nicht zum „grünen Licht“ für Insidertransaktionen werden. Die Gesellschaft muss alle Maßnahmen treffen, welche die Vertraulichkeit der Tatsache gewährleisten.

E. Das Verfahren

Das Ad-hoc-Publizitätsverfahren wird im deutschen Recht im Gesetz, im italienischen Recht überwiegend in der Ausführungsverordnung geregelt. Die Veröffentlichung der Tatsache muss unverzüglich erfolgen. Bei der Konkretisierung dieses Merkmals ist auf die zivilrechtliche Rspr. abzustellen. Es soll hinreichend Zeit für eine überlegte Entscheidung der Emittenten gelassen werden, die ansonsten wegen der Veröffentlichung nicht publizitätspflichtiger Tatsachen Verwaltungssanktionen riskieren. Bei einer verfrühten Publizität ist die Wahrscheinlichkeit einer qualitativ schlechten Informationsversorgung des Publikums höher. Es besteht das Risiko, dass das Informationsbedürfnis der Anleger nicht korrekt befriedigt wird.

Nach Art. 17 S. 2 EG-BörsenzulassungsRL müssen die Kontrollinstanzen und das Publikum gleichzeitig informiert werden. Die deutsche Regelung sieht die Vorabinformation der BAFin. und der Geschäftsführung der Börse vor. Im italienischen Recht sind *CONSOB* und Marktverwaltungsgesellschaft zusammen mit dem Publikum zu informieren. Nur dann, wenn die Veröffentlichung während der Handelszeit stattfindet, sind sie im voraus zu informieren. Die Mitteilung an die Geschäftsführung der Börse und an die Marktverwaltungsgesellschaft dient der Kursaussetzung. Die Verbreitung der Tatsache während der Handelszeit würde zu erheblichen Preissprüngen führen, so dass Anleger und Emittenten Interesse an einer kurzen Aussetzung haben. Zum Schutz des Publikums erlöschen im Fall der Aussetzung die Aufträge, die noch nicht ausgeführt wurden. Nach Beseitigung der Informationsasymmetrie infolge der Veröffentlichung werden die Geschäfte zum wahren Wert der Effekte abgeschlossen. Die Mitteilung an die BAFin. und an die *CONSOB* dient der Aufsicht über den Insiderhandel.

Nach der Mitteilung an die Kontrollinstanzen muss die Tatsache veröffentlicht werden. Zu diesem Zweck stehen im deutschen Recht zwei Informationsmittel zur Verfügung: Börsenpflichtblatt und elektronisches Informationsverbreitungssystem. Das von 99% der Emittenten verwendete elektronische Medium ist in praktischer Hinsicht vorteilhaft, denn auch die wenigen Stunden, die wegen der Veröffentlichung in einer Tageszeitung verloren gehen, bedeuten eine Verspätung im Hinblick auf die Information des Publikums und können für Insidergeschäfte missbraucht werden. Im italienischen Recht sind die Veröffentlichungsmodalitäten von der *CONSOB* festgelegt worden: Nach der Ausführungsverordnung ist die Tatsache zwei Nachrichtenagenturen mitzuteilen. Die genannten Formen der Veröffentlichung sind zwingend. Werden andere Modalitäten gewählt, so wird eine Ordnungswidrigkeit begangen. Es ist jedoch zulässig, die Tatsache nach § 15 WpHG und Art. 114 *T.U.* und gleichzeitig auf anderen Wegen zu veröffentlichen. Nach der Veröffentlichung ist das Ereignis ohnehin öffentlich bekannt, so dass die Nachricht auch anderweitig weitergegeben werden kann. Für die Emittenten, die mehreren Publizitätspflichten in verschiedenen Ländern unterliegen, ist es vorteilhaft, eine einzige Veröffentlichung über das elektronische Medium weltweit vorzunehmen.

Die Kenntnis einer Insidertatsache ist eine riskante Situation, denn es besteht die Gefahr, sie preiszugeben. Im Wege von § 15 WpHG können auch reine Insidertatsachen analog veröffentlicht werden. Tatsachen, die weder publizitätspflichtig nach § 15 WpHG noch Insidertatsachen nach § 13 WpHG sind, dürfen hingegen nicht nach dem gesetzlichen Verfahren veröffentlicht werden, da eine Verwechselungsgefahr besteht. Die Anleger könnten durch die Wahl dieser Veröffentlichungsmodalitäten irregeführt werden. Sie könnten z.B. zu Unrecht das Vorliegen der Eignung zu erheblicher Kursbeeinflussung vermuten. Auch im italienischen Recht dürfen Insidertatsachen in Analogie zu publizitätspflichtigen Tatsachen veröffentlicht werden.

Zuständig für Entscheidungen über die Ad-hoc-Publizität ist der Vorstand. Dieser kann die Funktion jemandem anderen übertragen. Mit der Durchführung des komplizierten Publizitätsverfahrens wird idR eine Agentur beauftragt. In der Meldung sind Emittent und Tatsache eindeutig zu bezeichnen. Zusätzliche Angaben sind verboten, soweit sie das Publikum irreführen können. In der Meldung dürfen sonstige Informationen enthalten werden, wenn sie die Tatsache im Interesse des Verständnisses der Adressaten erläutern. Der Text kann nach der deutschen Regelung in deutsch oder englisch formuliert werden. Nach der *CONSOB* kann hingegen lediglich die italienische Sprache verwendet werden. Es empfiehlt sich hier eine Änderung der Ausführungsverordnung, um auch Meldungen in englisch, der gängigen Sprache der Wirtschaft, zuzulassen. Nach deutschem Recht kann die BAFin. die Veröffentlichung einer Zusammenfassung genehmigen. Dies ist in der Praxis noch nicht erfolgt, denn die meisten Meldungen sollten sowieso nur 2-3 Seiten lang sein. Die Möglichkeit zusammengefasster Meldungen ist im italienischen Recht nicht vorgesehen.

F. Aufsicht und Rechtsfolgen des Verstoßes

Ist der Inhalt der Tatsache positiv, so brauchen Sanktionen für den Fall der Nichteinhaltung der Publizitätspflicht nicht vorgesehen zu werden. Ist hingegen das Ereignis negativ, so ist mit einer freiwilligen *compliance* der Emittenten nur selten zu rechnen. Die Androhung von Sanktionen und eine effiziente Aufsicht sind in diesem Fall erforderlich. Obwohl die BAFin die Emittenten sanktionieren kann, kann sie hingegen nicht anstelle der verpflichteten Gesellschaft veröffentlichen. Dies ist aus Sicht der Effizienz des Kapitalmarktes negativ zu beurteilen, denn die Anleger bleiben in einer Situation der Informationsasymmetrie. Im italienischen Recht kann hingegen die *CONSOB* anstelle und auf Kosten des Emittenten veröffentlichen. Die Aufsichtsbehörden überprüfen den Inhalt der Meldungen nicht in präventiver Weise. Aus diesem Grund kann es vorkommen, dass Nachrichten auf dem Markt verstreut werden, die der Information des Publikums nicht dienen. Aus dem Gesichtspunkt eines effizienten Kapitalmarktes wäre es vorteilhaft, wenn der Text im voraus geprüft würde, denn allein durch die Verhängung einer Sanktion kann die Informationseffizienz nicht wiederhergestellt werden. Die italienische Regelung der Ad-hoc-Publizität ist allgemein mehr konzernrechtlich orientiert als die deutsche. Dies spiegelt sich auch in den die Aufsicht betreffenden Vorschriften wieder. Während das WpHG sich ausschließlich auf Emittenten bezieht, räumt der *T.U.* hingegen der *CONSOB* Befugnisse auch gegenüber kontrollierenden und kontrollierten Gesellschaften ein.

Die wichtigsten Formen der Verletzung der Vorschriften über die Ad-hoc-Publizität sind die Unterlassung, die Verspätung oder die „Unkorrektheit“ der

Meldung. Die relevanten Tatbestände werden im deutschen Recht, im Unterschied zum italienischen, detailliert beschrieben. Die Ungenauigkeit der italienischen Regelung wirft Fragen der Einhaltung des Bestimmtheitsgebotes auf. Die Höhe der Sanktionen in Deutschland (bis zu 1.500.000 Euro im Vergleich zu bis zu 103.291 Euro in Italien) ist auch auf die Angst vor dem Verlust der Wettbewerbsfähigkeit des Finanzmarktes zurückzuführen.

Im Zusammenhang mit der Ad-hoc-Publizität können auch Straftaten begangen werden. Im deutschen Recht kann der Tatbestand des Kursbetruges (§ 88 BörsG) erfüllt sein. Dies ist der Fall, wenn in einer Ad-hoc-Meldung unrichtige Angaben über Umstände gemacht werden, die für die Bewertung von Wertpapieren erheblich sind oder wenn erhebliche Umstände entgegen bestehenden Rechtsvorschriften (§ 15 WpHG) verschwiegen werden. Eine Bestrafung wird allerdings in der Praxis in aller Regel am Nachweis der Einwirkungsabsicht im Hinblick auf die Preise scheitern. Im italienischen Recht drohen die Art. 2621 und 2622 *c.c.* Strafsanktionen an, wenn die Meldung falsche Angaben enthält. Darüber hinaus kann nach Art. 2637 *c.c.* der Straftatbestand des Kursbetruges erfüllt sein, wenn die Veröffentlichung durch falsche Nachrichten dazu verwendet wird, erhebliche Änderungen des Preises der Finanzinstrumente auszulösen.

Literaturverzeichnis

Agostoni, Paolo: L'informazione societaria nei gruppi quotati dopo l'emanazione del d.lgs. 58/98, Le Società, 1999, 279.

Alpa, Guido / Capriglione, Francesco (a cura di): Commentario al testo unico delle disposizioni in materia di intermediazione finanziaria, Padova 1998.

ders. / Zatti, Paolo (a cura di): Commentario breve al codice civile, Leggi complementari, 3ª ed. Padova 2000.

Angelici, Carlo: Note in tema di informazione societaria, in: Bonelli, Franco / Buonocore, Vincenzo / Corsi, Francesco / Costi, Renzo / Ferro-Luzzi, Paolo / Gambino, Agostino / Jaeger, Pier Giusto / Patroni Griffi, Antonio (a cura di), La riforma delle società quotate, Milano 1998, S. 249.

Annunziata, Filippo: La nuova disciplina delle comunicazioni societarie al pubblico e alla CONSOB, Le Società, 1999, 398 und 520.

ders.: Le norme del nuovo regolamento della CONSOB in materia di informazione societaria. Una prima lettura, BBTC, 1999, I, 495.

ders.: Commento all'art. 100, in: Marchetti, Piergaetano / Bianchi, Luigi Arturo (a cura di), La disciplina delle società quotate nel testo unico della finanza. D.lgs. 24 febbraio1998, n. 58, Milano 1999, S. 149.

ders.: Commento all'art. 118, in: Marchetti, Piergaetano / Bianchi, Luigi Arturo (a cura di), La disciplina delle società quotate nel testo unico della finanza. D.lgs. 24 febbraio1998, n. 58, Milano 1999, S. 745.

Assmann, Heinz-Dieter: Das künftige deutsche Insiderrecht, AG 1994, 196 und 237.

ders.: Kapitalmarkt in Europa (Zentrum für Europäisches Wirtschaftsrecht, Rheinische Friedrich-Wilhelms-Universität Bonn, Vorträge und Berichte, Nr. 52), Bonn 1995.

ders.: Insiderrecht und Kreditwirtschaft: Rechtsanwendungsprobleme des Insiderrechts in bezug auf die Organisation und die Geschäfte von Kreditinstituten, WM 1996, 1337.

ders.: Rechtsanwendungsprobleme des Insiderrechts, AG 1997, 50.

ders. / Schneider, Uwe H. (Hrsg.): Wertpapierhandelsgesetz, Kommentar, 2. Auflage Köln 1999.

ders.: in: Assmann, Heinz-Dieter / Schneider, Uwe H. (Hrsg.), Wertpapierhandelsgesetz, Kommentar, 2. Auflage Köln 1999, Einleitung, §§ 1-2a, 12, 13, 14 (zusammen mit Cramer, Peter), 20, 41 I (zit. Assmann/Schneider-*Assmann/Cramer*, nach § und RZ).

ders. / Schütze, Rolf A. (Hrsg.): Handbuch des Kapitalanlagerechts, 2. Auflage München 1997.

ders.: Kapitalmarkt und Kapitalmarktordnung, in: Assmann, Heinz-Dieter / Schütze Rolf A. (Hrsg.), Handbuch des Kapitalanlagerechts, 2. Auflage München 1997, § 1.

Baegte, Jörg (Hrsg.): Insiderrecht und Ad-hoc-Publizität - Was bedeuten die neuen Regelungen für Unternehmenspublizität und Finanzanalyse?, Düsseldorf 1995.

Barnert, Thomas: Deliktischer Schandensersatz bei Kursmanipulation de lege lata und de lege ferenda, WM 2002, 1473.

Bartalena, Andrea: Commento all'art. 180, in: Marchetti, Piergaetano / Bianchi, Luigi Arturo (a cura di), La disciplina delle società quotate nel testo unico della finanza. D.lgs. 24 febbraio1998, n. 58, Milano 1999, S. 1988.

ders.: Commento all'art. 181, in: Marchetti, Piergaetano / Bianchi, Luigi Arturo (a cura di), La disciplina delle società quotate nel testo unico della finanza. D.lgs. 24 febbraio1998, n. 58, Milano 1999, S. 2015.

Basso, Riccardo: Disposizioni comuni (artt. 1-4), in: Lacaita, Leonardo / Napoleoni, Valerio (a cura di), Il testo unico dei mercati finanziari. Società quotate – Intermediari – Mercati – Opa – Insider Trading. Commento al d.lgs. 24 febbraio 1998, n. 58, Milano 1998, S. 9.

ders.: Commento all'art. 1, comma 1, in: Rabitti Bedogni, Carla (a cura di), Il testo unico della intermediazione finanziaria, Commentario al d.lgs. 24 febbraio 1998, n. 58, Milano 1998, S. 6.

BAWe, Jahresbericht 1995

ders., Jahresbericht 1996

BAWe und Deutsche Börse AG, Insiderhandelsverbote, 2. Auflage

Becker, Joachim: Das neue Wertpapierhandelsgesetz, Textausgabe mit Erläuterungen, Berlin 1995.

Belli, Franco / Mazzini, Francesco / Tedeschi, Roberto (a cura di): Il testo unico della finanza, Milano 1998.

Benedettelli, Massimo: „Corporate governance", mercati finanziari e diritto internazionale privato, Riv. dir. int. priv. proc., 1998, 713.

Benner-Heinacher, Jella: Kollidiert die Auskunftspflicht des Vorstandes mit dem Insidergesetz?, DB 1995, 765.

Bonelli, Franco / Buonocore, Vincenzo / Corsi, Francesco / Costi, Renzo / Ferro-Luzzi, Paolo / Gambino, Agostino / Jaeger, Pier Giusto / Patroni Griffi, Antonio (a cura di): La riforma delle società quotate, Milano 1998.

Bosse, Christian: Melde- und Informationspflichten nach dem Aktiengesetz und Wertpapierhandelsgesetz im Zusammenhang mit dem Rückkauf eigener Aktien, ZIP 1999, 2047.

Breuer, Rolf Ernst: Zweites Finanzmarktförderungsgesetz: Neues Leben für den Finanzplatz Deutschland, Die Bank 1994, 444.

Brozzatti, Antonella: Commento agli artt. 1-3, in: Belli, Franco / Mazzini, Francesco / Tedeschi, Roberto (a cura di), Il testo unico della finanza, Milano 1998, S. 6.

Bruns, Hans-Georg: Finanzpublizität nach Inkrafttreten des 2. Finanzmarktförderungsgesetzes – Zur praktischen Umsetzung bei Daimler-Benz, in: Baegte, Jörg (Hrsg.), Insiderrecht und Ad-hoc-Publizität - Was bedeuten die neuen Regelungen für Unternehmenspublizität und Finanzanalyse?, Düsseldorf 1995, S. 109.

Buonocore, Vincenzo: La riforma delle società quotate, in: Bonelli, Franco / Buonocore, Vincenzo / Corsi, Francesco / Costi, Renzo / Ferro-Luzzi, Paolo / Gambino, Agostino / Jaeger, Pier Giusto / Patroni Griffi, Antonio (a cura di), La riforma delle società quotate, Milano 1998, S. 3.

Burgard, Ulrich: Ad-hoc-Publizität bei gestreckten Sachverhalten und mehrstufigen Entscheidungsprozessen, ZHR 162 (1998), 51.

Cahn, Andreas: Entscheidungen des Bundesaufsichtsamt für den Wertpapierhandel nach § 15 Abs. 1 S. 2 Wertpapierhandelsgesetz, WM 1998, 272.

ders.: Grenzen des Markt- und Anlegerschutzes durch das Wertpapierhandelsgesetz, ZHR 162 (1998), 1.

Capriglione, Francesco: Commento agli artt. 195-196, in: Alpa, Guido / Zatti, Paolo (a cura di), Commentario breve al codice civile, Leggi complementari, 3ª ed. Padova 2000, S. 1397.

ders.: Commento all'art. 195, in: Alpa, Guido / Capriglione, Francesco (a cura di), Commentario al testo unico delle disposizioni in materia di intermediazione finanziaria, Padova 1998, S. 1757.

Carbone, P. L.: Commento all'art. 113, in: Alpa, Guido / Zatti, Paolo (a cura di), Commentario breve al codice civile, Leggi complementari, 3ª ed. Padova 2000, S. 1195.

ders.: Commento all'art. 114, in: Alpa, Guido / Zatti, Paolo (a cura di), Commentario breve al codice civile, Leggi complementari, 3ª ed. Padova 2000, S. 1198.

ders.: Commento all'art. 118, in: Alpa, Guido / Zatti, Paolo (a cura di), Commentario breve al codice civile, Leggi complementari, 3ª ed. Padova 2000, S. 1208.

Carl, Dieter / Klos, Joachim: Informationssammlung durch das neue Bundesaufsichtsamt für den Wertpapierhandel zur Insiderbekämpfung – Datenzugriff der Steuerstrafverfolgungsbehörden?, wistra 1995, 10.

Casalegno, G.: Commento all'art. 174, in: Cottino, Gastone (a cura di), La legge Draghi e le società quotate in borsa, Torino 1999, S. 371.

Caspari, Karl-Burkhard: Die Problematik der erheblichen Kursbeeinflussung einer publizitätspflichtigen Tatsache, in: Baegte, Jörg (Hrsg.), Insiderrecht und Ad-hoc-Publizität - Was bedeuten die neuen Regelungen für Unternehmenspublizität und Finanzanalyse?, Düsseldorf 1995, S. 67.

Claussen, Carsten Peter: Bank und Börsenrecht, 2. Auflage München 2000.

ders.: Dem Neuen Markt eine zweite Chance, BB 2002, 105.

Cottino, Gastone (a cura di): La legge Draghi e le società quotate in borsa, Torino 1999.

Cramer Peter, in: Assmann, Heinz-Dieter / Schneider, Uwe H. (Hrsg.): Wertpapierhandelsgesetz, Kommentar, 2. Auflage Köln 1999, §§ 14 (zusammen mit Assmann, Heinz-Dieter), 38-40a, 41 V, VI, 42 (zit. Assmann/Schneider-*Assmann/Cramer*, nach § und RZ).

Criscuolo, Luca: Le sanzioni amministrative (artt. 188-196), in: Lacaita, Leonardo / Napoleoni, Valerio (a cura di), Il testo unico dei mercati finanziari. Società quotate – Intermediari – Mercati – Opa – Insider Trading. Commento al d.lgs. 24 febbraio 1998, n. 58, Milano 1998, S. 207.

D'Amico, Gennaro: Note sull'informazione societaria nelle quotate e nelle piccole imprese, Le Società 1999, 1.

De Biasi, Pierluigi: Commento agli artt. 188-196, in: Belli, Franco / Mazzini, Francesco / Tedeschi, Roberto (a cura di), Il testo unico della finanza, Milano 1998, S. 273.

Deckert, Martina / von Rüden, Jens: Anlegerschutz durch Europäisches Kapitalmarktrecht: Publizität statt Verbot, EWS 1998, 46.

Dell'Atti, Silvia: Commento agli artt. 191-194, in: Alpa, Guido / Zatti, Paolo (a cura di), Commentario breve al codice civile, Leggi complementari, 3ª ed. Padova 2000, S. 1389.

De Vitis, Tommaso: Commento agli artt. 113-116, in: Rabitti Bedogni, Carla (a cura di), Il testo unico della intermediazione finanziaria, Commentario al d.lgs. 24 febbraio 1998, n. 58, Milano 1998, S. 615.

Di Capua, Marco: Le sanzioni penali, in: Di Noia, Carmine / Razzante, Ranieri (a cura di), Il nuovo diritto societario e dell'intermediazione finanziaria, Padova 1999, S. 569.

Dickersbach, Volker: Das neue Insiderrecht der Bundesrepublik Deutschland vor dem Hintergrund des EG-Rechtes, Berlin 1995.

Dierlamm: Das neue Insiderstrafrecht, NStZ 1996, 519.

Di Noia, Carmine / Razzante, Ranieri (a cura di): Il nuovo diritto societario e dell'intermediazione finanziaria, Padova 1999.

Donato, Luigi / Portolano, Alessandro: Commento all'art. 181, in: Alpa, Guido / Capriglione, Francesco (a cura di), Commentario al testo unico delle disposizioni in materia di intermediazione finanziaria, Padova 1998, S. 1663.

Dreyling, Georg: Erste Erfahrungen mit dem Wertpapierhandelsgesetz: Ad-hoc-Publizität, Insiderrecht, Verfahrensnormen, in: Hadding, Walther / Hopt,

Klaus J. / Schimansky, Herbert (Hrsg.), Das 2. Finanzmarktförderungsgesetz in der praktischen Umsetzung, Berlin/New York 1996, S. 159.

ders.: in: Assmann, Heinz-Dieter / Schneider, Uwe H. (Hrsg.), Wertpapierhandelsgesetz, Kommentar, 2. Auflage Köln 1999, §§ 3-11, 16-19, 30, 36a, 36c (zit. Assmann/Schneider-*Dreyling*, nach § und RZ).

Ekkenga, Jens: Die Ad-hoc-Publizität im System der Marktordnungen, ZGR 1999, 165.

ders.: Kapitalmarktrechliche Aspekte der „Investor Relations", NZG 2001, 1.

ders.: Kurspflege und Kursmanipulation nach geltendem und künftigem Recht, WM 2002, 317.

Engel, Ronald: Das neue deutsche Insiderrecht, JA 1996, 510.

Fabbiani, Emilio: La disciplina degli emittenti titoli diffusi in misura rilevante. Riflessi sulle banche popolari, Le Società 1999, 1183.

ders. / Grunewald, Barbara / Lutter, Marcus / Semler, Johannes (Hrsg.): Aktien- und Bilanzrecht, Festschrift für Bruno Kropff, Düsseldorf 1997.

Foster, Karl-Heinz: Fragen der Prüfung des Jahresabschlusses durch den Aufsichtsrat, in: Foster, Karl-Heinz / Grunewald, Barbara / Lutter, Marcus / Semler, Johannes (Hrsg.), Aktien- und Bilanzrecht, Festschrift für Bruno Kropff, Düsseldorf 1997, S. 73.

Franke, Jörg: Die rechtliche Ordnung des geregelten Kapitalmarktes, in: Assmann, Heinz-Dieter / Schütze, Rolf A (Hrsg.), Handbuch des Kapitalanlagerechts, 2. Auflage München 1997, § 2 RZ 1-133.

Frignani, Aldo: Qualità e quantità delle informazioni, in: Bonelli, Franco / Buonocore, Vincenzo / Corsi, Francesco / Costi, Rrenzo / Ferro-Luzzi, Paolo / Gambino, Agostino / Jaeger, Pier Giusto / Patroni Griffi, Antonio (a cura di), La riforma delle società quotate, Milano 1998, S. 371.

ders.: I primi orientamenti della CONSOB concernenti la diffusione di informazioni „price sensitive" a terzi, Le Società 1999, 1113.

Fühhoff, Jens / Wölk Armin: Aktuelle Fragen zur Ad-hoc-Publizität, WM 1997, 449.

Fülbier, Rolf Uwe: Regulierung der Ad-hoc-Publizität: Ein Beitrag zur ökonomischen Analyse des Rechts, Wiesbaden 1998.

Gehrt, John Alexander: Die neue Ad-hoc-Publizität nach § 15 Wertpapierhandelsgesetz: Eine kritische Betrachtung im Vergleich zur französischen und anglo-amerikanischen Regelung, Baden-Baden 1997.

Geibel, Stephan: in: Schäfer, A. Frank (Hrsg.), Wertpapierhandelsgesetz, Börsengesetz mit BörsZulV, Verkaufsprospektgesetz mit VerkProspV, Stuttgart/Berlin/Köln 1999, § 15 Wertpapierhandelsgesetz (zit. Schäfer-*Geibel*, WpHG, § 15 nach RZ).

Gerke, Wolfgang / Bank, Matthias / Lucht, Georg: Die Wirkungen des Wertpapierhandelsgesetzes auf die Informationspolitik der Unternehmen, Die Bank 1996, 612.

Giavazzi, Stefania: Profili penali dell'apparato sanzionatorio del t.u. dell'intermediazione finanziaria, in: Marchetti, Piergaetano / Bianchi, Luigi Arturo (a cura di), La disciplina delle società quotate nel testo unico della finanza. D.lgs. 24 febbraio1998, n. 58, Milano 1999, S. 1966.

Giordano, Gennaro: Commento all'art. 118, in: Alpa, Guido / Capriglione, Francesco (a cura di), Commentario al testo unico delle disposizioni in materia di intermediazione finanziaria, Padova 1998, S. 1098.

Grondstedt, Dagmar: Zentrale staatliche Börsenaufsicht und Insiderrecht - Erfahrungen mit der französischen Börsenkommission, München 1994.

Groß, Wolfgang: Haftung für fehlerhafte oder fehlende Regel- oder Ad-hoc-Publizität, WM 2002, 477.

Gruson, Michael / Wiegmann, William J.: Die Ad-hoc-Publizitätspflicht nach amerikanischem Recht und die Auslegung von § 15 Wertpapierhandelsgesetz, AG 1995, 173.

Guarracino, Francesco: Commento all'art. 114, in: Alpa, Guido / Capriglione, Francesco (a cura di), Commentario al testo unico delle disposizioni in materia di intermediazione finanziaria, Padova 1998, S. 1054.

Hadding, Walther / Hopt, Klaus J. / Schimansky, Herbert (Hrsg.): Das 2. Finanzmarktförderungsgesetz in der praktischen Umsetzung, Berlin/New York 1996.

Hamann, Uwe, in: Schäfer, A. Frank (Hrsg.): Wertpapierhandelsgesetz, Börsengesetz mit BörsZulV, Verkaufsprospektgesetz mit VerkProspV, Stuttgart/Berlin/Köln 1999, § 43 BörsG (zit. Schäfer-*Hamann*, BörsG, § 43 nach RZ).

Haouache: Börsenaufsicht durch Strafrecht. Eine Untersuchung zur straf- und verfassungsrechtlichen Problematik der strafrechtlichen Sanktionierung des Insiderhandels durch das Wertpapierhandelsgesetz in Deutschland im Hinblick auf die Umsetzung der EG-Richtlinie 89/592/EWG, Frankfurt am Main 1996.

Happ, Wilhelm: Zum Regierungsentwurf eines Wertpapierhandelsgesetzes, JZ 1994, 240.

ders. / Semler, Johannes: Ad-hoc-Publizität im Spannungsfeld von Gesellschaftsrecht und Anlegerschutz – Zum Begriff der „Tatsache" in § 15 Wertpapierhandelsgesetz bei mehrstufigen Entscheidungsprozessen, ZGR 1998, 116.

Hausmaninger, Christian: Insider Trading: Eine systemvergleichende Untersuchung amerikanischer, europäischer und österreichischer Regelungen, Wien 1997.

Hirte, Heribert: Die Ad-hoc-Publizität im System des Aktien- und Börsenrechts, in: Hadding, Walther / Hopt, Klaus J. / Schimansky, Herbert (Hrsg.), Das 2. Finanzmarktförderungsgesetz in der praktischen Umsetzung, Berlin/New York 1996, S. 47.

Hoffmann-Becking, Michael / Happ, Wilhelm / Semler, Johannes: Stellungnahme des Handelsrechtsausschusses des Deutschen Anwaltsvereins e.V. zur Anwendung des § 15 Wertpapierhandelsgesetz bei mehrstufigen Entscheidungsprozessen, WM 1997, 2325.

Hopt, Klaus J.: Rechtsprobleme des europäischen und deutschen Insiderrechts, BFuP 1994, 85.

ders.: Zum neuen Wertpapierhandelsgesetz. Stellungnahme für den Finanzausschuss des Deutschen Bundestages, WM-Festgabe für Thorwald, Hellner 1994, 29.

ders.: Grundsatz- und Praxisprobleme nach dem Wertpapierhandelsgesetz – insbesondere Insidergeschäfte und Ad-hoc-Publizität, ZHR 159 (1995), 135.

ders.: Wie sinnvoll sind rechtliche Regelungen über Insidergeschäfte? – Ökonomische und rechtliche Überlegungen zum europäischen und deutschen Insiderrecht -, in: Baegte, Jörg (Hrsg.), Insiderrecht und Ad-hoc-Publizität - Was bedeuten die neuen Regelungen für Unternehmenspublizität und Finanzanalyse?, Düsseldorf 1995, S. 3.

ders.: Das neue Insiderrecht nach §§ 12 ff. Wertpapierhandelsgesetz – Funktion, Dogmatik, Reichweite, in: Hadding, Walther / Hopt, Klaus J. / Schimansky, Herbert (Hrsg.), Das 2. Finanzmarktförderungsgesetz in der praktischen Umsetzung, Berlin/New York 1996, S. 3.

ders.: Familien- und Aktienpools unter dem Wertpapierhandelsgesetz, ZGR 1997, 1.

ders. / Rudolph, Bernd / Baum, Harald (Hrsg.): Börsenreform: Eine ökonomische, rechtsvergleichende und rechtspolitische Untersuchung, Stuttgart 1997.

Immenga, Frank A.: Das neue Insiderrecht im Wertpapierhandelsgesetz, ZBB 1995, 197.

Jürgens, Uwe / Rapp, Volker: Ad-hoc-Publizität: Ablauf und Technik, Die Bank 1995, 97.

Kaiser, Andreas: Die Sanktionierung von Insiderverstößen und das Problem der Kursmanipulation, WM 1997, 1557-1563.

Kaserer, Christoph / Nowak, Eric: Die Anwendung von Ereignisstudien bei Ad-hoc-Mitteilungen, ZfB 71 (2001), 1353.

Kiem, Roger / Kotthoff, Jost: Ad-hoc-Publizität bei mehrstufigen Entscheidungsprozessen, DB 1995, 1999.

Klein, Roland: Praktische Erfahrungen eines Weltkonzerns mit Vorschriften der Ad-hoc-Pubizität in Deutschland und im Ausland, in: Hadding, Walther / Hopt, Klaus J. / Schimansky, Herbert (Hrsg.), Das 2. Finanzmarktförderungsgesetz in der praktischen Umsetzung, Berlin/New York 1996, S. 95.

Kübler, Friedrich: Institutioneller Gläubigerschutz oder Kapitalmarkttransparenz? Rechtsvergleichende Überlegungen zu den „stillen Reserven", ZHR 159 (1995), 550.

Kullmann, Walburga / van Aerssen, Rick: Neuer Markt und EASDAQ – Ein Vergleich der Zulassungsvoraussetzungen und Zulassungsfolgepflichten, ZBB 2000, 10.

Kümpel, Siegfried: Bank- und Kapitalmarktrecht, Köln 1995.

ders.: Kapitalmarktrecht: Eine Einführung, Berlin 1995.

ders.: Börsenrecht: Eine systematische Darstellung, Berlin 1996.

ders.: Wertpapierhandelsgesetz: Eine systematische Darstellung, Berlin 1996.

ders.: Insiderrecht und Ad-hoc-Publizität aus Bankensicht, WM 1996, 653.

ders.: Aktuelle Fragen der Ad-hoc-Publizität, AG 1997, 66.

ders., in: Assmann, Heinz-Dieter / Schneider, Uwe H. (Hrsg.): Wertpapierhandelsgesetz, Kommentar, 2. Auflage Köln 1999, § 15 (zit. Assmann/Schneider-*Kümpel*, § 15 nach RZ).

ders., Kapitalmarktrecht – Einführung – in: Kümpel, Siegfried / Ott, Claus (Hrsg.): Kapitalmarktrecht: Ergänzbares Rechtshandbuch für die Praxis; systematische Sammlung der Gesetze, Verordnungen, behördlichen Anordnungen und Verlautbarungen sowie freiwilliger Regelungen der Emittenten mit Kurzerläuterungen, Berlin, KZ 50.

ders. / Ott, Claus (Hrsg.): Kapitalmarktrecht: Ergänzbares Rechtshandbuch für die Praxis; systematische Sammlung der Gesetze, Verordnungen, behördlichen Anordnungen und Verlautbarungen sowie freiwilliger Regelungen der Emittenten mit Kurzerläuterungen, Berlin.

Lacaita, Leonardo: Le sanzioni penali in materia di intermediari, mercati ed emittenti (artt. 166-174), in: Lacaita, Leonardo / Napoleoni, Valerio (a cura di), Il testo unico dei mercati finanziari. Società quotate – Intermediari – Mercati – Opa – Insider Trading. Commento al d.lgs. 24 febbraio 1998, n. 58, Milano 1998, S. 154.

ders. / Napoleoni, Valerio (a cura di): Il testo unico dei mercati finanziari. Società quotate – Intermediari – Mercati – Opa – Insider Trading. Commento al d.lgs. 24 febbraio 1998, n. 58, Milano 1998.

Lahmann, Kai: Insiderhandel. Ökonomische Analyse eines ordnungspolitischen Dilemmas (Schriften zur wirtschaftswissenschaftlichen Analyse des Rechts, Band 19), Berlin 1994.

Lampone, Salvatore: Le sanzioni amministrative, in: Di Noia, Carmine / Razzante, Ranieri (a cura di), Il nuovo diritto societario e dell'intermediazione finanziaria, Padova 1999, S. 621.

Ledermann, Thomas: in: Schäfer, A. Frank (Hrsg.), Wertpapierhandelsgesetz, Börsengesetz mit BörsZulV, Verkaufsprospektgesetz mit VerkProspV, Stuttgart/Berlin/Köln 1999, §§ 78 und 88 BörsG (zit. Schäfer-*Ledermann*, BörsG, § 88 nach RZ).

Lener, Raffaele: La diffusione delle informazioni „price sensitive" tra informazione societaria e informazione riservata, Le Società 1999, 142.

Lieb, Manfried / Noack, Ulrich / Westermann, Harm Peter (Hrsg.): Festschrift für Wolfgang Zöllner, Band 1, Köln 1998.

Loesche, Marco / Eichner, Gerrit / Stute, Winfried: Die Berechnung von Erheblichkeitsgrenzen in den Insiderhandelsverboten des WpHG, AG 1999, 308.

Loistl, Otto: Empirisch fundierte Messung kursrelevanter Tatsachen, Die Bank 1995, 232.

Loizzo, Antonio: Introduzione, in: Lacaita, Leonardo / Napoleoni, Valerio (a cura di), Il testo unico dei mercati finanziari. Società quotate – Intermediari – Mercati – Opa – Insider Trading. Commento al d.lgs. 24 febbraio 1998, n. 58, Milano 1998, S. 3.

Lütter, Marcus: Gesellschaftsrecht und Kapitalmarkt, in: Lieb, Manfried / Noach, Ulrich / Westermann, Harm Peter (Hrsg.) Festschrift für Wolfgang Zöllner, Band 1, Köln 1998, S. 363.

Maccari, Anna Lisa: Le disposizioni penali, in: Patroni Griffi, Antonio / Sandulli, Michele / Santoro, Vittorio (a cura di), Intermediari finanziari, mercati e società quotate, Torino 1999, S. 1279.

Magnani, Paola: Commento all'art. 149, in: Marchetti, Piergaetano / Bianchi, Luigi Arturo (a cura di), La disciplina delle società quotate nel testo unico della finanza. D.lgs. 24 febbraio1998, n. 58, Milano 1999, S. 1682.

Marchetti, Piergaetano / Bianchi, Luigi Arturo (a cura di): La disciplina delle società quotate nel testo unico della finanza. D.lgs. 24 febbraio1998, n. 58, Milano 1999.

Maviglia, Renato / Maviglia, Roberto: L'informazione societaria, in: Di Noia, Carmine / Razzante, Ranieri (a cura di), Il nuovo diritto societario e dell'intermediazione finanziaria, Padova 1999, S. 335.

Mennicke, Petra R.: Sanktionen gegen Insiderhandel. Eine rechtsvergleichende Untersuchung unter Berücksichtigung des US-amerikanischen und britischen Rechts, Berlin 1996.

Möller, Andreas: Das neue Insiderrecht – Eckpfeiler funktionsfähiger Wertpapiermärkte, BFuP 1994, 99.

ders.: Das Vierte Finanzmarktförderungsgesetz – Der Regierungsentwurf, WM 2001, 2405.

ders.: Die Neuregelung des Verbots der Kurs- und Marktpreismanipulation im Vierten Finanzmarktförderungsgesetz, WM 2002, 309.

Moosmayer, Klaus: Straf- und bußgeldrechtliche Regelungen im Entwurf eines Vierten Finanzmarktförderungsgesetzes, wistra 2002, 161.

Mucciarelli, Francesco: L'informazione societaria: destinatari e limiti posti dalla normativa in materia di insider trading, BBTC, 1999, I, 745.

Mülbert, Peter O.: Aktiengesellschaft, Unternehmensgruppe und Kapitalmarkt: Die Aktionärsrechte bei Bildung und Umbildung einer Unternehmensgruppe zwischen Verbands- und Anlegerschutzrecht, München 1995.

Müller, Frank Joachim: Aufseher gegen Hellseher, Capital, Februar 1997, 72.

Nobel, Peter: Schweizerisches Finanzmarktrecht: Einführung und Überblick, Bern 1997.

Nowak, Erik: Ad-hoc-Publizität bei M&A-Transaktionen, DB 1999, 601.

ders.: Eignung von Sachverhalten in Ad-hoc-Mitteilungen zur erheblichen Kursbeeinflussung, ZBB 2001, 449.

Ntuk, E.: Commento agli artt. 114-118, in: Cottino, Gastone (a cura di), La legge Draghi e le società quotate in borsa, Torino 1999, S. 84.

Pananis, Panos: Zur Abgrenzung von Insidertatsache und ad-hoc-publizitätspflichtigem Sachverhalt bei mehrstufigen Entscheidungsprozessen, WM 1997, 460.

Parrella, Monica: Gli emittenti. Informazione societaria e disciplina delle società con azioni quotate (artt. 113-135), in: Lacaita Leonardo / Napoleoni Valerio (a cura di), Il testo unico dei mercati finanziari. Società quotate – Intermediari – Mercati – Opa – Insider Trading. Commento al d.lgs. 24 febbraio 1998, n. 58, Milano 1998, S. 114.

Patroni Griffi, Antonio / Sandulli, Michele / Santoro, Vittorio (a cura di): Intermediari finanziari, mercati e società quotate, Torino 1999.

Pellens, Bernhard / Fülbier, Rolf Uwe: Publizitätspflichten nach dem Wertpapierhandelsgesetz – Ausgestaltung unter Berücksichtigung anglo-amerikanischer Regulierungen, DB 1994, 1381.

ders. / Fülbier, Rolf Uwe: Ad-hoc-Publizität, DBW 1995, 255.

ders. / Fülbier, Rolf Uwe: Gestaltung der Ad-hoc-Publizität unter Einbeziehung internationaler Vorgehensweisen, in: Baegte, Jörg (Hrsg.), Insiderrecht und Ad-hoc-Publizität - Was bedeuten die neuen Regelungen für Unternehmenspublizität und Finanzanalyse?, Düsseldorf 1995, S. 23.

Peltzer, Martin: Die neue Insiderregelung im Entwurf des Zweiten Finanzmarktförderungsgesetzes, ZIP 1994, 746.

Peter, Christoph: Aspekte der Insiderstrafnorm, insbesondere der „ähnliche Sachverhalt von vergleichbarer Tragweite", Chur/Zürich 1991.

Pfitzer, Norbert / Streib, Harry: Bestimmungen über die Unternehmenspublizität im Rahmen des Wertpapierhandelsgesetzes, BB 1995, 1947.

Piscitello, Paolo: Commento all'art. 114, in: Campobasso, Gian Franco (a cura di), Testo Unico della Finanza, Torino 2002, S. 949.

ders.: Commento all'art. 115, in: Campobasso, Gian Franco (a cura di), Testo Unico della Finanza, Torino 2002, S. 956.

Pistorelli, Luca: Corporate governance. Il nuovo assetto delle responsabilità penali, Riv. trim. dir. pen. econ., 294.

Pollice, Aristide: Commento all'art. 193, in: Alpa, Guido / Capriglione, Francesco (a cura di), Commentario al testo unico delle disposizioni in materia di intermediazione finanziaria, Padova 1998, S. 1744.

Portolano, Alessandro: Commento all'art. 174, in: Alpa, Guido / Capriglione, Francesco (a cura di), Commentario al testo unico delle disposizioni in materia di intermediazione finanziaria, Padova 1998, S. 1599.

Providenti, Salvatore: Disposizioni generali sugli emittenti (artt. 91-93), in: Lacaita, Leonardo / Napoleoni, Valerio (a cura di), Il testo unico dei mercati finanziari. Società quotate – Intermediari – Mercati – Opa – Insider Trading. Commento al d.lgs. 24 febbraio 1998, n. 58, Milano 1998, S. 90.

ders.: Commento all'art. 115, in: Alpa, Guido / Capriglione, Francesco (a cura di), Commentario al testo unico delle disposizioni in materia di intermediazione finanziaria, Padova 1998, S. 1063.

Rabitti Bedogni, Carla (a cura di): Il testo unico della intermediazione finanziaria, Commentario al d.lgs. 24 febbraio 1998, n. 58, Milano 1998.

Redaelli, F.: Commento all'art. 115, in: Alpa, Guido / Zatti, Paolo (a cura di), Commentario breve al codice civile, Leggi complementari, 3ª ed. Padova 2000, S. 1202.

Rellermeyer, Klaus: Das Zweite Finanzmarkförderungsgesetz in der praktischen Umsetzung, WM 1995, 1981.

Rieckers, Oliver: Haftung des Vorstands für fehlerhafte Ad-hoc-Meldungen de lege lata und de lege ferenda, BB 2002, 1213.

Riedel, Claudia: Falsche Ad-hoc-Mitteilungen, wistra 2001, 447.

Riehmer, Klaus / Schröder, Oliver: Praktische Aspekte bei der Planung, Durchführung und Abwicklung eines Übernahmeangebots, BB 2001, Beilage 5 zu Heft 20, 1.

Riepe, Stefan: Das 2. Finanzmarkförderungsgesetz: Verbesserung der internationalen Wettbewerbsfähigkeit des Finanzplatzes Deutschland, DStR 1994, 1236.

Rigotti, Marco: Informativa societaria, in: Patroni Griffi, Antonio / Sandulli, Michele / Santoro, Vittorio (a cura di), Intermediari finanziari, mercati e società quotate, Torino 1999, S. 601.

Ristuccia, Diffusione tempestiva di notizie attinenti alla fusione di società quotate in borsa, Riv. soc. 1991, 1691

Röder, Klaus: Die Informationswirkung von Ad-hoc-Meldungen, ZfB 70 (2000), 567.

ders.: Antwort auf die Stellungnahme von Kaserer/Nowak, ZfB 71 (2001), 1357.

Rodewald, Jörg / Siems, Mathias: Haftung für die „frohe Botschaft" – Rechtsfolgen falscher Ad-hoc-Mitteilungen, BB 2001, 2437.

Rodrian, Heinrich: Insider-Regelungen: Insiderhandelsrichtlinie, Händler- und Beraterregeln und Verfahrensordnung, Berlin 1977.

Rössner, Michael-Christian / Bolkart, Johannes: Schadensersatz bei Verstoß gegen Ad-hoc-Publizitätspflichten nach dem 4. Finanzmarktförderungsgesetz, ZIP 2002, 1471.

Rudolph, Bernd / Röhrl, Heiner: Grundfragen der Börsenorganisation aus ökonomischer Sicht, in: Hopt, Klaus J. / Rudolph, Bernd / Baum, Harald (Hrsg.), Börsenreform: Eine ökonomische, rechtsvergleichende und rechtspolitische Untersuchung, Stuttgart 1997, S. 143.

Salafia, Vincenzo: L'Informativa societaria e l'efficienza del mercato, Le Società, 1999, 1029.

Sangiovanni, Valerio: Die Vollversammlung der Aktiengesellschaft im italienischen Recht, NZG 2001, 784.

Sanguinetti, Arturo: Informativa societaria: obblighi di comunicazione degli emittenti quotati, Riv. dott. comm. 1999, 867.

Sassani, Bruno / Cardi, Marcello: Le sanzioni amministrative, in: Patroni Griffi, Antonio / Sandulli, Michele / Santoro, Vittorio (a cura di), Intermediari finanziari, mercati e società quotate, Torino 1999, S. 1247.

Schäfer, A. Frank (Hrsg.): Wertpapierhandelsgesetz, Börsengesetz mit BörsZulV, Verkaufsprospektgesetz mit VerkProspV, Stuttgart/Berlin/Köln 1999.

Schäfer A. Frank, in: Schäfer, A. Frank (Hrsg.): Wertpapierhandelsgesetz, Börsengesetz mit BörsZulV, Verkaufsprospektgesetz mit VerkProspV, Stuttgart/Berlin/Köln 1999, § 15 RZ 156-162 (zit. Schäfer-*Schäfer*, WpHG, § 15 nach RZ).

Schander, Albert Axel / Lucas, Johannes H.: Die Ad-hoc-Publizität im Rahmen von Übernahmevorhaben, DB 1997, 2109.

Schlaus, Wilhelm: Die Insiderregeln der §§ 12 ff. Wertpapierhandelsgesetz aus der Sicht der Praxis, in: Hadding, Walther / Hopt, Klaus J. / Schimansky,

Herbert (Hrsg.), Das 2. Finanzmarktförderungsgesetz in der praktischen Umsetzung, Berlin/New York 1996, S. 35.

Schleifer, Jörg / Kliemt, Michael: Einschränkung betriebsverfassungsrechtlicher Unterrichtungspflichten durch Insiderrecht?, DB 1995, 2214.

Schmidt: Insider Trading: Maßnahmen zur Vermeidung bei US-Banken, Ludwigsburg/Berlin 1995.

Schmitz, Alexandra: Aktuelles zum Kursbetrug gemäß § 88 BörsG, wistra 2002, 208.

Schneider, Sven H.: Befreiung des Emittenten von Wertpapieren von der Veröffentlichungspflicht nach § 15 WpHG, BB 2001, 1214.

Schockenhoff, Martin / Wagner, Eike: Ad-hoc-Publizität beim Aktienrückkauf, Die AG 1999, 548.

Schröder, Christian: Strafbares Insiderhandeln von Organvertretern einer AG nach geltendem und neuem Recht, NJW 1994, 2879.

Schruff, Wienand / Nowak, Erik / Feinendegen, Stefan: Ad-hoc-Publizitätspflicht des Jahresergebnisses gemäß § 15 WpHG: Wann muss veröffentlicht werden?, BB 2001, 719.

Schumacher, Thorsten: Ad-hoc-Publizitätspflichten börsennotierter Fußballclubs, NZG 2001, 769.

Schwark, Eberhard: Börsengesetz, Kommentar zum Börsengesetz und zu den börsenrechtlichen Nebenbestimmungen, 2. Auflage München 1994.

Schwarze, Hans-Joachim: Insiderregelungen im Spannungsfeld der Praktikabilität, BFuP 1994, 124.

ders.: Ad-hoc-Publizität und die Problematik der Notierungsaussetzung, in: Baegte, Jörg (Hrsg.), Insiderrecht und Ad-hoc-Publizität - Was bedeuten die neuen Regelungen für Unternehmenspublizität und Finanzanalyse?, Düsseldorf 1995, S. 99.

Seminara, Sergio: Commento all'art. 193, in: Campobasso, Gian Franco (a cura di), Testo Unico della Finanza, Torino 2002, S. 1513.

Sfameni, Paolo: Commento all'art. 114, in: Marchetti, Piergaetano / Bianchi, Luigi Arturo (a cura di), La disciplina delle società quotate nel testo unico della finanza. D.lgs. 24 febbraio1998, n. 58, Milano 1999, S. 509.

ders.: Commento all'art. 115, in: Marchetti, Piergaetano / Bianchi, Luigi Arturo (a cura di), La disciplina delle società quotate nel testo unico della finanza. D.lgs. 24 febbraio1998, n. 58, Milano 1999, S. 644.

ders.: Commento all'art. 116, in: Marchetti, Piergaetano / Bianchi, Luigi Arturo (a cura di), La disciplina delle società quotate nel testo unico della finanza. D.lgs. 24 febbraio1998, n. 58, Milano 1999, S. 675.

Sforza, Flavia: Commento all'art. 174, in: Rabitti Bedogni, Carla (a cura di), Il testo unico della intermediazione finanziaria, Commentario al d.lgs. 24 febbraio 1998, n. 58, Milano 1998, S. 936.

Sgubbi, Filippo: Le sanzioni, in: Bonelli, Franco / Buonocore, Vincenzo / Corsi, Francesco / Costi, Renzo / Ferro-Luzzi, Paolo / Gambino, Agostino / Jaeger, Pier Giusto / Patroni Griffi, Antonio (a cura di), La riforma delle società quotate, Milano 1998, S. 293.

Starke, Henning: Das französische Insiderstrafrecht, Frankfurt am Main 1994.

Struckmann: Insiderregeln und deren Umsetzung am Beispiel der Bundesrepublik Deutschland, Frankfurt 1995.

Thümmel, Roderich C.: Haftung für geschönte Ad-hoc-Meldungen: Neues Risikofeld für Vorstände oder ergebnisorientierte Einzelfallrechtsprechung?, DB 2001, 2331.

Tippach, Stefan U.: Das Insiderhandeslverbot und die besonderen Rechtspflichten der Banken (Heft 10 der Reihe „Rechtsfragen der Wirtschaft"), Köln 1995.

Trovatore, Gianfranco: Commento all'art. 116, in: Alpa, Guido / Capriglione, Francesco (a cura di), Commentario al testo unico delle disposizioni in materia di intermediazione finanziaria, Padova 1998, S. 1074.

Valenti, Alessandro: D.lgs. 58/1998. Il sistema delle sanzioni penali e amministrative, Le Società, 1998, 566.

Valentino, Pierluigi: L'informativa societaria, Milano 1999.

Vaupel, Christoph: Zum Tatbestandsmerkmal der erheblichen Kursbeeinflussung bei der Ad-hoc-Publizität, WM 1999, 521.

Volpe, Luigi: Commento all'art. 93, in: Alpa, Guido / Capriglione, Francesco (a cura di), Commentario al testo unico delle disposizioni in materia di intermediazione finanziaria, Padova 1998, S. 866.

von Klitzing, Joachim: Die Ad-hoc-Publizität – Zwischen europäischer Vorgabe und nationaler Umsetzung und zwischen Kapitalmarktrecht und Gesellschaftsrecht, Köln/Berlin/Bonn/München 1999.

von Rosen, Rüdiger: Zweites Finanzmarktförderungsgesetz und Privatanleger, Die Bank 1995, 9.

ders.: Die rechtliche Ordnung des geregelten Kapitalmarktes, in: Assmann, Heinz-Dieter / Schütze, Rolf A (Hrsg.), Handbuch des Kapitalanlagerechts, 2. Auflage München 1997, § 2 RZ 134-260

Wastl, Ulrich: Der Handel mit größeren Aktienpaketen börsennotierter Unternehmen, NZG 2000, 505.

Weber, Martin: Die Entwicklung des Kapitalmarktrechts 1998-2000: Publizität, Insiderrecht und Kapitalmarktaufsicht, NJW 2000, 3461.

Weisgerber, Thomas: Neue Informationskultur durch das Zweite Finanzmarktförderungsgesetz, WM 1995, 19.

Wertenbruch, Johannes: Die Ad-hoc-Publizität bei der Fußball-AG, WM 2001, 193.

Wittich, Georg: Erfahrungen mit der Ad-hoc-Publizität in Deutschland, AG 1997, 1.

ders.: Ich mache mich strafbar, Capital, Februar 1997, 74.

ders.: Zweieinhalb Jahre Wertpapierhandelsaufsicht – eine Zwischenbilanz, WM 1997, 2026.

Wolf, Tatjana: Rechtsanwendungsprobleme des neuen Insiderstraftatbestandes mit Vergleichen zu US-amerikanischen und Schweizer Lösungsansätzen (Konstanzer Schriften zur Rechtswissenschaft), Konstanz 1999.

Wölk, Armin: Ad-hoc-Publizität – Erfahrungen aus der Sicht des BAWe, AG 1997, 73.

Wondra, Michael Klaus-Peter: Staatshaftung für fehlsame Wirtschaftsaufsicht?, Würzburg 1995.

Wüsthoff, Andreas: Der Auskunftsanspruch des Aktionärs nach § 131 Aktiengesetz zwischen Insider-Verboten und Ad-hoc-Publizität nach dem Wertpapierhandelsgesetz, Aachen 2000.

Wychodil, A. Heiko: Die haftungsrechtliche Problematik der „Insiderinformation“ im Rahmen der Effektenberatung durch Banken und Kreditinstitute, Hamburg 1996.

Ziouvas, Dimitris / Walter Tonio: Das neue Börsenstrafrecht mit Blick auf das Europarecht – zur Reform des § 88 BörsG, WM 2002, 1483.

Zubrod, Andreas: Rechtssichere Eingrenzung der Ad-hoc-Publizitätspflicht anhand der Auswirkungen auf die Vermögens- oder Finanzlage als Zentralbegriff, Frankfurt am Main/Berlin/Bern/Bruxelles/New York/ Wien 2000.

Anlage

EG-Börsenzulassungsrichtlinie
(Richtlinie des Rates vom 5.3.1979 zur Koordinierung der Bedingungen für die Zulassung von Wertpapieren zur amtlichen Notierung an einer Wertpapierbörse)

Art. 4

2. Die Emittenten von zur amtlichen Notierung zugelassenen Wertpapieren müssen, je nachdem, ob es sich um Aktien oder Schuldverschreibungen handelt, die in Schema C oder D im Anhang dieser Richtlinie aufgeführten Pflichten einhalten.

Art. 5

2. Die Mitgliedstaaten können den Emittenten von zur amtlichen Notierung zugelassenen Wertpapieren strengere als die in den Schemata C und D aufgeführten Pflichten oder zusätzliche Pflichten auferlegen, sofern diese strengeren oder zusätzlichen Pflichten für sämtliche Emittenten oder einzelne Kategorien von Emittenten gleichermaßen gelten.
4. Die Mitgliedstaaten können nach den einschägigen einzelstaatlichen Rechtsvorschriften von den Emittenten zur amtlichen Notierung zugelassener Wertpapiere verlangen, dass sie dem Publikum regelmäßig Informationen über ihre finanzielle Lage und über den allgemeinen Gang ihrer Geschäfte zur Verfügung stellen.

Art. 8

Die Mitgliedstaaten können bei der Zulassung zur amtlichen Notierung von Schuldverschreibungen, die von Gesellschaften oder anderen juristischen Personen mit Sitz in einem Mitgliedstaat begeben werden... von... den in Schema D Abschnitt A Ziffer 4 Buchstaben a) und c) aufgeführten Pflichten absehen, sofern bei diesen Schuldverschreibungen ein Mitgliedstaat oder eines seiner Bundesländer für die Tilgung und den Zinsendienst bürgt.

Art. 12

Unbeschadet der sonstigen Maßnahmen oder Sanktionen, die sie für den Fall vorsehen, dass der Emittent den ihm aus der Zulassung zur amtlichen Notierung erwachsenden Pflichten nicht nachkommt, können die zuständigen Stellen die Tatsache veröffentlichen, dass der Emittent diesen Pflichten nicht nachkommt.

Art. 13

2. Wenn der Anlegerschutz oder der ordnungsgemäße Ablauf des Marktes dies erfordern, können die zuständigen Stellen den Emittenten auffordern, in der von ihnen für angemessen gehaltenen Form und Frist bestimmte Auskünfte zu veröffentlichen. Kommt der Emittent dieser Aufforderung nicht nach, so können die zuständigen Stellen nach Anhörung des Emittenten selbst die Veröffentlichung dieser Auskünfte vornehmen.

Art. 14

1. Die zuständigen Stellen können die Aussetzung der Kursnotiz eines Wertpapiers aussprechen, wenn der ordnungsgemäße Ablauf des Marktes zeitweilig nicht gewährleistet ist oder nicht gewährleistet zu sein droht oder wenn der Anlegerschutz dies erfordert.

Art. 17

1. Die von den Emittenten eines Wertpapiers, das zur amtlichen Notierung in einem Mitgliedstaat zugelassen ist, dem Publikum zugänglich zu machenden Informationen gem. den Schemata C und D müssen in einer oder mehreren Zeitungen mit einer Verbreitung im gesamten Staatsgebiet oder weiter Verbreitung in diesem Staat veröffentlicht werden oder dem Publikum entweder in schriftlicher Form in den durch Anzeigen in einer oder mehreren Zeitungen mit einer Verbreitung im gesamten Staatsgebiet oder weiter Verbreitung in dem genannten Staat angegebenen Orten oder durch andere von den zuständigen Stellen anerkannte gleichwertige Mittel zugänglich gemacht werden. Gleichzeitig haben die Emittenten dieselben Informationen den zuständigen Stellen mitzuteilen.
2. Die in Absatz 1 genannten Informationen müssen in der oder den Amtssprachen oder in einer der Amtssprachen oder in einer anderen Sprache abgefasst werden, sofern in dem betreffenden Mitgliedstaat die Amtssprache oder die Amtssprachen oder diese andere Sprache auf finanziellem Gebiet üblich sind und von den zuständigen Stellen akzeptiert werden.

Anhang Schema C: Pflichten der Gesellschaft, deren Aktien zur amtlichen Notierung an einer Wertpapierbörse zugelassen sind.

Ziffer 4 Buchstabe a)

Die Gesellschaft muss dem Publikum unverzüglich ihren letzten Jahresabschluss und ihren letzten Lagebericht zur Verfügung stellen.

Ziffer 5 Buchstabe a)

Die Gesellschaft muss das Publikum unverzüglich über neue erhebliche Tatsachen in Kenntnis setzen, die in ihrem Tätigkeitsbereich eingetreten sind und die

der breiten Öffentlichkeit nicht bekannt sind, aber wegen ihrer Auswirkung auf ihre Vermögens- und Finanzlage oder auf den allgemeinen Geschäftsverlauf zu einer beträchtlichen Änderung der Kurse ihrer Aktien führen können.
Wenn die Verbreitung bestimmter Informationen geeignet ist, den berechtigten Interessen der Gesellschaft zu schaden, können die zuständigen Stellen jedoch die Gesellschaft von dieser Pflicht entbinden.

Anhang Schema D: Pflichten des Emittenten, dessen Schuldverschreibungen zur amtlichen Notierung an einer Wertpapierbörse zugelassen sind

Abschnitt A Ziffer 3 Buchstabe a)
Das Unternehmen muss das Publikum unverzüglich seinen letzten Jahresabschluss und seinen letzten Lagebericht zur Verfügung stellen, sofern nach den innerstaatlichen Rechtsvorschriften eine Offenlegung zu erfolgen hat.

Abschnitt A Ziffer 4 Buchstabe a)
Das Unternehmen muss das Publikum unverzüglich über neue erhebliche Tatsachen in Kenntnis setzen, die in seinem Tätigkeitsbereich eingetreten sind und die der breiten Öffentlichkeit nicht bekannt sind, die aber erheblich seine Fähigkeit beeinträchtigen können, seinen Verpflichtungen nachzukommen.
Wenn die Verbreitung bestimmter Informationen geeignet ist, den berechtigten Interessen des Unternehmens zu schaden, können die zuständigen Stellen jedoch das Unternehmen auf dessen Wunsch von dieser Pflicht entbinden.

Wertpapierhandelsgesetz
(Gesetz über den Wertpapierhandel vom 26.7.1994)

§ 15: Veröffentlichung und Mitteilung kursbeeinflussender Tatsachen

1. Der Emittent von Wertpapieren, die zum Handel an einer inländischen Börse zugelassen sind, muss unverzüglich eine neue Tatsache veröffentlichen, die in seinem Tätigkeitsbereich eingetreten und nicht öffentlich bekannt ist, wenn sie wegen der Auswirkungen auf die Vermögens- oder Finanzlage oder auf den allgemeinen Geschäftsverlauf des Emittenten geeignet ist, den Börsenpreis der zugelassenen Wertpapiere erheblich zu beeinflussen, oder im Fall zugelassener Schuldverschreibungen die Fähigkeit des Emittenten, seinen Verpflichtungen nachzukommen, beeinträchtigen kann. Das Bundesaufsichtsamt kann den Emittenten auf Antrag von der Veröffentlichungspflicht befreien, wenn die Veröffentlichung der Tatsache geeignet ist, den berechtigten Interessen des Emittenten zu schaden.
2. Der Emittent hat die nach Absatz 1 zu veröffentlichende Tatsache vor der Veröffentlichung

1. der Geschäftsführung der Börsen, an denen die Wertpapiere zum Handel zugelassen sind,
2. der Geschäftsführung der Börsen, an denen ausschließlich Derivate im Sinne des § 2 Abs. 2 gehandelt werden, sofern die Wertpapiere Gegenstand der Derivate sind, und
3. dem Bundesaufsichtsamt

mitzuteilen. Die Geschäftsführung darf die ihr nach Satz 1 mitgeteilte Tatsache vor der Veröffentlichung nur zum Zwecke der Entscheidung verwenden, ob die Feststellung des Börsenpreises auszusetzen oder einzustellen ist. Das Bundesaufsichtsamt kann gestatten, dass Emittenten mit Sitz im Ausland die Mitteilung nach Satz 1 gleichzeitig mit der Veröffentlichung vornehmen, wenn dadurch die Entscheidung der Geschäftsführung über die Aussetzung oder Einstellung der Feststellung des Börsenpreises nicht beeinträchtigt wird.

3. Die Veröffentlichung nach Absatz 1 Satz 1 ist
   1. in mindestens einem überregionalen Börsenpflichtblatt oder
   2. über ein elektronisch betriebenes Informationsverbreitungssystem, das bei Kreditinstituten, nach § 53 Abs. 1 Satz 1 des Gesetzes über das Kreditwesen tätigen Unternehmen, anderen Unternehmen, die ihren Sitz im Inland haben und an einer inländischen Börse zur Teilnahme an Handel zugelassen sind, und Versicherungsunternehmen weit verbreitet ist,

   in deutscher Sprache vorzunehmen; das Bundesaufsichtsamt kann gestatten, dass Emittenten mit Sitz im Ausland die Veröffentlichung in einer anderen Sprache vornehmen, wenn dadurch eine ausreichende Unterrichtung der Öffentlichkeit nicht gefährdet erscheint. Eine Veröffentlichung in anderer Weise darf nicht vor der Veröffentlichung nach Satz 1 erfolgen. Das Bundesaufsichtsamt kann bei umfangreichen Angaben gestatten, dass eine Zusammenfassung gem. Satz 1 veröffentlicht wird, wenn die vollständigen Angaben bei den Zahlstellen des Emittenten kostenfrei erhältlich sind und in der Veröffentlichung hierauf hingewiesen wird.
4. Der Emittent hat die Veröffentlichung nach Absatz 3 Satz 1 unverzüglich der Geschäftsführung der in Absatz 2 Satz 1 Nr. 1 und 2 erfassten Börsen und dem Bundesaufsichtsamt zu übersenden, soweit nicht das Bundesaufischtsamt nach Absatz 2 Satz 3 gestattet hat, die Mitteilung nach Absatz 2 Satz 1 gleichzeitig mit der Veröffentlichung vorzunehmen.
5. Das Bundesaufsichtsamt kann von dem Emittenten Auskünfte und die Vorlage von Unterlagen verlangen, soweit dies zur Überwachung der Einhaltung der in den Absätzen 1 bis 4 geregelten Pflichten erforderlich ist. Während der üblichen Arbeitszeit ist seinen Bediensteten und den von ihm beauftragten Personen, soweit dies zur Wahrnehmung seiner Aufga-

ben erforderlich ist, das Betreten der Grundstücke und Geschäftsräume des Emittenten zu gestatten. § 16 Abs. 6 und 7 gilt ensprechend.

6. Verstößt der Emittent gegen die Verpflichtung nach Absatz 1, 2 oder 3, so ist er einem anderen nicht zum Ersatz des daraus entstehenden Schadens verpflichtet. Schadensersatzansrpüche, die auf anderen Rechtsgrundlagen beruhen, bleiben unberührt.

§ 37b: Schadensersatz wegen unterlassener unverzüglicher Veröffentlichung kursbeeinflussender Tatsachen

1. Unterlässt es der Emittent von Wertpapieren, die zum Handel an einer inländischen Börse zugelassen sind, unverzüglich eine neue Tatsache zu veröffentlichen, die in seinem Tätigkeitsbereich eingetreten und nicht öffentlich bekann ist und die wegen ihrer Auswirkungen auf die Vermögens- oder Finanzlage oder auf den allgemeinen Geschäftsverlauf des Emittenten geeignet ist, den Börsenpreis der zugelassenen Wertpapiere erheblich zu beeinflussen, ist er einem Dritten zum Ersatz des durch die Unterlassung entstandenen Schadens verpflichtet, wenn der Dritte 1) die Wertpapiere nach der Unterlassung erwirbt und er bei Bekanntwerden der Tatsache noch Inhaber der Wertpapiere ist oder 2) die Wertapapiere vor dem Eintritt der Tatsache erwirbt und nach der Unterlassung veräußert.
2. Nach Abs. 1 kann nicht in Anspruch genommen werden, wer nachweist, dass die Unterlassung nicht auf Vorsatz oder grober Fahrlässigkeit beruht.
3. Der Anspruch nach Abs. 1 besteht nicht, wenn der Dritte die nicht veröffentlichte Tatsache im Falle des Abs. 1 Nr. 1 bei dem Erwerb oder im Falle des Abs. 1 Nr. 2 bei der Veräußerung kannte.
4. Der Anspruch nach Abs. 1 verjährt in einem Jahr von dem Zeitpunkt an, zu dem der Dritte von der Unterlassung Kenntnis erlangt, spätestens jedoch in drei Jahren seit der Unterlassung.
5. Weitergehende Ansprüche, die nach Vorschriften des bürgerlichen Rechts auf Grund von Verträgen oder vorsätzlichen unerlaubten Handlungen erhoben werden können, bleiben unberührt.
6. Eine Vereinbarung, durch die Ansprüche des Emittenten gegen Vorstandsmitglieder wegen der Inanspruchnahme des Emittenten nach Abs. 1 im voraus ermäßigt oder erlassen werden, ist unwirsam.

§ 37c: Schadensersatz wegen Veröffentlichung unwahrer Tatsachen in einer Mitteilung über kursbeeinflussende Tatsachen

1. Veröffentlicht der Emittent von Wertpapieren, die zum Handel an einer inländischen Börse zugelassen sind, in einer Mitteilung über kursbeeinflussende Tatsachen eine unwahre Tatsache, die in seinem Tätigkeitsbereich eingetreten sein soll und nicht öffentlich bekann ist und die wegen ihrer Auswirkungen auf die Vermögens- oder Finanzlage oder auf den all-

gemeinen Geschäftsverlauf des Emittenten geeignet ist, den Börsenpreis der zugelassenen Wertpapiere erheblich zu beeinflussen, ist er einem Dritten zum Ersatz des Schadens verpflichtet, der dadurch entsteht, dass der Dritte 1) die Wertpapiere nach der Veröffentlichung erwirbt und er bei dem Bekanntwerden der Unrichtigkeit der Tatsache noch Inhaber der Wertpapiere ist oder 2) die Wertapapiere vor der Veröffentlichung erwirbt und vor dem Bekanntwerden der Unrichtigkeit der Tatsache veräußert.

2. Nach Abs. 1 kann nicht in Anspruch genommen werden, wer nachweist, dass er die Unrichtigkeit der Tatsache nicht gekannt hat und die Unkenntnis nicht auf grober Fahrlässigkeit beruht.
3. Der Anspruch nach Abs. 1 besteht nicht, wenn der Dritte die Unrichtigkeit der Tatsache im Falle des Abs. 1 Nr. 1 bei dem Erwerb oder im Falle des Abs. 1 Nr. 2 bei der Veräußerung kannte.
4. Der Anspruch nach Abs. 1 verjährt in einem Jahr von dem Zeitpunkt an, zu dem der Dritte von der Unrichtigkeit der Tatsache Kenntnis erlangt, spätestens jedoch in drei Jahren seit der Veröffentlichung.
5. Weitergehende Ansprüche, die nach Vorschriften des bürgerlichen Rechts auf Grund von Verträgen oder vorsätzlichen unerlaubten Handlungen erhoben werden können, bleiben unberührt.
6. Eine Vereinbarung, durch die Ansprüche des Emittenten gegen Vorstandsmitglieder wegen der Inanspruchnahme des Emittenten nach Abs. 1 im voraus ermäßigt oder erlassen werden, ist unwirsam.

§ 39: Bußgeldvorschriften

1. Ordnungswidrig handelt, wer vorsätzlich oder leichtfertig
    1. Entgegen
        a) ...
        b) § 15 Abs. 2 Satz 1 oder
        c) ...

    eine Mitteilung nicht, nicht richtig, nicht vollständig, nicht in der vorgeschriebenen Form oder nicht rechtzeitig macht,
    2. entegegen
        a) § 15 Abs. 1 Satz 1 in Verbindung mit Abs. 3 Satz 1 oder
        b) ...

    eine Veröffentlichung nicht, nicht richtig, nicht vollständig, nicht in der vorgeschriebenen Form oder nicht rechtzeitig vornimmt,
    3. entgegen § 15 Abs. 3 Satz 2 eine Veröffentlichung vornimmt,
    4. *aufgehoben*
    5. entgegen § 15 Abs. 4... eine Veröffentlichung...nicht oder nicht rechtzeitig übersendet,
    6. ...

2. Ordnungswidrig handelt, wer vorsätzlich oder fahrlässig
   1. einer vollziehbaren Anordnung nach § 15 Abs. 5 Satz 1... zuwiderhandelt,
   2. ein Betreten entgegen § 15 Abs. 5 Satz 2... nicht gestattet...
3. Die Ordnungswidrigkeit kann in den Fällen des Absatzes 1 Nr. 2 Buchstabe a und Nr. 3 mit einer Geldbuße bis zu drei Millionen Deutsche Mark, in den Fällen des Absatzes 1 Nr. 1 Buchstabe b... mit einer Geldbuße bis zu fünfhunderttausend Deutsche Mark,... in den übrigen Fällen mit einer Geldbuße bis zu einhunderttausend Deutsche Mark geahndet werden.

Testo Unico
(Decreto legislativo 24.2.1998, n. 58. Testo Unico delle disposizioni in materia di intermediazione finanziaria, ai sensi degli artt. 8 e 21 della legge 6.2.1996, n. 52)

Art. 1: Definizioni

1. Nel presente decreto legislativo si intendono per:
   a) ...
   w) „emittenti quotati“: i soggetti italiani o esteri che emettono strumenti finanziari quotati nei mercati regolamentati italiani.

Art. 4: Collaborazione tra Autorità e segreto d‘ufficio

10. Tutte le notizie, le informazioni e i dati in possesso della Consob in ragione della sua attività di vigilanza sono coperti dal segreto d’ufficio anche nei confronti delle pubbliche amministrazioni, a eccezione del Ministro del tesoro, del bilancio e della programmazione economica. Sono fatti salvi i casi previsti dalla legge per le indagini relative a violazioni sanzionate penalmente.
11. I dipendenti della Consob, nell’esercizio delle funzioni di vigilanza, sono pubblici ufficiali e hanno l’obbligo di riferire esclusivamente alla Commissione tutte le irregolarità constatate, anche quando integrino ipotesi di reato.
13. Le pubbliche amministrazioni e gli enti pubblici forniscono dati, notizie e documenti e ogni ulteriore collaborazione richiesta dalla Consob, in conformità delle leggi disciplinanti i rispettivi ordinamenti.

Art. 64: Organizzazione e funzionamento del mercato

1. La società di gestione:
   a) ...

e) provvede alla gestione e alla diffusione al pubblico delle informazioni e dei documenti indicati nei regolamenti previsti dagli artt. 65 e 114.

Art. 91: Poteri della Consob

La Consob esercita i poteri previsti dalla presente parte avendo riguardo alla tutela degli investitori nonché all'efficienza e alla trasparenza del mercato del controllo societario e del mercato dei capitali.

Art. 100: Casi di inapplicabilità

1. Le disposizioni del presente capo non si applicano alle sollecitazioni all'investimento:
   a) ...
   d) aventi a oggetto strumenti finanziari emessi o garantiti dallo Stato italiano, da uno Stato membro dell'Unione Europea o emessi da organismi internazionali a carattere pubblico di cui facciano parte uno o più Stati membri del'Unione Europea;
   e) aventi a oggetto strumenti finanziari emessi dalla Banca Centrale Europea o dalle banche centrali nazionali degli Stati membri dell'Unione Europea;
   f) aventi a oggetto prodotti finanziari emessi da banche, diversi dalle azioni o dagli strumenti finanziari che permettono di acquisire o sottoscrivere azioni, ovvero prodotti assicurativi emessi da imprese di assicurazione.

Art. 114: Comunicazioni al pubblico

1. Fermi gli obblighi di pubblicità previsti da specifiche disposizioni di legge, gli emittenti quotati e i soggetti che li controllano informano il pubblico dei fatti che accadono nella loro sfera di attività e in quella delle società controllate, non di pubblico dominio e idonei, se resi pubblici, a influenzare sensibilmente il prezzo degli strumenti finanziari. La Consob stabilisce con regolamento le modalità dell'informazione del pubblico su tali fatti, detta disposizioni per coordinare le funzioni attribuite alla società di gestione con le proprie e può individuare compiti da affidarle per il corretto svolgimento delle funzioni previste dall'art. 64, comma 1, lett. b).
2. Gli emittenti quotati impartiscono le disposizioni occorrenti affinché le società controllate forniscano tutte le notizie necessarie per adempiere gli obblighi di comunicazione previsti dalla legge. Le società controllate trasmettono tempestivamente le notizie richieste.
3. La Consob può, anche in via generale, richiedere ai soggetti indicati nel comma 1 che siano resi pubblici, con le modalità da essa stabilite, notizie

e documenti necessari per l'informazione del pubblico. In caso di inottemperanza la Consob provvede direttamente a spese degli interessati.

4. Qualora i soggetti indicati nel comma 1 oppongano, con reclamo motivato, che dalla comunicazione al pubblico delle informazioni possa derivare loro grave danno, gli obblighi di comunicazione sono sospesi. La Consob, entro sette giorni, può escludere anche parzialmente o temporaneamente la comunicazione delle informazioni, sempre che ciò non possa indurre in errore il pubblico su fatti o circostanze essenziali. Trascorso tale termine, il reclamo si intede accolto.
5. La Consob stabilisce con regolamento in quali casi e con quali modalità devono essere fornite informazioni al pubblico sugli studi e sulle statistiche concernenti gli emitenti quotati, elaborati da questi ultimi, da intermediari autorizzati a prestare servizi di investimento, nonché da soggetti in rapporto di controllo con essi.

Art. 115: Comunicazioni alla Consob

1. La Consob, al fine di vigilare sulla correttezza delle informazioni fornite al pubblico può, anche in via generale:
   a) richiedere agli emittenti quotati, ai soggetti che li controllano e alle società dagli stessi controllate, la comunicazione di notizie e documenti, fissandone le relative modalità;
   b) assumere notizie dagli amministratori, dai sindaci, dalle società di revisione e dai dirigenti delle società e dai soggetti indicati nella lett. a);
   c) eseguire ispezioni presso i soggetti indicati nella lett. a).
2. I poteri previsti dalle lettere a) e b) possono essere esercitati nei confronti dei soggetti che detengono una partecipazione rilevante ai sensi dell'art. 120 o che partecipano a un patto previsto dall'art. 122.

Art. 116: Strumenti finanziari diffusi tra il pubblico

1. Gli artt. 114 e 115 si applicano anche agli emittenti strumenti finanziari che, ancorché non quotati in mercati regolamentati italiani, siano diffusi tra il pubblico in misura rilevante. La Consob stabilisce con regolamento i criteri per l'individuazione di tali emittenti e può dispensare, in tutto o in parte, dall'osservanza degli obblighi previsti dai predetti articoli emittenti strumenti finanziari quotati in mercati regolamentati di altri paesi dell'Unione Europea o in mercati di paesi extracomunitari, in considerazione degli obblighi informativi a cui sono tenuti in forza della quotazione

Art. 118: Casi di inapplicabilità

1. Le disposizioni della presente sezione non si applicano agli strumenti finanziari previsti dall'art. 100, comma 1, lettere d) ed e).

2. L'art. 116 non si applica agli strumenti finanziari previsti dall'art. 100, comma 1, lett. f).

Art. 149: Doveri

1. Il collegio sindacale vigila:
   a) ...
   d) sull'adeguatezza delle disposizioni impartite dalla società alle società controllate ai sensi dell'art. 114, comma 2.

Art. 182: Pene accessorie

1. La condanna per taluno dei reati previsti dagli artt. 180 e 181 importa l'applicazione delle pene accessorie previste dagli artt. 28, 30, 32-bis e 32-ter del codice penale per una durata non inferiore a sei mesi e non superiore a due anni, nonché la pubblicazione della sentenza su almeno due quotidiani, di cui uno economico, a diffusione nazionale.

Art. 184: Misure interdittive

1. Nel procedimento penale per i reati previsti dagli artt. 180 e 181 può essere disposta la misura interdittiva prevista dall'art. 290, comma 1, del codice di procedura penale, anche al di fuori dei limiti di pena stabiliti dall'art. 287, comma 1, del medesimo codice

Art. 185: Notizia di reato e attività di accertamento

1. Quando ha notizia di taluno dei reati previsti dagli artt. 180 e 181 il pubblico ministero ne informa senza ritardo il Presidente della Consob.
2. La Consob compie gli atti di accertamento delle violazioni avvalendosi dei poteri a essa attribuiti nei confronti dei soggetti sottoposti alla sua vigilanza.
3. Al medesimo fine, la Consob può inoltre:
   a) richiedere notizie, dati o documenti a chiunque appaia informato sui fatti, stabilando il termine per la relativa comunicazione;
   b) procedere all'audizione di chiunque appaia informato sui fatti, redigendone processo verbale;
   c) avvalersi della collaborazione delle pubbliche amministrazioni ed accedere al sistema informativo dell'anagrafe tributaria seonco le modalità previste dagli artt. 2 e 3, comma 1, del decreto legislativo 12 luglio 1991, n. 212.
4. I poteri previsti dal comma 3, lettere a) e b), sono esercitati nel rispetto delle disposizioni degli artt. 199, 200, 201, 202 e 203 del codice di procedura penale, in quanto compatibili.

Art. 186: Trasmissione degli atti al pubblico ministero

1. Terminati gli accertamenti, il Presidente della Consob trasmette al pubblico ministero, corredata da una relazione, la documentazione raccolta nello svolgimento dell'attività prevista dall'art. 185.

Art. 187: Facoltà della Consob nel procedimento penale

Nei procedimento per i reati previsti dagli artt. 180 e 181, la Consob esercita i diritti e le facoltà attribuiti dal codice di procedura penale agli enti e alle associazioni rappresentativi di interessi lesi dal reato.

Art. 193: Informazione societaria e doveri dei sindaci e dele società di revisione

1. Nei confronti di chi svolge funzioni di amministrazione, direzione e controllo presso società, enti o associazioni tenuti a effettuare le comunicazioni previste dagli artt. 113, 114 e 115 è applicabile la sanzione amministrativa pecuniaria da lire dieci milioni a lire duecento milioni per l'inosservanza delle disposizioni degli articoli medesimi o delle relative disposizioni applicative. Se le comunicazioni sono dovute da una persona fisica, in caso di violazione la sanzione si applica nei confronti di quest'ultima.

Art. 195: Procedura sanzionatoria

1. Salvo quanto previsto dall'art. 196, le sanzioni amministrative previste nel presente titolo sono applicate dal Ministero del tesoro, del bilancio e della programmazione economica con decreto motivato, su proposta della Banca d'Italia o della Consob, secondo le rispettive competenze.
2. La Banca d'Italia o la Consob formulano la proposta, previa contestazione degli addebiti agli interessati e valutate le deduzioni dagli stessi presentate entro trenta giorni, in base al complesso delle informazioni raccolte.
3. Il decreto di applicazione delle sanzioni è pubblicato per estratto sul bollettino della Banca d'Italia o della Consob. Il Ministero del tesoro, del bilancio e della programmazione economica, su richiesta dell'autorità proponente, tenuto conto della natura della violazione e degli interessi coinvolti, può stabilire modalità ulteriori per dare pubblicità al provvedimento, ponendo le relative spese a carico dell'autore della violazione.
4. Contro il provvedimento di applicazione delle sanzioni è ammessa opposizione alla corte d'appello del luogo in cui ha sede la società o l'ente cui appartiene l'autore della violazione ovvero, nei casi in cui tale criterio non sia applicabile, nel luogo in cui la violazione è stata commessa. L'opposizione deve essere notificata al Ministero del tesoro, del bilancio e della programmazione economica e all'autorità che ha proposto l'applicazione della sanzione entro trenta giorni dalla comunicazione del

provvedimento e deve essere depositata presso la cancelleria della corte d'appello entro trenta giorni dalla notifica.

5. L'opposizione non sospende l'esecuzione del provvedimento. La corte d'appello, se ricorrono gravi motivi, può disporre la sospensione con decreto motivato.
6. La corte d'appello, su istanza delle parti, può fissare termini per la presentazione di memorie e documenti, nonché consentire l'audizione anche personale della parti.
7. La corte d'appello decide sull'opposizione in camera di consiglio, sentito il pubblico ministero, con decreto motivato.
8. Copia del decreto è trasmessa a cura della cancelleria della corte d'appello al Ministero del tesoro, del bilancio e della programmazione economica e all'autorità proponente ai fini della pubblicazione, per estratto, nel bollettino di quest'ultima.
9. Le società e gli enti ai quali appartengono gli autori delle violazioni rispondono, in solido con questi, del pagamento della sanzione e delle spese di pubblicità previste dal secondo periodo del comma 3 e sono tenuti ad esercitare il diritto di regresso verso i responsabili.

Regolamento di attuazione (Delibera Consob n. 11971 del 14.5.1999. Approvazione del regolamento recante norme di attuazione del decreto legislativo 24.2.1998, n. 58, in materia di emittenti)

Art. 2: Definizioni

Nel presente regolamento si intendono per:

a) „Testo Unico“ (T.U.): il decreto legislativo 24.2.1998, n. 58;
b) „società di gestione del mercato“: la società che gestisce il mercato nel quale gli strumenti finanziari sono ammessi alle negoziazioni;
c) ...
f) „emittenti strumenti finanziari diffusi“: gli emittenti italiani dotati di un patrimonio netto non inferiore a dieci miliardi di lire [5.164.568,99 euro] e con un numero di azionisti o obbligazionisti superiore a duecento.

Art. 65:Definizioni

1. Nel presente Titolo si intendono per:
    a) „emittenti strumenti finanziari“: i soggetti italiani che emettono strumenti finanziari quotati in borsa in Italia;

Art. 66: Fatti rilevanti

1. Gli emittenti strumenti finanziari e i soggetti che li controllano informano senza indugio il pubblico dei fatti previsti dall'art. 114, comma 1, del Testo Unico mediante invio di un comunicato:
   (a) alla società di gestione del mercato che lo mette immediatamente a disposizione del pubblico;
   (b) ad almeno due agenzie di stampa.
2. Il comunicato è contestualmente trasmesso alla Consob.
3. Ove il comunicato debba essere diffuso durante lo svolgimento delle contrattazioni, esso è trasmesso alla Consob e alla società di gestione del mercato almeno quindici minuti prima della sua diffusione.
4. Il comunicato contiene gli elementi essenziali del fatto in forma idonea a consentire una valutazione completa e corretta degli effetti che esso può produrre sul prezzo degli strumenti finanziari.
5. Il comunicato contiene collegamenti e raffronti con il contenuto dei comunicati precedenti, nonché aggiornamenti sulle modificazioni significative delle informazioni in essi contenute.
6. Gli emittenti strumenti finanziari informano il pubblico, con le modalità previste dal presente articolo:
   a) delle proprie situazioni contabili, destinate ad essere riportate nel bilancio di esercizio, nel bilancio consolidato e nella relazione semestrale, quando tali situazioni vengano comunicate a soggetti esterni e comunque non appena abbiano acquistato un sufficiente grado di certezza;
   b) delle deliberazioni con le quali il consiglio di amministrazione approva il progetto di bilancio, la proposta di distribuzione del dividendo, il bilancio consolidato e la relazione semestrale.
7. Allorché il prezzo di mercato degli strumenti finanziari vari in misura rilevante rispetto a quello ufficiale del giorno precedente, in presenza di notizie di pubblico dominio non diffuse ai sensi del presente articolo, concernenti la situazione patrimoniale, economica o finanziaria degli emittenti tali strumenti finanziari ovvero l'andamento dei loro affari, gli emittenti stessi informano senza indugio il pubblico circa la veridicità delle notizie, integrandone o correggendone il contenuto, ove necessario, al fine di ripristinare condizioni di correttezza informativa.

Art. 67: Compiti della società di gestione del mercato

1. La società di gestione del mercato può stabilire, con il regolamento previsto dall'art. 62 del Testo Unico:
   a) il contenuto minimo dei comunicati indicati nell'art. 66 e le modalità di rappresentazione delle informazioni in essi contenute con riferimento a singole tipologie di fatti;

b) modalità di comunicazione al mercato da parte delle società quotate e di informazione del pubblico diverse da quelle indicate, rispettivamente all'art. 35, comma 2, e all'art. 66, comma 1, purché idonee a garantire un uguale grado di diffusione delle informazioni.

2. Gli emittenti strumenti finanziari e i soggetti che li controllano osservano le disposizioni adottate dalla società di gestione ai sensi del comma 1.
3. La società di gestione del mercato adotta le misure organizzative necessarie per l'acquisizione e la conservazione dei comunicati, dei dati e dei documenti ad essa trasmessi per la diffusione al pubblico ai sensi del presente Titolo.
4. La società di gestione del mercato mette immediatamente a disposizione del pubblico i comunicati, i dati ed i documenti con le modalità stabilite nel regolamento previsto dall'art. 62 del Testo Unico.

Art. 68: Dati previsionali, obiettivi quantitativi e dati contabili di periodo

1. Gli emittenti strumenti finanziari possono diffondere dati previsionali ed obiettivi quantitativi concernenti l'andamento della gestione, nonché dati contabili di periodo a condizione che tali dati siano messi a disposizione del pubblico con le modalità previste dall'art. 66. Gli emittenti stessi verificano la coerenza dell'andamento effettivo della gestione con i dati previsionali e gli obiettivi quantitativi diffusi ed informano senza indugio il pubblico, con le stesse modalità, di ogni loro rilevante scostamento.

Art. 69: Studi e statistiche

1. Gli emittenti strumenti finanziari, gli intermediari autorizzati ed i soggetti in rapporto di controllo con essi possono diffondere al pubblico studi o statistiche concernenti emittenti strumenti finanziari a condizione che questi:
   a) siano trasmessi alla Consob entro il giorno in cui sono diffusi al pubblico;
   b) siano depositati, nello stesso termine, presso la società di gestione del mercato che li mette a disposizione del pubblico;
   c) riportino, con evidenza grafica, un'avvertenza nella quale sia indicato che l'elaborato è stato redatto da un soggetto che può avere un proprio specifico interesse riguardo agli emittenti, agli strumenti finanziari o alle operazioni oggetto di analisi, indicandone le ragioni e l'estensione.
2. Qualora gli studi o le statistiche siano destinati ai soli soci dell'emittente o delle società in rapporto di controllo con l'emittente o ai soli clienti dell'intermediario autorizzato o delle società in rapporto di controllo con esso, il deposito previsto dal comma 1, lett. b) è effettuato entro dieci giorni da quello di inizio della diffusione

Art. 104: Informazione su fatti rilevanti

1. Agli emittenti strumenti finanziari quotati nei mercati regolamentati diversi dalla borsa ed ai soggetti che li controllano si applicano le disposizioni previste dagli artt. 66, 67 e 68.
2. Alla diffusione al pubblico di studi e statistiche da parte degli emittenti indicati al comma 1, degli intermediari autorizzati e dei soggetti in rapporto di controllo con essi si applicano le disposizioni previste dall'art. 69.
3. Ai fini dell'applicazione del presente articolo, per emittenti si intendono anche quelli aventi sede legale all'estero.
4. Le informazioni previste dal comma 1 sono fornite in lingua italiana.

Art. 108: Individuazione degli emittenti

1. Gli emittenti strumenti finanziari diffusi trasmettono senza indugio alla Consob la comunicazione indicata nell'Allegato 3G non appena si verificano le condizioni previste dall'art. 2, lett. e); a tal fine tengono conto delle risultanze del libro dei soci, delle comunicazioni ricevute e di ogni altro dato a loro disposizione.
2. La Consob pubblica semestralmente l'elenco degli emittenti strumenti finanziari diffusi.

Art. 109: Informazione su fatti rilevanti

Gli emittenti strumenti finanziari diffusi osservano le disposizioni previste dall'art. 66, commi 1, lett. b), 2, 4, 5 e 6, lett. b).

Art. 112: Esenzioni

1. La Consob, su instanza motivata, può dispensare, in tutto o in parte, gli emittenti indicati all'art. 2, lett. e) dall'osservanza delle disposizioni previste dagli artt. 109, 110 e 111 ove le informazioni non siano rilevanti per la tutela degli investitori.
2. Le disposizioni previste dagli artt. 109, 110 e 111 non si applicano agli emittenti strumenti finanziari quotati nei mercati regolamentati di altri paesi dell'Unione Europea o nei mercati di paesi extracomunitari riconosciuti ai sensi dell'art. 67, comma 2, del Testo Unico e alle SICAV.

Art. 113: Informazioni su fatti rilevanti

1. Agli emittenti strumenti finanziari quotati in borsa in Italia, aventi sede legale all'estero ed ai soggetti che li controllano, si applicano le disposizioni previste dagli artt. 66, 67 e 68.
2. Alla diffusione al pubblico di studi e statistiche da parte degli emittenti indicati al comma 1, degli intermediari autorizzati e dei soggetti in rapporto di controllo con essi si applicano le disposizioni previste dall'art. 69.
3. Le informazioni previste dal comma 1 sono fornite in lingua italiana

Codice civile

Art. 2043: Risarcimento per fatto illecito.

Qualunque fatto doloso, o colposo, che cagiona ad altri un danno ingiusto, obbliga colui che ha commesso il fatto a risarcire il danno.

Art. 2621: False comunicazioni sociali

1. Salvo quanto previsto dall'art. 2622, gli amministratori, i direttori generali, i sindaci e i liquidatori, i quali con l'intenzione di ingannare i soci o il pubblico o al fine di conseguire per sé o per altri un ingiusto profitto, nei bilanci, nelle relazioni o nelle altre comunicazioni sociali previste dalla legge, dirette ai soci o al pubblico, espongono fatti materiali non rispondenti al vero ancorché oggetto di valutazioni ovvero omettono informazioni la cui comunicazione è imposta dalla legge sulla situazione economica, patrimoniale, o finanziaria della società o del gruppo al quale essa appartiene, in modo idoneo ad indurre in errore i destinatari sulla predetta situazione, sono puniti con l'arresto fino ad un anno e sei mesi.
2. La punibilità è estesa anche al caso in cui le informazioni riguardino beni posseduti o amministrati dalla società per conto di terzi.
3. La punibilità è esclusa se le falsità e le omissioni non alterano in modo sensibile la rappresentazione della situazione economica, patrimoniale o finanziaria della società o del gruppo al quale essa appartiene. La punibilità è comunque esclusa se le falsità o le omissioni determinano una variazione del risultato economico di esercizio al lordo delle imposte, non superiore al 5% o una variazione del patrimonio netto non superiore all'1 per cento.
4. In ogni caso il fatto non è punibile se conseguenza di valutazioni estimative che, singolarmente considerate, differiscono in misura non superiore al 10% da quella corretta.

Art. 2622: False comunicazioni sociali in danno dei soci o dei creditori

1. Gli amministratori, i direttori generali, i sindaci e i liquidatori, i quali, con l'intenzione di ingannare i soci o il pubblico e al fine di conseguire per sé o per altri un ingiusto profitto, nei bilanci, nelle relazioni o nelle altre comunicazioni sociali previste dalla legge, dirette ai soci o al pubblico, esponendo fatti materiali non rispondenti al vero ancorché oggetto di valutazioni, ovvero omettendo informazioni la cui comunicazione è imposta dalla legge sulla situazione conomica, patrimoniale o finanziaria della società o del gruppo al quale essa appartiene, in modo idoneo ad indurre in errore i destinatari della predetta situazione, cagionano un danno patrimoniale ai soci o ai creditori sono puniti, a querela della persona offesa, con la reclusione da sei mesi a tre anni.

2. Si procede a querela anche se il fatto integra altro delitto, ancorché aggravato a danno del patrimonio di soggetti diversi dai soci e dai creditori, salvo che sia commesso in danno dello Stato, di altri enti pubblici o delle Comunità Europee.
3. Nel caso di società soggette alle disposizioni della parte IV, titolo III, capo II, del decreto legislativo 24 febbraio 1998, n. 58, la pena per i fatti previsti al primo comma è da uno a quattro anni e il delitto è procedibile d'ufficio.
4. La punibilità per i fatti previsti dal primo e terzo comma è estesa anche al caso in cui le informazioni riguardino beni posseduti o amministrati da società per conto di terzi.
5. La punibilità per i fatti previsti dal primo e terzo comma è esclusa se le falsità e le omissioni non alterano in modo sensibile la rappresentazione della situazione economica, patrimoniale o finanziaria della società o del gruppo al quale essa appartiene. La punibilità è comunque esclusa se le falsità o le omissioni determinano una variazione del risultato economico di esercizio, al lordo delle imposte, non superiore al 5% o una variazione del patrimonio netto non superiore all'1 per cento.
6. In ogni caso il fatto non è punibile se conseguenza di valutazioni estimative che, singolarmente considerate, differiscono in misura non superiore al 10% da quella corretta.

Art. 2637: Aggiotaggio

Chiunque diffonde notizie false, ovvero pone in essere operazioni simulate o altri artifici concretamente idonei a provocare una sensibile alterazione del prezzo di strumenti finanziari, quotati o non quotati, ovvero ad incidere in modo significativo sull'affidamento che il pubblico ripone nella stabilità patrimoniale di banche o di gruppi bancari, è punito con la pena della reclusione da uno a cinque anni.

Art. 2638: Ostacolo all'esercizio delle funzioni delle autorità pubbliche di vigilanza

1. Gli amministratori, i direttori generali, i sindaci e i liquidatori di società o enti e gli altri soggetti sottoposti per legge alle autorità pubbliche di vigilanza, o tenuti ad obblighi nei loro confronti, i quali nelle comunicazioni alle predette autorità previste in base alla legge, al fine di ostacolare l'esercizio delle funzioni di vigilanza, espongono fatti materiali non rispondenti al vero, ancorché oggetto di valutazioni, sulla situazione economica, patrimoniale o finanziaria dei sottoposti alla vigilanza ovvero, allo stesso fine, occultano con altri mezzi fraudolenti, in tutto o in parte fatti che avrebbero dovuto comunicare, concernenti la situazione medesima, sono puniti con la reclusione da uno a quattro anni. La punibilità è estesa

anche nel caso in cui le informazioni riguardino beni posseduti o amministrati dalla società per conto terzi.

2. Sono puniti con la stessa pena gli amministratori, i direttori generali, i sindaci e i liquidatori di società, o enti e gli altri soggetti sottoposti per legge alle autorità pubbliche di vigilanza o tenuti ad obblighi nei loro confronti, i quali, in qualsiasi forma, anche omettendo le comunicazioni dovute alle predette autorità, consapevolmente ne ostacolano le funzioni.

Sachregister

Studien zum Europäischen und Internationalen Wirtschaftsrecht
Studies in European and International Economic Law

Herausgeber/Editors: Peter Hay, Meinhard Hilf,
Herbert Kronke und Wolfgang Oehler

Band/Volume 1 Ralf Scheibach: Importrelevante Investitionsauflagen und das GATT. Eine Untersuchung über Investitionsmaßnahmen mit handelspolitischen Auswirkungen und ihre Vereinbarkeit mit dem GATT. 1992.

Band/Volume 2 Ilona Muráti: Gläubigerschützende Maßnahmen zur Sicherung der Kapitalaufbringung und der Kapitalerhaltung im spanischen Aktienrecht. Ein Vergleich mit der Rechtslage nach dem deutschen AktG unter Einbeziehung der EG-Richtlinien zur Koordinierung der Schutzbestimmungen auf dem Gebiet des Gesellschaftsrechts. 1993.

Band/Volume 3 Johannes Zügel: Mitwirkung der Arbeitnehmer nach der EU-Richtlinie über die Einsetzung eines Europäischen Betriebsrats. Eine Untersuchung der Richtlinie 94/45 und der vorangegangenen Richtlinienvorschläge unter Berücksichtigung der Praxis multinationaler Unternehmen. 1995.

Band/Volume 4 Torsten Straub: Zur Rechtswahl im internationalen Wechselrecht. Vergleichende Darstellung der Kollisionsnormen Deutschlands, Englands und der UNCITRAL unter dem Aspekt der Parteiautonomie. 1995.

Band/Volume 5 Andreas Kadletz: Haftung und Versicherung im internationalen Lufttransportrecht. 1998.

Band/Volume 6 Wolfram Bechtel: Umzug von Kapitalgesellschaften unter der Sitztheorie. Zur europarechtskonformen Fortentwicklung des internationalen Gesellschaftsrechts. 1999.

Band/Volume 7 Angela von Falkenhayn: Das Verhältnis von Factor und Debitor beim Factoring. Abtretungsverbot und andere Einwendungen im deutschen und amerikanischen Recht und nach der UNIDROIT-Konvention. 1999.

Band/Volume 8 Bettina Grünwald: Das Verbot der irreführenden Werbung nach § 3 UWG – ein Handelshemmnis? 2000.

Band/Volume 9 Hans-Eric Rasmussen-Bonne: Alternative Rechts- und Forumswahlklauseln. Eine vergleichende Darstellung. 1999.

Band/Volume 10 Werner Meier: Grenzüberschreitender Durchgriff in der Unternehmensgruppe nach US-amerikanischem Recht. Jurisdiktions- und Prozeßrecht, Kollisionsrecht, materielles Recht. 2000.

Band/Volume 11 Heiner Braun: Joint Ventures im amerikanischen und deutschen Internationalen Privatrecht. Inhalt und Grenzen des Vertragsstatuts. 2000.

Band/Volume 12 Hanno Naumann: Der Regelungsbereich des UN-Kaufrechts im Spannungsfeld zwischen Einheitsrecht und Kollisionsrecht. 2000.

Band/Volume 13 Markus A. Papmehl: Die Schiedsfähigkeit gesellschaftsrechtlicher Streitigkeiten. 2001.

Band/Volume 14 Heike Bruhn: Niederlassungsfreundliche Sitzverlegung und Verschmelzung über die Grenze nach italienischem Recht. Eine rechtsvergleichende Untersuchung unter Berücksichtigung der europäischen Niederlassungsfreiheit. 2002.

Band/Volume 15 Necla Agdag-Güney: Umwandlung öffentlicher Unternehmen in der Türkei. Eine rechtsvergleichende Untersuchung zum deutschen und türkischen Recht der Umwandlung von öffentlichen Wirtschaftsunternehmen im Rahmen eines Privatisierungsvorhabens. 2002.

Band/Volume 16 Valerio Sangiovanni: Die Ad-hoc-Publizität im deutschen und italienischen Recht. 2003.

FSC
www.fsc.org
MIX
Papier | Fördert gute Waldnutzung
FSC® C083411

Kolibri 360 GmbH
Ferdinand-Jühlke-Straße 7
99095 Erfurt, Deutschland
produktsicherheit@kolibri360.de

Druck:
CPI Druckdienstleistungen GmbH
im Auftrag der
Kolibri 360 GmbH
Ferdinand-Jühlke-Str. 7
99095 Erfurt